Lev Gutman · Gerd Treppner

Schachweltmeisterschaft

1990

Anatoli Karpow

– Garri Kasparow

Thomas Beyer Verlags GmbH · 8607 Hollfeld

ISBN 3-89168-019-8

Umschlaggestaltung:
Grafikatelier Czernetzki & Holstein, Leipzig
Satz: Offsetdruckerei Kurt Urlaub, Bamberg
Druck: Beyer-Druck, Langgasse 23, Hollfeld

WM-Zyklus, Weltcup und einiges mehr:
Die ereignisreichen Jahre 1988-90

Endlich wieder eine WM! So sehr man über die „unendliche Geschichte" von 1984 bis 1987 gelästert hat - ohne sie war in den letzten Jahren für Schach in der breiten Öffentlichkeit nicht viel zu holen (sofern nicht gerade ein anderes sensationelles Thema a la Polgar auftauchte). Schon 1988 wurde Schach aus einer jährlichen TV-Sendung, wo es bis dahin drin war, u.a. mit der Begründung gekippt, das sei in einem Jahr ohne WM nicht aktuell. (1990 ist es dann aber auch nicht wieder hineingekommen.) Noch immer ist Schach so weit Randsportart, daß nur absolute Top-Ereignisse auf beachtliches Interesse stoßen; und noch immer kennt der Mann auf der Straße nur die Namen und Gesichter der ganz wenigen, die an solchen Top-Ereignissen beteiligt sind. Aus rein journalistischer Sicht kann man in der Vorschau auf diesen Kampf nur sagen: lieber jedes Jahr K gegen K als gar keine WM (obwohl natürlich ein neues Gesicht unbestritten einmal gut tun würde)!

Rein schachlich andererseits ist eine Menge passiert in diesen Jahren - so viel, daß es bei dem beschränkten Platz kaum unterzubringen ist. Selbst bei dem, was unsere zwei Helden so alles getrieben haben, muß man sich auf das absolut Wichtigste beschränken. Allein das schachpolitische Geschehen (Weltverband FIDE gegen Großmeister-Vereinigung GMA, Kasparow gegen Campomanes, manchmal auch gegen die eigenen Leute, und so weiter ...) könnte, breit ausgewalzt, ein ganzes Buch füllen. Vieles davon hat sich aber letztlich als Spekulation oder Theaterdonner gezeigt; und was an Sache übrigblieb, hat zwar den Gang der Dinge teilweise beeinflußt, aber nicht grundsätzlich verändert (nachdem teilweise schon eine Spaltung der Schachwelt mit zwei Verbänden, zwei Weltmeistern und ähnlichem als Schreckensgespenst ausgemalt wurde). Deswegen haben wir uns entschlossen, all das diesmal möglichst abseits zu lassen, mit Ausnahme von einigem, was sich direkt auf den WM-Kampf und das Erscheinungsbild der zwei Kontrahenten bezieht.

Es gab in diesen drei Jahren auch wieder einen Qualifikationszyklus, und erstmals seit langem mußte einer der zwei Großen durch diese Mühle. Alle Revanche- und andere Sonderbestimmungen für Karpow waren nach Sevilla vom Tisch; er mußte nun zumindest unter den letzten Acht des neuen Turnus wieder anfangen. Doch diese Ausscheidung selbst begann eigentlich schon lange vorher; sogar schon lange vor Sevilla mit den Zonenturnieren, der ersten internationalen Stufe über den Landesmeisterschaften. Wenigstens der Vollständigkeit halber dazu noch kurz ein paar Worte und Ergebnisse.

Anfang 1987 waren auch die Bundesdeutschen noch im Rennen um die WM dabei: Beim Zonenturnier in München gab man ihnen gute Chancen evtl. sogar auf beide weiterführenden ersten Plätze. Aber daraus wurde dann doch nichts, denn der mit der besten ELO-Zahl angetretene Israeli Grünfeld setzte sich, zwar mit Glück in einigen Partien, aber letztlich insgesamt kaum gefährdet, als Erster durch. Nur Rang 2 war zu haben, und der fiel fast sensationell an den damals international noch kaum bekannten Jörg Hickl (Bayern München) statt der höher gewetteten Lobron, Kindermann oder Lau.

Endstand: 1. Grünfeld (Israel) 10,5 P.; 2. Hickl (BRD) 10 P. (GM-Norm); 3. Lobron (BRD) 9 P.; 4./5. Birnboim (Israel), Lau (BRD) 7,5 P.; 6.-10. Klinger (Österreich), Hug (Schweiz), Bischoff (BRD), Shvidler und Greenfeld (Israel) je 7 P.; 11. Hertneck (BRD) 6 P.; 12. Kindermann (BRD) 5,5 P.; 13. Veinger (Israel) 5 P.; 14./15. Züger (Schweiz) und Wittmann (Österreich) je 4,5 P.

Richtig „ausgesiebt" aber wird in diesem WM-Zyklus gewöhnlich erst auf der Interzonen-Stufe, wo die unmittelbaren WM-Kandidaten ausgespielt werden. Diesmal hatten es gut 50 Spieler auf neun Plätze in drei Turnieren abgesehen. Teilweise ging es recht turbulent zu; so manche vermeintlichen Favoriten fielen auf die Nase. Beim ersten Interzonenturnier in Subotica (Juni/Juli 1987) verpaßte Exweltmeister Tal die Qualifikation um einen halben Punkt, weil ihm der Inder Prasad ein Bein stellte; und das auch noch ausgerechnet in der 13. Runde. Mehr Glück hatte der ELO-Favorit Short, der gegen den nominell und tatsächlich Schwächsten Hamed total auf Verlust stand, aber nach ein, zwei kleineren und schließlich einem kapitalen Fehler des Ägypters sogar noch gewann. Ohne diesen Punkt wäre er draußen gewesen - Glücksspiel Schach ...

Endstand: 1.-3. Short, Speelman (England), Sax (Ungarn) 10,5 P.; 4./5. Tal (UdSSR), Ribli (Ungarn) 10 P.; 6. Rodriguez (Kuba) 8,5 P.; 7. Marjanovic (Jugoslawien) 8 P.; 8./9. Smyslow, Tschernin (UdSSR) 7,5 P.; 10. Popovic (Jugoslawien) 7 P.; 11. Zapata (Kolumbien) 6,5 P.; 12. Ernst (Schweden) 6 P.; 13. Alburt (USA) 5,5 P.; 14. Xu (China) 5 P.; 15. Prasad (Indien) 4 P.; 16. Hamed (Ägypten) 3 P.

Qualifiziert: Short, Speelman und Sax.

Alle drei angetretenen Sowjets ausgeschieden - wann hat es das in einem solchen Turnier schon gegeben? Eine Sensation auch im zweiten Turnier (Juli/August in Szirak): An der Spitze landete der Außenseiter Johan Hjartarson aus Island - dagegen stolperten illustre Prominente wie Beljawsky (UdSSR), Andersson (Schweden) oder Ljubojevic (Jugoslawien).

Endstand: 1./2. Hjartarson (Island), Salow (UdSSR) 12,5 P.; 3./4. Nunn (England), Portisch (Ungarn) 12 P.; 5. Beljawsky (UdSSR) 11 P.; 6. Andersson (Schweden) 10,5 P.; 7. Ljubojevic (Jugoslawien) 10 P.; 8. Christiansen (USA) 9 P.; 9./10. Benjamin (USA), Todorcevic (Monaco) 8,5 P.; 11./12. Velimirovic (Jugoslawien), Marin (Rumänien) 7,5 P.; 13./14. Milos (Brasilien), Adorjan (Ungarn) 7 P.; 15. Flear (England) 6 P.; 16. de la Villa (Spanien) 5,5 P.; 17. Bouaziz (Tunesien) 4,5 P.; 18. Allan (Kanada) 1,5 P.

Qualifiziert: Hjartarson, Salow und Portisch (dieser besiegte im fälligen Stichkampf um Platz 3 Nunn mit 4:2).

Im dritten Interzonenturnier (Juli/August in Zagreb) kam erwartungsgemäß das Aus für Jörg Hickl, der sich mit der zweitschwächsten ELO-Zahl natürlich von Anfang an keinen Kandidatenplatz ausrechnen konnte. Da Robert Hübner (einmal mehr) am WM-Zyklus nicht teilnahm, blieben die Deutschen (einmal mehr) nur Zuschauer, als es wirklich interessant wurde.

Endstand: 1. Kortschnoi (Schweiz) 11 P.; 2./3. Seirawan (USA), Ehlvest (UdSSR) 10 P.; 4.-6. Nikolic (Jugoslawien), Granda (Peru), Nogueiras (Kuba) 9,5 P.; 7.-11. Torre (Philippinen), Polugajewski, Eingorn (UdSSR), Pinter (Ungarn), Grünfeld (Israel) 8,5 P.; 12. Hulak (Jugoslawien) 7,5 P.; 13. Inkiov (Bulgarien) 7 P.; 14. Miles (England) 6,5 P.; 15. Barlov (Jugoslawien) 6 P.; 16. Hickl (BRD) 5 P.; 17. Baragar (Kanada) 1,5 P.

Qualifiziert: Kortschnoi, Seirawan und Ehlvest.

Also weitere zwei Sowjets aus dem Rennen, dazu der „Einbruch" von Tony Miles und die Absage vor dem Turnier von Exweltmeister Boris Spassky - das Gesicht der Schachwelt hatte sich gehörig verändert, statt vieler Alteingesessener waren nun manche neuen Himmelsstürmer auf der letzten Etappe um die WM dabei.

Soweit der notwendige „Nachtrag" aus dem Jahr 1987. Ende Januar/Anfang Februar 1988, in der Fachpresse wurden noch die Partien aus Sevilla debattiert, startete diese letzte Etappe für 1990 mit der ersten Runde im Kandidatenturnier in St. John/Kanada. Zu den neun Qualifizierten kamen ein Veranstalter-Freiplatz sowie Sokolow, Jussupow, Waganjan (UdSSR) und Timman (Niederlande), die letzten vier des vorhergehenden Zyklus. 14 Spieler, also 7 Sieger, dazu als achter der WM-Verlierer Karpow - ab der zweiten Runde würde damit das gewohnte K.o.-System wieder im Lot sein.

Bis dahin freilich konnte zunächst einmal alles passieren. Der Modus (Zweikämpfe über nur sechs Partien, bei Remis zwei Partien Verlängerung und anschließend eine Art „Tie-break" durch Schnellpartien mit immer kürzerer Bedenkzeit) machte zwar Schluß mit den oft unattraktiven Wettkämpfen früherer Jahre, für die man bei weniger bekannten Namen meist Veranstalter mit der Lupe suchen mußte; doch es kam auch ein Element von Roulette ins Spiel. Eine „eingestellte" Partie, aus Gewinnstellung womöglich, konnte bei dieser kurzen Distanz schon das Aus sein.

Jonathan Speelmann hat sich bereits mit einem 3,5 : 1,5-Punkte-Sieg über seinen britischen Landsmann Nigel Short für das Halbfinale qualifiziert.
Foto: Caroline Winkler, Paris

Start des WM-Zyklus mit Paukenschlägen

Zweifellos der Knüller unter den Paarungen: Viktor Kortschnoi, der große alte Kämpfer, gegen den Aufsteiger des Jahres Johan Hjartarson! Der Isländer machte da weiter, wo er im Interzonenturnier aufgehört hatte; ihm gelang ein furioser Start.

**Hjartarson - Kortschnoi
1. Partie, Spanisch** (C 82)

1. e4 e5 2. Sf3 Sc6 3. Lb5 a6 4. La4 Sf6 5. 0-0 Se4: 6. d4 b5 7. Lb3 d5 8. de5: Le6 9. c3 Le7 10. Sbd2 Sc5 11. Lc2 Lg4 12. Te1 Dd7 13. Sf1 Td8 14. Se3 Lh5 15. b4 Se6 16. Sf5 d4

Etwa in dieser Phase begann wohl der eigentliche Kampf; allerdings sind sich die Theorieexperten nicht ganz einig über den Wert der Variante: Hjartarson bezeichnet 16. ... d4 als fragliche Neuerung gegenüber dem bekannten 16. ... 0-0, während Nunn auch in diesem Fall weißen Vorteil reklamiert nach 17. a4 d4 18. ab5: ab5: 19. Le4.

17. Le4!

Verhindert jetzt 17. ... 0-0?? wegen 18. Lc6:, ebenso 17. ... dc3:?? wegen 18. Dd7:+ nebst 19. Lc6:.

17. ... Lg6 18. g4!

Der Bauerngewinn 18. Lc6: Dc6: 19. Se7: Ke7: 20. cd4: Lh5 gibt Schwarz aktives Spiel. Von einer Schwächung kann mit dem Textzug kaum die Rede sein, denn an einen schwarzen Angriff in der h-Linie ist bei seiner Figurenstellung und der dominierenden weißen überhaupt nicht zu denken.

18. ... h5 19. h3 Kf8 20. a4 hg4: 21. hg4: De8 22. ab5:

Die weiße Aktion kommt genau rechtzeitig, um schwarze Gegendrohungen zu durchkreuzen; falls z.B. hier 22. ... dc3:? 23. Lc6:! Td1: 24. Td1: nebst ba6:.

22. ... ab5: 23. Ta6 Sb8

Wieder nicht 23. ... dc3:? 24. Lc6:! Td1: 25. Td1: nebst 26. Ta8. Aber nun geht eine andere Abwicklung, die Weiß voraussehen mußte:

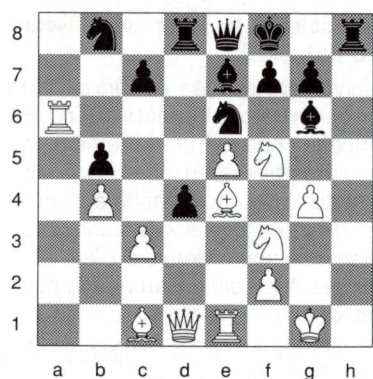

24. Te6:! fe6: 25. Se7: Le4: 26. Te4: dc3:

Nimmt Schwarz auf e7, behält Weiß nach Lg5, Qualitätsrückgewinn und Td4: Gewinnstellung.

27. Sg6+

Hjartarson hält 27. Db3 für noch überzeugender.

27. ... Kg8 28. Td4 Td4: 29. Dd4:

So geht es freilich auch; da 29. ... Dg6:? 30. Dd8+ Kh7 31. Sg5+ nun sofort verliert, bleiben Weiß zwei Figuren gegen Turm. Der technische Teil ist allerdings noch nicht einfach.

29. ... Th3 30. Sg5 Th6 31. Sf4 Sc6?!

Nach Hjartarson konnte Schwarz hier mit 31. ... Dd7 trotz der Möglichkeit 32.

Sfe6: erheblich zäheren Widerstand leisten.

32. Dc3: Dd8 33. Sf3

Nun stellt sich heraus, daß 33. ... Dd1+ 34. Kg2 Dh1+ 35. Kg3 Schwarz nicht weiterbringt (35. ... g5 36. Sh5). Im Text gelingt es Weiß aber auch bald, sich zu konsolidieren.

33. ... Sb4: 34. Ld2 Da8 35. Kg2 Sc6 36. g5 b4 37. Dc5 Th7 38. Se6: g6 39. Dd5 Kh8 40. Sed4 Dc8 41. e6 Sd4: 42. Sd4: c5 43. Lf4 Ta7 44. Sc6 Schwarz gab auf.

Nach zwei Remisen diktierten die Nerven den weiteren Verlauf. In der 4. Partie verfehlte Kortschnoi in einem wahrscheinlich besseren, aber komplizierten Mittelspiel den richtigen Weg und ging bei knapper Zeit sogar schnell unter. Das hätte nach menschlichem Ermessen das Aus sein sollen ... doch es war erst der Anfang. In der 5. Partie gab Hjartarson das „Geschenk" zurück und ruinierte innerhalb weniger Züge eine Stellung, die er mit seinem imposanten Freibauern eigentlich bei normalem Verlauf schwerlich hätte verlieren können.

Man sollte meinen, daß eher Weiß besser steht, da der schwarze Mehrbauer auf b4 ziemlich leicht unschädlich gemacht werden kann. Aber nach drei Zügen wird ausgerechnet dieser Bauer die Partie gewinnen.

27. Dd4?!

Am logischsten war wohl, ein Luftloch zu machen und sich dann mit Tb1 um den besagten Bauern zu „kümmern".

27. ... b3 28. Ta1?!

Treibt nur die Dame auf ein besseres Feld, wo sie b3 deckt und c4 fesselt.

28. ... Db4 29. c7?

Dieser Unglückszug macht das Maß voll. Nach 29. h3 (immer noch!) konnte Weiß mit der Idee Tb1, evtl. zuvor sogar noch Kh2, weiter ganz gut mitmischen.

29. ... b2 30. Tb1 Tc8

und nun kann Weiß weder auf b2 nehmen noch gegen Tc7: mit Figurgewinn sonst etwas Vernünftiges erfinden. Also - aufgegeben.

Von diesem Schock hatte sich Hjartarson auch in der 6. Partie noch nicht erholt und verlor gegen einen psychologisch „neugeborenen" Kortschnoi ziemlich glatt. Das hieß Verlängerung. In der 7. Partie kam Hjartarson zwar in Vorteil, doch mit präziser Verteidigung konnte sich Kortschnoi in ein Remisendspiel retten. Jetzt schien plötzlich alles für ihn zu laufen. Aber dann stellte die 8. Partie wiederum alles auf den Kopf ...

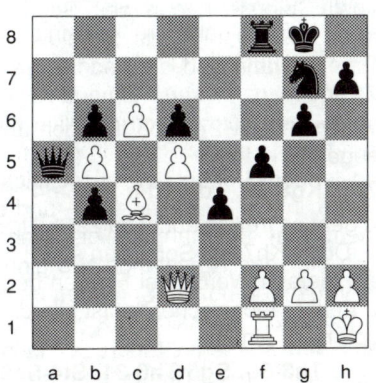

Hjartarson - Kortschnoi

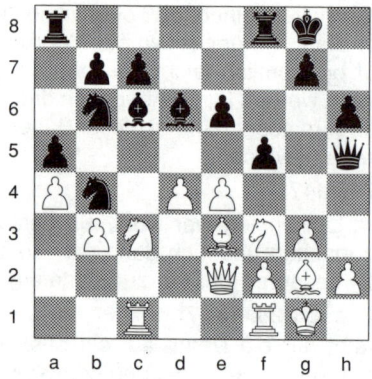

Kortschnoi - Hjartarson

Hjartarson selbst hält die Stellung nach 22. Sd2 De2: 23. Se2: für gleich, während andere Beobachter die weißen Chancen eher vorzogen. Auf jeden Fall sollte Weiß in keiner Weise Gefahr laufen. Doch plötzlich muß Kortschnoi der Teufel geritten haben, und er läßt sich auf eine selbstmörderische Kombination ein.

22. d5? fe4:

Die Frage, was auf 22. ... ed5: geplant war, kann offen bleiben, denn der Textzug sichert Schwarz zumindest einen Mehrbauern ohne besonderes Risiko.

23. dc6:?

Nach 23. Se4: hätte Weiß aufgrund seiner aktiven Stellung vielleicht noch Remischancen gehabt, doch das war bestimmt nicht Kortschnois Traum im vorigen Zug! Er muß irgend etwas Grobes übersehen haben, wie auch folgende Episode vermuten läßt.

23. ... ef3:!

Hiernach verschwand Kortschnoi, wie Nunn schreibt, für mehr als 10 Minuten vom Brett, obwohl er am Zug war - anscheinend konnte er sich gar nicht beru-

higen über das, was er angestellt hatte.
24. Dd1 bc6: 25. Lb6: cb6: 26. Dd6: fg2:

Nun hält die angeschlagene weiße Stellung nach 29. De6:+ Kh8 30. Kg2: Tae8 nebst Df3+ und Sd3 dem Ansturm aller schwarzen Figuren kaum lange stand. Kortschnoi entschließt sich, mit Bauernminus weiterzuspielen, doch diesmal geschieht kein Wunder mehr, wie in der 5. Partie.

27. Tfd1 Df5 28. Dd2 Sd3 29. Tc2 Se5 30. De2 Tad8 31. Kg2: Sf3 32. Td8: Td8: 33. Tc1 Sd4 34. De3 c5 35. Td1 Dc2 36. h4 Tf8 37. Tc1 Tf2:+ 38. Df2: Dc1: und das Fallblättchen machte der weißen Agonie ein Ende.

Ein Ausscheiden mit einem Hauch von Tragik für den großen Viktor Kortschnoi, zumal es sein letzter Auftritt in einem WM-Zyklus gewesen sein könnte, wie damals viele mutmaßten. (Inzwischen hat er es ja bekanntlich von neuem geschafft, sich fürs Kandidatenfinale zu qualifizieren.)

Die zweite Sensation spielte sich zwischen Sokolow und Spraggett (der nominell Stärkste gegen den Schwächsten!) ab. Anfangs, als Sokolow eine Partie gewann und die anderen remis ausgingen, nahm kaum jemand von diesem Match Notiz. Doch plötzlich glich Spraggett in der 5. Partie in einem zähen, langen Grabenkrieg mit ungleichen Läufern nach 73 Zügen aus - und mit einem Mal übernahmen die Nerven auch hier das Kommando. Es ging in die Verlängerung, wo Spraggett bereits in den zwei „normalen" Partien insgesamt den stärkeren Eindruck machte. Doch nach zwei Remis mußten nun Schnellpartien entscheiden. Klar, daß mehr und mehr ganz Kanada aufmerksam wurde - der eigene Mann, der „Freiplatz" des Ausrichters, der komplette Underdog, schien tatsächlich reelle Chancen zu haben ... Sokolow aber konnte den ständig steigenden Druck nicht mehr verkraften. Nach drei weiteren Unentschieden, in der 12. Partie insgesamt mit inzwischen 15 Minuten pro Spieler, brach er zusammen.

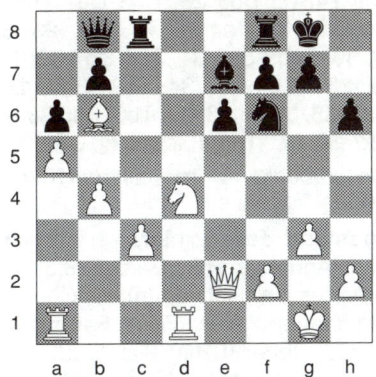

Sokolow - Spraggett
(Stellung nach dem 24. Zug von Schwarz)
25. Sf5?
Serviert Schwarz den ersten „Matchball"!
25. ... ef5: 26. De7:
Nach 26. ... Tfe8 ist nun für die weiße Dame nur d6 als Fluchtfeld zu sehen, worauf der altbekannte Trick 27. Dd6 Te1+! gewinnt. Aber so etwas kann man in einer Schnellpartie schon mal übersehen, wie prompt auch Spraggett beweist.
26. ... Tc3:? 27. Dd6 Dc8 28. Ld4 Tc6 29. Df4 Te8 30. Tac1 Se4 31. Tc6: bc6: 32. f3 Sg5 33. Lc3???
Das ist nun freilich zuviel an Schachblindheit, und diesmal ließ sich der Ka-

nadier die Chance nicht entgehen.
33. ... Sh3+
- Aus der Traum von der WM für den vormaligen Gegner Karpows um die Herausforderung, ein psychologisch natürlich grausames Ende, das vielleicht mit dafür gesorgt hat, daß Sokolow fürs erste aus der absoluten Weltspitze verschwand.

Die übrigen Resultate lagen zumindest im Bereich des zu Erwartenden, wenn auch die Höhe des Sieges speziell bei Speelman - Seirawan überraschend kam. Hier fiel die Entscheidung in der 3. Partie, wo Seirawan - bereits mit einem Punkt im Rückstand - in einem Zeitnotdrama eine Gewinnstellung wegwarf.

Speelman - Seirawan	4 : 1
Jussupow - Ehlvest	3,5 : 1,5
Short - Sax	3,5 : 1,5
Timman - Salow	3,5 : 2,5
Portisch - Waganjan	3,5 : 2,5

Also drei weitere Sowjets ausgeschieden - die Übermacht der Schachnation Nr. 1 wurde in diesem Zyklus doch mächtig angekratzt. Mit umso mehr Spannung wartete man auf die nächste Runde, wo nun erstmals seit Jahren wieder einer der zwei Großen unters Fußvolk mußte ...

K & K: Erste Auftritte nach Sevilla

Derweil hatte dieser, nämlich Karpow, seinen ersten Auftritt seit der WM in Sevilla bereits hinter sich. Noch bevor die Kandidaten in St. John kämpften, nahm er am Hoogoven-Turnier in Wijk aan Zee teil. Der Start war ganz und gar nicht nach Maß: Bereits in der 2. Runde setzte es eine happige Niederlage gegen den Jugoslawen Nikolic. Karpow hatte als Weißer schon bald im frühen Mittelspiel die schlechteren Karten, und als dann noch die Zeit knapp wurde, ging der Ex-weltmeister unter.

Karpow - Nikolic
Englisch (A 25)

1. c4 e5 2. Sc3 Sc6 3. g3 g6 4. Lg2 Lg7 5. Tb1 a5 6. a3 f5 7. d3 Sf6 8. e3 0-0 9. Sge2 Se7 10. 0-0 c6 11. c5 d5 12. cd6: Dd6: 13. Dc2 Le6 14. Sa4 La2 15. Ta1 Lf7 16. Td1 Sd7 17. d4 e4 18. Ld2 b5 19. Sc5 Lc4 20. Sd7: Dd7: 21. Sc1 De6 22. b3 Ld5 23. Tb1 Dd6 24. Lc3 Lf7 25. Dd2 Sd5 26. La5: Da3: 27. Lc3 Sc3: 28. Dc3: Tfc8 29. f3 c5 30. fe4: cd4: 31. De1 de3: 32. ef5: Dc5 33. Se2 Ta2 34. Tbc1 Df5: 35. Tc8:+ Dc8: 36. Sf4 g5 37. Se2 Lb3: 38. Tc1 Dg4 39. Sc3 Td2 40. Sb5: Tg2:+ 41. Kg2: Ld5+ 42. Kg1 De4 0 : 1

Doch Karpow ließ sich keineswegs aus der Fassung bringen und arbeitete sich schnell nach vorn. Nur der Schwede Andersson konnte lange Zeit nicht nur mithalten, sondern sogar die Führung behaupten. Aber im Endspurt ging Karpow auch an ihm vorbei, mit dieser Gewinnpartie, anhand derer er im „Schach-Report" ein wenig aus dem Nähkästchen plauderte. Volle zehn Jahre, seit der Vorbereitung auf die WM 1978, hatte die Variante in der Schublade gelegen, bis sie jetzt in einer wichtigen Partie unverhofft zum Einsatz kam. Eine Parallele zu der berühmten Neuerung in der 2. WM-Partie 1987; vermutlich gibt es Dutzende solcher Fälle in der Großmeisterpraxis.

Karpow - Farago (Ungarn)
Französisch (C 18)

1. e4 e6 2. d4 d5 3. Sc3 Lb4 4. e5 Se7 5. a3 Lc3:+ 6. bc3: c5 7. Dg4 Dc7 8. Dg7: Tg8 9. Dh7: cd4: 10. Se2 Sbc6 11. f4 Ld7 12. Dd3 dc3: 13. Dc3: Sf5 14. Tb1 Tc8 15. Ld2 b6 16. g3 Db7 17. Dd3 Sce7 18. Tg1 Tc4 19. g4 Sh4 20. Tg3 Dc8 21. Tb2 Shg6 22. Tf3 Sc6 23. Tf2 Th8 24. h3 Dd8 25. Dg3 De7 26. Tf3 Dc5 27. Kd1 Ta4 28. Tc3 De7 29. Sc1 d4 30. Tcb3 Sa5 31. Tb4 Sb7 32. Ta4: La4: 33. Tb4 Dd7 34. Sb3 d3 35. Dd3: Dd3: 36. Ld3: Lb3: 37. Tb3: Sc5 38. Tc3 Ke7 39. Lf1 Td8 40. Tc4 1 : 0

Ein Grabenkampf im typischen Karpow-Stil.

Endstand des Turniers: 1. Karpow 9 P.; 2. Andersson (Schweden) 8,5 P.; 3./4. Agdestein (Norwegen), Ki. Georgiew (Bulgarien) 7,5 P.; 5.-7. Farago (Ungarn), Hübner (BRD), Tal (UdSSR) 6,5 P.; 8.-10. Hansen (Dänemark), Piket (Niederlande), Nikolic (Jugoslawien) 6 P.; 11.-13. van der Sterren, Sosonko, van der Wiel (alle NL) 5,5 P.; 14. Ljubojevic (Jugoslawien) 4,5 P.

Es folgte ein Wettkampf mit Ljubojevic in Belgrad über sechs Stundenpartien, den Karpow knapp 3,5 : 2,5 gewann.

Dann griff auch der Weltmeister persönlich wieder, erstmals seit Sevilla, ins Geschehen ein - und gleich, wie für ihn typisch, mit einem Spektakel von weltweiten Dimensionen. Als Abschluß und Höhepunkt des „Festivals der Spiele" in Cannes spielte er von dort aus gegen zehn Gegner in aller Welt: Brüssel, Dakar, Genf, London, Los Angeles, Mailand, Moskau, Saint John, Sydney und Tokio. Das Niveau dieser „Weltauswahl" war beachtlich stark: zwei IM über 2400 ELO, der sowjetische Jugendmeister und noch fünf weitere ELO-Träger. Doch durch die eindrucksvolle Kulisse - der größte Saal im Festivalpalais, etwa ähnlich einem Theater oder Schauspielhaus, voll von Publikum; das französische Fernsehen natürlich auch dabei - offenbar in bester Show-Stimmung, war Kasparow nicht zu bremsen. Trotz „Zwischenspurts" auf der Bühne und anderer Schaueinlagen spielte er größtenteils ausgezeichnet, gewann acht Partien und mußte nur gegen Adams (London, Elo 2430), den 16jährigen englischen Jungstar, einen ganzen sowie gegen Ulibin (Moskau) einen halben Punkt abliefern. Die folgende Partie könnte die beste des fast siebenstündigen Spektakels gewesen sein.

Kasparow - Arlandi
(Mailand, ELO 2405)
Englisch (A 33)

1. c4 c5 2. Sf3 Sc6 3. d4 cd4: 4. Sd4: Sf6 5. Sc3 e6 6. g3 Lb4 7. Lg2 0-0 8. 0-0 d5 9. cd5: ed5: 10. Lg5 Lc3: 11. bc3: Le6 12. Tb1 Sa5

Aus schwarzer Sicht eine nicht gerade häufige und auch als besser für Weiß geltende Variante; ob der Italiener damit den Weltmeister überraschen oder z.B. mit seinem letzten Zug gegenüber dem schon gespielten Dd7 eine Verbesserung anbringen wollte, ist nicht bekannt. Das sofortige Spiel in der c-Linie wirkt jedenfalls logisch und konsequent, reicht aber gegen die weißen Chancen mit Zielrichtung schwarzer König offenbar nicht völlig aus.

13. Tb5!

Bindet die Dd8 an die Deckung von a5 bzw. d5, so daß (auch auf b6) die folgende Schwächung des Königsflügels erzwungen wird.

13. ... a6 14. Lf6: gf6: 15. Tb4 Tc8 16. e4

Mit der handgreiflichen Absicht 17. ed5: Ld5: 18. Sf5.

16. ... de4: 17. Le4: f5 18. Lf5: Lf5: 19. Sf5: Dd1: 20. Td1: Tc3:

Auf diese Abwicklung verließ sich Schwarz offensichtlich; er hat nichts verloren, den Doppelbauern beseitigt und „nur" eine gewisse Schwäche durch das Fehlen des g-Bauern vor dem König behalten. Doch dank des mächtigen, unvertreibbaren Sf5 entscheidet diese anscheinend kleine Schwäche trotzdem die Partie.

21. Td7

Schon liegen allerlei Ärgernisse wie Tg4+--g7 in der Luft, oder auch Tg4+ nebst Sh6, was freilich vorerst noch mit Tf3 pariert werden könnte.

21. ... Tf3

Auch mit Tc4 den Bauern b7 herzugeben bringt keine große Erleichterung, da die weißen Figuren ihre überlegene Position behalten.

22. Td5 b5 24. a4 Tb3

Hier kam 23. ... Sc6 24. Tg4+ Kh8 25. ab5: eher in Betracht, da der ganze Damenflügel verschwindet, wonach Weiß noch einige Arbeit vor sich hätte. Der Textzug verliert schnell.

24. Tg4+ Kh8

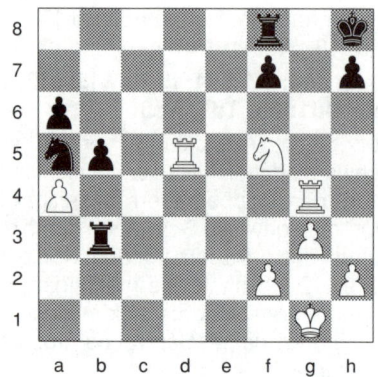

25. Sh6!

Jetzt droht neben Sf7:+/Td8+ und matt auch einfach Tdg5, so daß Tf3 als Deckung nicht ausreicht.

25. ... Sc6 26. Tf5

Auf 26. Tdg5 hätte Schwarz noch Se7 versuchen können; jetzt mußte er angesichts von Varianten wie 26. ... f6 27. Tf6:! bzw. Sd8 27. Tfg5 oder Tb4 27. f4 (es geht auch 27. Tf7: Tg4: 28. Tf8:+ Kg7 29. Tg8+) das Handtuch werfen.

Dann erlebte man das erste Zusammentreffen von K&K seit Sevilla im gleichen Turnier - allerdings auf einem Nebenschauplatz. Damit kommen wir noch einmal nach Saint John zurück, wo nach den Kandidatenkämpfen und zwei Open-Turnieren zum Schluß des dortigen Festivals die erste offizielle Blitz-Weltmeisterschaft stattfand. Unsere Matadore mußten allerdings beide ziemlich schnell und belämmert wieder abziehen: Karpow flog unter den letzten 16 hinaus (gegen seinen Landsmann Tschernin); Kasparow schaffte es noch bis ins Viertelfinale, doch dort war auch für ihn (gegen den Bulgaren Ki. Geor-

giev) Endstation. Die Krone ging, sehr zur Freude vieler Schachfans, an den immer noch riesig beliebten, legendären Michail Tal, der damit fast 30 Jahre nach seinem Titelgewinn gegen Botwinnik nun eine zweite, wenn auch andere WM für sich entschied - auch eine Art Unikum oder Rekord!

Karpow brachte auch sein nächstes Turnier keinen Erfolg - freilich eines, das man nicht überbewerten darf: ein Vierkampf in Amsterdam, zwar hervorragend besetzt mit Short, Ljubojevic und Timman, aber doch nur sechs Partien (man spielte doppelrundig) mit einem fast unentschiedenen Ausgang. Timman, praktisch ohne Pause von Linares gekommen, wo er mit großem Vorsprung glänzend gewonnen hatte, war völlig überspielt; die drei anderen unter sich brachten ein komplettes 2 : 2 zustande - Karpow gegen Short 1,5 : 0,5, Ljubojevic gegen Karpow und Short gegen Ljubojevic ebenfalls. Weil aber Short gegen Timman zwei Punkte machte, seine beiden Konkurrenten nur eineinhalb, konnte der Engländer schließlich das Turnier gewinnen.

Endstand: 1. Short 4 P.; 2./3. Karpow, Ljubojevic 3,5 P.; 4. Timman 1 P.

Der Weltcup beginnt

Wesentlich gewichtiger war das Ereignis, das als nächstes auf dem Programm stand: der erste Weltcup, eine Serie von sechs Turnieren in zwei Jahren, um die Zeit zwischen den Weltmeisterschaften mit einem attraktiven Top-Wettbewerb zu füllen. Damit sollte Schach ans Publikum, die Medien und natürlich vor allem auch an die Sponsoren gebracht werden; entsprechend ehrgeizig aufgebaut war das ganze Konzept: 100.000 Dollar Preisfond pro Turnier, davon 20.000 für den Sieger und selbst für die Letzten noch 2000, dazu eine nochmals hoch dotierte Gesamtwertung - die wohl mit Abstand größten Summen, die ausgenommen WM-Kämpfe im Schach bis jetzt bewegt wurden. Teilnehmen sollte die komplette Weltelite, beim ersten Mal noch nominiert aufgrund der letzten Erfolge bzw. ELO-Zahlen; ab dem zweiten Weltcup-Zyklus aber qualifiziert über ein System von Ausscheidungsturnieren.

Mit diesem Riesenprojekt wollte die Großmeister-Vereinigung GMA als Veranstalter auf dem Schach-„Weltmarkt" nicht nur spektakulär einsteigen, sondern auch sicherlich der FIDE diesen Markt streitig machen. Ob Kasparow als GMA-Präsident wirklich vorhatte, seinem Erzfeind Campomanes, wie viele spekulierten, finanziell das Wasser abzugraben, indem er möglichst die interessantesten Turniere unter seine eigene Regie stellte? Beim Gerangel um die Anteile am größten Kuchen, dem WM-Fond, sollten diese Spekulationen später wieder mehr als deutlich hochkommen. Immerhin war schon damals von Äußerungen Kasparows zu lesen, mit dem WM-Titel in seiner Hand könne

bzw. wolle er die FIDE „killen"; genauso tauchten immer wieder einmal Gerüchte über einen bevorstehenden Bankrott der FIDE auf, die allerdings bis jetzt nicht Wirklichkeit wurden ...

Wie auch immer, der Weltcup fand statt, die Sponsoren für alle sechs Turniere mit ihren gewaltigen Summen fanden sich, und im April 1988 ging das erste Spektakel in Brüssel über die Bühne. Die Spieler waren so aufgeteilt, daß sie jeweils an vier Turnieren teilnahmen, wovon die drei besten Plazierungen für die Gesamtwertung gezählt wurden; es gab also ein „Streichresultat". Karpow und Kasparow würden nur zweimal zusammen in einem Turnier starten - auch das stand nach der Aufteilung der Spieler fest. Brüssel galt damit, ohne Kasparow und aus deutscher Sicht auch ohne Hübner, zweifellos nicht als das bedeutendste Weltcupturnier; doch als das erste war es trotzdem eine Art historisches Ereignis. Die Bühne gehörte Karpow, der natürlich mit einem möglichst imposanten Erfolg seinem abwesenden Rivalen den Handschuh hinwerfen wollte - es zählte sowohl der Platz wie die erreichte Punktzahl für die Weltcupwertung, beeinflußt durch außer Konkurrenz spielende Lokalmatadoren, Rücktritte etc., so daß die Reihenfolge nach Weltcup-Punkten nicht immer mit der laut Tabelle übereinstimmt.

Zu Anfang sah es ganz und gar nicht nach einem Triumph Karpows aus: Er startete mit 2,5 aus 4 und erreichte in der 5. Runde sogar einen Tiefpunkt, als er gegen Beljawsky verlor.

Beljawsky - Karpow
Katalanisch (E 05)

1. d4 Sf6 2. c4 e6 3. g3 d5 4. Lg2 Le7

5. Sf3 0-0 6. 0-0 dc4: 7. Dc2 a6 8. Dc4: b5 9. Dc2 Lb7 10. Ld2 Sc6

Sieht etwas merkwürdig aus, da man annehmen sollte, daß Schwarz sich möglichst bald mit c7-c5 von diesem rückständigen Bauern befreien will. Aber Karpow hat offenbar für später eine andere Idee vorbereitet.

11. e3 Sb4 12. Lb4: Lb4: 13. a3 Ld6 14. Sbd2 Tc8

14. ... De7 mit der Idee, 15. e4 mit 15. ... e5 zu beantworten, erwies sich nach 16. Sh4 g6 17. f4 in einer Partie Pigusow - Rozentalis 1986 als günstig für Weiß.

15. b4 a5!?

Karpows Plan zeichnet sich ab: da nun 16. ba5: c5! schon eher günstig für Schwarz wäre, wird b4 ein Angriffsobjekt, das genügend Gegenspiel verspricht.

16. e4 Le7 17. Tab1 ab4: 18. ab4: Ta8 19. Tfe1 Ta4 20. Dc3 Da8 21. Se5 Td8 22. Dc7: Kf8

Nun hat Schwarz für den Bauern ein schönes Spiel gegen die hängende Front auf der 4. Reihe sowie in der a-Linie. Beljawsky entscheidet sich für eine Abwicklung, die seinen eigenen Analysen nach auch nicht mehr als Ausgleich bringen sollte.

23. d5 Db8 24. Db8: Tb8: 25. Sb3 Lb4: 26. Tec1 ed5: 27. ed5: La3 28. Td1 Ld6 29. Sc6 Lc6: 30. dc6: Se8 31. Sd4 b4 32. Sf5 Lc5 33. Td7 Ta7 34. Tb7 Td8?

Schwarz konnte es vorher wahrscheinlich schon leichter haben, doch laut Beljawsky gab es hier noch einen ziemlich geradlinigen Weg zum Remis: 34. ... Tab7: 35. cb7: Sd6 36. Tc1 Sf5: 37. Tc5: Sd6 38. Tc6 Ke7 39. Tb6 Kd7 40. Tb4: Kc7 und der Bb7 wird entfernt. Aber es dürfte Zeitnot im Spiel gewesen sein ...

35. Tc1 Ta5 36. Lh3 g6 37. Sh6 Sd6 38. Sf7:!

... weswegen Karpow bei der Vorausberechnung dieser kleine Witz entging - 38. ... Sb7: 39. Sd8: Sd8: 40. c7 und gewinnt. Mit einem Schlag ist die Partie entschieden.

38. ... Sf7: 39. c7 Te8 40. c8D

Der ominöse 40. Zug; 40. Tb8 und falls 40. ... Sd6 41. Ld7 hätte wohl schnell Schluß gemacht. Aber so geht es auch, obwohl Weiß sich noch eine Zeitlang plagen muß.

40. ... Tc8: 41. Lc8: Sd6 42. Tb8 Ke7 43. Te1+ Kf6 44. Le6 Ta3 45. Kg2 Ta7 46. Ld5 Sf5 47. Te6+ Kg7 48. Tc6 Le7 49. h4 Ta5 50. Lc4 Ta7 51. h5 Sd6 52. hg6: hg6: 53. Tb4: Ta1 54. Ld3 g5 55. Td4 Sf7 56. Td7 Te1 57. Lc4 Kf8 58. Lf7: Kf7: 59. Kf3 Ke8 60. Ta7 1 : 0

Mit dieser ziemlich überflüssigen Niederlage stand für Karpow das Turnier auf der Kippe; hätte Timman in der nächsten Runde in einer aufregenden Partie seine Chancen besser genutzt, wäre es für den Exweltmeister vielleicht nicht mehr so steil bergauf gegangen. Doch diesmal stand das Turnierglück auf seiten Karpows.

Karpow - Timman
Angen. Damengambit (D 20)
1. d4 d5 2. c4 dc4: 3. e4 Sf6 4. e5 Sd5 5. Lc4: Sb6 6. Ld3 Sc6 7. Se2 Lg4 8. Le3

Bis dahin war nur 8. f3 bekannt. Offenbar glaubte Karpow, mit dem Läuferpaar und Angriffschancen zumindest genug für die Schwäche des Bd4 zu haben, wie die Folge zeigt. Daß er hinterher davon nicht mehr überzeugt war, läßt sich daraus ablesen, daß er später im Turnier gegen Speelman bereits mit 6.

Lb3 abwich (und übrigens mit vollem Erfolg).

8. ... Le2: 9. Le2: Dd7 10. Sc3

Timman schlug später 10. Sa3 nebst Sc2 vor; aber wenn Karpow eine solche „Klammerstellung" von vornherein als Bestes erkannt hätte, wäre er der ganzen Variante mit Sicherheit ausgewichen. Er setzt darauf, den Bd4 notfalls zu opfern.

10. ... 0-0-0 11. a4 a6

Die Komplikationen nach 11. ... Sd4: 12. a5 und falls 12. ... Se2: 13. ab6: ergeben nach allgemeiner Ansicht Vorteile für Weiß. Auf solche Möglichkeiten dürfte Karpow spekuliert haben; doch Timman bleibt solid und setzt darauf, daß ihm die Schwäche d4 langfristig immer gute Aussichten gibt.

12. a5 Sd5 13. Lf3 Sdb4

Da 13. ... e6?? 14. Sd5: ed5: 15. Lg4 nicht geht; aber auch gut, denn allmählich wird es ernst für d4, falls Schwarz gar noch ungestört zu e7-e6 kommt. Dies merkt natürlich auch Karpow und versucht das Spiel um jeden Preis aus dieser für ihn unangenehmen Richtung zu werfen.

14. e6!? De6: 15. d5 De5?!

Laut Timman die erste Ungenauigkeit. Die Dame sollte nach f6 oder g6, um auf 16. 0-0 mit Se5 fortsetzen zu können. Offenbar hatte Schwarz während der Partie die Ressourcen der weißen Damenopfer-Idee unterschätzt.

16. 0-0 e6

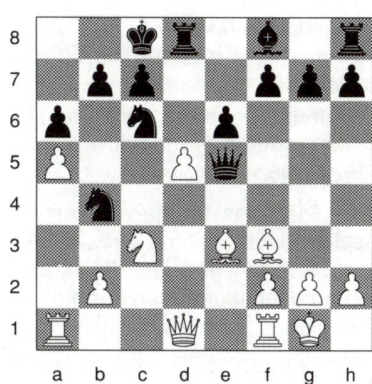

17. dc6:! Td1: 18. cb7:+ Kb8 19. Tfd1: Lc5?

Ein schwerer Fehler. Notwendig war, wie allgemein festgestellt, 19. ... Ld6, wonach die Stellung schwer einzuschätzen ist.

20. Lc5: Dc5: 21. Td7 f5 22. Tad1 Sc6

Ein Zug wie Df8, worauf Weiß z.B. mit 23. Sa4 (drohend Sc5) fortsetzen könnte, begeistert natürlich auch nicht.

23. Sa4?

Mit 23. Se2 nebst Tc1 hätte Weiß, wie später festgestellt, dem Gegner wohl bald das Lebenslicht ausgeblasen. Jetzt gibt es noch einen Kampf.

23. ... Db5 24. Tc1 Da4: 25. Tc6: Da5:

Timman meint, daß er zunächst das Zwischenschach auf a1 geben sollte, um den Td7 zurückzuzwingen.

26. Te6: Ka7 27. g3?!

27. h4 hätte die folgende Gegenaktion verhindert.

27. ... g5 28. Th7:

Recht effektvoll, da Th7:?? natürlich an 29. Te8 scheitert, aber so sehr hilft dieser Bauerngewinn Weiß gar nicht weiter.

28. ... Tb8 29. h3 g4 30. hg4: fg4: 31. Lg2 Da1+ 32. Kh2 Db2: 33. Thh6 Da2 34. Tef6 c5

Weiß drohte nach Deckung von f2 Lf1, worauf nun c4 möglich wäre.

35. Tf4 Dd2?

Erst das ist nach Timman der letzte und entscheidende Fehler; er glaubt, daß er nach 35. ... c4 und falls 36. Ld5 Db2 noch auf Remis rechnen konnte.

36. Lf1

Nun ist es aus; Kb7: kommt natürlich wegen 37. Tf7+ überhaupt nicht in Frage.

36. ... Tb7: 37. Ta6:+ Kb8 38. Tf8+ Kc7 39. Lg2

Entfernt sich nun der Turm auf der b-Linie, gewinnt Tf7+.

39. ... Dd7 40. Th8 c4 41. Le4 und 1 : 0, da gegen Th7 kein Kraut gewachsen ist.

Der glückliche Ausgang einer solchen Entscheidungsschlacht, die am seidenen Faden hing, bringt einem Spieler oft schon allein psychologisch die Wende. Karpow drehte nun mächtig auf, stand wenige Runden später bereits an der Spitze und gab sie nicht mehr ab. Er hatte zwar z.B. gegen den krassen Außenseiter Winants noch Glück, doch da der Belgier nicht zur Weltcup-Wertung zählte, hätte eine Niederlage gegen ihn nicht einmal so viel ausgemacht.

Endstand: 1. Karpow 11 P.; 2. Salow (UdSSR) 10 P.; 3.-5. Beljawsky (UdSSR), Ljubojevic (Jugosl.), Nunn (England) 9,5 P.; 6./7. Portisch (Ungarn), Andersson (Schweden) 9 P.; 8. Speelman (England) 8,5 P.; 9. Sokolow (UdSSR) 8 P.; 10.-13. Tal (UdSSR), Timman (NL), Nikolic (Jugosl.), Seirawan (USA) 7,5 P.; 14. Nogueiras (Kuba) 7 P.; 15. Kortschnoi (CH) 6,5 P.; 16. Sax (Ungarn) 6 P.; 17. Winants (Belgien) 2,5 P. Waganjan (UdSSR) trat nach der 4. Runde zurück.

Letzten Endes also doch eine Bestätigung, daß Karpow weiter die Nase vor dem „Rest der Welt" hatte (unangefochten die Nr. 2, wie Kasparow es einmal boshaft nannte), und mit umso mehr Spannung wartete man nun auf das erste wirklich ernste Treffen von K&K seit Sevilla.

Internationaler Großmeister Viktor Kortschnoi, Reykiavik (IBM), 1987
Foto: Calle Erlandson, Lund

Neues Duell der Giganten

Es ergab sich im Mai bei einem neuerlichen Viererturnier in Amsterdam, das dadurch natürlich einen ganz anderen Stellenwert erhielt als das frühere. Es freilich als „stärkstes aller Zeiten" mit der offiziell gar nicht mehr erfaßten Kategorie 17 zu bezeichnen, wie oft geschehen, darf man bei nur vier Teilnehmern wohl kaum ernst nehmen; nach dieser Rechnung läge ein WM-Kampf nur mit zwei Spielern mindestens bei Kategorie 20 ... Aber ein vielbeachtetes, mitreißendes Spektakel wurde es auf jeden Fall, nicht zuletzt einer Partie wegen, die auf ihre Art zu den unvergeßlichen der K&K-Duelle zählt. Nach einem Remis im ersten von vier Durchgängen setzten sich die beiden in der 5. Runde zum zweiten Mal ans Brett ...

Kasparow - Karpow
Caro-Kann (B 17)

1. e4 c6 2. d4 d5 3. Sd2 de4: 4. Se4: Sd7 5. Sf3 Sgf6 6. Sg3 e6 7. Ld3 Le7 8. 0-0 c5 9. De2 0-0 10. Td1 Dc7 11. c4 cd4: 12. Sd4: a6 13. b3 Te8 14. Lb2 b6 15. Sh5

Bis jetzt ist nicht viel passiert; Schwarz hat sich etwas passiv, aber solide aufgebaut, wie im Caro-Kann meistens; der Textzug deutet aggressive Absichten an, doch hat man keinesfalls das Gefühl, daß die Stellung etwa schon sturmreif sein könnte.

15. ... Lb7

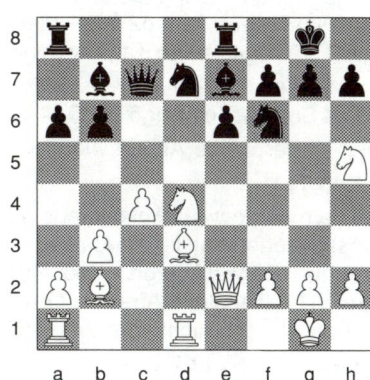

16. Se6:!?!?

Was ist das? Ein „psychologisches Opfer", ein überzogenes Risiko oder schlicht ein Versehen? In aller Welt hat man seinerzeit gerätselt. Interessant dazu dürfte sein, daß immerhin Karpow selbst dem Abenteuer seines Gegners im „Informator" Korrektheit insofern bescheinigte, als er die weiße Kompensation ungefähr gleichwertig betrachtete.

16. ... fe6: 17. De6:+ Kf8

Nicht in Frage kommt Kh8 18. Df7.

18. Lh7: Sc5 19. Dh3 Sh7: 20. Lg7:+?

Dieser scheinbar selbstverständliche Zug (20. Sg7:? Lf6! bringt Weiß gar nichts) läßt nach Karpow den weißen Angriff scheitern; er analysiert 20. b4! (mit der Hauptidee, daß nach 20. ... Se6 nun 21. Sg7:! viel stärker ist, nicht aber 21. De6:?! Lf6!) 20. ... g6 21. Sg7 und nun 21. ... Sg5 22. Dh8+ Kf7 23. Se8: Dc6 24. Sd6+ oder 21. ... Lf6 22. Se8: Te8: 23. Lf6: Sf6: 24. bc5: mit jeweils genügenden weißen Chancen.

20. ... Kg8 21. Lb2 Dc6

Nun nimmt bereits Schwarz das Heft in die Hand; im alleräußersten Fall kann er sogar mit der Rückgabe einer seiner zwei Mehrfiguren auf g2 spekulieren. Auf z.B. 22. Dg4+ hatte Karpow geplant 22. ... Lg5 23. h4 Lc8 24. Dg3 Se4.

22. Td4 Se4 23. Te1 Seg5 24. Dg4 La3!

Damit ist der weiße Angriff widerlegt.

25. Lc3 Te1:+?

Nachdem Karpow das Ablenkungsmotiv einmal gesehen hat, ist ein Rätsel, warum er hier das wohl sofort entscheidende 25. ... Lb2! ausläßt. Aber der Gewinn sollte damit noch nicht vergeben sein.

26. Le1: Te8 27. Ld2 Lc1

27. ... Lc5 war nach Karpow stärker; aber nun kehrt er plötzlich wieder zu besagtem Motiv zurück!

28. h4 Ld2: 29. Td2: Te1+?

Das ist zumindest ein turnierpraktischer Fehler, offenbar bereits in starker Zeitnot ein Schach, um dem 40. Zug näher zu kommen. Nach 29. ... De4! ist der Damentausch erzwungen, es sei denn, Weiß greift zu dem Schwindelversuch 30. Sf6+ Sf6: 31. Dg5:+ Kf7, wonach aber nur Schwarz noch Angriff hat (plus zwei Figuren mehr). Es hat wohl kaum noch Sinn, die folgenden Züge zu analysieren; die Zeitnot gibt allzu offenkundig den Takt an.

30. Kh2 Te4 31. f4 De6 32. Td8+ Kf7 33. Td7+ Kf8 34. De6: Te6: 35. hg5: Te7 36. Te7: Ke7: 37. g4 Le4 38. Kg3 Lb1 39. a3 und in dieser bereits für Weiß besseren, aber nach 39. ... La2 wohl noch für Schwarz haltbaren Stellung fiel Karpows Blättchen.

Nach einem weiteren Remis komplettierte Kasparow seinen Triumph im vierten Durchgang, als er nochmals mit Weiß und diesmal einwandfrei, ja sogar im besten „Karpow-Stil", seinen Rivalen bezwang.

Kasparow - Karpow
Caro-Kann (B 17)

1. e4 c6 2. d4 d5 3. Sd2 de4: 4. Se4: Sd7 5. Sg5 Sgf6 6. Ld3 e6 7. S1f3 Ld6 8. 0-0 h6 9. Se4 Se4: 10. Le4: 0-0 11. c3 e5 12. Lc2 Te8 13. Te1 ed4: 14. Te8:+ De8: 15. Dd4: De7 16. Lf4 Lf4: 17. Df4: Sf8 18. Te1 Le6 19. Sd4 Td8 20. h4 Dc5 21. Te3 Dd6 22. Se6: fe6: 23. Dg4 Dd2 24. Lb3 Kh8 25. Te2 Dd6 26. g3 a6 27. Kg2 Te8 28. Te3 Te7 29. Tf3 Td7 30. Dh5 De7 31. De5 Td8 32. a4 b5 33. De4 Dc7 34. Tf4 c5 35. Df3 Dd6 36. ab5: ab5: 37. Tf7 Tb8 38. Ta7 b4 39. Lc2 bc3: 40. bc3: De5 41. Tf7 Sh7 42. Dg4 Kg8 43. Te7 Sf8 44. Df3 c4 45. Le4 Kh8 46. Lc6 Sh7 47. Df7 Sf8 48. Te8 Te8: 49. Le8: Sh7 50. Ld7 Sf6 51. Le6: h5 52. Lc4: De4+ 53. Kh2 Kh7 54. De6 Df3 55. De1 Sg4+ 56. Kg1 Dc6 57. Ld3+ g6 58. De7+ Kh6 59. Le4 Db6 60. Df8+ Kh7 61. Df7+ Kh6 62. c4 Da6 63. c5 1 : 0

Der dunkle Punkt dieses nicht allzu attraktiven Stellungskampfes dürfte im 22. Zug liegen; bis jetzt ist kein einleuchtender Grund bekannt, warum Karpow statt des „normalen" Se6: (wonach der weiße Vorteil wohl kaum entscheidende Bedeutung hätte) eine ernstliche Schwächung seiner Bauernstruktur in Kauf nahm.

Endstand: 1. Kasparow 9 P.; 2. Karpow 6,5 P.; 3. Timman (NL) 5,5 P.; 4. van der Wiel (NL) 3 P.

Optisch also ein gewaltiger Triumph für den Weltmeister; doch angesichts der gezeigten ominösen Partie sollte man „die Kirche im Dorf lassen" - hätte Karpow gewonnen, so wäre der Vorsprung auf einen halben Punkt in der Endabrechnung geschrumpft, was viel eher dem reellen Kräfteverhältnis entsprochen hätte.

Das nächste Treffen sollte nicht lang auf sich warten lassen; doch zunächst einmal eine Art Zwischen-Episode: die erste Europameisterschaft im Schnellschach im spanischen Gijon, fast ein Torso, da Schnellschach zum Zankapfel zwischen GMA (Kasparow) und FIDE (Campomanes) geworden war, so daß viele Spitzenspieler dieses Turnier boykottierten. Zudem war von willkürlichen Schiedsrichterentscheidungen die Rede und von einem Streitfall um eine Partie Karpows, die wiederholt wurde, obwohl er sie nach diversen Darstellungen sogar angeblich schon aufgegeben hatte (nach einigen aber nur wegen eines vom Gegner provozierten Irrtums). Alles in allem jedenfalls kein positiver Höhepunkt des Schachjahres.

Endstand: 1. Karpow 10 P. (Wertung 106,5); 2. Tukmakow (UdSSR) 10 P. (Wertung 103), 3. Gawrikow (UdSSR) 9,5 P.; 4.-7. Ehlvest, Nowikow, Krasenkow (alle UdSSR), Ree (NL) 9 P.; 8.-10. Judasin (UdSSR), Groszpeter (Ungarn), Cabrilo (YU) 8,5 P. usw. Insgesamt qualifizierte sich aber fast das halbe Feld (45 von etwas über 100 Spielern) für die Interkontinental-Ausscheidung als Vorstufe zum WM-Finale in dieser Disziplin.

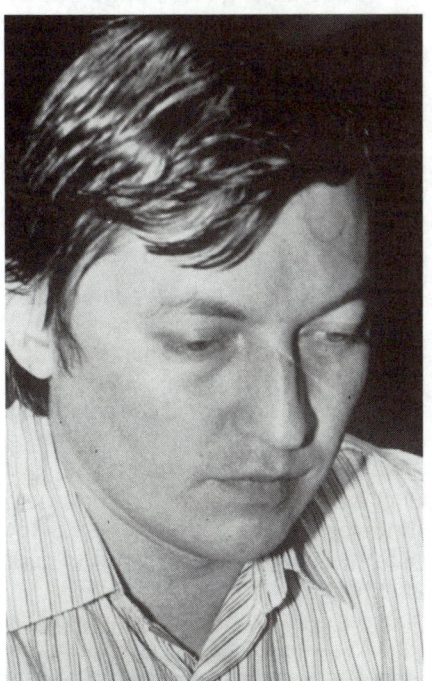

Ex-Weltmeister Anatoli Karpow   **Weltmeister Garri Kasparow**

Fotos: Schach-Report

19

Kasparow: Triumph mit Schönheitsfehler

Nächste Station des „Schach-Zirkus": Belfort, Frankreich, zweites Weltcupturnier. Mit beiden K sowie Robert Hübner stieß diese Veranstaltung auch hierzulande auf einiges Interesse. Doch der Verlauf war dann schlicht eine „Ein-Mann-Show" von Garry Superstar, unterbrochen durch einen kurzen großen Auftritt Karpows, der dem Weltmeister die einzige Niederlage beibrachte. Das geschah freilich erst in der vorletzten Runde und hatte keinen Einfluß mehr auf den Endstand; es war ein reiner Prestigekampf.

Die eigentliche Entscheidung fiel bereits zu Beginn; Karpow kam wieder einmal nicht aus den Startlöchern, verlor gleich die erste Partie und lief diesem Rückstand das ganze Turnier über hinterher, gegen einen Kasparow in Hochform ein ziemlich aussichtsloses Unterfangen. An den anderen freilich ging der Exweltmeister ähnlich Wijk aan Zee noch klar vorbei; aber es war eben wieder einmal nur der zweite Platz hinter dem anderen ...

Sokolow - Karpow
Caro-Kann (B 17)

1. e4 c6 2. d4 d5 3. Sd2 de4: 4. Se4: Sd7 5. Sg5 Sgf6 6. Ld3 e6 7. S1f3 Ld6 8. De2 h6 9. Se4 Se4: 10. De4: Sf6 11. De2 b6 12. Ld2 Lb7 13. 0-0-0 Dc7 14. The1 0-0-0 15. La6 La6: 16. Da6:+ Kb8 17. De2 Sd5 18. c4 Sf4 19. Df1 Sg6 20. g3 Le7 21. h4 h5 22. De2 Td7 23. Lg5 Lf6 24. Td2 Thd8 25. Ted1 Db7 26. Kb1 Ka8 27. a3 Da6 28. Lf6: gf6: 29. Se1 Se7 30. Sc2 b5 31. Sb4 Db7 32. d5 cd5: 33. cb5: Tc8 34. Dh5: Sg6 35. De2 Se5 36. b3 Tdc7 37. Tc2 Tc2: 38. Sc2: a6 39. Sd4 ab5: 40. Sb5: Db6 41. a4 Dc5

42. Dd2 Sf3 43. Dc1 Dc1: 44. Tc1: Td8 45. Tc7 d4 46. Tf7: d3 47. Kc1 d2+ 48. Kd1 Td3 49. Sc7+ Kb8 50. Sa6+ Ka8 51. Sc7+ Kb8 52. Se6: Tb3: 53. Tf8+ Ka7 54. Td8 Tb1+ 55. Ke2 Te1+ 56. Kf3: d1D+ 57. Td1: Td1: 58. Kf4 Tf1 59. f3 Kb6 60. Sg7 Kc6 61. Sh5 Kd6 62. Sf6: und erst im 75. Zug fand sich Karpow damit ab, diese trostlose Stellung aufzugeben.

Ljubojevic - Kasparow
Sizilianisch (B 81)

1. e4 c5 2. Sf3 e6 3. d4 cd4: 4. Sd4: Sf6 5. Sc3 d6 6. g4 Sc6 7. g5 Sd7 8. Tg1 Le7 9. Le3 0-0 10. Dd2 a6 11. 0-0-0 Sd4: 12. Ld4: b5 13. f4 b4

Eine offenbar kaum gespielte Variante; als letzter bekannter Vorgänger wurde allgemein eine Partie anno 1967 angegeben, die nun mit 14. Sa4 weiterging. Der nächste weiße Zug betritt endgültig Neuland; doch in solchen Fällen gewinnt gewöhnlich, wie ein Standardspruch heißt, der bessere Spieler!

14. Se2 Da5 15. Kb1

Mit 15. a3? hätte sich Weiß wegen 15. ... Tb8 nur nutzlos geschwächt.

15. ... e5 16. Lf2

In Verbindung mit dem nächsten Zug eine etwas gekünstelt wirkende Aufstellung; man hätte eher 16. Le3 erwartet.

16. ... Sc5 17. De3 Le6 18. Sc1 ef4: 19. Df4: Tac8 20. Ld4 Tfe8 21. Sb3 Da4 22. Lf6?!

Ein Zug für die Galerie, der aber im Grund nichts leistet; der Läufer steht langfristig auf f6 exponiert und treibt den schwarzen nur auf ein eher besseres Feld. Laut Kasparow sollte Weiß seinen

Angriff mit 22. h4 (Idee h5, g6) fortsetzen, wonach der Kampf noch völlig offen war.

22. ... Lf8 23. Tg3?!

Läßt die folgende schwarze Stellungsverbesserung zu und schwächt, was allerdings hier noch kaum abzusehen war, die weiße Grundreihe.

23. ... Dc6

Nun hängt e4, und vor allem droht Sb3: nebst Dc2+. Der folgende Tausch scheint also erzwungen.

24. Sc5: dc5:

Nun hat Schwarz schon deutliche Fortschritte gemacht: aus dem rückständigen Bd6 ist ein angriffsstarker c-Bauer geworden, auch kann a2 wieder unter Beschuß genommen werden.

25. Le5 c4 26. Ld6 b3 27. c3?!

Nach Kasparow der entscheidende Fehler; allerdings läßt die von ihm angegebene Variante 27. Lf8: bc2:+ 28. Kc2: Da4+ 29. Kc1 c3! 30. Tc3: Tc3: 31. bc3: Tf8: Schwarz auch deutliche Vorteile.

27. ... Tcd8 28. e5 Ld6: 29. ed6:

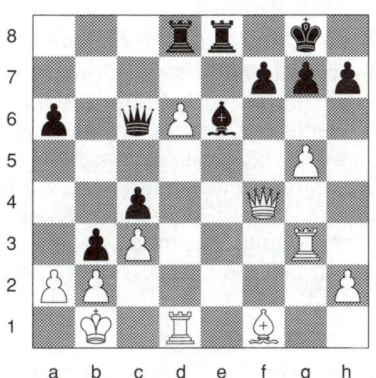

29. ... Td6:!!

Wie so oft hängt alles an einer einzigen, wenngleich brillanten taktischen Finesse. 30. Td6: Lf5+! 31. Kc1 (sonst Grundreihenmatt) ba2: und gewinnt; zum gleichen Ergebnis führt 30. Dd6: Lf5+ 31. Kc1 (31. Ka1: Dd6:) ba2: 32. Da3 (32. Dc6: a1D+ 33. Kd2 Db2: matt) De4 und Weiß hat nichts mehr zu bestellen. Der Rest in der Partie ist allerdings auch nur noch Agonie.

30. Tc1 Dc5 31. Ka1 Ted8 32. Te3 Td1 33. Te1 Te1: 34. Te1: Da5 35. a3 Dd5 36. Le2 g6 37. h4 Dd2 38. Df1 Lh3 39. Dg1 Te8 0:1

Von der 9. bis 13. Runde gewann Kasparow fünf Partien in Folge - bei solch einem Riesenturnier kamen Erinnerungen an Fischers legendäre 6:0-Siege auf ... Damit distanzierte der Weltmeister auch den einzigen Gegner, der anfangs Schritt halten konnte, nämlich Ehlvest; dieser verlor auch gegen Karpow und fiel damit auf einen zwar immer noch hervorragenden 3. Platz zurück, aber eben doch deutlich hinter die zwei Großen.

Als die dann in der vorletzten Runde aufeinanderprallten, ging es nur noch ums Prestige - vor allem für Karpow, der einen zweiten Kantersieg des anderen nach Amsterdam unbedingt verhindern und den Abstand möglichst klein halten wollte, von der Aufbesserung des persönlichen Scores ganz zu schweigen, das mit dem Amsterdamer 1:3 einen Knacks bekommen hatte. Die Revanche gelang ...

Karpow - Kasparow
Grünfeld-Indisch (D 87)

1. d4 Sf6 2. c4 g6 3. Sc3 d5 4. cd5: Sd5: 5. e4 Sc3: 6. bc3: Lg7 7. Lc4 c5 8. Se2 Sc6 9. Le3 0-0 10. 0-0 Lg4 11. f3 Sa5 12. Lf7:+

Offenbar sind beide „Dickschädel", was

das Duell um diese berühmt-berüchtigte Sevilla-Variante angeht. In Amsterdam hatte Kasparow einen moralischen Erfolg davongetragen, als er gegen einen neuen Versuch des Rivalen gutes Spiel erreichte (Ergebnis Remis).

12. ... Tf7: 13. fg4: Tf1:+ 14. Kf1: Dd6 15. e5 Dd5 16. Lf2 Td8

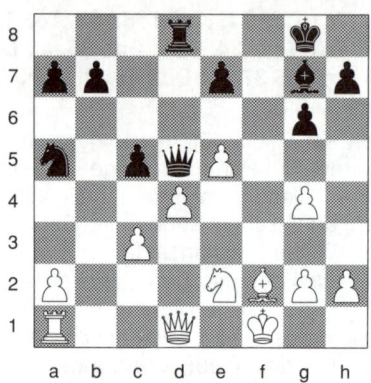

Die „Grundstellung", in der Karpow neben dem bisher bekannten 17. De1 in Amsterdam 17. Dc2 probiert hatte. Der Textzug zeigt wieder einmal, auf welch hochspezialisiertem Niveau die Kämpfe der beiden inzwischen angelangt sind - mit Feinheiten, deren Sinn außer K&K selbst wohl kaum jemand so ohne weiteres versteht.

17. Da4!? b6 18. Dc2

Karpow meint also, daß b6 eine ausreichend große Schwächung sei, um die ganze Idee Dc2 neu zu bewerten! Gemäß seinem Sekundanten Zaitsew soll die Absicht sein, 18. ... Dc4 (analog der Amsterdamer Partie) mit 19. De4 zu beantworten, und damit offenbar den Sa5 „verhungern" zu lassen, der nicht mehr nach c6 kann. In manchen Varianten mag auch eine Rolle spielen, daß

Schwarz ein Nehmen dc5: nicht mehr einfach ignorieren kann, weil Weiternehmen auf b6 droht. Wie auch immer, als Außenstehender sollte man ehrlicherweise zugeben, daß der letzte Sinn solcher Details wohl Geheimnis der beiden bleiben muß.

18. ... Tf8 19. Kg1 Dc4 20. Dd2

Jetzt könnte Schwarz auf 20. De4 doch Sc6 spielen (wegen des nicht mehr genügend gedeckten Se2) und würde damit gleich Se5: drohen. Auf d2 scheint freilich die Dame besser zu stehen, als in der Amsterdamer Partie auf b2, wo Schwarz seinen Läufer problemlos via h6 aktivieren konnte ... aber man vergleiche die später folgende Partie Karpow - Timman aus Rotterdam 1989!

20. ... De6

Auch 20. ... Lh6 21. Dh6: De2: 22. De3 war nach Zaitsev leicht besser für Weiß, doch scheint es, daß ein Endspiel ohne Damen und den Lh6 bzw. Se2 eindeutig der Partie vorzuziehen war. Der Lg7 bleibt jetzt eingesperrt, und gerade Dame sowie Se2 von Weiß kommen mächtig ins Spiel.

21. h3 Sc4 22. Dg5 h6 23. Dc1

Wieder hat Weiß einen schwächenden Bauernzug provoziert, der zudem den Lg7 weiter einschränkt. Zaitsev empfahl nun 23. ... h5 „mit Gegenspiel", doch hätte dann Weiß immerhin schon den Vorteil, daß sein Mehrbauer ein echter werden könnte. Wie man es auch dreht, letztlich bleibt die Lage wohl günstiger für Weiß.

23. ... Df7 24. Lg3 g5?!

Der Wunsch, Sf4 zu verhindern, ist verständlich; aber nun ist der Lg7 völlig begraben und die weißen Felder werden schwach.

25. Dc2 Dd5 26. Lf2 b5 27. Sg3 Tf7 28. Te1 b4 29. Dg6!

Weiß hat die Stellung jetzt sicher im Griff und droht bereits mit Sf5, e6 oder im Fall von e7-e6 auch Sh5-f6+ selbst einen tödlichen Angriff.

29. ... Kf8 30. Se4 Tf2:?!

Wohl ein Übersehen in Zeitnot - vgl. den 32. Zug -, aber es sah ohnehin für Schwarz nicht mehr schön aus.

31. Kf2: bc3: 32. Df5+

Ob Kasparow dies übersehen hat? Auf Ke8 gewinnt jetzt 33. Sd6+ mit Matt auf c8 oder 33. ... ed6: 34. ed6:+ usw.

32. ... Kg8 33. Dc8+ Kh7 34. Dc5:

Damit ist die Partie aber auch zu Ende.

34. ... Df7+ 35. Kg1 c2 36. Sg3 Lf8 37. Sf5 Kg8 38. Tc1 1:0

Endstand: 1. Kasparow 11,5 P.; 2. Karpow 10,5 P.; 3. Ehlvest (UdSSR) 9 P.; 4.-7. Hübner (BRD), Ribli (Ungarn), Sokolow (UdSSR), Spassky (Frankreich) 8 P.; 8. Short (England) 7,5 P.; 9. Speelman (England) 7 P.; 10.-13. Andersson (Schweden), Beljawsky (UdSSR), Ljubojevic (YU), Nogueiras (Kuba) 6,5 P.; 14.-16. Hjartarson (Island), Timman (NL), Jussupow (UdSSR) 5,5 P.

Weiterhin heißer Schach-Sommer

Die Machtverhältnisse hatten sich stabilisiert - siehe auch die ELO-Zahlen zum 1.7.88: Kasparow 2760, Karpow 2725, danach erst einmal nichts. Würde die Geschichte eintönig werden? Nicht ganz - beim dritten Treffen der beiden innerhalb kurzer Zeit kamen die Fronten zumindest ein wenig in Bewegung. Die UdSSR-Meisterschaft 1988 war die wohl stärkste seit langem, mit dem Niveau annähernd eines Weltcup-Turniers (ELO-Schnitt 2594), vielleicht deswegen, weil von erstmals respektablen Preisgeldern die Rede war. Jedenfalls, der Kampf um die Hausmacht im eigenen Land mußte für beide extrem wichtig sein. Nach einem in der ersten Turnierhälfte völlig unklaren Verlauf distanzierten sie gegen Ende wieder einmal den Rest der Konkurrenz deutlich. Aber intern erzielte Karpow einen Prestigeerfolg: Er blieb mit dem Weltmeister punktgleich, und nach langem Hin und Her über einen eventuellen Stichkampf wurden letztendlich beide zu Titelträgern erklärt. Die direkte Partie endete diesmal ohne große Höhepunkte remis.

Endstand: 1./2. Kasparow, Karpow 11,5 P.; 3./4. Jussupow, Salow 10 P.; 5./6. Eingorn, Iwantschuk 9,5 P.; 7. Judasin 9 P.; 8. Beljawsky 8,5 P.; 9.-13. Ehlvest, Smyslow, Gawrikow, Sokolow, Waganjan 8 P.; 14. Chalifman 7,5 P.; 15./16. Smirin, Gurewitsch 7 P.; 17./18. Malanjuk, Charitonow 6 P.

Fast wie eine historische Fußnote wirkt die folgende Partie, eine der besten Kasparows aus diesem Turnier: Viele hatten gerätselt, warum Karpow in der 4. Partie von Sevilla statt der theoretischen Empfehlung einen Zug gespielt hatte, der sich als zumindest zweifelhaft erwies. Iwantschuk, in Zukunft vielleicht einer der aussichtsreichsten Rivalen der beiden, war (zu) selbstbewußt und neugierig, er wollte es wissen und bekam prompt eins auf die Nase ...

Kasparow - Iwantschuk
Englisch (A 29)

1. c4 Sf6 2. Sc3 e5 3. Sf3 Sc6 4. g3

Lb4 5. Lg2 0-0 6. 0-0 e4 7. Sg5 Lc3:
8. bc3: Te8 9. f3 ef3: 10. Sf3: d5

Der kritische Moment: in Sevilla spielte
Karpow 10. ... De7?!. Der Textzug steht
im Buch.

11. d4!?

Eine Neuerung, die aufgrund des Resultats dieser Partie „natürlich" zum Teil
überschwenglich gefeiert wurde. Es ist
immerhin interessant, daß Kasparow im
Informator, trotz reichlich Ausrufezeichen für seine Züge, eine weit vorsichtigere Linie vertritt.

11. ... Se4

Nach 11. ... dc4: 12. Lg5 gibt Kasparow
Weiß „nur" eine ausreichende Kompensation; aber die Fesselung plus f-Linie
ist sicherlich etwas, worauf man sich als
Verteidiger an Brett nicht gern einläßt.

12. Dc2 dc4: 13. Tb1

Mit lästigem Druck auf b7; z.B. droht nun
schon eher Se5, da nach Se5: und Le4:
außer h7 (was mit Sg6 pariert werden
könnte) auch b7 angegriffen wäre. Es
drängt sich 13. ... Tb8 auf, doch danach
könnte die Fesselung von b7 Probleme
aufgeben, z.B. 14. Sd2 Sd2: 15. Ld2:
(c6 hängt!) und Schwarz stünde reichlich passiv, alle Trümpfe der Stellung
wären in Händen von Weiß.

13. ... f5

e4 zu behaupten wäre der auf Dauer
wohl einzig ausreichende Gegentrumpf
für Schwarz; aber deswegen hat sich
Kasparow bestimmt auch damit noch in
der Hausanalyse befaßt.

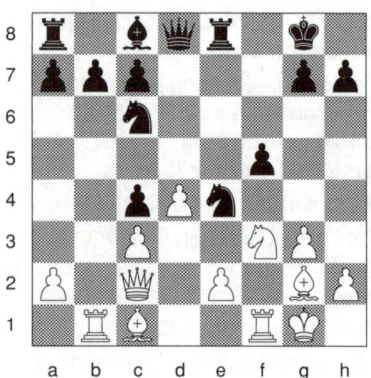

14. g4! De7?!

Verständlich, daß Schwarz die Stellung
nach 14. ... fg4: 15. Se5 Se5: 16. Le4:
Sg6 17. Lg6: hg6: 18. Dg6:, zumal gegen Kasparow, nicht gern auf dem Brett
haben wollte; aber der Weltmeister
selbst gibt Schwarz nach 15. ... Sd6!?
16. Sc6: bc6: noch etwa ausreichendes
Gegenspiel - wobei er gar nicht mit 17.
Lc6:, sondern 17. e4 fortsetzen wollte.

15. gf5: Sd6

Auch nach 15. ... Lf5: ist 16. Sg5! sehr
stark, zumal Weiß nach 16. ... g6 einfach
mit Generalabtausch auf e4 nebst Tb7:
wohl entscheidenden Endspielvorteil erzielt hätte.

**16. Sg5! De2: 17. Ld5+ Kh8 18. De2:
Te2: 19. Lf4**

Nun stellt die Drohung 20. Ld6: cd6: 21.
Sf7+ Schwarz unlösbare Probleme; z.B.
wird 19. ... Lf5: 20. Ld6: Lb1: 21. Sf7+
Kg8 22. Sd8+ auf f8 Matt.

**19. ... Sd8 20. Ld6: cd6: 21. Tbe1 Te1:
22. Te1: Ld7 23. Te7 Lc6 24. f6!** und
1:0 wegen 24. ... Ld5: 25. Te8+ Lg8 26.
f7.

Auch Karpow bot in diesem Turnier sehenswerte Leistungen:

Karpow - Jussupow
Damengambit (D 36)
1. c4 e6 2. Sc3 d5 3. d4 Le7 4. Sf3 Sf6
5. cd5: ed5: 6. Lg5 c6 7. Dc2 g6 8. e4
Se4:?!
Ein neuer Versuch, der aber wohl kaum
ganz vollwertig sein kann.
9. Le7: Ke7:
Das muß schon sein, denn auf De7: folgt
10 Sd5:.
**10. Se4: de4: 11. De4:+ Le6 12. Lc4
Da5+ 13. Kf1**
Nun ist zwar beiden die Rochade ver-
dorben, aber der schwarze König in der
offenen e-Linie mit dem ständigen Druck
gegen e6 - das deutet doch auf spürba-
res weißes Übergewicht hin.
13. ... Df5 14. De3 Sd7 15. Te1 Tae8

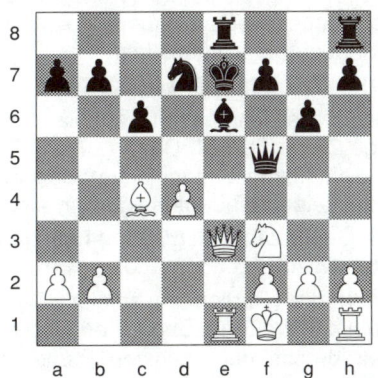

16. d5!
Ein typisches Bauernopfer auf Position,
wodurch Weiß das Feld d4 bekommt,
aber vor allem Aussichten, Schwarz
auch am Damenflügel zu beunruhigen.
Zudem wird der Le6 völlig „mumifiziert".
16. ... cd5: 17. Lb5 a6?!
Nach Karpow sollte Schwarz 17. ... d4

versuchen, mit nur leichtem weißen Vorteil.
**18. Da3+ Kd8 19. Da5+ Ke7 20. Db4+
Kf6 21. Dd4+ Ke7 22. Ld3 Dh5 23. h4
Kd8 24. Sg5**
Diese Art Positionsspiel gehört zu Karpows liebsten Stellungstypen: das reine
Manövrieren, um eigene Figuren maxi-
mal gut und die feindlichen möglichst
schlecht zu stellen. Nachdem er die
schwarze Dame ins Abseits gedrängt
hat, nimmt sein Vorteil allmählich entscheidende Ausmaße an.
24. ... Thf8
Es drohte 25. g4 und falls Dh6 26. Te6:
**25. Le2 Dh6 26. Lf3 Te7 27. Db4 Sf6
28. Dd6+ Td7 29. Df4 Sg8**
Ein trauriger Rückzug, da nicht nur Df6:,
sondern auch Se6: drohte und 29. ...
Dg7 mit 30. Te6: widerlegt wird.
30. Lg4
Da Schwarz nun auf g4 nicht nehmen
kann (wegen Db8 matt), fällt seine Stellung zusammen.
**30. ... Kc8 31. Le6: fe6: 32. Tc1+ Kd8
33. Se6:+ Ke7 34. Df8:+** und vielleicht
wegen Zeitnot hoffte Jussupow noch bis
zum 43. Zug auf mögliche Wunder, ehe
er sich mit der glatten Minusqualität geschlagen gab.
Allmählich bekamen die Schachfans
nun doch wieder einmal Lust auf anderes als K&K. Es wurde im August 1988
geboten: der vorgezogene erste Kampf
des Kandidaten-Viertelfinales zwischen
den Engländern Short und Speelman -
zwei, denen man vielleicht zutrauen
konnte, sich weit vorzukämpfen. Es ging
immer noch nur über sechs Partien, und
der Verlauf war für die kurze Distanz
typisch: eine geglückte Eröffnungs-
Überraschung, dann ein erfolgreicher

„Schwindel" gegen den um jeden Preis auf Sieg spielenden Kontrahenten - aus und vorbei.

Speelman - Short, 3. Partie
Damengambit (D 37)

1. d4 Sf6 2. c4 e6 3. Sf3 d5 4. Sc3 Le7 5. Lf4 0-0 6. e3 c5 7 dc5: Lc5: 8. Dc2 Sc6 9. a3 Da5 10. 0-0-0!?

Galt damals als brandheiße Neuerung, kurz zuvor bei der UdSSR-Meisterschaft von Gurewitsch eingeführt. Nach zwei Remisen zum Auftakt, wobei Speelman in der 1. Partie mit Weiß noch ganz anders fortgesetzt hatte (5. Lg5), sieht er nun offenbar die Chance gekommen, dem Gegner mit dieser jüngsten Errungenschaft theoretisch auf den Zahn zu fühlen.

10. ... Le7

Nach 10. ... dc4: 11. Lc4: Le7 12. g4 b5 kam Weiß in den Verwicklungen zu einem schnellen Sieg in Gurewitsch - Sokolow aus besagter UdSSR-Meisterschaft.

11. g4 Td8 12. h3 a6

Im selben Turnier konnte hier Charitonow gegen Gurewitsch mit 12. ... Ld7 nahezu das Gleichgewicht halten. Speelman bezeichnete auch 12. ... dc4: 13. Td8:+ Sd8: 14. Lc4: als Ausgleich. Der Textzug dürfte aber noch kein direkter Fehler sein.

13. Sd2 e5?

Hierbei muß Short irgendetwas übersehen haben. Konsequent und am besten war nach a6 nun natürlich 13. ... b5. Laut einer Analyse von Nunn erreicht Weiß dann höchstens minimalen Vorteil nach der beidseits besten Fortsetzung 14. cd5: Sd5: 15. Sd5: Td5:!.

14. g5! Se8

Das bedeutet schon fast Kapitulation.

Nach 14. ... Sh5 15. Lh2 kommt Schwarz mit dem Sh5 ins Gedränge. Eine tückische Variante gibt Speelman auf 14. ... Se4 an: 15. Sb3 Dc3:?! 16. bc3: La3:+ 17. Kb1 Lf5 und Weiß kann nach seiner Ansicht mit 18. Ka2! Lb4 19. Le5:! gerade noch vorteilhaft davonkommen. Vielleicht steckt hier irgendwo eine Verrechnung, die Short zu 13. ... e5 veranlaßt hat, denn mit dem Textzug, der ohne nennenswerte Kompensation Material kostet, gibt er zu, daß das Eröffnungsduell verloren ist.

15. Sb3 Db6 16. Sd5: Td5:

Noch das einzige (Da7 17. Se7:+ Se7: 18. Td8:).

17. cd5: ef4: 18. dc6: fe3: 19. fe3: Lg5: 20. Kb1 bc6: 21. Lc4

Materiell ginge es für Schwarz einigermaßen angesichts der wenigen, z.T. schwachen weißen Bauern; doch Weiß hält auch die Initiative fest.

21. ... Ta7 22. Thf1 Lf6 23. De4!

Macht alles klar, gestützt auf die Hauptidee 23. ... Te7 24. De7:! Le7: 25. Tf7: und die Abzugsbatterie bringt zumindest entscheidenden Materialgewinn ein.

23. ... Kf8 24. Dh7: g6 25. e4 c5 26. e5 Lg7 27. e6 1:0

Noch drei Partien zu spielen, davon zweimal Weiß für Short - es war klar, daß bereits der nächsten Partie nun eminente Bedeutung zukam.

Short- Speelman, 4. Partie
Jugoslawisch (B 09)

1. e4 d6 2. d4 g6 3. Sc3 Lg7 4. f4 Sf6 5. Sf3 0-0 6. Le2 c5 7. dc5: Da5 8. 0-0 Dc5:+ 9. Kh1 Sc6 10. Ld3 Lg4 11. De1 Lf3: 12. Tf3: Sb4

Es ist die Frage, ob Schwarz nicht lieber den Springer behalten sollte; z.B. um ihn nach weißem f4-f5 auf e5 einzusetzen.

13. Le3 Sd3: 14. cd3: Db4 15. Tb1 a5 16. f5 Tac8

Dieser Zug dürfte im Hinblick auf die nächste Anregung unnötig sein; besser sofort a4.

17. Lg1 a4

Als stärker wurde später sofort 17. ... e6 vorgeschlagen, um nach ef5: Gegenspiel in der e-Linie aufzuziehen; falls Weiß deswegen auf e6 tauscht, fehlt seinem Angriff die Spitze.

18. a3 Db3 19. Ld4 e6 20. Dg1

Wahrscheinlich hätte 20. Df1 Schwarz noch mehr Ärger bereitet, da das wohl befürchtete 20. ... Se4: 21. Lg7: Sd2 laut einer langen und schwierigen Analyse von Nunn nicht korrekt wäre. Am Brett konnte man das kaum vorhersehen.

20. ... b5 21. g4

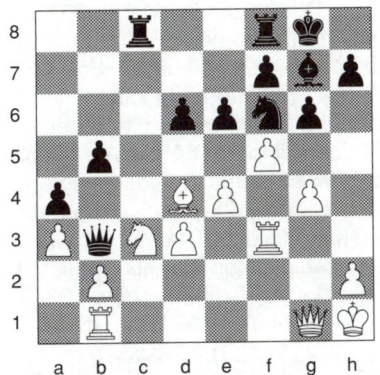

21. ... Sg4:!?!

In seiner Art ein phantastischer Zug, typisch für den Stil Speelmans, der so virtuos im Trüben fischen kann. Schwarz merkt, daß er langfristig überrollt zu werden droht, und gibt lieber gleich eine

Figur, um die Partie mit aller Macht auf ein anderes Gleis zu zwingen. Sicher hat er dabei auch überlegt, daß psychologisch der Spieß umgedreht wird - statt anzugreifen, muß Weiß in der Folge die Initiative und die Sticheleien des Gegners bekämpfen. In aufziehender Zeitnot ist das besonders unangenehm.

22. f6

Nach 22. Lg7: Kg7: 23. Dg4: Tc3: 24. f6+ Kh8 kann sich Schwarz, wie die späteren Analysen ergaben, wahrscheinlich halten. Also nimmt Short erst einmal den Spatz in der Hand mit.

22. ... Sf6: 23. Lf6: Lf6: 24. Tf6: b4 25. ab4: a3 26. Dd1 Db4: 27. Tf2 ab2: 28. Sa2 Dd4 29. Tfb2: d5

Angesichts der wenigen Bauern und der offenen Königsstellung von Weiß ist schon sehr zu bezweifeln, daß er reelle Gewinnchancen hat. Verlieren freilich sollte er auf gar keinen Fall; doch unter dem Druck der Uhr und des Rückstands bahnt sich die Katastrophe in wenigen Zügen an.

30. Tb4 Da7 31. Sc1?!

Besser nach Nunn 31. Ta4.

31. ... de4: 32. de4:?

Damit kippt die Partie bereits; daß sich die Dame auf e3 unvertreibbar festsetzt (da die Türme e4 bzw. c1 decken müssen), durfte er keinesfalls zulassen, also 32. Te4:.

32. ... De3! 33. Dg1?!

Vielleicht war mit 33. Sb3 noch etwas zu retten, obwohl nach Tfd8 das Eindringen der Türme schon sehr drohend aussieht.

33. ... Df3+ 34. Dg2 Dd1+ 35. Dg1

Womöglich hat Short in Zeitnot nur damit gerechnet, der Gegner wolle Remis durch Dauerschach?!

35. ... Tfd8!

Droht Df3+ nebst Td1 matt; das Endspiel nach Damentausch und Verlust des Sc1 ist mit zwei satten Minusbauern auch kaum des Weiterspielens wert.
36. Sb3 Df3+ 37. Dg2 Td1+ 38. Td1:

Dd1:+ 39. Dg1 De2! 40. h3 Tc2 0:1

Das war natürlich die Entscheidung, und ein Remis in der 5. Partie machte denn auch für Speelman das Weiterkommen umgehend perfekt.

Indirektes Duell in Tilburg und Reykjavik

Als nächstes Großereignis war das Interpolis-Turnier in Tilburg angesagt. Ein gutes Pflaster für Karpow - schon einige Male hatte er dort gewonnen. Diesmal jedoch gelang es ihm in der Superkategorie 16 (Schnitt ELO 2627) mit einer Überlegenheit, die an seine besten Zeiten erinnert und auch seinen (unbeteiligten) Rivalen Kasparow wohl ein wenig „geärgert" haben dürfte. Karpow blieb ungeschlagen und gewann in dem doppelrundigen Turnier genau die Hälfte, nämlich 7 von 14 Partien; eine ganz schöne Menge auf so hohem Niveau.

Endstand: 1. Karpow 10,5 P.; 2. Short (England) 8,5 P.; 3.-5. Hjartarson (Island), Nikolic (YU), Timman (NL) 7 P.; 6./7. Hübner (BRD), van der Wiel (NL) 5,5 P.; 8. Portisch (Ungarn) 5 P.

Besonderen Erfolg hatte Karpow in diesem Turnier mit einem wahren „Themakampf": Dreimal kam dieselbe scharfe Variante im Slawischen Damengambit aufs Brett, und 2,5 Punkte daraus standen am Ende zu Buch. In „Karpows Schachschule" berichtete der Exweltmeister 1990 im Schach-Report ausführlich über seine Erfahrungen aus diesen Partien.

Karpow - Timman
Slawisch (D 17)
1. d4 d5 2. c4 c6 3. Sf3 Sf6 4. Sc3 dc4:

5. a4 Lf5 6. Se5 e6 7. f3 Lb4 8. e4 Le4:
9. fe4: Se4: 10. Ld2 Dd4: 11. Se4:
De4:+ 12. De2 Dh4+

Hjartarson und Hübner spielten hier das bekannte 12. ... Ld2:+ 13. Kd2: Dd5+ 14. Kc2 Sa6 15. Sc4: 0-0-0 16. De5 f6 17. De3 c5, worauf Karpow gegen Hübner mit 18. Le2 letztlich nichts erreichte, während er gegen Hjartarson nach 18. Kb3! Sb4 19. Tc1 Sc6 20. Ka3 Sd4 21. Sa5 e5 22. Dc3 b6 23. Sb3 einen kleinen Vorteil behauptete. Der Rest der Partie: 23. ... Db3:+ (besser war, mit De6 den Tausch zu vermeiden) 24. Db3: Sb3: 25. Kb3: Td4 26. h4 Thd8 27. Lc4 Kc7 28. h5 Tg4? (wohl der entscheidende Fehler; nun wird entweder die Bauernstruktur zerstört oder h7 als Angriffsobjekt etwa für späteres Lg8 festgelegt; richtig nach Karpow 28. ... a6!, drohend b5, und falls 29. La6: Tb4+ 30. Kc3 Ta4: mit Remisaussichten) 29. h6! Tg2: 30. hg7: Tg7: 31. Tcf1 Td6 32. Th6 e4 33. Thf6: h5 34. T6f4 Td4 35. Tf7+ Td7 36. Tg7: Tg7: 37. Tf4 Tg3+ 38. Kc2 Tg2+ 39. Kc3 Tg3+ 40. Kd2 Tg4 41. Tf7+ Kd6 42. Ke3 a6 43. La6: 1:0.

Ausführliches über die Eröffnung ist in dem erwähnten Karpow-Artikel nachzulesen.

13. g3 Ld2:+ 14. Kd2: De7 15. De3!
Stärker als 15. Dc4: Dd6+ 16. Sd3 Sd7,

wonach die weißen Figuren nicht allzu glücklich ständen.

15. ... Sa6 16. Lc4: Sb4 17. Tad1 Sd5 18. Ld5: cd5: 19. Sd3

Schwarz hat für die Figur drei Bauern mit einer gesunden, schwächelosen Struktur - es sieht scheinbar nicht so übel für ihn aus. Aber Karpows Steine kontrollieren wieder einmal alle wichtigen Felder, und es ist erstaunlich, wie es ihm durch einfache Stellungsverbesserung, ohne direkt etwas zu unternehmen, gelingt, Schwarz in Schwierigkeiten zu bringen.

19. ... 0-0 20. Tc1 Tfc8

Schwarz möchte natürlich gern e5 spielen, aber dazu kommt er nicht, z.B. 20. ... f6 21. Tc5! Tad8 22. Thc1 und falls nun endlich 22. ... e5, so bereits 23. Tc7. Auch nach 20. ... Tfe8 (laut Karpow relativ am besten) 21. De5 schielt Weiß schon wieder nach c7.

21. The1

Stellt auch die letzte Figur aktiv, statt sich etwa wegen des Ba7 in Abenteuer zu stürzen.

21. ... b6 22. De5 Dd7 23. b3 h6 24. h4

Die weißen Stücke robben sich langsam vorwärts, ohne die Kontrolle auch nur über ein wichtiges Feld abzugeben. Falls z.B. 24. ... Tc1: 25. Tc1: Tc8 26. Tc8: Dc8:, so geht das Einsickern weiter mit 27. Dd6 nebst Se5 oder falls 27. ... f6 28. Sf4. Schwarz, der in der Tat sonst nur hin- und herziehen könnte, wird verständlicherweise nervös und bietet den Bd5 an, um wenigstens endlich so etwas wie Gegenspiel zu bekommen.

24. ... De7?! 25. Dd5: Td8 26. Df3 Db4+ 27. Ke2 Db3: 28. Tc7

Einen Moment lang sah es aus, als könnte Schwarz recht behalten haben -

doch schon zwingt ihn Karpow mit diesem Zug wieder in die Bauchlage. Die offene Königsstellung ist eben wegen der überlegenen Wirksamkeit der weißen Figuren keine Gefahr.

28. ... Tf8 29. Tf7:! Da4: 30. Tf1 Da3 31. Db7

Hier hat offensichtlich nur noch Weiß den Angriff, und das muß ihm mindestens einige schwarze Bauern zur Beute fallen lassen.

31. ... Tf7: 32. Tf7: Da1 33. Tg7:+ Dg7: 34. Da8:+ Kh7 35. De4+ Dg6 36. Df4 a5 37. g4 e5 38. Se5: Dc2+ 39. Ke3 Dc1+ 40. Ke4 Df4: 41. Kf4: 1:0

Man könnte wirklich glauben, daß Schach eigentlich ganz einfach ist ...

Nun mußte wieder Kasparow reagieren, beim dritten Weltcup-Turnier im isländischen Reykjavik, wo ihm die Bühne allein gehörte. Doch wie schon beim UdSSR-Championat fiel die Vorstellung des Weltmeisters nicht gar so überlegen aus. Bis zur letzten Runde kämpfte Beljawsky mit ihm um die Führung, und erst als dieser am Schlußtag gegen den sonst ganz und gar nicht überzeugenden Spassky verlor (die Nerven?), fiel Kasparow doch der Alleinsieg zu. (Die Weltcup-Wertung hätte er allerdings auch bei Punktgleichstand gewonnen, da er gegen den außer Konkurrenz spielenden Isländer Petursson remisierte, Beljawsky hingegen gewann.) Ungeschlagen kam er dieses Mal nicht über die Runden und handelte sich eine Null gegen Sokolow ein, die, wenn auch vor dem 40. Zug sicher in Zeitnot, so doch auf wenig weltmeisterliche Weise zustande kam.

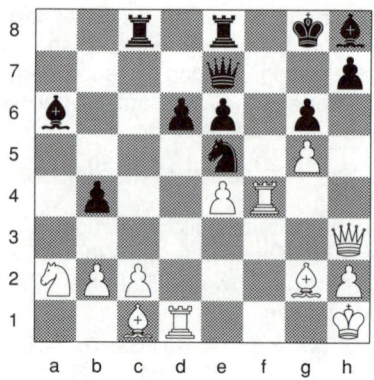

Tf8: 40. Dg5: Tc2 für den Materialverlust einiges vorzuweisen gehabt hätte.

Als es ums Ganze ging, war der Weltmeister aber dennoch wieder voll da: In der vorletzten Runde, auf der Höhe des Duells mit Beljawsky, holte Kasparow einen entscheidenden Punkt, indem er einen der stärksten Gegner, Ehlvest (später Vierter im Gesamtweltcup) mit Schwarz fürchterlich zertrümmerte. Solche Siege „auf Bestellung" sind ein Markenzeichen der Größten im Schach.

Ehlvest - Kasparow
Englisch (A 28)

1. c4 Sf6 2. Sc3 e5 3. Sf3 Sc6 4. e3 Lb4 5. Dc2 0-0 6. d3 Te8 7. Ld2 Lc3: 8. Lc3: d5 9. cd5: Sd5: 10. Le2 Lf5!?

Eine Provokation zu 11. e4, worauf nicht der zahme Tausch auf c3, sondern das immerhin undurchsichtige Opfer 11. ... Sf4!? 12. ef5: Sd4 geplant war.

11. Td1 a5 12. 0-0 De7 13. a3

Inzwischen hätte Schwarz auf e4 die Ausrede Sdb4, was der Textzug verhindert.

13. ... a4

Dafür wird jedoch b3 schwach, was nun auf 14. e4 den Tausch Sc3: 15. bc3: Le6 rechtfertigen würde. Aber der folgende gekünstelte Rückzug kann auch nicht der Weisheit letzter Schluß sein.

14. Le1?! Lg6 15. Dc4 Ted8 16. Sd2?

Vollendet eine kuriose Selbsteinmauerung, die geradezu nach einem taktischen Schlag schreit. 16. d4 war angebracht, wenn auch laut Kasparow nach 16. ... Sb6 nebst 17. ... e4 bereits mit guten Aussichten für Schwarz.

Sokolow - Kasparow

Bisher hatte Schwarz insgesamt überlegen agiert und steht zweifellos besser - Feld e5, Damenflügel, Sa2 im Abseits. Einfach Sc6 war nun wohl sicher und gut. Aber Kasparow kann das Abenteuer nicht lassen:

34. ... b3?! 35. cb3: Le2 36. Td2

Vielleicht hatte Kasparow nur mit dem auf der Hand liegenden 36. Te1? gerechnet, worauf er die Variante 36. ... Sd3 37. Te2: Tc1:+ 38. Sc1: Sf4: zeigte?

36. ... Dg5:?

Es scheint ganz so, als habe er hier bereits den folgenden Lapsus geplant, denn sonst hätte er ja eine Antwort auf den Umstand, daß De3 nun ein Doppelangriff ist, parat haben müssen! Richtig war 36. ... Lh5.

37. De3 Lh5??

Er denkt sich offenbar nichts Böses!

38. Tf8+ und Weiß gewann in wenigen Zügen.

Später gab Kasparow an, daß er mit 37. ... Sd3 immer noch gegenhalten konnten, da er nun nach 38. Tf8+ Tf8: 39. Dg5: Sc1: oder 38. Td3: Ld3: 39. Tf8+

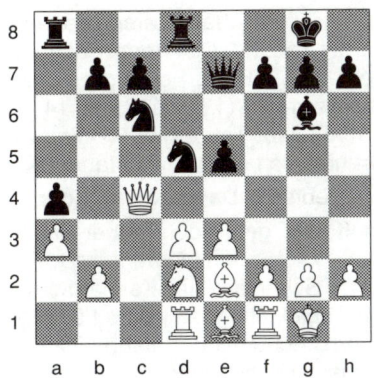

16. ... Sd4!! 17. ed4: Sf4 18. Lf3 Td4: 19. Db5?!

Damit gibt Weiß praktisch die Figur wieder zurück, wonach er aber „für nichts" schlecht steht. Auf 19. Dc3 führt Kasparow als Hauptvariante an: 19. ... Tad8 20. g3 Td3: 21. Db4 Db4: 22. ab4: Tf3:! 23. gf4: Tf4: mit klarem Vorteil für Schwarz, der mehr als genug Bauern nebst Stellungsplus für die Figur bekommt.

19. ... c6 20. Lc6:

Nach 20. Db6 Ta6 ist die Dame fort.

20. ... bc6: 21. Dc6: Dd8

Nun muß mindestens d3 fallen, wonach Schwarz bei gleichem Material positionell die Lage beherrscht.

22. Sf3 Td6 23. Db5 Td5 24. Db4 e4 25. Lc3

Ein Fehler, der aber kaum noch etwas verdirbt, da Weiß ohnehin wenig zu hoffen hatte. Nach 25. Sd2 wollte Kasparow bereits auf Matt spielen mit 25. ... Dh4 (Drohung Se2+ nebst Dh2:+; falls 26. g3 Dh3 27. gf4: Th5).

25. ... Se2+ 0:1, da Schwarz nun einfach die Figur wegnehmen kann.

Endstand: 1. Kasparow 11 P.; 2. Beljawsky (UdSSR) 10,5 P.; 3. Tal (UdSSR) 10 P.; 4./5. Hjartarson (Island), Ehlvest (UdSSR) 9,5 P.; 6.-8. Jussupow (UdSSR), Sax (Ungarn), Timman (NL) 9 P.; 9.-11. Nunn (England), Speelman (England), Andersson (Schweden) 8,5 P.; 12./13. Sokolow (UdSSR), Nikolic (YU) 8 P.; 14. Ribli (Ungarn) 7,5 P.; 15./16. Portisch (Ungarn), Spassky (Frankreich) 7 P.; 17. Kortschnoi (CH) 6,5 P.; 18. Petursson (Island) 6 P.

Schach-Show in Köln

Nun bekamen endlich auch die deutschen Schachfans wieder einmal eine Show mit Kasparow im Mittelpunkt zu sehen: Überraschend stieg die bis dahin in Schachkreisen kaum bekannte Lebensmittel-Handelsgruppe Himmelreich mit gewaltigen Summen von mehreren Sponsorfirmen (Gesamtetat eine Viertelmillion Mark) als Veranstalter eines „Schach-Köln-Cup" ein. Marktanalysen hatten gezeigt, daß Schach und Schachspieler ein extrem positives Image als Werbeträger besitzen! Inzwischen wurde aus dieser Veranstaltung als „Deutschland-Cup" (Himmelreich ist inzwischen in der noch größeren Firma SPAR aufgegangen) ein Top-Ereignis des hiesigen Schachkalenders. Schon die Premiere als Schnellschach-Match des Weltmeisters gegen den Deutschen Meister Vlastimil Hort Ende Oktober 1988 aber schlug voll ein; zu den drei

Partien kamen insgesamt weit über 1000 Zuschauer und mehrere TV-Anstalten, der Deutschlandfunk veranstaltete sogar eine „Schach-Nacht" mit Kasparow simultan im Studio sowie gegen die Hörer, bis vier Uhr früh. Ein Empfang des Bundespräsidenten sorgte für weiteres Aufsehen in der Öffentlichkeit. Das Ergebnis des Matchs selbst wurde fast Nebensache; „natürlich" gewann Kasparow, aber es fiel ihm nicht so leicht, wie das Ergebnis von 2,5:0,5 zu sagen scheint. Als Preis war ein Luxusauto ausgesetzt; aber um dieses zu bekommen, mußte Kasparow laut Vertrag mindestens zwei Punkte machen, bei 1,5:1,5 wäre Hort der Glückliche gewesen. Nach einem relativ leichten Sieg des Weltmeisters in der ersten Partie und einem Remis in der zweiten hing also alles von der dritten ab. Hort („Ich brauche auch ein Auto!") kämpfte mit großem Elan und machte dem Favoriten schwer zu schaffen.

Hort - Kasparow, 3. Partie
Damengambit (D 34)

(Es war festgelegt, daß der Spieler im Rückstand in der 3. Partie nochmals Weiß erhalten sollte.)

1. c4 Sf6 2. Sc3 c5 3. g3 e6 4. Sf3 d5 5. cd5: ed5: 6. d4 Sc6 7. Lg2 Le7 8. 0-0 0-0 9. Le3

Eine weniger gebräuchliche Alternative, um nicht voll in die Variantenküche des Weltmeisters zu geraten.

9. ... c4

Die logische Reaktion, da der stellungsgemäße Gegenstoß e4 erschwert ist.

10. Se5 h6

Verhindert Lg5 mit folgendem Vormarsch f4, e4 usw.

11. h3

In Brüssel 1987 hatte Larsen gegen Kasparow mit 11. Da4 fortgesetzt, aber nach 11. ... a6 12. Sc6: bc6: nur Ausgleich erreicht (13. Dc6: Ld7 14. Db7 Tb8 15. Da6: Ta8 ergibt Remis, womit Hort natürlich nicht einverstanden war).

11. ... Lb4 12. Da4 Lc3: 13. bc3: Lf5

Der Kampf geht noch immer um Feld e4. 14. Sc6: bringt wegen Dd7 gar nichts. Scheinbar hat Kasparow somit gutes Spiel, aber das weiße Läuferpaar in Verbindung mit der Mehrheit im Zentrum ist nicht zu verachten, wenn diese einmal ins Rollen kommt.

14. g4 Lh7 15. Lf4 Te8 16. Tad1 a6 17. Lg3 b5 18. Da3 Db6 19. Dc1 Se4 20. Le4: Le4: 21. Sd7 Dd8 22. Sc5 Lg6 23. Dd2 a5 24. f3 b4 25. e4

Nun haben beide ihr strategisches Konzept durchgesetzt und fangen an, aufeinander loszugehen; aber die Manövrierphase kostete viel Zeit, und Hort hatte nur noch knapp, Kasparow gut 10 Minuten auf der Uhr - das Auto hing ab hier am seidenen Faden ...

25. ... b3 26. ab3: cb3: 27. Sb3: de4: 28. fe4: Le4: 29. c4 Db6 30. Sc5

Die kritische Phase, in der einige Verbesserungsvorschläge gemacht wurden; so 30. Dc3 nebst evtl. Lf2 oder noch im nächsten Zug 31. Lf2. Die Spieler aber hatten längst keine Zeit mehr, um Feinheiten abzuwägen.

30. ... Tad8 31. Df2 Sd4: 32. Se4: Te4: 33. Df7:+ Kh7

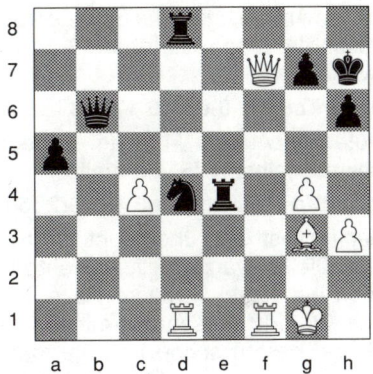

a b c d e f g h

34. Kh2?

Im Zeitnot-Seiltanz stürzt Hort als erster ab. Hinterher meinte er, daß ein Doppelschach nicht so schlimm gewesen wäre: 34. Lc7! Sf3++ 35. Kg2 (besser als 35. Kh1 Td1: 36. Lb6:? Tf1:+ 37. Kg2 Sd2) Te2+ 36. Kg3 Td1: 37. Lb6: Tf1: 38. Df5+ und Weiß hat Dauerschach, interessant wäre vielleicht aber noch 38. ...

Kh8 39. Dd3!? Sg1!?. Ein Remis hätte Kasparow zum Gewinn des Wettkampfes genügt.

34. ... Dc6 35. Tf2 Td7 36. Df8 Dc4:

Nun steht Schwarz zweifellos auf Gewinn, aber auch Kasparow hatte fast keine Zeit mehr, und der Rest wurde buchstäblich ausgeblitzt. Trotzdem behält der Weltmeister die Übersicht.

37. Tdf1 Te2 38. Te2: De2:+ 39. Tf2 De4 40. Tf4 De2+ 41. Tf2 De6 42. Da8 Dd5 43. Df8 a4 44. h4 Tb7 45. Da3 De4 46. Kh3 Tb3 47. Df8

47. Da4 Dh1+ 48. Th2 Tg3:+ 49. Kg3: Df3 matt.

47. ... a3 48. g5 Dh1+ 49. Kg4

Nach 49. Th2 war die Stellung natürlich auch verloren, aber Weiß konnte noch ein wenig auf Zeit spielen.

49. ... h5+ 50. Kf4

Falls 50. Kh5: Dd1+.

50. ... Se6+ 0:1

K&K beherrschen die Schacholympiade

Als nächstes Mal wieder einmal ein zwar nicht ganz unbekanntes, aber doch ungewohntes Bild: K&K nicht gegen - sondern nebeneinander, bei der Schacholympiade in Thessaloniki im UdSSR-Team. Während sich bei den Damen mit dem hauchdünnen Sieg der Polgars nach vielerlei Irrungen und Wirrungen ein Krimi abspielte, gab es bei den Männern keinerlei Spannung um die Goldmedaillen. Kasparow und Karpow präsentierten sich beide in Top-Form, und das bedeutete allein schon die halbe Hausmiete für die Sowjets. Nach ELO gerechnet spielte Kasparow das beste Turnier aller Teilnehmer (8,5 Punkte bei 10 Einsätzen in insgesamt 14 Runden; ELO-Leistung 2877), aber auch Karpow als Zweiter mit 8 aus 10/ELO 2800 konnte sich sehen lassen. Die eigentliche Sensation freilich: Hinter Portisch als Drittem (8,5 aus 11/2766) tauchte bereits Judit Polgar mit einer Turnierleistung von 2687 auf ...

Der **Endstand** zeigt die krasse Überlegenheit der UdSSR: Erster mit 40,5 Brettpunkten vor England, Niederlande je 34,5; USA, Ungarn je 34; Jugoslawien 33,5; Philippinen, China, Kuba, Argentinien, Israel je 33. Die zwei deutschen Teams fanden sich im Mittelmaß vereint mit 32 Punkten, wobei allerdings die DDR ein deutlich stärkeres Turnier gespielt hatte.

Eigentlich hatte man gehofft, daß zum Beispiel England, seit längerem als stärkste westliche Schachmacht mit Anwartschaft auf die Nr. 2 in der Welt angesehen, den Sowjets das Leben sauer machen konnte; aber gerade dieser Kampf geriet dann zu einer demoralisierend einseitigen Machtdemonstration von K&K.

Kasparow - Short
Brett 1, Damengambit (D 31)

1. c4 e6 2. Sc3 d5 3. d4 Le7 4. cd5: ed5: 5. Lf4 c6 6. Dc2 g6 7. e3 Lf5 8. Dd2

Diese Stellung kennt Kasparow ganz gut - in der 7. WM-Partie 1986 saß er auf der anderen Seite und geriet nach 8. ... Sd7 9. f3 Sb6 10. e4 Le6 11. e5 ziemlich rasch in eine unerfreuliche Lage. Dazu schrieb H.J. Hecht seinerzeit: „Der unbefangene Beobachter erwartet sicherlich 8. ... Sf6 9. f3 0-0, um sich rasch zu entwickeln und gegen e4 zu wirken."

8. ... Sf6 9. f3 c5

Er hat es eilig, aktiv zu werden. Mit Hechts Vorschlag 9. ... 0-0 erreichte Schwarz in einer Partie Howell - Diaz 1989 eine ganz gute Stellung nach der Eröffnung.

10. Lh6!? cd4: 11. ed4: a6

Nach 11. ... Sc6 12. Lb5 steht Weiß laut Kasparow besser. Interessanterweise spielte aber 1989 Beljawsky genau so in einer Partie gegen Gulko, der seinerseits statt 12. Lb5 mit 12. g4 fortsetzte, ohne damit zu überzeugen.

12. g4 Le6 13. Sge2 Sbd7 14. Lg2 Sb6

Dieses Manöver macht wahrhaftig keinen glücklichen Eindruck; nach der

simplen Antwort steht der Springer recht nutzlos da. Man hätte eher 13. ... Sc6 erwartet.

15. b3 Tc8 16. 0-0 Tc6 17. h3

Deutet die Absicht f4-f5 an, wogegen Schwarz selbst f7-f5 vorbereitet.

17. ... Sfd7 18. Sd1 Tg8 19. Sf2 f5?

Aber hier ist dies überhaupt nicht am Platz. Die schwarze Stellung sieht zwar schon ein wenig verdächtig aus, aber nach 19. ... f6 (Kasparow) mit der Idee Lf8, am besten schon im Zug vorher, hätte sie vielleicht noch ein Gesicht bekommen.

20. Tae1 g5

Offenbar bereits beim vorigen Zug geplant, um Sf4 zu verhindern und womöglich gar den Lh6 abzuklemmen. Aber Weiß macht einen dicken Strich durch diese Rechnung.

21. gf5: Lf7

Darauf konnten sich die Beobachter dieser Partie keinen rechten Reim machen. Hat Schwarz ursprünglich 21. ... Lf5: geplant und dabei erst jetzt ein Haar in der Suppe entdeckt, oder hat er etwa den kleinen Witz aus der Schlußanmerkung übersehen? Kasparow gibt auf 21. ... Lf5: an: 22. Sg3 Le6 23. Sh5 Tg6 24. Sg4 und Weiß steht nach seiner Ansicht überlegen; der Lh6 ist indirekt gedeckt (24. ... Lg4: 25. fg4: Th6: 26. Sg7 matt!).

22. Sg4 Lh5 23. Sg3 und da nun 23. ... Lg4: mit 24. Lg5:! beantwortet werden kann, was sowieso droht, entwischt der Läufer mit entscheidendem Materialgewinn. Schwarz gab auf.

Speelman - Karpow
Brett 2, Englisch (A 14)

1. Sf3 Sf6 2. c4 b6 3. g3 e6 4. Lg2 Lb7 5. 0-0 Le7 6. Sc3 0-0 7. b3 d5 8. cd5: Sd5: 9. Lb2 c5 10. Tc1 Sd7 11. Sd5:

Ld5: 12. d4 Tc8 13. Dd2 cd4: 14. Tc8: Dc8: 15. Dd4: Sf6

Viel ist bei der sich abzeichnenden Verflachung nicht los; man erwartete eigentlich ein rasches Remis. Es hieß sogar, Speelman habe dies anbieten wollen oder angeboten, aber wegen der einfachen Stellung gar nicht mehr genau hingesehen und so einzügig einen Bauern eingestellt ...

16. Tc1?! Da6

O Schreck! Karpow gibt jedoch an, daß Weiß noch einen Ausweg gehabt hätte, um im Trüben zu fischen: 17. De5 Da2: 18. e4!? und nun ginge auf 18. ... Le4: 19. Ta1 Db3: 20. Sd2. 18. ... Lb3:? hat natürlich 19. Ta1 zur Folge. Nach 18. ... La8 oder 18. ... Ld6!? 19. Dc3 Lb4 20. Db4: Db2: 21. Dd2 Dd2: 22. Sd2: nebst Tc7 aber war dem Exweltmeister der Ausgang keineswegs klar. Speelmans eher resignierende Hergabe des Bauern, die gar nicht zu seinem trickreichen Stil paßt, deutet indes darauf hin, daß sein voriger Zug wirklich ein Übersehen war.

17. e3?! Da2: 18. Sd2 Lc5 19. De5 Ld6 20. Dd4 La3 21. La3: Da3: 22. Tc7 Lg2: 23. Kg2: h6 24. Sc4 Db3: 25. Ta7:

Es sieht trotzdem nach einigen Hoffnungen für Weiß aus; wenn nun 25. ... b5, so 26. Sd6 mit spürbarem Druck (26. ... Td8 27. De5). Aber in solchen Stellungen, wo präzise Kleinarbeit gefragt ist, spielt Karpow gewöhnlich mit unbarmherziger Genauigkeit.

25. ... Dc2!

Mit der Idee 26. Sb6: Se4! 27. Kf3 Df2:+ 28. Ke4: Df5 matt.

26. Se5 Se4 27. Sd3 Sd2 28. Se5 b5 29. h4?!

Besser war wohl 29. Df4, womit f2 gedeckt bliebe.

29. ... Se4 30. Sd3 Dc4 31. Dd7?!

Verliert in Zeitnot sofort. Nach 31. Se5 konnte Weiß noch kämpfen.

31. ... Sd2!

Nun droht tödlich ein Schach auf der Diagonale (e4, falls 32. Dd4, so auf c6).

32. Tc7 De4+ 33. Kh2 Sf3+ 34. Kh3 g5 35. hg5: hg5: 0:1; neben g4+ droht auch z.B. Kg7 nebst Th8+, oder 36. g4 Sh4.

Dieser sang- und klanglose Untergang zweier WM-Kandidaten war sicher kein gutes Omen für die, die außer Karpow im Jahr darauf im WM-Zyklus die nächste Runde in Angriff nahmen. Doch zwischendurch gab es erst wieder ein Schnellschach-Intermezzo. Trotz der schwachen Beteiligung, die sich nicht nur bei der Europa-Meisterschaft abzeichnete, wollte die FIDE nicht das Gesicht völlig verlieren und wenigstens eine offizielle WM austragen. Statt der angeblich erhofften vierstelligen Teilnehmerzahl waren es dann aber nur ganze 61 Spieler, die den Weg nach Mazatlan (Mexiko) fanden. Nach einem Schweizer-System-Turnier spielten die acht Besten im K.o.-System den „Weltmeister" aus. Karpow tat sich keineswegs leicht und konnte im Finale seinen wenig bekannten Landsmann Gawrikow nicht bezwingen; nach Unentschieden auch im Play-Off wurde er nur nach Wertung Sieger.

Endstand: 1. Karpow, 2. Gawrikow (UdSSR); 3./4. Ehlvest, Tukmakow (UdSSR), 5.-8. Dzindzichashvili, Dlugy (USA), Waganjan (UdSSR), Kallai (Ungarn). Klaus Bischoff (München) verpaßte als Neunter nach Wertung nur denkbar knapp den Einzug in die Endausscheidung.

Nahezu zeitgleich fand in Spanien ein Schnellschach-Match UdSSR gegen Rest der Welt statt, was wohl jedermann als „Gegenveranstaltung" Kasparows mit der GMA betrachtete. Die Namen der Teilnehmer klangen denn auch wesentlich eindrucksvoller als bei der offiziellen WM: Kortschnoi, Hjartarson, Speelman, Ljubojevic, Portisch, Andersson, Nogueiras und Illescas für die Weltauswahl, Kasparow selbst für die UdSSR mit Beljawsky, Gurewitsch, Sokolow, Psachis, Tschernin, Dolmatow und Azmajparaschwili. Nach Scheveninger System (acht Runden, jeder Spieler der einen Mannschaft gegen jeden der anderen) siegte die UdSSR knapp mit 32,5:31,5. Kasparow, Kortschnoi und Gurewitsch mit je 5,5 Punkten waren die Besten der Einzelwertung. Aber das Resultat schien hier nicht so wichtig; man wollte zeigen, auf wessen Seite die meisten Spitzenspieler im schachpolitischen Machtkampf ums Schnellschach waren.

Um diese Zeit trug Kasparow auch wieder eines seiner berühmten Uhrensimultans aus: Diesmal mußte die französische Nationalmannschaft daran glauben. In Evry siegte der Weltmeister mit 4,5:1,5. Nur IM Sharif gelang ein voller Punkt sowie IM Kouatly ein Remis. Fast schon ein „normales" Ergebnis, gemessen an den früheren ähnlichen Veranstaltungen ...

Nächste Runde im WM-Rennen

Ähnlich wie 1988 begann auch das Jahr 1989 mit vollen Akkorden: Viertelfinale des Kandidatenturniers,a usgenommen das vorgezogene Match Speelman - Short, das fast ein halbes Jahr zuvor schon gelaufen war. Die anderen hatten seit Beginn 1988 pausiert! Man muß sich doch fragen, ob ein so weit auseinandergezogener WM-Zyklus dem Interesse an Schach förderlich ist.

Immerhin ein Grund für gesteigertes Aufsehen: Karpow mußte nun unwiderruflich „ran", erstmals seit Jahren gegen jemand anders als Kasparow. Den Gegner hielt man für durchaus gefährlich: Hjartarson, der isländische Himmelstürmer, Sieger gegen Kortschnoi und ein Typ mit sehr unterschiedlichen Resultaten, aber somit in guter Form, wie man meinte, auch jedem gefährlich. Doch aus dem erhofften Großkampf wurde nichts. Nachdem der Isländer mit Weiß in der ersten Partie keinerlei Biß zeigte, schien Karpow zu spüren, daß die Gelegenheit günstig war. Er „ging ans Netz" und machte mit zwei plazierten Schlägen in der 2. und 3. Partie sofort reinen Tisch.

Karpow - Hjartarson, 2. Partie
Englisch (A 29)

1. c4 e5 2. g3 Sf6 3. Lg2 d5 4. cd5: Sd5: 5. Sc3 Sb6 6. Sf3 Sc6 7. 0-0 Le7 8. a3 Le6 9. b4 0-0 10. Tb1 f6 11. d3 Dd7 12. Se4

Bis jetzt ein ziemlich standardmäßiger, bekannter Aufbau. Der Textzug, so natürlich er aussieht, um die typische Wanderung nach c5 einzuleiten, galt in diesem Moment als Neuerung.

12. ... Sd5 13. Dc2 b6?!

Die Schwächung der c-Linie erweckt natürlich Verdacht, aber wie die folgenden Züge zeigen, hat Schwarz sich offenbar ausgerechnet, daß er diese Schwächung rechtzeitig beheben kann. Karpow hält 13. ... a5 14. b5 Sd4 für die beste schwarze Möglichkeit.

14. Lb2 Tac8 15. Tbc1 Sd4

Der einzig konsequente Versuch. 15. ... Sd8 läßt Schwarz eine völlig unharmonische Stellung, die mit 16. d4 aufgeknackt werden kann.

16. Ld4: ed4: 17. Dc6

Auf d4 ist wegen Sb4: kein Bauer zu gewinnen.

17. ... Dc6: 18. Tc6: Ld7

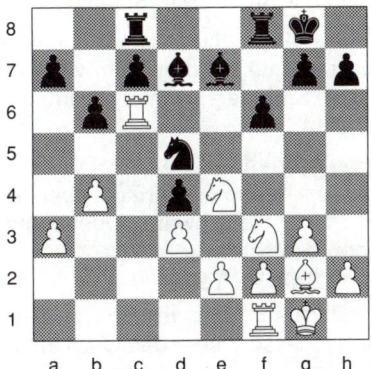

Soweit scheint das schwarze Konzept aufzugehen; müßte der Turm zurück, käme c5 oder a5, gefolgt evtl. von Ideen wie f5 nebst Sc3, in Betracht. Aber Karpow hat wie so oft ein wenig mehr gesehen ...

19. Sd4:!

Eigentlich kein Opfer, sondern ein gutes Geschäft - Weiß bekommt für die Qualität mindestens zwei Bauern und die völlige Kontrolle über die Position.

19. ... Lc6: 20. Sc6: Tce8

Schwarz hat schon Schwierigkeiten, um noch Schlimmeres abzuwenden, z.B.

20. ... Ld6? 21. Sd6: nebst Ld5:+ oder 20. ... Tfe8? 21. Lh3 drohend Le6+. Die Drohung war natürlich Sd2, wonach die schwarzen Figuren in der Luft hängen.

21. Tc1

Gedenkt nun mit Sd2 den Sd5 regelrecht zu fangen, da ihm das Feld c3 genommen ist.

21. ... f5 22. Sd2 Sf6 23. Sa7: Ld6 24. e3 c5 25. Sc4 Lb8 26. Sc6 b5 27. S4a5 cb4: 28. ab4: Sd7 29. d4 g5

Der einzige Versuch eines Gegenspiels.

30. Sb8: Tb8: 31. Tc7 Sf6 32. Sc6 Tb6 33. Se7+ Kh8 34. Sf5: Ta6 35. Tc1 Ta2

Auch nach 35. ... Ta4 wollte Karpow sofort seine Bauern in Bewegung setzen (36. e4), statt mit 36. Tb1 Ta2 (nun steht der weiße Turm schlecht) Schwarz Genchancen einzuräumen.

36. h3

Verhindert Sg4.

36. ... Tb2 37. e4 Tb4: 38. g4!

Jetzt ist Schwarz gegen den Vormarsch der Freibauern auf Dauer machtlos und versucht darum noch eine Verzweiflungstat.

38. ... h5 39. e5 hg4: 40. ef6: gh3: 41. Lh3: Tf6: 42. Tc8+ Kh7 43. Tc7+ Kg6

Auch 43. ... Kh8 war letztlich aussichtslos.

44. Tg7+ Kh5 45. f3 1:0

Hjartarson - Karpow, 3. Partie
Spanisch (C 93)

1. e4 e5 2. Sf3 Sc6 3. Lb5 a6 4. La4 Sf6 5. 0-0 Le7 6. Te1 b5 7. Lb3 d6 8. c3 0-0 9. h3 Te8 10. d4 Lb7 11. Sbd2 Lf8 12. a3 h6 13. Lc2 Sb8 14. b4 Sbd7 15. Lb2 a5

Alles graue Theorie; bemerkenswert immerhin, daß Karpow wenig später in Linares gegen Hjartarson auf 15. ... g6 auswich. Das kann aber rein psychologisch bedingt sein, da er sicher damit rechnete, der Gegner habe die vorliegende Partie ausführlich „abgekocht".

16. Ld3 c6 17. Sb3 ab4: 18. cb4:

18. ab4: Sb6 19. Sa5 Dc7 ist nach Karpow auch nicht mit Vorteil für Weiß verbunden. Es hätte aber vielleicht etwas mehr Spannung erhalten; jetzt kommt Schwarz zu einer Vereinfachung, die zumindest im Ausgleichssinn angenehm ist.

18. ... ed4: 19. Sfd4:

Auch auf jedes andere Wiedernehmen wäre c5 gefolgt.

19. ... c5 20. bc5: dc5: 21. Sb5: Se4:

Die Chancen dürften jetzt gleich sein; doch bei der völlig spannungslosen Bauernstellung und viel Platz für die Figuren kommt nun alles aufs Manövrieren, aufs Gefühl für die besten Felder und das wirksamste Zusammenspiel an. Es erstaunt wieder einmal, wie überlegen Karpow darin selbst anderen Weltklassespielern ist - kaum zu glauben, daß nur zehn Züge später Weiß aufgeben muß!

22. Dc2?!

Nach einem Vorschlag von Seirawan sollte Weiß 22. Df3 spielen und falls dann 22. ... Sdf6, so erzwingt 23. Lf6: Sf6: 24. Te8: Lf3: 25. Td8: Td8: nach Karpow eine völlige Abholzung. Es kann natürlich gut sein, daß Hjartarson wegen des Matchrückstands mit Gewalt mehr herausholen wollte; aber das rächt sich.

22. ... Sdf6 23. Sc3 Sg5

Nun sieht es schon ein wenig bedrohlich für den weißen Königsflügel aus. Richtig war nun 24. Sd2, um mit Sce4 diesen immens wichtigen Punkt zu bekommen und zumindest einige gut stehende schwarze Stücke zu tauschen.

24. Lb5?

Ein vermeintlicher „Tempogewinn", aber der Läufer entfernt sich von den strategisch wichtigen Feldern und kommt unsicher zu stehen.

24. ... Te1: 25. Te1: Dc7

Droht bereits c4 und schielt Richtung Königsflügel, z.B. könnte Df4 bei Gelegenheit stark sein.

26. Lf1

Gibt den Fehler im 24. Zug zu.

26. ... Dc6 27. Te3

Es drohte Sh3:+ bzw. Sf3+.

27. ... Ld6 28. h4

Sonst könnte Lf4 den Turm vertreiben, und die Springereinschläge würden wieder akut.

28. ... Se6 29. Sd1?!

Noch ein befremdlicher Zug, aber inzwischen war die schwarze Überlegenheit schon deutlich.

29. ... Sg4 30. Te6:

Er will diesen Springer nicht auch noch nach f4 lassen; aber das Qualitätsopfer ist schon eine Art Aufgabe.

30. ... Lh2+ 31. Kh1 De6: 32. f3 De1 0:1.

Nach 33. fg4: Dh4: und, falls der Lf1 zieht, Lg3+, Dh2+ usw. geht es in wenigen Zügen zu Ende.

Nach zwei Remisen stand Karpow mit 3,5:1,5 bereits als Sieger fest.

Umso dramatischer ging es bei den anderen Paarungen zu. Der Favoritenkiller Spraggett zeigte, nachdem er Sokolow entzaubert hatte, auch vor Jussupow keinerlei Respekt. In der 2. Partie bereits gelang es ihm, dem Gegner ein Qualitätsopfer auf Position a la Karpow „überzubraten".

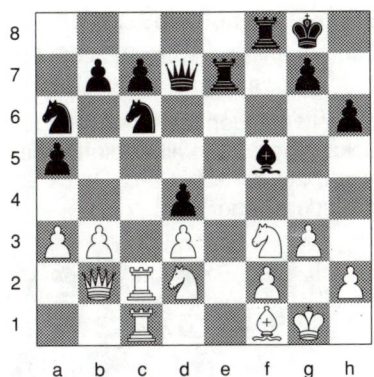

Spraggett - Jussupow

Nach 30zügigem Schattenboxen und Figurengeschiebe packte der Kanadier nun die Chance beim Schopf:

31. Tc6:! bc6: 32. Sd4: Sb8 33. Sf5: Df5: 34. Se4

Mit einem Bauern, dem zertrümmerten schwarzen Damenflügel und dem starken Se4 hat Weiß reichlich für die Qualität. Vor allem aber hat dieser plötzliche Wandel der Tonart zum scharfen taktischen Spiel Jussupow bestimmt nicht geschmeckt, zumal bei immer knapperer Zeit. Psychologisch war ja die Lage so, daß nur er als Favorit etwas zu verlieren hatte, der Gegner nichts ...

34. ... Sd7

Es drohte lästig Tc5, und der Springer konnte auch nicht ewig auf b8 bleiben. Doch die Hergabe von ein, zwei weiteren Bauern bedeutet andererseits, daß Schwarz die Brücken abbricht und alles auf einen Gegenangriff setzt, der exakt gespielt werden müßte - und das in Zeitnot!

35. Tc6: Se5 36. Tc5 Sf3+?

In einer späteren Analyse gab Jussupow 36. ... Dh5 als richtig an mit der taktischen Pointe, auf 37. f4 oder 37. h3 (zunächst muß ja Sf3+ nebst Matt pariert werden) 37. ... Sd3:! zu spielen, und falls dann 38. Ld3:, so geht Dd1+ mit Figurrückgewinn auf d3 oder e4. Aber bei drohendem Fallblättchen kann man so etwas kaum durchrechnen - da gibt man „selbstverständlich" ein Schach, wenn man eins sieht!

37. Kh1 Dg6

Jetzt kann Schwarz leider mit der Dame h2 nicht mehr angreifen.

38. Ta5: Db6 39. b4 Sh2:?

Vermutlich in höchster Zeitnot sieht Schwarz eine Fata morgana. Aber nun waren die weißen Aussichten ohnehin schon vorzuziehen.

40. Db3+!

Schwarz hatte wohl nur 40. Kh2: Te4: gesehen; aber mit diesem Zwischenschach verschwindet die Dame von der gefährlichen 2. Reihe, und so würde nun in dieser Variante ein Schach auf f2 nichts mehr einbringen.

40. ... Kh7 41. Kh2: Tf2:+

Noch ein Schwindelversuch: 42. Sf2:? Df2:+ 43. Lg2 Te3, aber Spraggett läßt sich nicht bluffen und meistert die noch nicht ganz einfache technische Aufgabe trotz etwas gefährdeter Königsstellung sehr sicher.

42. Lg2 Tf8 43. Tc5 Kh8 44. a4 Dg6 45. a5 Dg4 46. Dc2 c6 47. a6 Tb8 48. Tc6: Dh5+ 49. Kg1 Tb4: 50. Tc8+ Kh7 51. d4! Df5 52. g4! Dg6 53. Sf6+! gf6: 54. Th8+ 1:0 (54. ... Kg7 55. Tg8+).

In der nächsten Partie gelang es Jussupow zwar, sich zu „rächen" und den Gegner langsam zusammenzuschieben, doch dabei blieb es. Ein Remis folgte dem anderen. Nach sechs Partien kam die Verlängerung, ebenfalls ohne

Entscheidung. Sollte Spraggett nochmals recht behalten mit seiner Zermürbungstaktik wie gegen Sokolow? Nein, diesmal nicht: In der 9. Partie, der ersten mit verkürzter Bedenkzeit im Tie-break, präsentierte sich Jussupow in bester Verfassung und zertrümmerte den Gegner nachdrücklich.

Spraggett - Jussupow, 9. Partie
Reti-System (A 14)

1. c4 e6 2. Sf3 d5 3. b3 Sf6 4. g3 b6 5. Lg2 Lb7 6. 0-0 Sbd7 7. Lb2 Le7 8. e3 0-0 9. d3

Dies macht keinen besonderen Eindruck, denn im folgenden muß der Bauer früher oder später nochmals ziehen und dabei Schwarz das Feld e4 doch überlassen.

9. ... dc4: 10. bc4: Sc5 11. d4 Sce4 12. a4 c5 13. Sa3

Ob das in dieser Stellung eine wirksame Entwicklung des Springers ist, kann man bezweifeln.

13. ... Tc8 14. Db3 cd4: 15. ed4: Dc7 16. Tac1 Tfd8 17. Tc2 Db8 18. Se5 Da8 19. f3 Sd6 20. g4?!

Schwarz hat bereits die gesündere Bauern- und harmonischere Figurenstellung; der Textzug ist wohl gegen Sf5 gerichtet, bedeutet aber auch eine erhebliche Schwächung.

20. ... Sd7 21. Sd3

Nach 21. f4 Lg2: 22. Tg2: De4 steht Schwarz laut Jussupow deutlich besser.

21. ... a6 22. h3 Tc7 23. Lc1 Lf6 24. Le3 h6 25. Sb1?

Nun gefällt auch Weiß der Springer auf a3 nicht mehr; aber der Zug hat fatale Folgen, da er Schwarz eine konkrete taktische Chance gibt, durch Öffnung des Spiels seine bessere Figurenstellung zur Geltung zu bringen.

25. ... b5! 26. ab5: ab5: 27. c5

Noch ungünstiger wäre 27. cb5: Ld5.

27. ... Sc4 28. Ta2

Da Weiß für den Le3 kein bequemes Rückzugsfeld hat, will er die Dame ablenken, um zunächst den Druck auf f3 zu mindern. Aber ...

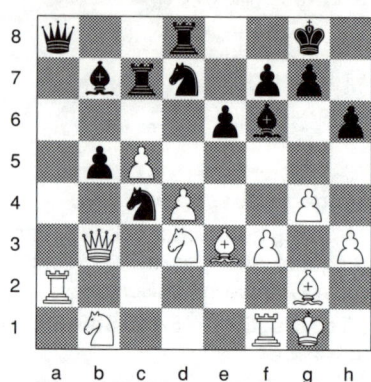

28. ... Da2:! 29. Da2: Se3: 30. Tc1 Ld4: 31. Kh1 Sc5: 32. Sc5: Tc5: 33. Tc5: Lc5:

Materiell hat Schwarz etwa Ausgleich und positionell mit den mächtigen Läufern sowie der d-Linie entscheidenden Vorteil.

34. Sc3 Td3 35. Sb5: Sg2: 36. Dc2 Se1 37. Dc5: Sf3:

Droht neben eventuellen Abzügen vor allem Td2.

38. Kg2 Td2+ 39. Kg3

Auf 39. Kf1 gewinnt Le4, und die Drohung Ld3+ entscheidet.

39. ... Sg5 40. Sd6

Stellt, vermutlich in großer Zeitnot, einfach eine Figur ein; aber da Schwarz neben Se4+ auch schlicht weiteres Einsammeln durch Td3+ usw. drohte, war das Schicksal der Partie sowieso entschieden.

40. ... Td6: und nach zehn weiteren Agoniezügen gab Weiß auf.

Nicht weniger dramatisch ging es zwischen Timman und Portisch zu. Der Ungar stand in den ersten Partien ein-, zweimal bedenklich, holte aber trotzdem eine 2,5:1,5-Führung heraus, als Timman seine Chancen nicht nutzte. In den zwei letzten Partien überschlugen sich dann die Ereignisse.

Portisch - Timman, 5. Partie
Königsfianchetto (A 41)

1. Sf3 g6 2. e4 Lg7 3. d4 d6 4. c4 Lg4 5. Le2 Sc6 6. Le3 e5 7. d5 Lf3: 8. Lf3: Sd4 9. Ld4: ed4:

Die ungleichen Läufer in Verbindung mit den entsprechend festgelegten Bauernstrukturen lassen in dieser Variante wohl Ausgleich erwarten, falls es Schwarz gelingt, das Problem d4 befriedigend zu lösen.

10. Sa3 Se7 11. 0-0 c6 12. Tb1 0-0 13. Sc2 c5 14. b4 Sc8?!

Auf der Hand lag hier oder in den nächsten Zügen b6. Aber Timman will offenbar des Rückstands wegen das Spiel komplizieren, indem er auf c5 mit dem d-Bauern nimmt und sich auf den riskanten Kampf zweier Bauernmehrheiten einläßt - wovon die weiße beweglicher scheint, da es Schwarz nicht leicht fallen wird, b7-b5 durchzusetzen.

15. Dd3 Dc7 16. Le2 Te8 17. bc5: dc5: 18. f4 b5

Nun sieht er auf taktischem Weg die Chance gekommen, aber Weiß hat eine schöne Antwort vorbereitet.

19. Tb5:! Sd6

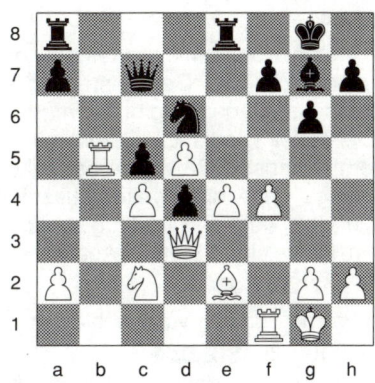

20. e5! Sb5: 21. cb5:

Die schwarzen Bauern sind nun blockiert, während der weiße Zentrumskeil in Verbindung mit der Beherrschung der weißen Felder die schwarze Stellung schwer bedrückt.

21. ... Da5 22. d6

Vielfach wurde hier empfohlen, zunächst den a-Bauern zu decken; doch Timman meint, daß er dann z.B. mit 22. Db3 g5! 23. g3 gf4: 24. gf4: Kh8 Gegenspiel erhalten hätte. Jetzt könnte Weiß nach Timman auf 22. ... g5 stark mit 23. De4 antworten.

22. ... Da2: 23. Dc4 Db2 24. Lf3 Tab8 25. Lc6 Ted8

Weiß steht so stark, daß er selbst ohne Bauer für die Qualität die besseren Aussichten hat; nach Timman sollte er jetzt 26. Se1! und falls 26. ... Dc3 27. Ld5 Dc4: 28. Lc4: mit der Drohung Sd3 spielen. Schwarz hätte dann schon zu heroischen Mitteln wie 28. ... a6 29. ba6: Tb4 greifen müssen, um nicht völlig „eingedost" zu werden.

26. Dc5:?! d3?!

An dieser Stelle empfiehlt Timman 26. ... Dc3.

27. Sb4

Die ersten Kommentare meinten, daß Weiß mit 27. Se3 Gewinnstellung erreicht hätte. Dagegen gibt Timman 27. ... De2 oder wieder 27. ... g5 mit der Idee gf4: nebst Kh8 usw. zu bedenken, allerdings ohne dies weiter auszuführen, und versieht den Textzug sogar mit einem Rufzeichen. Stoff für Analytiker ...

27. ... d2 28. Sd3

Hier wurde 28. Sd5 vorgeschlagen.

28. ... Db3 29. Sf2 Da4

Greift f4 an und droht a6. Schwarz hat nun bereits beachtliches Gegenspiel. Nach Timman sollte Weiß jedoch mit 30. De3 den d-Bauern abholen und dafür den b-Bauern aufgeben (30. ... a6 31. Dd2: ab5:), wonach er immer noch leichten Vorteil besitzt.

30. g3? a6 31. b6 Tdc8 32. b7 Tc6:

Nicht etwa 32. ... Tb7:? 33. d7! und nach 33. ... Td7: könnte Weiß die Dame nehmen.

33. Da7 Tb7: 34. Db7: Tc1 35. Df3?

Hier wurden allerlei hübsche Varianten veröffentlicht, in denen Schwarz gewinnt, doch das einfache 35. d7 hätte nach Timman noch remis gehalten. Man müßte ergänzen, daß nach 35. ... Tf1:+ 36. Kf1: d1D+ 37. Sd1: Dd1:+ Schwarz angesichts der Drohung Dc8 nebst d8D wohl über Dauerschach nicht hinauskommen wird, da der Lg7 nicht günstig eingesetzt werden kann.

35. ... Dd4

Nun hat Weiß zwar d1 unter Kontrolle, ist aber völlig gelähmt, und auf längere Sicht droht auch der a-Bauer.

36. Kg2 Te1 37. Sd1 Lf8 38. Df2 Dd5+ 39. Kg1 Tf1:+ 40. Kf1: f6 41. ef6: Ld6: 42. De3 Kf7 43. Ke2 Lc5 44. Dc3

Nach 44. Dd2: sind so ziemlich alle mög-

lichen Endspiele für Weiß verloren.

44. ... De4+ 45. Kf1

45. Kd2: Lb4.

45. ... Dh1+ 46. Ke2 Dh2:+ 47. Kf3 Dh1+ 0:1

Ausgleich! Wohl jeder hätte erwartet, daß Portisch nun in der 6. Partie mit Schwarz auf Remis spielen wird, um erst einmal den Schock zu verdauen und es dann in der Verlängerung von neuem zu probieren. Aber nach Caro-Kann und Spanisch packte der Ungar plötzlich schon in der Eröffnung mit Sizilianisch den Fehdehandschuh aus.

Timman - Portisch, 6. Partie
Sizilianisch (B 80)

1. e4 c5 2. Sf3 e6 3. d4 cd4: 4. Sd4: Sc6 5. Sc3 Dc7 6. g3 d6 7. Lg2 Sd4: 8. Dd4: Sf6 9. Lg5 Le7 10. 0-0-0 Ld7 11. f4 Lc6 12. Lf6: Lf6:

Günstig für Weiß dürfte 12. ... gf6: 13. f5 sein, da e6 anfällig ist und Schwarz nicht gut e5 besetzen kann. e6-e5 wäre natürlich, was Weiß erreichen will.

13. Dd6: Dd6: 14. Td6: Lc3: 15. bc3: Ke7 16. Td4

Der verdoppelte weiße Mehrbauer ist wenig wert, und ein guter Positionsspieler wie Portisch sollte eigentlich den Remishafen erreichen können.

16. ... Thc8 17. Thd1 Tc7 18. Lf1 Tac8 19. c4 h6 20. e5 Lf3 21. T1d2 Tc5 22. T2d3 Lc6 23. Ta3 a6 24. Kd2 f6 25. Te3 fe5: 26. Te5: Te5: 27. fe5: Lh1 28. Td3

Der Mehrbauer ist kaum zu halten; z.B. auf 28. Ld3 folgt Tc5 29. Le4 Le4: 30. Te4: und nun hat Weiß vielleicht auf 30. ... Ta5 31. Te3 Ta2: 32. Tb3 noch etwas, aber Timman gibt 30. ... Kf7 mit der Idee Kg6-f5 als richtig an.

28. ... Tf8

Ein Zug, der Rätsel aufgab. Nach 28. ... Tc4: müßte Weiß wohl mit 29. Td7+ die Türme tauschen. Hat Schwarz in diesem Endspiel eine versteckte Gefahr gesehen? Oder wollte er, was fast wahrscheinlicher aussieht, sogar auf Gewinn spielen?

29. Ke1 Le4 30. Te3 Lh1

Konsequenterweise nimmt er auch den anderen Bauern nicht; dann könnte sich Weiß mit Lg2 aktivieren.

31. Le2 Lg2 32. a3 g5 33. Kd2 Tf2 34. Ke1 Tf8 35. Lg4 Tf1+

Es ist fraglich, ob Weiß nach 35. ... Tc8 Besseres hätte einfallen können als wieder 36. Le2. Wollte Schwarz kein Remis, wie schon vermutet?

36. Kd2 Lc6 37. Kc3 Le8 38. Lf3 b6 39. Lb7 a5

Die Bauern stehen nun zwar theoretisch richtig - nicht auf der Läuferfarbe -, doch sie sind näher dem weißen Lager, wo schon der König für aktive Handlungen bereitsteht. Man hat das Gefühl, daß Schwarz noch immer glaubt, der offensive Teil zu sein und die auftauchenden weißen Möglichkeiten unterschätzt.

40. Te2 Ta1 41. Kb2 Td1 42. Lf3 Lg6 43. Tf2 Te1 44. Le2 h5 45. Kc3 Tc1?!

Timman hält die Chancen bei 45. ... Ta1 noch immer für gleich.

46. Lf1 Lf5 47. c5!

Endlich eine Chance für Weiß, dem Gegner zumindest ernsthaft Probleme zu stellen.

47. ... bc5: 48. Lb5

Die schwarzen Bauern sind nun zahlenmäßig gleich, aber ernsthaft schwach, da vom weißen König bedroht. Da Abwarten, wie die Partie beweist, in die Katastrophe führt, mußte sich Schwarz schleunigst etwas einfallen lassen. Das

Bulletin schlug 48. ... h4 vor, um mit h3 und Le4-g2 nebst Th1 ein zwar langsames, aber vielleicht doch rechtzeitiges Spiel gegen h2 aufzuziehen.

48. ... g4?! 49. Td2 Kf7?!

Man hätte zumindest Te1 erwartet, was Timman angibt. Schwarz spielt noch immer, als ob er unendlich viel Zeit zur Verfügung hätte.

50. Kb3 Kg6 51. c4 Le4 52. Ka4 Kf5 53. Ka5: Ke5: 54. Kb6

Jetzt ist gegen den a-Bauern bereits kein Kraut mehr gewachsen.

54. ... Lf3 55. a4 Ke4 56. a5 Ke3 57. Ta2 Td1 58. Kc7 La8 59. a6 e5 60. Lc6 Lc6: 61. Kc6: Td8 62. a7 Ta8 63. Kc5: Kd3 64. Ta3+ 1:0

Timman war also auch weiter, und es ergaben sich die Paarungen Karpow - Jussupow bzw. Speelman - Timman. Das hieß: ein Westeuropäer würde auf jeden Fall im Finale sein! Zuletzt stand Dr. Hübner 1980/81 so nah vor dem Thron ...

Aus der Traum für Jan Timman, der vergeblich nach den Sternen griff.
Foto: Frits Agterdenbos, Amsterdam

43

Rückschlag für Karpow in Linares

Verständlich, daß man nun die Formkurve Karpows besonders genau beobachtete - würde er immer so dominieren wie zuletzt wieder gegen Hjartarson oder doch einmal Schwächen zeigen? Im Februar/März beim Superturnier von Linares (Kategorie 16, ELO-Schnitt 2628) gab es erstmals Anlaß für die Konkurrenz, Morgenluft zu wittern. Karpow spielte zwar dort keineswegs schlecht - doch ein anderer, nicht Kasparow, besser!

Der Exweltmeister hatte, wie eigentlich überraschend oft, Probleme am Start: gleich die erste Runde brachte ihm eine böse Niederlage.

Short - Karpow
Spanisch (C 90)
1. e4 e5 2. Sf3 Sc6 3. Lb5 a6 4. La4 Sf6 5. 0-0 Le7 6. Te1 b5 7. Lb3 d6 8. c3 Lg4

Dieser Zug, bevor d2-d4 geschieht, hat keinen sehr guten Ruf; aber man darf annehmen, daß ein Karpow weiß, was er tut.

9. d3 0-0 10. Sbd2 Sa5 11. Lc2 c5 12. Sf1 Se8 13. Se3 Lh5

Sehr in Frage kam 13. ... Lf3: 14. Df3: Lg5. Nun gerät der Läufer in eine nicht gerade glückliche Lage.

14. g4 Lg6 15. d4 ed4: 16. cd4: h5?

Unterschätzt die einfache Antwort. Konsequent im Sinn des vorigen Tauschs war 16. ... Sc6, um auf ein Vorrücken des Bd4 hinzuarbeiten und dann e5 zu besetzen.

17. dc5:! dc5: 18. Se5

Mit der Doppeldrohung Sd7 sowie Sg6: nebst Ruin der schwarzen Bauernstruktur. Wie schwierig die schwarze Lage mit einem Schlag ist, zeigt sich schon daran, daß Karpow nun mehrere Züge lang als „Besänftigungsopfer" die Qualität anbietet, aber Short sie nicht nimmt.

18. ... Dd1: 19. Td1: hg4: 20. Ld2!

Ein wichtiger Zwischenzug, der dem schwarzen Springer nicht erlauben soll, via c6 nach d4 zu hüpfen, sobald der Se5 verschwunden ist.

20. ... Sb7?!

Short empfiehlt 20. ... Sc4, was auf jeden Fall besser sein dürfte als dieser Rückzug; aber ob Schwarz nach 21. S3c4: bc4: 22. Sd7 wirklich ausreichende Kompensation bzw. nach 22. Sg6: fg6: 23. e5 nur geringen Nachteil hat, möchte man doch bezweifeln.

21. Sg6: fg6: 22. e5 Kh7?!

Wenigstens sollte er den folgenden Zug mit 22. ... Sc7 verhindern.

23. Sd5 Ld8 24. Sf4 Tf5

In verzweifelter Lage versucht es Karpow wieder mit einem Opferangebot, um seine Bauernstruktur zu sanieren; aber diesmal verfügt Weiß nach der Annahme weiterhin über das dominierende Figurenspiel und schiebt den Punkt sicher nach Hause.

25. Lf5: gf5: 26. Le3 Lc7 27. Td5 Sa5 28. Lc5: Sc4 29. Sd3 Sd2 30. Kg2 Se4 31. Tc1 Ld8 32. Le3 Sc7 33. Td7 Se6 34. Sf4 Sf8 35. Tb7 Lg5 36. Tcc7 Lf4: 37. Tg7:+ Kh8 38. Lf4: Se6 39. Th7+ Kg8 40. Lh6 f4 41. The7 f3+ 42. Kf1 S4c5 43. Tb6 Td8 44. Td6 1:0

Schon oft hatte Karpow einen solchen Rückschlag im Verlauf des Turniers wettgemacht; aber diesmal gelang es ihm nicht. UdSSR-Jungstar Iwantschuk hielt sein Tempo mit, blieb als einziger dieses riesig starken Feldes ungeschlagen und rettete einen halben Punkt Vorsprung ins Ziel. Karpow konnte sich nur noch mit einigen überzeugenden Siegen gegen den Rest des Feldes trösten.

Karpow - Jussupow
Holländisch (A 88)

1. c4 f5 2. d4 Sf6 3. g3 g6 4. Lg2 Lg7 5. Sc3 d6 6. Sf3 0-0 7. 0-0 c6 8. b3 Dc7 9. La3 a5 10. Tc1 Sa6 11. Dd2 Ld7 12. Tfe1 Sb4 13. Lb2

Bis jetzt ist nichts Bemerkenswertes passiert; Weiß steht ein wenig bequemer, mehr wohl nicht. Der logische Gegenzug aber gibt ihm plötzlich die Chance zu einer langen, nahezu erzwungenen Abwicklung.

13. ... e5?! 14. a3 Sa6 15. de5: de5:

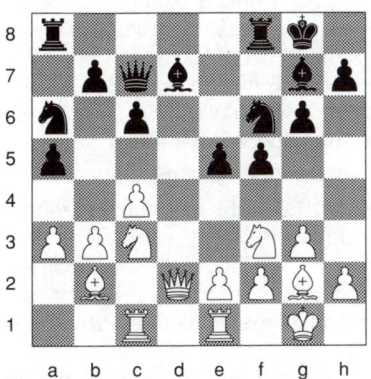

16. Sb5! cb5: 17. cb5: Sc5

Nach einem Ausweichzug wie 17. ... Db6 18. ba6: sichert die Drohung Se5: Weiß den dickeren Zipfel der Wurst.

18. Le5: Db6 19. Lf6: Lf6:

Auf 19. ... Se4 pariert Weiß mit 20. Dd4.

20. Dd5+ Se6 21. Dd7: Tad8

Soweit alles vielleicht nicht die beste Variante für Schwarz, aber die kritische,

die Weiß von Anfang an vorhersehen mußte, denn was fängt er mit seiner Dame an?

22. Tc6!!

Klärt alles, denn 22. ... bc6: 23. De6:+ nebst Gewinn von c6 sichert Weiß mehr als genug für die Qualität.

22. ... Td7: 23. Tb6: Sc5 24. b4 ab4: 25. ab4: Se4 26. e3 Kf7

Der weiße Turm war noch nicht zu fangen: 26. ... Ld8 27. Te6 Kf7 28. Te4:! fe4: 29. Se5+.

27. h4 Tb8 28. Tc1 Ke7 29. Sd4 Kf7

Nach 29. ... Ld4: 30. ed4: Td4: 31. Le4: Le4: nebst 32. Tc7+ sollte das Endspiel für Weiß gewonnen sein.

30. Le4: fe4: 31. Se6 Ld8 32. Sg5+ Lg5: 33. hg5: Te8 34. Tc4 Kg7 35. Kg2 Tf7 36. Td6 h6 37. gh6:+ Kh6: 38. b6 Te5 39. Tc7 Tf8 40. Tb7: Tef5 41. Td2 Tb5 42. Td4 1:0

Endstand: 1. Iwantschuk (UdSSR) 7,5 P.; 2. Karpow 7 P.; 3. Ljubojevic (YU) 6 P.; 4./5. Short (England), Timman (NL) 5,5 P.; 6. Jussupow (UdSSR) 5 P.; 7. Beljawsky (UdSSR) 4,5 P.; 8. Portisch (Ungarn) 4 P.; 9./10. Sokolow (UdSSR), Gulko (USA) 3,5 P.; 11. Hjartarson (Island) 3 P.

Im März kam es noch zu einem merkwürdigen Wettkampf zwischen Karpow und dem schwedischen GM Andersson - merkwürdig deswegen, weil man von der veranstaltenden Organisation „Unione Mondial Scacchi" weder zuvor etwas gehört hatte noch danach mehr hörte (außer einem zweiten Match, nämlich Hübner - Spassky, das kurz vorher stattgefunden hatte). Es sei nur bemerkt, daß Karpow nach drei Remisen in der 4. Partie mit einem Sieg den Kampf zu seinen Gunsten entschied.

Auch Kasparow mit Mühe

Kasparow hatte in dieser Zeit mehr mit privaten Dingen zu tun - Heirat nebst Flitterwochen. Ob so etwas einem Schachspieler „bekommt", ist unter Experten heftig umstritten ... Beim World-Cup-Turnier in Barcelona im März/April, dem vierten, schien es dem Champion jedenfalls nicht gar so gut bekommen zu sein: Kasparow mußte nicht nur den ersten Platz mit Ljubojevic teilen (den er erst in der letzten Runde einholen konnte), er landete sogar in der Weltcup-Wertung hinter dem Jugoslawen, da dieser einen halben Zähler an den außer Konkurrenz spielenden Spanier Illescas abgab, Kasparow aber nicht.

Entscheidend trug zu diesem relativ schwächeren Abschneiden ein Lapsus schon früh im Turnier bei, wie er bei Kasparow selten passiert: In einer Gewinnstellung ließ er dreimal hintereinander entscheidende bzw. günstige Möglichkeiten aus - und verlor noch. Selbst in Zeitnot pflegt er sonst von so viel, zumal taktischen, Chancen wenigstens eine zu nutzen ...

Jussupow - Kasparow
Königsindisch (E 92)
1. Sf3 Sf6 2. c4 g6 3. Sc3 Lg7 4. e4 d6 5. d4 0-0 6. Le2 e5 7. d5 a5 8. Lg5 h6 9. Lh4 Sa6 10. Sd2 De8 11. 0-0 Sh7 12. a3 Ld7 13. b3 f5 14. ef5:

Hier hielt man bis dahin 14. ... Lf5: für obligatorisch, was übrigens nicht so indiskutabel ist, wie von manchem hingestellt (zumindest hatte es zuvor ein, zwei befriedigende Resultate erbracht). Aber einem Königsindisch-Spieler ist es im Prinzip natürlich immer lieb, dem Gegner nicht das Feld e4 zu überlassen.

14. ... gf5:!?!

Kann man sich leisten, zumal auf Weltklasseniveau, die Qualität „für nichts" so einfach zu opfern? Auf jeden Fall bietet es Schwarz aktives Spiel und gute taktische Chancen; eine Art Stellung, die dem Weltmeister zudem viel mehr liegt als dem soliden Jussupow.

15. Lh5 Dc8

Das groteske 15. ... Db8 16. Le7 Tc8 kann natürlich nicht die Idee des vorigen Zuges gewesen sein.

16. Le7 Te8 17. Le8: De8: 18. Lh4 e4 19. Dc2 Dh5 20. Lg3 Tf8 21. Lf4?

Führt zu einer folgenschweren Schwächung der Königsstellung. Der Bauernvormarsch mußte gestoppt werden, aber mit 21. f4 (Kasparow) und unklarer Lage. Die Einwanderung Sc5-d3 bietet Schwarz jedenfalls eine Druckstellung mit erheblicher Kompensation.

21. ... Dg4 22. g3 Sg5

Da nach 23. Lg5: hg5: nun erst recht ein Bauernsturm fällig wäre,sorgt dieser Springer nun auf den weißen Feldern für Alarmstufe eins. Vielleicht sollte Weiß deswegen um jeden Preis 23. f3!? probieren.

23. Kh1 Sf3 24. Tac1 Sc5 25. Sf3: Df3:+ 26. Kg1 Sd3

Ein Springer ist weg; aber nun kommt der zweite, und die Schwäche der weißen Felder bleibt fatal.

27. Dd2 Ld4 28. Tc2 Kh7 29. h3 Tg8 30. Kh2 Dh5 31. Sd1

Weiß steht mit dem Rücken zur Wand; es kommt für Schwarz nur darauf an, einen überzeugenden von vielen verlockenden Wegen zu finden.

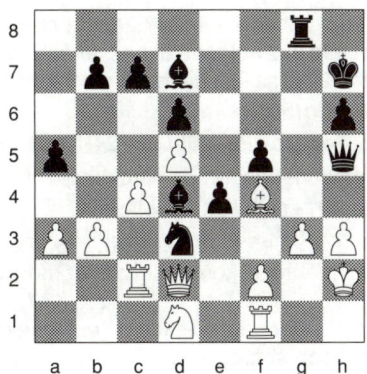

31. ... Se5?

Die erste Chance ist verpaßt: 31. ... Sf4: gewann ziemlich glatt, z.B. 32. Df4: Le5 33. De3 f4 34. gf4: Dg6 35. Dg3 Lf4:! oder 32. gf4: Dg6 33. Se3 Le3: 34. fe3: Dg3+.

32. f3(!)

Wahrscheinlich hatte Kasparow das in Zeitnot übersehen - auf Sf3:+ geht jetzt einfach 33. Tf3:, und der Ld4 hängt. Aber verloren ist damit noch lange nichts.

32. ... Sd3?!

Gut möglich war 32. ... Df3: und nach 33. Le5: Df1: 34. Ld4: f4! (droht auf h3) 35. g4 Lg4:! 36. hg4: Tg4: hat Schwarz wohl entscheidende Initiative.

33. Se3?!

Gibt dem Gegner den dritten „Matchball"; besser 33. fe4: und falls 33. ... fe4: so ist 34. Dg2 gut; nach 33. ... Sf4: 34. Tf4: Le5 35. Sf2 hält Kasparow die Lage für unklar.

33. ... Sf4: 34. gf4: Lb6?

Damit verhüllt Caissa endgültig ihr Angesicht, wie ein alter Schachspruch heißt. 34. ... Dh4 35. Dd4: Tg3! gewann, z.B. 36. Kh1 Th3:+ 37. Kg1 Th1+ 38.

Kg2 Dh2 matt.

35. Df2 Dg6 36. Te2 Lc5?!

Kasparow meint, daß er selbst hier noch mit 36. ... Te8 die Lage zumindest unklar gestalten konnte.

37. fe4: fe4: 38. f5 Dh5 39. Td2 Tg5 40. Df4 De8?!

Die Zeitnot ist geschafft, aber die Stellung endgültig ruiniert. Warum nicht wenigstens 40. ... Le3: 41. De3: Lf5:?

41. Sg4 1:0

Selbst für ein Zeitnotduell eine ungewohnt schwache Vorstellung des Weltmeisters, der ja als glänzender Blitzspieler vor allem bei taktischen Wendungen gilt.

Als Mitte des Turniers zu allem Übel noch eine Krankheit hinzukam, zog sich die erwartete Aufholjagd Kasparows durch mehrere Remisen weiter hinaus, aber zum Schluß gelang es ihm doch noch. Wie er in folgender Partie den Schönheitspreis gewann, zeigt ihn wieder auf der Höhe früherer Triumphe.

Kasparow - Salow
Englisch (A 34)

1. Sf3 Sf6 2. c4 b6 3. Sc3 c5 4. e4 d6 5. d4 cd4: 6. Sd4: Lb7 7. De2 Sbd7 8. g3 Tc8 9. Lg2 a6 10. 0-0 Dc7

Der Versuch, frühzeitig am Damenflügel zu operieren, kommt in solchen Stellungen nicht selten vor, aber ohne Vollendung der Entwicklung geht er meist nicht gut aus. Solide war frühzeitiges e6 nebst Le7 usw.

11. b3 e6 12. Sd5!?

Das für solche Stellungen typische Opfer. Allerdings ist nach 12. ... ed5: 13. ed5:+ Kd8 nichts Klares für Weiß zu erkennen. Daß Kasparow solches auch nicht berechnet hat, läßt sich daraus ersehen, daß er diese Variante schlicht mit „14. Lb2 +=" beendet. Andererseits kann man verstehen, daß sich Salow gegen den gefürchteten Angreifer nicht darauf einlassen will; doch sein Versuch, den Sd5 zu ignorieren, läßt sich nicht durchhalten.

12. ... Db8 13. Td1 g6 14. Lg5 Lg7 15. Lf6:!

Dieses unschablonenhafte Nehmen dürfte Schwarz unterschätzt haben. Nach 15. ... Lf6: 16. Sf6:+ Sf6: ist er nämlich keineswegs entlastet: 17. e5! de5: (17. ... Lg2: 18. ef6: Lh3 wäre vielleicht besser, doch auch nicht angenehm) 18. Lb7: Db7: 19. De5: und das wünschenswerte 19. ... De7 scheitert an 20. Sc6!.

15. ... Sf6: 16. Sb6: Td8?!

Mit Bauer weniger macht die Stellung ohnehin keine Freude mehr, doch 16. ... Tc7 hätte wenigstens vermieden,als „Opfer" des Schönheitspreises in die Annalen einzugehen.

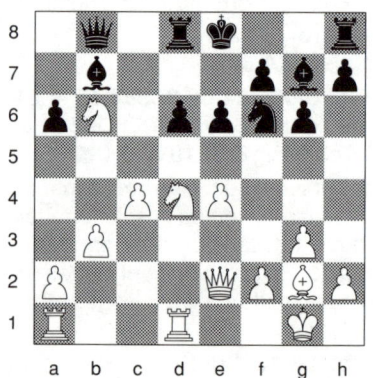

17. e5! Lg2:

Auf 17. ... de5: war wohl 18. Sc6 Lc6: 19. Lc6:+ Ke7 20. c5 geplant.

18. ef6: Lf6: 19. Se6:! fe6: 20. De6:+ Le7 21. c5! Lb7

Wohin mit dem Läufer? 21. ... Lc6 sieht im Licht des Folgenden besser aus, aber nach 22. Tac1 ist auch dieses Feld nicht sicher.

22. Te1 Dc7 23. c6! Lc6: 24. Tac1 Td7

Was sonst gegen die Drohung Tc6:?

25. Sd7: Dd7: 26. Dc4!

26. Tc6: De6: 27. Te6: Kd7 28. Te7:+ Kc6: macht es komplizier; eher möglich war 26. De7:+ De7: 27. Te7:+ Ke7: 28. Tc6:, aber der Textzug entscheidet praktisch sofort.

26. ... Lb7 27. Dc7 Tf8 28. Db8+ Kf7 29. Tc7! 1:0

Mit einem seiner berühmten „Siege auf Bestellung" in der Schlußrunde gegen den Remiskönig Spassky brachte Kasparow das Turnier doch noch zu einem ansehnlichen Ende.

Endstand: 1./2. Kasparow, Ljubojevic (YU) 11 P.; 3. Salow (UdSSR) 10 P.; 4. Kortschnoi (CH) 9,5 P.; 5./6. Hübner (D), Short (ENG) 9 P.; 7. Nikolic (YU) 8 P.; 8.-12. Waganjan, Jussupow, Beljawsky (UdSSR), Ribli (Ungarn), Spassky (Frankreich) 7,5 P.; 13. Speelman (England) 7 P.; 14./15. Hjartarson (Island), Seirawan (USA) 6,5 P.; 16./17. Illescas (Spanien), Nogueiras (Kuba) 5,5 P.

Ansonsten gönnte sich Kasparow um diese Zeit eher leichtere Kost; er spielte simultan in Westminster gegen britische Abgeordnete (will heißen schlug sie kurz und klein; zu null in zwei Stunden), fertigte ein zweites Mal die nun stärker besetzte französische Nationalmannschaft ab (Siege gegen die IM Kouatly, Sharif und Renet, Remis gegen die IM Miralles, Haik und Koch) und versuchte sich als Organisator: mit einem Open der GMA in Moskau, das 100.000 Dollar Preisfond bot und offenbar weitgehend „gegen" die Offiziellen im Sowjetschach organisiert wurde, finanziert von ausländischen Firmen. Die Demonstration, nun endlichauch Herr im eigenen Haus sein zu wollen (das war ja selbst nach dem Gewinn des WM-Titels zunächst noch keineswegs klar gewesen) glückte und brachte Kasparow nach allgemeiner Ansicht einen merklichen Prestigeerfolg.

Dafür mußte er um seine Führung im Weltcup bangen. Es war klar, daß viel darauf ankam, wer vor dem alles entscheidenden letzten Turnier (das nochmals K&K zusammenbringen würde) in Führung lag. Zuvor war Karpow allein am Zug und hatte damit die Chance, den Rivalen nach dessen nur knappen Erfolgen in Reykjavik und Barcelona vielleicht ein - oder gar zu überholen: durch einen klaren Sieg mit einem guten Punktresultat im fünften Weltcup-Turnier von Rotterdam, das im Juni 1989 stattfand. Und alles schien für ihn zu laufen ...

Das Drama von Rotterdam

Karpow verlor diesmal keine Partie am Start, legte los wie die Feuerwehr und hatte drei Runden vor Schluß mit 9,5 aus 12 (fast 80 % Punkte, sieben Siege bei fünf Remis) alles, wovon er geträumt haben konnte: den ersten Platz so gut wie in der Tasche und Kasparow in Reichweite (in der Gesamtwertung)! Seinen relativ nächsten Verfolger Timman schlug er während dieses Sturmlaufs glatt in einer Partie, die für ein „altes" Eröffnungsthema höchst interessant war.

Karpow - Timman
Grünfeld-Indisch (D 87)
1. d4 Sf6 2. c4 g6 3. Sc3 d5 4. cd5: Sd5: 5. e4 Sc3: 6. bc3: Lg7 7. Lc4 0-0 8. Se2 c5 9. 0-0 Sc6 10. Le3 Lg4 11. f3 Sa5 12. Lf7:+

Zeitlich „alt" (s.o.) ist diese Variante nun wahrlich nicht, aber wie viele Erfahrungen und Verbesserungen haben die beiden seit Sevilla damit gesammelt ... Die vorliegende Partie bringt schon wieder etwas Neues.

12. ... Tf7: 13. fg4: Tf1+: 14. Kf1: Dd6 15. e5 Dd5 16. Lf2 Td8 17. Dc2

Nanu?! Er spielt nicht seinen so erfolgreichen „Belfort-Zug" 17. Da4, sondern das, was ihm davor in Amsterdam rein gar nichts eingebracht hatte?! Leider werden wir nicht erfahren, was Karpow in seinem Heimlabor ausgekocht hatte, denn Timman zieht vor, es sich nicht demonstrieren zu lassen.

17. ... Dc4 18. Db2 Lh6 19. h4 Tf8?!

Hier kommt die Abweichung; Kasparow spielte 19. ... Df7. Timmans Idee beruht aber offenbar mehr oder weniger auf einem taktischen Witz, der leider sofort „in die Hose geht".

20. g5 Dd3

Das sollte es anscheinend sein: nach 21. gh6: Sc4 oder De3 könnte es für den weißen König brenzlig werden. Aber Karpow konsolidiert sich einfach und läßt den Läufer Läufer sein, der auf g7 sowieso nur als „Nachtwächter" fungiert, völlig ruhiggestellt durch die weißen Bauern.

21. Db1! De3 22. De1 Lg7 23. Kg1 De4 24. Sg3

Ein Tempogewinn nach dem anderen; die scheinbar aktiv stehende schwarze

Dame ist in Wahrheit auf der Flucht.

24. ... Dh4: 25. Se4

Damit ist das schwarze Unternehmen gescheitert; falls 25. ... Dg4 26. Sc5: und auf g5 ist nichts zu holen wegen Se6. Timman versucht noch im Trüben zu fischen, aber in diesem Moment war Karpow noch in Top-Form.

25. ... Tf2: 26. Sf2: cd4: 27. Td1 d3 28. De3 Sc6 29. Sd3: Da4 30. Df3 Da5 31. e6 Sd8 32. Sf4 Le5 33. Sd5 Dc5+ 34. Kh1 1:0. Auf 34. ... Se6: entscheidet 35. Tf1 schnell.

Drei Runden vor Schluß fing man an zu rechnen: Wenn Karpow nur drei Remis macht, so wollten es die Experten festgestellt haben, ist er mit Kasparow in der Gesamtwertung punktgleich. Als nächsten hatte er Salow vor sich, einen starken Gegner. War Karpow in diesem Moment schon erschöpft, wie manche vermuteten? Man kann das kaum glauben, denn sonst hätte er wohl nicht eine so scharfe Eröffnungsvariante riskiert. Das deutet eher darauf hin, daß die andere geäußerte Ansicht der Wahrheit näher kommt: wollte Karpow sich nicht mit Remis begnügen, sondern bis zum Schluß an Pluspunkten herausholen, was er gegenüber dem indirekten Rivalen herausholen konnte?

Karpow - Salow
Damenindisch (E 17)

1. d4 Sf6 2. c4 e6 3. Sf3 b6 4. g3 Lb7 5. Lg2 Le7 6. Sc3 Se4 7. Ld2 Lf6 8. Tc1

Das ist praktisch eine Provokation zu einem heißen Tanz. Wenn Weiß ein ruhiges Leben hätte haben wollen, hätte er bestimmt nicht so gespielt; andere Züge sind z.B. 8.0-0 oder 8. Dc2, so geschehen in einer früheren Partie der beiden.

8. ... Ld4: 9. Sd4: Sc3: 10. Lb7:

Nach 10. Lc3: Lg2: hat es Weiß schwer, Kompensation für den Minusbauern nachzuweisen. Der Textzug leitet eine weitgehend zwangsläufige lange Abwicklung ein.

10. ... Sd1: 11. Td1: c6 12. Lf4

Für Weiß ist die Blockade der schwarzen Bauern wichtig, wie sich bald zeigt; hingegen kann Schwarz nicht sofort d5 spielen wegen der Schwäche c6, er muß erst den Lb7 zu fangen versuchen.

12. ... 0-0 13. Ld6 Te8 14. La8: Dc8 15. b4 Sa6 16. b5 Da8: 17. ba6: c5 18. Sf3 De4

Weiß hat somit Materialverlust verhindert und sogar ein kleines rechnerisches Plus, aber diverse schwache Bauern, und die schwarze Dame steht aktiv. Das Gleichgewicht dürfte zwar nicht entscheidend gestört sein, doch Weiß ist der passive Teil, der um den Ausgleich kämpfen muß. Das tut Karpow zunächst auch mit vollem Einsatz, obwohl der Ausgang der Eröffnung für ihn bereits eine Enttäuschung gewesen sein dürfte.

19. Tc1 f6 20. a3 Dc6 21. Td1 Da4 22. Sd2 Dc6 23. Sf3 Da4 24. Sd2 Da3:

Schwarz ist mit Remis noch nicht zufrieden.

25. 0-0 Da6: 26. e4 Da4 27. e5 Dc6 28. Tfe1 a6 29. Te3 h6 30. Tc1 Ta8 31. Se4 fe5: 32. f3

Schwarz hat nun vier Bauern mehr, aber sie sind alle blockiert, sofern er nicht zu b6-b5 kommt.

32. ... a5 33. Ta3 a4 34. h4 Ta5 35. Kg2 b5 36. cb5: Tb5:

So hat es Schwarz schließlich geschafft, da nach 37. Tc5:? Tc5: die Blockade fallen würde; aber durch den dazu notwendigen Vormarsch des Ba6 bleiben die Bauern auch jetzt vereinzelt, so daß die weißen Figuren hoffen dürfen, sie unter Kontrolle zu bringen.

37. Kh3 Tb3?!

Nach eigenen Angaben sollte Salow 37. ... Da6 probieren, um das Nehmen auf c5 weiter zu verhindern. Falls dann 38. Le5:, so 38. ... c4 und es geht zumindest weiter, wie auch nach 38. Tca1 Tb4 39. Lc5: Tc4, wonach der Läufer nicht nach d6 zurück kann wegen Te4:.

38. Tc5: Da6 39. Tc3 Db5 40. Kg4 Kh7 41. h5 Ta3: 42. Ta3:

Jetzt ist für Schwarz keinerlei Idee mehr ersichtlich, um weiterzukommen. Man sollte ein baldiges Remis erwarten.

42. ... g6 43. Lf8

Schadet nichts, ist aber vielleicht ein Anzeichen, daß nun bei Karpow zu seinem Unglück wieder der Traum erwachte, die Partie doch noch gewinnen zu können. Weiß droht 44. Sf6+ Kh8 45. hg6: mit Mattabsichten.

43. ... Kg8 44. Ld6

Sieht ein, daß er sich 44. Lh6:? d5 nicht leisten kann.

44. ... Kf7 45. Tc3?

Am einfachsten war 45. hg6:+ Kg6: 46. Kh3, wonach keiner mehr etwas Erfolgversprechendes unternehmen konnte. Aber Karpow will nicht zurück und dem schwarzen König Raum geben; er will mit seinem eigenen vorwärts und den anderen mattsetzen!

45. ... gh5:+ 46. Kh5:?

Noch immer war 46. Kh3 vermutlich ausreichend, aber der Textzug ist natürlich die logische Folge des vorigen.

46. ... Df1!

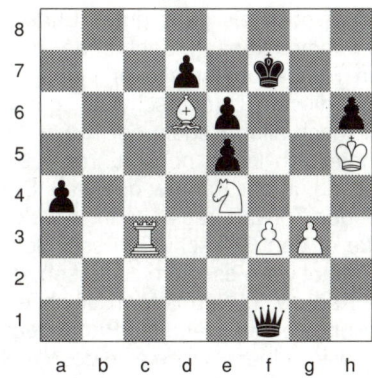

Danach dürfte das Entsetzen bei Karpow immer größer geworden sein, als er die Stellung studierte. Es ist fast ein Wunder, daß nach 47. Kh6: sämtliche weißen Figuren nicht eingreifen können und Schwarz mit K+D allein zum Erfolg kommt: 47. ... Dh3+ 48. Kg5 Df5+ 49. Kh4 Dh7+ 50. Kg5 Dg6+ 51. Kh4 Dh6+ 52. Kg4 Kg6 und die Mausefalle ist zu.

47. Kg4 Kg6 48. Le5:

Um einen Fluchtweg via f4-e3 zu öffnen.

48. ... d5! 49. Sc5

Auch 49. Sf6, um Feld h5 zu kontrollieren, rettet nicht wegen 49. ... Db1 (drohend Df5+) und auf 50. f4 Dh1 bzw. auf 50. Kh4 h5, oder 50. Kh3 Df5+ 51. Sg4 h5.

49. ... Dh1

Droht wieder einmal Matt (Dh5+ nebst Dg5). Weiß muß Material abgeben, um das zu verhindern.

50. Kf4 Dh5 51. Ke3 De5:+ 52. Kd2 d4 0:1

Das muß für Karpow, der bei dem geringen schwarzen Material bestimmt an keine Gefahr für seinen König mehr geglaubt hatte, ein jäher Sturz in die Tiefe gewesen sein. Und trotzdem hätte das

Turnier noch ein ganz gutes Ende für ihn nehmen können, denn in der nächsten Runde überspielte er Ljubojevic, der in diesem Turnier schwach in Form war, nach allen Regeln der Kunst. Der konnte sich kaum noch rühren - eine Stellung, in der Karpow quasi als Stürmer den Torwart fragen kann, in welche Ecke er den Ball schießen soll. Selbst in Zeitnot wäre es kaum zu fassen, daß ein Karpow in Normalform solch eine Stellung verliert. Hatte die Partie gegen Salow in seiner Psyche also doch mehr Schaden angerichtet als man vermuten konnte?

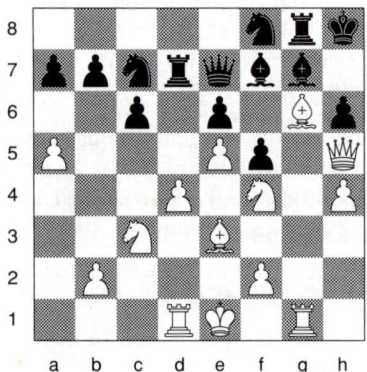

Karpow - Ljubojevic

Hinterher gab Karpow als richtigen Weg, den Druck zu verstärken, an: 30. Tg3 De8 31. Lf7: Df7: 32. Ke2 Se8 33. Df7: Tf7: 34. Tdg1 und diese Stellung muß sicherlich auch ohne Damen gewonnen sein; die schwarzen Figuren erinnern an Sardinen in der Büchse. Warum er im Text zwar dieselbe Verdopplungsidee wählt, aber in einer Zugfolge, die den wichtigsten Bauern auf d4 ungedeckt läßt, ist kaum zu erklären.

30. Td3? De8 31. Ld2??

Nach 31. Lf7: stand Weiß nun etwas ungeschickter als in der obigen Variante, aber zumindest immer noch besser und außerhalb jeder Gefahr. So dagegen stellt er einzügig die Partie ein.

31. ... Sg6: 32. Sg6:+ Kh7 33. Tdg3

Wie sonst soll man den Springer retten?

33. ... Td4:

Hier könnte der Vorhang fallen, aber Karpow, der völlig konsterniert gewesen sein muß, mochte wohl gar nicht glauben, was er angestellt hatte, und ließ es sich zeigen.

34. De2 Lg6: 35. Tg6: Dg6: 36. Tg6: Kg6: 37. Le3(?)

Es kam schon kaum noch darauf an, aber daß Karpow den Bauern h4 einstellt, den er mit 37. h5+ mühelos retten konnte, zeigt seine Verfassung. Den Rest - er ging bis zum 50. Zug - sparen wir uns.

Danach verlor Karpow auch noch mit Schwarz gegen Nunn, damit den ersten Platz und einige Weltcup-Punkte auf Kasparow - so war der Kampf praktisch schon vor dem letzten Turnier entschieden.

Endstand: 1. Timman (NL) 10,5 P.; 2. Karpow 9,5 P.; 3. Waganjan (UdSSR) 9 P.; 4. Nunn (England) 8,5 P.; 5.-8. van der Wiel (NL), Salow, Ehlvest, Sokolow (UdSSR) 8 P.; 9. Short (England) 7,5 P.; 10. Seirawan (USA) 7 P.; 11.-13. Sax (Ungarn), Nogueiras (Kuba), Jussupow (UdSSR) 6,5 P.; 14./15. Ljubojevic (YU), Portisch (Ungarn) 6 P.; 16. Hjartarson (Island) 4,5 P.

Weltcup-Finale ohne Pfeffer

Als sich der „Schachzirkus" zum Abschluß des Weltcups im August 1989 im schwedischen Skelleftea traf, war die Luft raus. Es gab noch eine theoretische Chance für Karpow, die Gesamtwertung zu gewinnen; doch dazu hätte er nicht nur Erster werden müssen vor Kasparow, sondern auch mit einem herausragenden Resultat (a la Rotterdam ohne die drei verhängnisvollen Nullen). Niemand rechnete wohl noch ernsthaft damit. Immerhin, gleich in der 2. Runde würden sie aufeinandertreffen, Karpow mit Weiß ... vielleicht eine letzte Chance? Aber Karpow gewann nicht; der Weltmeister erstickte bald jede Gefahr im Keim und behielt die Lage mehr oder weniger fest im Griff.

Karpow - Kasparow
Königsindisch (E 97)

1. d4 Sf6 2. c4 g6 3. Sc3 Lg7 4. e4 d6 5. Sf3 0-0 6. Le2 e5 7. 0-0 Sc6 8. d5 Se7 9. Sd2 a5 10. a3

10. b3 hatte sich in der 17. WM-Partie Sevilla nicht besonders bewährt. Karpow kehrt zum normalen Plan zurück, b4 schnellstmöglich zu realisieren.

10. ... Sd7 11. Tb1 f5 12. b4 Kh8 13. f3 Sg8 14. Sb3 ab4: 15. ab4: Sdf6

Eine etwas langsame Umgruppierung, die zudem die weißen Operationen am Damenflügel praktisch ignoriert. Es verwundert darum, daß Karpow keinen Versuch macht, das prinzipielle c4-c5 durchzudrücken. Die Seite, die sich in solchen Stellungstypen passiv verhält, verliert meistens.

16. Ld2 Sh5 17. g3 Shf6

Mit aufreizender Gelassenheit opfert Schwarz weitere Zeit, um eine Schwächung zu provozieren; aber Weiß hält sich noch immer am Damenflügel zurück. Vom Verständnis her ist diese Partie schwere Kost für den Nachspielenden, der Sinn mancher Manöver bleibt ohne ausführliche Kommentare der Spieler im dunkeln.

18. Tf2 Sh6 19. Ta1 Ta1: 20. Da1: Sf7 21. Dc1 f4!?

Nachdem Weiß nach wie vor keine Anstalten trifft, aktiv zu werden, nützt Schwarz die Stunde. Auf 22. gf4: hatte Kasparow Sh5 23. fe5: de5: geplant. Zweifellos mit beachtlichen Angriffschancen, aber wäre dies nicht doch für Weiß besser gewesen als sich für nichts in die Defensive zu begeben? Karpows Spiel macht in dieser Partie einen merkwürdig gehemmten Eindruck.

22. g4?! h5 23. h3 Sh7 24. Le1 Lf6 25. Kg2 Kg7 26. Tf1 Shg5 27. Th1

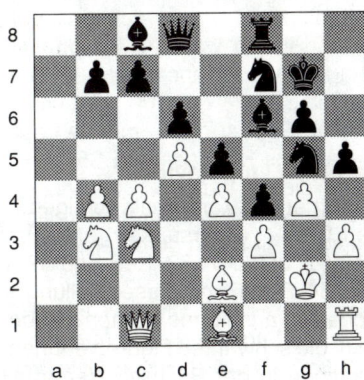

Nachdem Schwarz ungestört seine Stellung ausbauen konnte, während sich bei Weiß kaum etwas zum Besseren verändert hat, ist es kein Wunder, daß die

Lage für taktische Schläge reif wird.
27. ... Sh3:! 28. Th3: Sg5 29. Th2
In Anbetracht des Folgenden könnte man meinen, daß der Turm auf h1 deutlich besser stünde. Aber für den Textzug zeigt Kasparow den Grund:
29. ... hg4: 30. fg4: Th8
30. ... f3+ überzeugte den Weltmeister nicht, weil nach 31. Lf3: Sf3: 32. Dh6+ Kf7 33. Kf3: Th8 die Dame nach d2 zurück kann, um den Turm zu decken - deswegen Th2 statt Th1.
31. Lh4
Da nicht nur 31. ... f3+ 32. Lf3: Th2:+, sondern auch Th2:+ nebst Dh8+ zu beachten war, gibt Weiß die Figur zurück, was freilich eine Art Kapitulation darstellt.
31. ... f3+ 32. Lf3: Sf3: 33. Lf6:+ Df6: 34. Th8: Kh8: 35. Kg3 g5?
Gibt nach Kasparow den Sieg aus der Hand. Bevor Schwarz etwas anderes tut, will er natürlich das Schach auf h6 für alle Zeiten verhindern, nimmt sich aber mit dem Textzug wichtige Möglichkeiten. Richtig war laut Kasparow ein Königszug, aber auch nicht 35. ... Kg7 36. De3 Sd4 37. g5! Df4+ 38. Df4: ef4:+ 39. Kf4: Sb3: 40. Sb5 und die Lage ist keineswegs klar, sondern 35. ... Kg8!, um in dieser Variante 37. ... Dh8! zu spielen. So etwas kann man freilich bei knapper Zeit kaum durchrechnen.
36. Se2
Nach 35. ... Kg8 hätte Schwarz diesen wichtigen Zug, der d4 und f4 deckt, z.B. mit 36. ... Dh4+ 37. Kf3: Lg4:+ nebst Dh3+ und Db3: beantworten können.
36. ... Kg7 37. Dh1 Sd4
37. ... Sh4 war noch ein Versuch, doch auch dann ist ein Weiterkommen schwer zu entdecken.

38. Sbd4: ed4: 39. Dd1 De5+ 40. Kf3 Df6+ 41. Kg3 De5+ 42. Kf3 Df6+ Remis
Immerhin war damit auch die letzte theoretische Chance Karpows in der Gesamtwertung so gut wie weg, und das Turnier plätscherte ohne den großen Effekt dahin. Kasparow nützte auffallend oft gute Stellungen nicht optimal aus; vielleicht hatte er den Weltcup geistig schon abgehakt. Was er sich freilich gegen Tal leistete, bleibt selbst dann unverständlich.

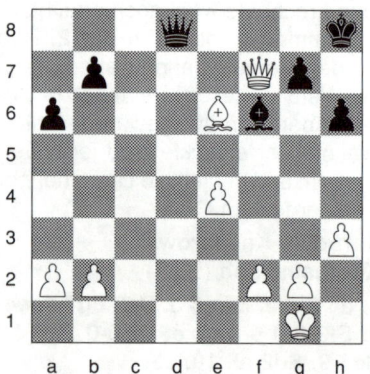

Kasparow - Tal
Bei halbwegs durchdachtem Spiel von Weiß müßte Tal (der in diesem Turnier noch unter den Folgen einer schweren Krankheit mit Operationen litt) wohl bald aufgeben. Statt dessen schnappte der Weltmeister gedankenlos den Bauern b7 und war nach **33. Db7:?? Dd1+ 34. Kh2 Dd6+** eine Figur los. Er probierte es zwar selbst dann noch mit seinen drei Mehrbauern, doch im 60. Zug konnte Tal das Remis sicherstellen.
Zum Schluß kamen beide punktgleich ins Ziel, aber mit einem nicht überragenden Score (demselben wie Karpow in Rotterdam), was freilich trotzdem reich-

te, den Rest des Feldes klar auf Distanz zu halten. Ein kleiner Prestigeerfolg vielleicht nochmals für Karpow (nach Ausrechnung der Experten soll er sogar leicht bessere Wertung gehabt haben, also offiziell „Turniersieger" gewesen sein), aber ganz bestimmt kein Trost für die in Rotterdam verlorene Chance, endlich einmal wieder einen ganz großen Triumph über Kasparow zu landen.

Endstand: 1./2. Karpow, Kasparow je 9,5 P.; 3.-5. Portisch (Ungarn), Seirawan (USA), Short (England) 8,5 P.; 6./7. Salow (UdSSR), Sax (Ungarn) 8 P.; 8./9. Nunn (England), Andersson (Schweden) 7,5 P.; 10.-12. Hübner (D), Ribli (Ungarn), Tal (UdSSR) 7 P.; 13. Ehlvest (UdSSR) 6,5 P.; 14./15. Nikolic (YU), Kortschnoi (CH) 6 P.; 16. Waganjan (UdSSR) 5 P.

Den Gesamtstand des Weltcups mit den pro Turnier vergebenen Punkten zeigt folgende ausführliche Tabelle.

Arthur Jusupow

Foto: SR-Archiv

Weltcup 1988/89

	Brüssel	Belfort	Reykjavik	Barcelona	Rotterdam	Skelleftea	Gesamt
1. Kasparow (UdSSR)	–	29	27,5	×	–	26,5	83
2. Karpow (UdSSR)	27,5	27	–	–	×	26,5	81
3. Salow (UdSSR)	25	–	–	23,5	×	20	68,5
4. Ehlvest (UdSSR)	–	24,5	20,5	–	23	×	68
5. Ljubojevic (Jugosl.)	25	13,5	–	28	×	–	66,5
6. Nunn (England)	22	–	20,5	–	23	×	65,5
7. Beljawsky (UdSSR)	22	×	25	16,5	–	–	63,5
8. Short (England)	–	×	–	20,5	20	23	63,5
9. Hübner (BRD)	–	21	–	22	×	14,5	57,5
10. Timman (Niederl.)	13	×	16,5	–	28	–	57,5
11. Sokolow (UdSSR)	16	21	×	–	20	–	57
12. Portisch (Ungarn)	19,5	–	×	–	13,5	23	56
13. Tal (UdSSR)	16	–	25	×	–	14,5	55,5
14. Sax (Ungarn)	×	–	20,5	–	13,5	20	54
15. Andersson (Schw.)	22	×	14	–	–	17,5	53,5
16. Seirawan (USA)	13	–	–	×	16,5	23	52,5
17. Ribli (Ungarn)	–	21	×	16,5	–	14,5	52
18. Speelman (England)	18	16,5	16,5	×	–	–	51
19. Waganjan (UdSSR)	×	–	–	19	23	7,5	49,5
20. Jussupow (UdSSR)	–	×	20,5	13,5	13,5	–	47,5
21. Spassky (Frankreich)	–	21	11	13,5	×	–	45,5
22. Nikolic (Jugoslawien)	13	–	14	16,5	–	×	43,5
23. Kortschnoi (Schweiz)	8	–	×	25	–	10	43
24. Hjartarson (Island)	–	9	20,5	10,5	×	–	40
25. Nogueiras (Kuba)	10	13,5	–	×	13,5	–	37

–   = nicht teilgenommen
×   = Streichresultat.
      Rücktritt oder Nichtteilnahme wird ebenfalls als Streichresultat gewertet.

Wegen der Teilnahme von einheimischen Spielern außerhalb der Weltcupwertung sowie Rücktritten etc. ist die Punktwertung für den Gesamtweltcup keineswegs identisch mit dem jeweiligen Turnier-Endstand.

Fischers Elo-Traummarke fällt

Wer hätte nach Kasparows relativ mäßiger Leistung in Skellestea gedacht, daß gleich sein nächstes Turnier Schachgeschichte schreiben würde? Die letzten Jahre über hatte er sich konstant in der ELO-Liste gesteigert und an die legendären 2780 Punkte Bobby Fischers bei dessen Rücktritt herangerobbt; aber der Großangriff war bis jetzt ausgeblieben. In Tilburg (September/Oktober 1989) kam er.

Ein Ergebnis von 12 Punkten aus 14 Partien (10 Siege, 4 Remis) in einem Kat. 16-Turnier (ELO-Schnitt 2626) machte selbst bei Kasparow erst einmal alle Experten sprachlos. Mit 3 aus 4 startete er sogar eher „bescheiden", konnte sich noch nicht einmal von den Nächsten absetzen; doch dann gewann er fünf Partien in Serie. Zudem entsprach die Qualität seines Spiels durchaus der Ausbeute; er gewann nicht selten schnell und meist überzeugend. Inoffiziell wurde nach diesem Turnier seine ELO-Zahl bei fast 2790 errechnet - Fischers fast 20 Jahre alte Bestmarke, von der man damals glaubte, sie könne vielleicht nie mehr übertroffen werden, war gefallen!

Zwei Kantersiege aus diesem Traumturnier des Weltmeisters:

Kasparow - Hjartarson
Damengambit (D 39)

1. d4 Sf6 2. Sf3 d5 3. c4 e6 4. Sc3 dc4: 5. e4 Lb4 6. Lg5 c5

Diese Variante galt lange als ungünstig für Schwarz und war kaum noch zu sehen; aber vor einigen Jahren bemühte man sich, sie wieder salonfähig zu machen.

7. Lc4: cd4: 8. Sd4: Lc3:+ 9. bc3: Da5 10. Lb5+ Ld7 11. Lf6: gf6:

Nach sofort 10. Lf6: wäre Dc3:+ möglich und vielleicht nicht einmal schlecht; jetzt geht es nicht wegen 12. Kf1 gf6: 13. Tc1 (bzw. 12. ... Lb5:+ 13. Sb5: Dc4+ 14. De2 oder 14. Kg1).

12. Db3 a6 13. Le2

Das verlockende 13. Ld7:+ Sd7: 14. Se6: erwies sich nach dem kaltblütigen Gegenangriff 14. ... Tc8 als keineswegs klar.

13. ... Sc6 14. 0-0 Dc7 15. Tab1 Sa5 16. Da3 Tc8

Zuvor hatte man versucht, hier den Bc3 mit 17. c4 zu opfern, was in einer Partie Eingorn - Judasin 1988 zu weißem Vorteil führen konnte; jedoch kommentierte Eingorn, daß Schwarz, statt den Bauern zu nehmen, Sc6 oder Dc5 versuchen sollte. Da in diesem Fall der Zug c4 keinen besonderen Sinn hat, ersetzt ihn Kasparow durch einen nützlicheren.

17. Tfd1 Dc3:?

Hjartarson riskiert gern etwas, aber die erwähnte Partie hätte ihn eigentlich vor der Annahme des Opfers warnen sollen, zumal er sich sagen mußte, daß 17. Tfd1 eine ausgearbeitete Neuerung war.

18. Dd6 Dc7

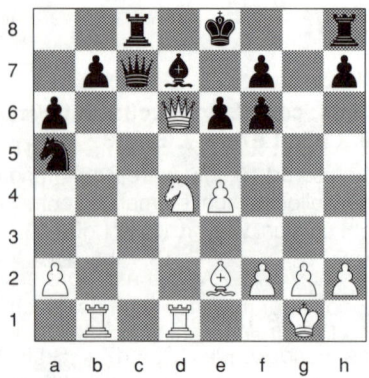

19. Sf5!!

Mit hoher Wahrscheinlichkeit noch Hausanalyse.

19. ... ef5: 20. Df6: 0-0?!

Nichts Besonderes für die Deckung des Turms leistet 20. ... Dc3 21. e5, da nun das Opfer auf d7 eine starke Drohung wird. Nach Kasparow sollte Schwarz 20. ... Tg8 versuchen, allerdings kann man sich kaum vorstellen, daß er nach 21. ef5: mit dem König im Zentrum bei allen offenen Linien überleben wird.

21. Td3 f4 22. Td5 h6

Auf 22. ... Tfe8 folgt 23. Tg5+ Kf8 24. Tg7 drohend, falls Schwarz f7 deckt, Th7:-h8 matt.

23. Dh6: f5 24. Tb6

Die schwarze Stellung ist offen wie ein Scheunentor; auf 24. ... Sc6 geht 25. Lc4 oder auch 25. Td6.

24. ... Lc6 25. Ta5:!

Hart und trocken; 25. ... Db6: wird mit 26. Lc4+ oder noch kräftiger 26. Dg6+ Kh8 27. Ta3 widerlegt.

25. ... Dh7 26. Df4: und hier hatte Schwarz keine Lust mehr (1:0). Er kann nicht einmal auf e4 nehmen, wie 26. ... fe4: 27. Tg5+ Kh8 28. De5+ bzw. 26. ...

Le4: 27. Dg5+ nebst Tg6/Th6 mit Damengewinn zeigt.

Piket - Kasparow
Königsindisch (E 99)

1. d4 Sf6 2. Sf3 g6 3. c4 Lg7 4. Sc3 0-0 5. e4 d6 6. Le2 e5 7. 0-0 Sc6 8. d5 Se7 9. Se1 Sd7 10. Le3 f5 11. f3 f4 12. Lf2

Auch diese Variante war von der Theorie lange Jahre „totgesagt"; man glaubte, daß der schwarze Zeitgewinn für den Angriff die mögliche Wirkung des Lf2 auf den Damenflügel überwiegt. Aber Experimentierlustige haben gerade in jüngerer Zeit neue Ideen für Weiß entdeckt, und Piket gilt als Spezialist darin ...

12. ... g5 13. b4 Sf6 14. c5 Sg6 15. cd6: cd6: 16. Tc1 Tf7 17. a4 Lf8

... aber Kasparow auch! Bisher spielte man gewöhnlich 17. ... h5 18. a5 Ld7 19. Sb5 Lb5: 20. Lb5: g4, was zumindest unklar ist und von Piket mit Weiß bereits erfolgreich angewandt wurde. Schwarz braucht gerade den weißfeldrigen Läufer in vielen Fällen zum Angriff sehr nötig und will ihn nicht tauschen, sondern auf d7 lassen, wozu er d6 decken muß. Zudem meint Kasparow offenbar, daß h5 als Vorbereitung von g4 gar nicht unbedingt notwendig ist.

18. a5 Ld7 19. Sb5 g4!? 20. Sc7?!

Gerade nachdem Schwarz h5 unterlassen hat, sollte der Bg4 nicht am Leben bleiben. Nach 20. fg4: Se4: 21. Sc7 sieht Kasparow die Lage als unklar (21. ... La4!? oder 21. ... Tc8 22. Se6).

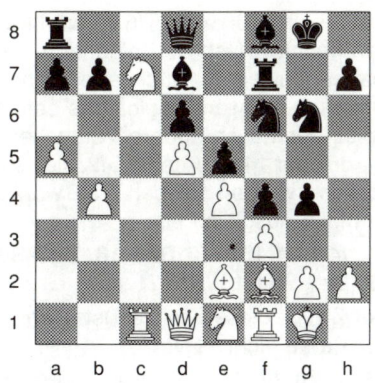

8 7 6 5 4 3 2 1
a b c d e f g h

20. ... g3!

Das wäre auch auf 20. Sa7 sehr gut gewesen.

21. Sa8:?!

Immer noch war es relativ besser, die gefährlichen Bauern zu vernichten. Allerdings kommt Kasparow bei 21. hg3: fg3: 22. Lg3: Lh6 nach langen Analysen zu dem Schluß, daß Schwarz auch dann Vorteil erreicht.

21. ... Sh5!

Droht Dh4 und falls h3, so Lh3: mit Vernichtung. Das ist ein Hauptmotiv dieser Angriffe, das den Wert des weißfeldrigen Läufers (s.o.) unterstreicht.

22. Kh1

Um jetzt Dh4 mit Lg1 zu beantworten.

22. ... gf2: 23. Tf2: Sg3+! 24. Kg1

24. hg3: fg3: nebst Dh4 kommt nicht in Betracht.

24. ... Da8: 25. Lc4 a6

Der schwarze Angriff ist vorerst gestoppt, aber materiell kann der Nachziehende zufrieden sein und aktiviert zudem nun die Dame kräftig via a7. 26. hg3: fg3: ist nach einem Turmzug wegen Dd8 nebst Lh6, Sf4, Dh4 usw. noch immer fatal.

26. Dd3 Da7 27. b5

Erlaubt einen schnellen und witzigen Schluß, aber Schwarz drohte den Druck mit Manövern wie Le7-h4 ungestört zu verstärken.

27. ... ab5: 28. Lb5: Sh1! 0:1

Endstand: 1. Kasparow 12 P.; 2. Kortschnoi (CH) 8,5 P.; 3./4. Ljubojevic (YU), Sax (Ungarn) 7 P.; 5. Iwantschuk (UdSSR) 6,5 P.; 6./7. Agdestein (Norwegen), Hjartarson (Island) 5,5 P.; 8. Piket (NL) 4 P.

Karpow im Tief - aber doch im Finale

Kaum war in Tilburg der Kampf zu Ende, da schaute alles nach London: Halbfinale im Kandidatenturnier! Die Engländer wollten natürlich in erster Linie ihren Matador Speelman gegen Timman siegen sehen. Das andere Match Karpow - Jussupow hielt man kaum der Beachtung wert. Jussupow ist zwar ein sehr starker, aber kein für Karpow unbequemer, bissiger Gegner; den Statistikern zufolge hatte er gegen den Exweltmeister bis dahin noch nie eine Partie gewonnen! Jeder glaubte also, Karpow werde in seiner typischen Manier mit ein, zwei Siegen und einer Reihe Remis den Gegner „zusammenschieben". Zudem hatte Jussupow längere Zeit nichts Herausragendes geleistet, was ihn als heißen WM-Tip erscheinen lassen könnte. Die etwas längere Distanz (acht statt sechs

Partien) reduzierte ferner den Glücksfaktor ein wenig, was als weiteres Plus für Karpow galt.

Wieder einmal zeigten sich Prognosen als Schall und Rauch. Freilich, mit einer so unsicheren, kraftlosen Vorstellung, wie Karpow sie bot, konnte niemand rechnen. Manche meinten, es sei das schlechteste Turnier, das sie von ihm je gesehen hätten. Dabei wuchs Jussupow eigentlich nicht über sich hinaus; er spielte meist ruhig mit positionellen Mitteln wie sonst und machte sogar selbst den einen oder anderen Fehler. Allerdings schien er gut vorbereitet; aus der Eröffnung konnte Karpow fast nie etwas herausholen.

Der Auftakt war noch „normal": Jussupow drückte mit Weiß in der 1. Partie ein wenig, aber es reichte nie aus, um Karpow in ernste Schwierigkeiten zu bringen. Dieser würde nun mit dem Anzug in der 2. Partie dem Gegner erstmals ordentlich auf den Zahn fühlen - so dachte man.

Karpow - Jussupow, 2. Partie
Nimzowitsch-Indisch (E 32)

1. d4 Sf6 2. c4 e6 3. Sc3 Lb4 4. Dc2 0-0 5. a3 Lc3: 6. Dc3: b6 7. Sf3 Lb7 8. e3 d6 9. Le2 Sbd7 10. 0-0 Se4 11. Dc2 f5

Die Anspruchslosigkeit des weißen Spiels überrascht wirklich. Wenn überhaupt jemand, so steht eher schon Schwarz besser; er hat mit der Kontrolle über e4 erreicht, was man sich in diesem System wünscht, und dazu brauchte er nur die allergewöhnlichsten Schemazüge zu machen.

12. Se1 Dh4 13. f3 Sg5

Weiß hat nun zwar dem Gegner e4 streitig gemacht, doch um den hohen Preis einer massiven schwarzen Angriffsformation, die z.B. durch Tf6 verstärkt werden könnte. Nach der folgenden, diesmal endgültigen Rückgabe von e4 bekommt Schwarz fraglos das bessere Spiel; doch auch andere Versuche wie 14. d5 oder 14. Ld1 nebst Df2, die schon gemacht wurden, bringen Weiß wohl bestenfalls Ausgleich ein.

14. f4 Se4 15. Sf3 Dh6 16. Ld3 Sdf6 17. De2 Sg4 18. De1?!

Der Zweck dieses Zeitverlusts geht aus der Partie nicht hervor.

18. ... Tae8!

Der solide Jussupow zieht den guten und gefahrlosen Plan e6-e5 mit Recht ungewissen Angriffsaktionen auf alles oder nichts vor.

19. b4 e5 20. fe5: de5: 21. h3 Sef2 22. Le2

Nicht zweimal Schlagen auf f2 wegen der abschließenden Gabel e5-e4.

22. ... Lf3: 23. Lf3:

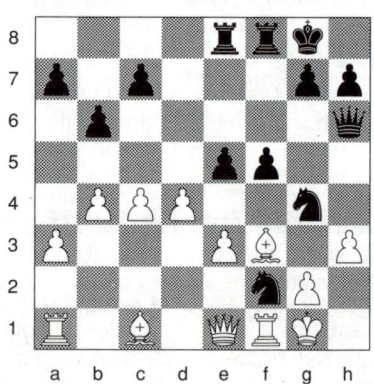

23. ... e4?

23. ... Sd3 hätte Weiß in arge Schwierigkeiten gebracht; auf Damenzüge sind die nach 24. ... Sc1: möglichen Verwicklungen günstig für Schwarz, wie lange

Analysen erbrachten. Laut „Schachwoche" gab Karpow an, er habe statt dessen 24. Ld5+ Kh8 25. e4 spielen wollen mit „wilden Komplikationen, welche nicht so einfach einzuschätzen sind". Jussupow indes reagiert darauf mit der trockenen Variante 25. ... Se1: 26. Lh6: Sh6: 27. Tae1: ed4: und man muß sich fragen, was Weiß für den Minusbauern hat (28. ef5: Te1: 29. Te1: Sf5: 30. Tf1 Tf6! -+ Jussupow; vielleicht 28. e5?). Nach dem Textzug gelingt es Karpow bei beidseits knapp werdender Zeit, sich heil aus dieser heiklen Affäre zu ziehen.

24. Ld1!

Nicht gut für Weiß wäre 24. hg4: fg4: 25. Df2: gf3: nebst Einsatz der Türme über f5 bzw. e6. Auf 24. Le2 wollte Jussupow mit Sh3:+ zuschlagen jetzt könnte sich Weiß darauf mit 25. gh3: Dh3: 26. Ta2 wirksam verteidigen. So beschließt Schwarz, zum Remis abzuwickeln.

24. ... Sd1: 25. Dd1: Se3: 26. De2 f4 27. Le3: fe3: 28. Tf8: Tf8: 29. Te1 Td8 30. d5 c6 31. dc6: Dc6: 32. De3: Dc4: 33. De4: Remis

In der 3. Partie gab Jussupow frühzeitig die Qualität - unklar, ob geplant oder aus Not, weil er zuvor etwas übersehen hatte. Jedenfalls erhielt er Spiel dafür, das ihm erhebliche praktische Chancen auf dynamischen Ausgleich sicherte. Aber in aufkommender Zeitnot nutzte er diese nicht optimal, und man glaubte Karpow endlich vor seinem ersten vollen Punkt.

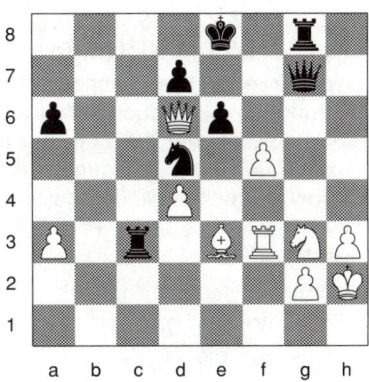

Jussupow - Karpow, 3. Partie

Mit 36. ... Te3:! war die Partie wohl zu gewinnen, da Schwarz auf den Zwischenzug 37. f6 die starke Antwort 37. ... Dg3:+! 38. Tg3: Tg3: hat. Auf 37. Db8+ sollte Schwarz nicht mit 37. ... Ke7 38. f6+ Sf6: 39. Db4+ nebst Te3: fortsetzen, sondern 37. ... Kf7! 38. fe6:++ Ke6: und es gibt keine wirksamen Schachs, z.B. 39. Te3:+ Se3: 40. Db3+ Sd5. Doch in Zeitnot sieht Karpow Gespenster:

36. ... De7? 37. Db8+ Dd8 38. De5 Dc7?

In Sorge, nur ja die Damen zu tauschen, entgeht ihm der peinliche Zwischenzug 39. f6!, nach dem die Partie sogar völlig hätte kippen können. 39. ... De5: 40. f7+ Ke7 41. fg8:S+ wäre fatal. Doch zu Karpows Glück merkt auch der Gegner nicht die Gunst des Augenblicks.

39. Dc7:? Tc7: 40. fe6: de6: 41. Se4

Auch diese Stellung sollte Jussupow zumindest nicht mehr verlieren, zumal die Zeitkontrolle vorbei ist.

41. ... Tc2 42. Ld2 a5 43. Tb3 Kd7 44. Tb5 Ta8 45. a4 Kc6 46. h4 Tc4 47. Tc5+ Tc5: 48. dc5: Sb4 49. h5 Kd5 50. Sf6+ Ke5 51. Lc3+ Kf4 52. g4 Td8 53.

h6 Kg5 54. h7 Kg6 55. Kg3 Sc6 56. Kf4 Kg7 57. g5 Td3 58. Le5 Td1

Vielleicht konnte Weiß schon früher noch stärker spielen, doch selbst nach Karpows Ansicht war 59. Ld6 nun auf jeden Fall für Remis gut genug. Aber Jussupow war schon wieder in Zeitnot, und so passierte es.

59. g6??

Ein Anfall von Schachblindheit!

59. ... Tf1+ 60. Kg5 Se5: 61. Sh5+ und Jussupow gab diesen Zug zwar noch ab, nahm aber die Partie nicht mehr auf. Nach 61. ... Kh8 wird der einzige Versuch 62. Kh6 am einfachsten mit 62. ... Sf7+! widerlegt.

Ein buchstäblich geschenkter Punkt für Karpow, der ihn aber auch nicht sicherer machte. In der 4. Partie mußte er schon wieder mit Weiß um den Ausgleich kämpfen, und in der 5. ließ er sich zur allgemeinen Überraschung auf eine Variante ein, die schon nach fünf Zügen als ungünstig gilt. Immerhin schaffte er es, dem Ausgleich trotzdem ziemlich nahe zu kommen. Doch in Zeitnot war dann endlich einmal das Turnierglück auf Jussupows Seite.

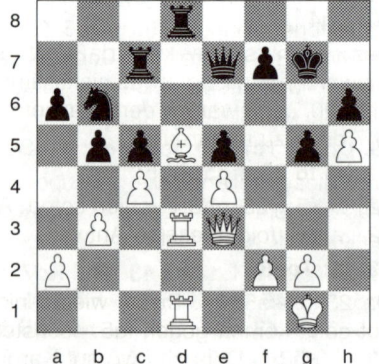

Jussupow - Karpow, 5. Partie

Weiß steht optisch besser, aber ob und wie daraus etwas Zählbares zu machen ist, bleibt eine große Frage.

29. ... Sd7?!

Bei beidseits knapp werdender Zeit hat Karpow wohl nicht mehr mit „großen Kombinationen" gerechnet und einfach etwas gezogen, was wegen Umgruppierungen wie Sb8-c6 bzw. Sf8-e6 positionell logisch ausschaut. Doch dieser Zug gibt Jussupow eine ganz verblüffende Idee, Tumult in die Stellung zu bringen; und angesichts des Matchstandes sowie durch Karpows Schwächen ermutigt, vielleicht auch verärgert über die schon vergebenen Chancen, geht der Außenseiter aus sich heraus und stürzt sich ins Abenteuer.

30. Lf7:!?! Kf7:

Nach 30. ... Df7: 31. Dh3 wäre der Druck auf d7 erst recht schwer abzuschütteln. Der König soll auf e8 eingreifen.

31. Dd2 Ke8 32. Da5

Weiß hat nur einen Bauern und keine direkten Drohungen für die Figur; als einziges den Druck in der d-Linie und die Möglichkeit zu Sticheleien mit der Dame, die in Zeitnot freilich besonders unangenehm sind.

32. ... bc4:

Man hielt später 32. ... Tc6 für besser, doch nach 33. cb5: ab5: 34. Db5: hat Weiß immerhin schon zwei Bauern, und sein Druck ist nicht geringer geworden. Auf den Textzug kam 33. Td6!? in Betracht.

33. bc4:

Hiernach freilich war 33. ... Tc6 fraglos am Platz.

33. ... Tcc8? 34. Da4!

Schwarz hoffte wohl darauf, zu Sf8 zu kommen, doch Weiß hält lieber den Druck fest und nimmt nur dann auf a6, wenn dies den Gegner nicht erleichtert.

34. ... Tc7 35. Da6: Tb8 36. Dg6+ Kf8??

Trotz Zeitnot ein unglaublicher Zug. Allerdings war die Stellung auch nach 36. ... Kd8 kaum mehr zu halten, da Weiß mit Td6 weiter infiltrieren und bei Gelegenheit auf h6 den dritten Bauern verspeisen kann.

37. Tf3+ 1:0

Ein mehr als verdienter Ausgleich, und Karpow „flatterte" weiter. In der 6. Partie stand er zum dritten Mal hintereinander mit Weiß schlecht (!), und es mag sein, daß er im Turmendspiel an einer Stelle dem Gegner sogar eine konkrete Gewinnchance gab. Jedenfalls durfte er wieder froh ums Remis sein, ebenso in der 7. Partie, wo es ihm allerdings weit weniger Probleme bereitete, mit ungleichen Läufern bei einem Minusbauern das Spiel zu halten.

So kam die 8. Partie, und da fühlte man sich an manche Fußballspiele erinnert: Die eine Mannschaft drängt 89 Minuten lang, vergibt immer wieder Chancen oder trifft nur das Holz ... und in letzter Sekunde schießt der Gegner mit einer einzigen geglückten Sololeistung das entscheidende Tor!

Karpow - Jussupow, 8. Partie
Damengambit (D 56)

1. d4 Sf6 2. c4 e6 3. Sf3 d5 4. Sc3 Le7 5. Lg5 0-0 6. e3 h6 7. Lh4 Se4 8. Le7: De7:

Die Lasker-Variante, stocksolide, wenn auch etwas passiv (deswegen wird sie heute nur noch selten gespielt), hatte Jussupow in der 4. und 6. Partie beste Dienste geleistet. Nach 9. Dc2 und 9.

cd5: macht Karpow nun einen dritten Versuch.

9. Tc1 c6 10. Ld3 Sc3: 11. Tc3: dc4: 12. Lc4: Sd7 13. 0-0 e5

Das alles ist nun nicht mehr typisch Lasker, sondern die uralte klassische Hauptvariante des Damengambits mit dem zusätzlichen Zug h7-h6 von Schwarz, der zumindest nicht nachteilig für ihn sein sollte.

14. Lb3 ed4:

Beim späteren Turnier in Belgrad spielte Jussupow gegen Nikolic 14. ... Te8 und erreichte nach 15. d5 (vielleicht nicht das Beste) cd5: 16. Dd5: Sf6 17. Dc5 Se4 18. De7: Te7: Ausgleich. Der Textzug freilich wird von den Büchern empfohlen.

15. ed4: Sf6 16. Te1 Dd6 17. Se5

Hier meint die Theorie, 17. ... Le6 18. Le6: fe6: 19. Db3 Dd4: 20. De6:+ führe zum Ausgleich. Karpow-Sekundant Saizew weist ohne Kommentar auf den von Makaryschew vorgeschlagenen Zug 19. Tg3!? hin. Man darf vermuten, daß Karpow irgend so etwas vorbereitet hatte, doch der Textzug ist bestimmt keine gute Lösung für Schwarz; der Springer wird am Königsflügel sehr fehlen.

17. ... Sd5?! 18. Tg3 Lf5 19. Dh5 Lh7 20. Dg4 g5

Das macht schon klar, daß mit der schwarzen Stellung etwas nicht stimmt. Aber 20. ... g6 war mit dem mausetoten Lh7 doch zu unerfreulich.

21. h4 f6 22. hg5: hg5:

22. ... fe5:? 23. gh6:+ verliert sofort. Auf 22. ... fg5: folgt dieselbe Antwort.

23. f4! Tae8

Da 23. ... fe5: 24. Dg5:+ wieder nicht gut geht, kommt gegen fg5: höchstens 23. ... Kh8 in Betracht, worauf Karpow

analog der Partie fortsetzen wollte.
24. fg5: fe5: 25. g6 Lg6: 26. de5: De6 27. Ld5: cd5: 28. Dg6:+ Dg6: 29. Tg6:+ Kh7 30. Td6
Mit etwas technischer Präzision, die ja Karpows Stärke ist, kann in diesem Endspiel kaum noch etwas „anbrennen".
30. ... Tc8 31. Te3 Tc2 32. Td7+ Kg6 33. Tb7: Te8 34. a3 d4 35. Td3 Te5:

36. Td4: Tg5 37. Td6+ Kh5 38. Th7+ Kg4 39. Td4+ Kf5 40. Td5+ Kg6 41. Tg7+ Kg7: 42. Tg5:+ Kf6 43. Tb5 und nach dem Tausch eines Turms ist die Sache zur leichten Übung geworden; Jussupow gab zehn Züge später auf. Vielleicht hat er in diesem Match die große Chance seiner Schachlaufbahn verpaßt.

Timman endlich am Ziel

Nicht weniger knapp und dramatisch ging es im Parallelkampf Speelman - Timman zu; nur hatte man da schon von vornherein alles für möglich gehalten. In der 1. Partie kam Timman mit Weiß nach unglücklicher Eröffnungsbehandlung Speelmans deutlich in Vorteil; doch der Engländer bewies wieder einmal Zähigkeit und Erfindungsreichtum in schlechten Stellungen. Mit zeitweise zwei Bauern weniger, dann einem (aber den weißen Türmen auf der 7. Reihe) balancierte er am Abgrund entlang in den Remishafen. Aber ein zweites Mal gelang ihm das in der nächsten Partie nicht mehr...

Speelman- Timman, 2. Partie
Nimzowitsch - Indisch (E 20)
1. Sf3 Sf6 2. c4 c5 3. d4 cd4: 4. Sd4: e6 5. g3 Lb4+ 6. Sc3 0-0 7. Lg2 d5 8. 0-0 dc4: 9. Lg5?!
Wieder ist die Eröffnungsvorbereitung Speelmans schwache Seite. Der Sinn des (neuen) Textzugs läßt sich schwer entdecken; der Tausch auf f6 bringt Schwarz keine ersichtlichen Probleme.
9. ... h6 10. Lf6: Df6: 11. Sdb5 Sc6 12. Da4 De5!

Nach diesem starken Zug hält es Timman schon für das Beste, mit 13. Lc6: bc6: 14. Db4: cb5: 15. a4 auf Schadensbegrenzung zu spielen; aber wer gibt schon gern solch einen Läufer her? Die Idee, statt dessen zunächst einmal den Lc8 nicht herauszulassen, scheint ja wesentlich logischer.
13. Tad1 a6 14. e3?!
Für solch gemächliches Vorgehen hat Weiß keine Zeit mehr. 14. a3 oder nun doch 14. Lc6: und falls bc6: 15. Sd4 war zu versuchen.
14. ... Ld7!
Dies muß Speelman entweder glatt übersehen oder sich bei der Vorausberechnung der folgenden Züge geirrt haben, was aufgrund der diversen kleinen Tricks und „Zufälligkeiten" begreiflich wäre.
15. Td7:
Nach 15. Sd4 Lc3: erbrachten die Analysen vor Ort in allen Fällen ebenfalls Vorteil für Schwarz: 16. bc3: b5 oder 16. Sc6: Lc6: 17. Lc6: Lb2: oder schließlich 16. Lc6: Ld4: 17. ed4: Lc6: 18. Dc6: Dd5.
15. ... ab5: 16. Db5:?!
Objektiv war 16. Dc2 etwas besser, aber

Speelman will „schwindeln" oder er hat sich von vornherein auf diesen Zug verlassen und sich dabei getäuscht.

16. ... Lc3: 17. Tb7: Db5: 18. Tb5: Sa7!

Ein tückischer Nadelstich, der die weißen Pläne zerstört; auf 19. Tb6 hatte Timman geplant 19. ... Sc8! 20. Tb5 Ta5! und auf 19. Th5 Lb2: 20. La8: Ta8: wird der c-Bauer entscheiden. Auch nach dem Textzug bringt Schwarz seine Figurenbeute in Sicherheit.

19. Tc5 Lb4 20. Tc4: Tab8 21. Td1 Sc8 22. a3 Le7 23. b4 Sb6 24. Tc7 Tfd8 25. Td8: Ld8: 26. Ta7 Kf8 27. Lc6 Sc4 28. Kf1 Lb6 29. Ta6 Ke7 30. Lb5 Sd6 31. Ld3 Se8 0:1

In der dritten Begegnung kam Speelman erstmals besser ins Spiel. Timman gab im Mittelspiel die Qualität, bekam allerdings Kompensation, in der Zeitnotphase Angriff und gewann schließlich die Dame, wenn auch für viel Holz. Nach Timmans Ansicht ließ ihm der Gegner dann an einer Stelle eine Gewinnchance, die jedoch ungenutzt blieb. Im Resultat ein hartumkämpftes Remis. Mit teilweise ziemlich undurchsichtigem Hin und Her bei beidseitigen Chancen ging es auch in den nächsten Partien weiter. Nach seinem Debakel in der 2. Partie schaltete Speelman zwar auf 1. e4 um, doch schien es auch hier mit der Theorie zu hapern; in der 6. Partie beging er in einer noch (freilich schon nicht mehr als besonders günstig) bekannten Stellung einen Fehler, der ihn sofort einen Bauern kostete. Allerdings konnte er sich trotzdem im Turmendspiel retten.

So führte Timman vor der 7. Partie nach vier Remisen von der 3. - 6. noch immer mit einem Punkt. Höchste Zeit für den Engländer, eine für seinen Stil typische Waffe für solche Notfälle auszupacken!

Timman - Speelman, 7. Partie
Spanisch (C 63)

1. e4 e5 2. Sf3 Sc6 3. Lb5 f5 4. Sc3 fe4: 5. Se4: d5 6. Se5:

Man kann darüber streiten, ob es von Timman psychologisch geschickt war, sich gerade auf die scharfe, weit ausanalysierte Hauptvariante einzulassen. Vielleicht wollte er dem Gegner damit demonstrieren, dessen Überrumpelungsversuch sei mißglückt, und er kenne sich selbst gut genug in der Materie aus. Aber so scheint es eben doch nicht gewesen zu sein.

6. ... de4: 7. Sc6: Dg5 8. De2 Sf6 9. f4 Df4: 10. Se5+

Es ist die Frage, was Speelman auf 10. Sa7:+ vorbereitet hatte. Der offenbar große Spezialist dieser Variante Inkiow (von ihm finden sich die mit Abstand meisten Partien damit in neueren Büchern) spielte darauf 10. ... Ld7 11. Ld7:+ Kd7: 12. Db5+ Ke6 13. Dc4+ Kd7 und kam nach 14. Sb5 später in Vorteil (gegen Schmittdiel, Gausdal 1989). Für Timman hätte es sich natürlich in diesem Fall angeboten, die Züge zu wiederholen.

10. ... c6 11. d4 Dh4+ 12. g3 Dh3 13. Lc4 Le6 14. Lg5

Ein anderer neuerer Versuch ist 14. Lf4. Der Textzug ist wohl am häufigsten und bekanntesten.

14. ... 0-0-0 15. 0-0-0 Ld6 16. Sf7

Gewiß logisch, um den Läufer zu beseitigen, der einmal via g4 unangenehm werden könnte, und sich zudem das Läuferpaar zu verschaffen. Auch für andere Züge wie 16. Df1 oder 16. g4!? finden sich Beispiele; ob Weiß damit aber besser wegkommt, bleibt fraglich.

16. ... Lf7: 17. Lf7: Thf8 18. Lc4 Tde8

Soweit immer noch alles schon dagewesen. Aber, wie berichtet, hatte Timman für diese Züge bereits den größten Teil seiner Zeit verbraucht und nur noch ungefähr eine halbe Stunde übrig, Speelman das Dreifache. Also hat Timman offenbar die Variante doch nicht so gut gekannt und vieles erst am Brett überlegen müssen. Das wird sich rächen, denn unter dem Druck der Uhr beginnt er allmählich den Faden zu verlieren.

19. d5?!

Sofort 19. Thf1 wurde schon gespielt. Das Intermezzo ist fragwürdig, denn der Bd5 leistet nichts Positives, wird aber schwach.

19. ... c5 20. Thf1 Kb8 21. Lf4?! Td8 22. Lg5?!

Dieses Hin und Her macht keinen glücklichen Eindruck. Vielleicht hoffte Weiß, durch den Angriff auf e4 nun die Zugwiederholung Tde8 erzwingen zu können. Aber beim Stand des Matchs und der Bedenkzeit hat Speelman daran bestimmt keinen Gedanken verschwendet.

22. ... a6 23. Lf6:?!

In Anbetracht des Folgenden scheint hier 23. a4 vorzuziehen.

23. ... gf6: 24. De4: Dh2: 25. Th1 Dg3: 26. Th7: Tfe8 27. Df5?

Der fast unvermeidliche Zeitnotbock. Das einzige war nach Speelman 27. Dh4, worauf allerdings wegen der Grundreihenschwäche d5 fällt: 27. ... b5 28. Dg3: Lg3: 29. Ld3 (29. Lf1 ändert nichts) c4 30. Lg6 Lf4+ 31. Kb1 Td5:!.

27. ... b5 28. Lf1

28. Ld3 c4 und der Läufer darf nicht nach e4 wegen De3+.

28. ... Te1!

Droht ein fatales Schach auf f4, wogegen auch 29. Dd3 nichts hilft (Lf4+ nebst Dd3:). Also muß Weiß den Td1 anders decken:

29. Dh5 Df4+ 30. Kb1 Df1: 0:1

Einmal war es nun also auch Speelman endlich gelungen, den Gegner mit seiner Vorbereitung zu „erwischen", und plötzlich schienen die Chancen fast auf den Kopf gestellt: Bei Gleichstand hatte der Engländer in der 8. Partie Weiß. Ein neuer Entscheidungskampf bahnte sich an...

Speelman - Timman, 8. Partie
Englisch (A 33)

1. Sf3 Sf6 2. c4 c5 3. Sc3 Sc6 4. d4 cd4: 5. Sd4: e6 6. g3 Db6 7. Sdb5

Da Speelman auch mit 1. e4 den Gegner nicht hatte beeindrucken können, wechselt er nach dem Fast-Debakel in der 6. Partie nun wieder die Tonart. Der Textzug, u.a. von Kasparow im Weltcup angewandt, war damals gerade sehr populär geworden.

7. ... Se5

7. ... d5 8. Lg2 d4 bewährte sich in Kasparow-Waganjan, Skelleftea 1989, nicht besonders. Den Einstieg auf d6 muß Schwarz in solchen Stellungen meist nicht fürchten, jedoch ging auch 7. ... Lc5 8. Sd6+ Ke7 9. Sce4 Se4: 10. Se4: in einer späteren Partie Christiansen-Tolnai, Mannschafts-WM Luzern 1989, zugunsten von Weiß aus. Der Textzug wurde zwischen Waganjan und Dwojris bei der UdSSR-Meisterschaft wenige Tage zuvor gespielt. Zumindest Speelman dürfte diese Partie gekannt haben; auf ähnliche Art hatte er ja schon Short im Viertelfinale kalt erwischt!

8. Lg2 a6

Die Annahme des Bauernopfers 8. ...

Sc4: 9. Da4 Se5 10. Lf4 gilt als fragwürdig.

9. Da4 Tb8

Für diesen Zug soll Timman längere Zeit gebraucht haben. Ob er nun die erwähnte Partie kannte oder nicht, seine Wahl könnte besser sein als 9. ... Lc5, was dort geschah (allerdings gibt Waganjan selbst in seinen Analysen auch danach eine Ausgleichschance für Schwarz an).

10. Le3 Lc5 11. Lc5: Dc5: 12. Da3 Da3: 13. Sa3: d6 14. f4 Sc6 15. 0-0-0 Ke7

Weiß hat das freiere Spiel und etwas Druck gegen d6, aber die Ausgleichsbreite dürfte nicht überschritten sein.

16. Td2 Sb4 17. Lf3 Ld7 18. Thd1

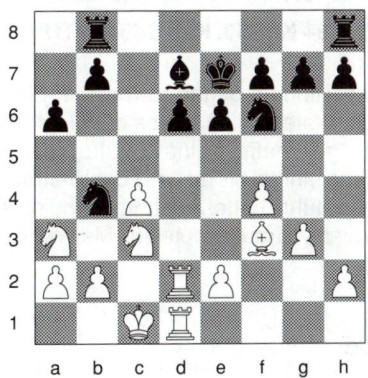

18. ... d5!?

Ein mutiger Entschluß in einer so wichtigen Partie, den Timman offenbar schon bei den letzten Zügen im Auge gehabt hat. Nach 19. cd5: ed5: kann Weiß aus Rücksicht auf a2 nur mit 20. Ld5: einen Bauern zu gewinnen versuchen; dann folgt 20. ... Sd5: 21. Sd5: Sd5: 22. Td5: Le6 und nun entweder 23. Te5 oder 23. T5d3 mit der Absicht La2: 24. b3. Schwarz erhält in jedem Fall starkes Ge-

genspiel, und es bleibt unklar, ob Weiß einen kleinen Vorteil festhalten kann.

19. g4

Das sieht zumindest psychologisch wie der springende Punkt der Partie aus: Weiß will mehr und ist bereit, dafür auf Risiko zu spielen. Anscheinend verleitete ihn das dazu, die schwarzen Gegenchancen zu unterschätzen.

19. ... Lc6 20. g5 Se4 21. Td4 Tbc8

Natürlich nicht Sc3: 22. bc3: Sa2:+ 23. Kb2. Jetzt ist 22. cd5: pariert: 22. ... Sc3: 23. dc6: Scd5 24. e4 Sc6:! und falls 25. ed5: Sd4: mit Schach.

22. Sab1?

Die Idee a3 sieht sehr stark aus, aber gerade jetzt greift das schwarze Gegenspiel. Weiß sollte 22. c5 a5 23. Le4: de4: 24. Sc4 versuchen, wonach sich die Experten nicht einig sind, ob Schwarz wirklich Ausgleich erreicht.

22. ... Sc5! 23. cd5: Sa2:+

Timman verweist darauf, daß er auch einfach 23. ... Sd5: spielen konnte, mit guter Stellung, da Weiß natürlich nicht zu oft zugreifen kann wegen des letztlichen Matts Sb3. Im Hinblick darauf ist sogar fraglich, ob der Textzug überhaupt der beste war; doch Speelman hatte ihn sicher übersehen, und so dürfte zumindest die psychologische Wirkung kräftig gewesen sein.

24. Kc2

24. Sa2:? Sb3+ 25. Kc2 La4+ kann sich Weiß nicht leisten.

24. ... Sc3: 25. Sc3: ed5: 26. Sd5:+ Ld5: 27. Td5: h6

Nicht Se6+ 28. Kb1 Sf4: 29. Td7+.

28. b4?

Das verdirbt die Partie vollkommen. Die automatische Reaktion wäre 28. h4 gewesen, wonach Weiß höchstens leicht schlechter steht. Vorgeschlagen wurde aber auch 28. Te5+!? Se6+ 29. Kb1, wonach man sich fragen muß, auf wessen Seite überhaupt der Vorteil ist.

28. ... Se6+ 29. Kb3 Tc7!

Nun ist alles gedeckt; f4 hängt und nach hg5: auch h2. 30. Te5 hg5: 31. f5 Kf6 hilft nicht mehr. Von hier an kämpft Weiß nur noch ums Überleben.

30. gh6: Th6: 31. Te5 Th2: 32. Tdd5

Falls 32. f5, so wieder Kf6.

32. ... g6 33. Tc5

Die Zeitnot spielt nun auch mit. Timman regte 33. f5 an, um die Anzahl der Bauern zu reduzieren.

33. ... Td7 34. Tcd5 Tc7 35. Tc5 Td7 36. Tcd5 Td5: 37. Ld5: b6 38. Lb7 Kd6 39. Td5+?!

39. e3 war wohl eine bessere Rettungschance, obgleich Schwarz dann mit 39. ... a5 (40. ba5:? Sc5+) den a-Bauern in Sicherheit bringen kann. Dieser wäre aber bestimmt harmloser als der jetzt frei werdende g-Bauer gewesen.

39. ... Kc7 40. La6: Sf4: 41. Td2 Th5 42. Lc4 f6 43. Td4 Tf5 44. Ka4 g5 45. e3

Versucht auf Kosten eines zweiten Bauern den starken Springer abzulenken, um noch ein verzweifeltes Gegenspiel anzuzetteln.

45. ... Sg2 46. Lb5 Se3: 47. Td7+ Kc8 48. Tf7 Tf4 49. Ld3 Sd5 50. Kb5 Kd8 51. Lh7

Die unglückliche Läuferstellung verhindert 51. Kc6 Sb4:+ 52. Kd6 Td4+ mit schwarzem Gewinn.

51. ... Se7!

Aber auch jetzt ist die Partie entschieden; da Ke8-f8 droht, muß Weiß den schwarzen König vorwärts lassen.

52. Tf8+ Kc7 53. Ka6 Sd5 54. Tf7+ Kd6 0:1

Also Timman gegen Karpow im Finale! Zum ersten Mal hatte es der Niederländer geschafft, seine Stärke, die ihn schon einmal bis an Nr. 3 der Weltrangliste geführt hatte, auch im Kandidatenturnier voll auszuspielen. Man war gespannt...

Ein paar kleinere Ereignisse

Kasparow hatte inzwischen anderes zu tun - einen Kampf für die ganze menschliche Rasse zu gewinnen (so ähnlich soll er sich ausgedrückt haben). Nämlich gegen den Vormarsch der Computer, konkret gegen „Deep Thought", den anerkannt stärksten Rechner der Welt, der schon einige Großmeister geschlagen und nach seinen ELO-Ergebnissen selbst GM-Stärke erreicht hatte (allerdings werden Computer nicht offiziell ausgewertet und bekommen somit wesen der ELO-Zahl noch Titel). „Deep Thought" ist ein reiner Rechengigant, ziemlich einseitig auf taktische Stärke angelegt, dafür mit erheblichen strategischen Schwächen (er verlor z.B. gegen den Weltmeister der käuflichen Kleincomputer „Mephisto Portorose", der mehr auf Positionsspiel programmiert ist). In der ersten von zwei Partien des Schaukampfes in New York ließ der Weltmeister den elektronischen Gegner aufgrund dieser Schwächen denn auch wie einen Anfänger aussehen. Eine noch drastischere Abfuhr gab es in der zweiten.

Kasparow - Deep Thought
Damengambit (D 20)
1. d4 d5 2. c4 dc4: 3. e4 Sc6

Auch Computer können „lernen" - das heißt, ihre Programmierer: In einer späteren Partie gegen GM Miles zog Deep Thought 3. ... Sf6 4. Sc3 e5, kam gut aus der Eröffnung und gewann später. Das unbeholfene, antipositionelle Spiel des Computers in unserem Fall läßt vermuten, daß die Variante gar nicht oder nur kurz gespeichert war, so daß der Rechner schon früh selbst „denken" mußte, wobei prinzipielle Schwächen zum Vorschein kamen, die noch immer für Elektronengehirne typisch sind.

4. Sf3 Lg4 5. d5 Se5 6. Sc3 c6?!

Da Weiß diesen Zug ignorieren kann, ist er lediglich Zeitverlust.

7. Lf4 Sg6 8. Le3 cd5: 9. ed5: Se5?

Bei so einem Zug stehen einem menschlichen Meister die Haare zu Berge. Eines Mehrbauern wegen tauscht Schwarz unter Zeitverlust noch eine entwickelte Figur ab und läßt den Königsflügel weiter schlafen.

10. Dd4! Sf3:+ 11. gf3: Lf3: 12. Lc4:!

Offensichtlich scheitert nun Lh1:? an 13. Lb5+.

12. ... Dd6

Auch diesen Zug versteht man nicht recht. Um ein schnelles Debakel zu verhindern, war wohl 12. ... a6 nötig, doch völlig unentwickelt kann Schwarz auch dann gegen die ganze weiße Mannschaft im Spiel schwerlich bestehen.

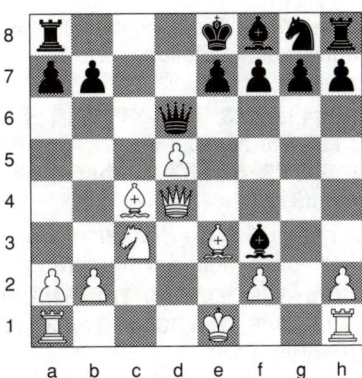

13. Sb5

Nun setzt der Weltmeister zum entscheidenden Angriff an. Es verliert z.B. Db4+ 14. Ld2 oder Dd7 14. Sa7: (droht Lb5) Ta7: 15. Da7: Lh1: 16. Db8+ Dd8 17. Lb5 matt.

13. ... Df6 14. Dc5!

Ein Schach auf c7 ist vielfach verfrüht, da auch h1 hängt. Jetzt aber käme auf Lh1: 15. Sc7+ Kd8 16. Sa8: mit Mattangriff, etwa 16. ... Dd6 17. Da7: Db4+ 18. Ld2 Dc4: 19. Db8+ Dc8 20. La5+. Auch 14. ... Db2: 15. Ld4 Dc2 16. Sd6+ (ed6: 17. Lb5+) verliert.

14. ... Db6 15. Da3 e6

Auf 15. ... Dd8 wollte Kasparow spielen 16. Da4 Dd7 17. Sd6+! Kd8 (ed6: 18. Lb5) 18. Lb6+! ab6: 19. Da8:+ Kc7 20. Sb5+.

16. Sc7+! Dc7:

Sonst fällt die Dame mit Schach (16. ... Kd7 17. Da4+ oder 16. ... Kd8 17. Df8:+ Kc7: 18. Lb6:+)

17. Lb5+ Dc6 18. Lc6:+ bc6: 19. Lc5!

Die letzte Pointe; nach Lh1: 20. Lf8: ist gegen 21. Lg7: kein Kraut gewachsen.

19. ... Lc5: 20. Df3 Lb4+ 21. Ke2 cd5:

Materiell könnte Schwarz sogar noch

Widerstand leisten, aber in nach wie vor unentwickelter Stellung ist das aussichtslos.

22. Dg4 Le7 23. Thc1 Kf8 24. Tc7 Ld6 25. Tb7 Sf6 26. Da4 a5 27. Tc1 h6 28. Tc6 Se8 29. b4 Lh2: 30. ba5: Kg8 31. Db4 Ld6

Das hätten sich die Programmierer nun wirklich nicht mehr anzutun brauchen.

32. Td6: Sd6: 33. Tb8+ Tb8: 34. Db8:+ Kh7 35. Dd6: Tc8 36. a4 Tc4 37. Dd7 und endlich 1:0.

Es war also nicht so spannend, wie viele vermutet hatten, sondern doch eine recht einseitige Demonstration. Auch ein zweiter hoch eingeschätzter Gegner bekam in den USA gegen Kasparow kein Land zu sehen: Gata Kamsky, aus der UdSSR emigriert und inzwischen nach einer raketenhaften Entwicklung unter die Weltelite aufgerückt. Doch seinerzeit hatte der 15jährige gegen den Weltmeister noch keine Chance. In zwei Schnellpartien fertigte ihn Kasparow sicher und souverän ab; hier die erste:

**Kasparow - Kamsky
Katalanisch** (E 08)

1. c4 e6 2. g3 d5 3. Lg2 Sf6 4. d4 Le7 5. Sf3 c6 6. Dc2 0-0 7. 0-0 Sbd7 8. b3 b6 9. Td1 Lb7

Zumindest damals spielte Kamsky offenbar öfter recht anspruchslose Eröffnungen; vlg. auch seine berühmte Partie gegen Judit Polgar. Weiß hat bereits deutlichen Raumvorteil; auf die einzige Befreiungsidee c6-c5 richtet er sich im folgenden günstig ein:

10. Sc3 Tc8 11. e4 c5 12. ed5: ed5: 13. Lb2 dc4:

Auch cd4: 14. Sd4: mit der Fesselung von d5 sowie der Drohung Sf5 war alles andere als einladend.

14. d5! Se8

Da cb3: 15. ab3: wegen der Drohung d6 den Ba7 kostet, läßt Schwarz lieber den gedeckten Freibauern zu und versucht ihn günstig zu blockieren, aber dagegen hat Kasparow natürlich etwas. Besser war wohl Ld6 (15. Sb5 Lb8).

15. Sb5! a6

Der Zwischentausch auf b3 ändert wenig, da nach der analogen Folge zum Schluß auch a6 hängt.

16. Sa7 Tc7 17. Sc6 Lc6: 18. dc6: Tc6: 19. Se5 Td6 20. Sc6 Tc6: 21. Lc6: Sd6 22. bc4:

Angesichts des Läuferpaars und der überhaupt aktiveren weißen Figuren sollte das Qualitätsplus gegen einen Bauern mit Sicherheit genug zum Gewinn sein.

22. ... Sf6 23. Le5 Dc7 24. Lg2 Td8 25. Td3 Sg4 26. Lf4 Lf6 27. Tad1 Ld4 28. Td4:! cd4: 29. Td4:

Die einfachste Lösung, zumal in einer Schnellpartie: Weiß behält zwei riesige Läufer gegen zwei Springer ohne Stützpunkte, hinzu kommt die fatale Fesselung auf d6.

29. ... De7

Um Dd2 notdürftig mit Se5 zu parieren.

30. h3 Se5 31. c5! bc5: 32. Dc5:

Aber nun kommt der Ärger von der anderen Seite; der an Händen und Füßen gebundene Schwarze kann Materialverlust nicht vermeiden.

32. ... f6 33. Da3 h5 34. Da6: Sdf7 35. Td8: Sd8: 36. a4

Weiß braucht nur noch diesen Bauern zur Dame zu schieben; Schwarz hat nach wie vor kein Gegenspiel.

36. ... Sg6 37. Le3 h4 38. gh4: Dc7 39. Ld5+ Kh8 40. Dc4 Dd7 41. Db5 De7

42. h5 Sh4 43. a5 Sf5 44. Dc5 De8 45. a6 Se3: 46. De3: Da4 47. De4 Da1+ 48. Kg2 Da6: 49. De8+ Kh7 50. Lg8+ Kh8 51. Lf7+ 1:0

Derweil versuchte Karpow nach der dürftigen Vorstellung gegen Jussupow seine Form wiederzufinden. Bei der Mannschafts-WM Ende Oktober/Anfang November 1989 in Luzern spielte er allerdings für die UdSSR nur vier Partien am ersten Brett (Kasparow war überhaupt nicht dabei). Mehr war auch nicht nötig; die Sowjets führten vom Start bis ins Ziel und holten einen ganz klaren Vorsprung heraus. Karpow selbst machte 3 Punkte aus den vier Partien - standesgemäß, doch in dem wohl spannendsten Duell gegen Short mußte das Glück schon ein wenig mithelfen.

Karpow - Short
Damengambit (D 36)

1. d4 Sf6 2. c4 e6 3. Sc3 d5 4. cd5: ed5: 5. Lg5 Le7 6. e3 c6 7. Ld3 Sbd7 8. Sf3 0-0 9. Dc2 Te8 10. 0-0 Sf8 11. h3 g6 12. Lh6 Sh5 13. Tab1 Sg7

Ein interessantes Manöver, das offenbar Lf5 und dann auch Sf5 bezweckt. Aber war diese „Drohung" so stark, daß Weiß zwei Züge später wirklich schon auf g7 tauschen mußte?

14. b4 a6 15. Lg7: Kg7: 16. Sa4 Ld6 17. Sc5 Df6 18. Tfc1 Se6

Nicht 18. ... Lh3: 19. Sb7: oder 18. ... Lc5: 19. bc5: Lh3: 20. Tb7:. Aber es zeigt sich schon, daß Schwarz einige Chancen gegen die weiße Königsstellung vorweisen kann.

19. Dd1 h6 20. a4 Te7 21. Lf1 Sg5 22. Sg5: Dg5: 23. Df3?!

Karpow gibt 23. Kh1 als besser an, obwohl dann Schwarz mit Te3: 24. fe3: Dg3 25. Kg1 De3:+ 26. Kh1 Dg3 Remis

erzwingen konnte. Während der Partie wollte Karpow das wahrscheinlich nicht; aber nun erhält Schwarz Gelegenheit zu einer tückischen Kombinationsidee.

23. ... h5 24. e4

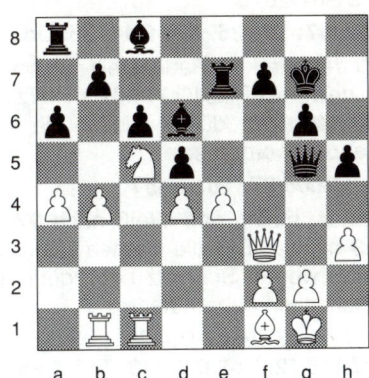

24. ... Lg4! 25. Dd3

Nicht 25. hg4:? hg4: drohend Lh2+ nebst Dh4+ und Th8.

25. ... de4: 26. Se4: Te4: 27. De4: Lf5 28. Df3 Lb1:

Schwarz bringt sich im weiteren Verlauf selbst in Gefahr, weil er seine Angriffschancen offenbar so lange überschätzt, bis es zu spät ist. Der rechtzeitige Damentausch hätte ihm ein gefahrloses Endspiel gesichert; am besten gleich hier mit 28. ... Df4, da nach 29. Df4: Lf4: die Qualität immer noch zurückgewonnen wird. Karpow hält die schwarze Stellung dann sogar für leicht besser. Freilich geht es vorerst auch so; bei ungleichen Läufern gäbe selbst ein Bauerngewinn Weiß keine großen Erfolgschancen.

29. Tb1: h4 30. Lc4 Tf8 31. b5 cb5: 32. ab5: a5

Spielt mit dem Feuer. 32. ... ab5: 33.

Tb5: Df4 war, wie oben angedeutet, wohl gut genug.

33. b6 a4?

Jetzt war es endlich Zeit für Df4, da Weiß noch nicht auf b7 nehmen könnte wegen Dh2+-h1+-b1:.

34. Db7: Df4 35. Kf1 Dd4: 36. Dd5

Der freie starke b-Bauer stellt nun schon ein gewisses Plus für Weiß dar; kurz vor dem 40. Zug dürfte zudem die Zeit knapp geworden sein.

36. ... Df6 37. Td1 Le5?

Karpow meint, daß Weiß nach 37. ... Lg3 mit 38. Df3 die Damen tauschen sollte, worauf Schwarz noch gute Remischancen gehabt hätte.

38. Dc5 a3 39. b7 Df4 40. Lb3 Dh2 41. Td7 Lf6 42. Dc7 Dc7: 43. Tc7: Le5 44. Tc8

Nun hat Karpow eine sehr günstige Form des Endspiels erreicht: die schwarzen Figuren sind praktisch gelähmt, Weiß hat „einen König mehr", dessen Eingreifen auf Dauer entscheiden muß.

44. ... g5 45. Ke2 f5 46. Kd3 g4 47. f3 gh3: 48. gh3: Lf4 49. Kd4 Ld6 50. Kd5 Lg3 51. Kc5 Le5 52. La2 Lf4 53. Kb5 Lg3 54. Ka4 Ld6 55. Lc4 Tf6

In der zweiten Zeitnot ein Schwindelversuch, der aber, wie später festgestellt, ein Loch hat: 56. b8D Lb8: 57. Tb8: Ta6+ 58. La6: a2 scheitert an 59. Tg8+! und der Bauer wird entweder gestoppt oder nach 59. ... Kg8: 60. Lc4+ einkassiert. Aber auch Karpows Zug verdirbt nichts.

56. Kb3 Tg6 57. b8D Lb8: 58. Tb8: Tg3 59. Tg8+ Kf6 60. Tg3: hg3: 61. Lf1 Kg5 62. Lg2 Kf4 63. h4 Ke3 64. h5 Kf2 65. Lh3 Kf3: und 1:0

Kasparow schreibt wieder Schachgeschichte

Es spricht für Kasparows immenses Selbstbewußtsein, daß er nicht etwa (was wohl die meisten anderen getan hätten) mit Turnieren kurz aussetzte, um seine historische ELO-Zahl für die neue Liste zum 1.1.90 nicht mehr zu gefährden. Noch im November stürzte er sich in Belgrad von neuem in die Arena. Offenbar dachte er überhaupt nicht an Verlustgefahren, sondern an die nächste zu durchbrechende „Schallmauer" - als erster der Schachgeschichte 2800 Punkte! Mit einem beispiellosen Sturmlauf im Stil von Tilburg schaffte er es. Das Turnier hatte diesmal „nur" Kategorie 15 (ELO-Schnitt 2613), aber dafür gab der Weltmeister auch „nur" drei Unentschieden ab... 9,5 aus 11 (86 %) sind eine Ausbeute, die man in modernen Turnieren höchsten Niveaus kaum mehr für möglich gehalten hätte.

Ansonsten gibt es zum Turnierverlauf wenig zu sagen, denn so etwas wie Konkurrenz oder Spannung kam nie auf - höchstens wie vielen Gegnern es gelingen würde, dem Superstar wenigstens ein Remis abzuknöpfen.

Endstand: 1. Kasparow 9,5 P.; 2./3. Timman (NL), Ehlvest (UdSSR) 6,5 P.; 4./5. Ljubojevic (YU), Jussupow (UdSSR) 6 P.; 6. Hjartarson (Island) 5,5 P.; 7./8. Agdestein (Norwegen), Kozul (YU) 5 P.; 9./10. Nikolic (YU), Short (England) 4,5 P.; 11. Popovic (YU) 4 P.; 12. Damljanovic (YU) 3 P.

Ljubojevic - Kasparow
Sizilianisch (B 96)
1. e4 c5 2. Sf3 d6 3. d4 cd4: 4. Sd4:
Sf6 5. Sc3 a6 6. Lg5 e6 7. f4 Dc7 8. De2
Ziemlich selten; aber so leicht ist Kasparow offenbar mit nichts zu überraschen.
8. ... Sc6 9. 0-0-0 Sd4: 10. Td4: Le7
11. g3 Ld7 12. Lg2 h6 13. Lh4 Lc6 15.
f5 0-Q 15. Thd1 b5
Der weiße Aufbau macht keinen berühmten Eindruck: der Lh4 auf dem Abstellgleis, von einem Königsangriff ist nichts zu sehen, während Schwarz die systemgemäße Damenflügelattacke einleitet.

16. g4?
Nur eine Demonstration ohne ernste Unterstützung der übrigen Figuren. Nach Kasparow sollte Weiß sein Heil in folgender Variante suchen: 16. fe6: fe6: 17. Lf6: Lf6: 18. Td6: b4 19. Tc6: Dc6: 20. e5 Dc7 21. La8: bc3:, die er als unklar bewertet.

16. ... e5 17. T4d3 b4 18. Lf6:
Nun muß er doch, da 18. Sd5? Sd5: 19. ed5: Lb5 nicht geht; aber die Umstände sind nun wesentlich ungünstiger; vor allem den „Nachtwächter" auf g2 wird Weiß nie mehr los (erst indem er ihn später verliert...).

**18. ... bc3: 19. Le7: cb2:+ 20. Kb1 De7:
21. Td6: Tfc8 22. T1d2 Lb5 23. De3?!**
Besser nach Kasparow noch 23. Dd1, um dann Lf1 folgen zu lassen.

23. ... Tab8 24. Tb6
Eine schöne Variante wäre z.B. 24. f6 gf6: 25. Dh6: Lc4 (droht La2:+ nebst b1D) 26. Td1 Dd6:! 27. Td6: La2:+ und gewinnt.

**24. ...˙ Lc4 25. Td1 Tb6: 26. Db6: Da3
27. Db2: La2:+!**

Irgendwo mußte es einmal einschlagen; falls 28. Da2: Tb8+ 29. Ka1 Dc3+ nebst Matt, oder 28. Kc1 De3+ 29. Td2 Td8.

28. Ka1 Da4 29. Da2:
Auch jetzt aussichtslos, aber was sonst? Gegen die vielen Drohungen wie Ld5+-e4: oder Lc4+ nebst Tc5 gab es keine Verteidigung.

**29. ... Da2: 30. Ka2: Tc2:+ 31. Kb3 Tg2:
32. Kc4 Th2: 33. Kd5 f6 34. g5 hg5:
35. Ke6 g4 36. Td8+ Kh7 37. Kf7 Th5
0:1**
Seine aufregendste Partie, die vielleicht auch seine beste hätte werden können, gelang es Kasparow allerdings nicht, zum glücklichen Abschluß zu bringen.

Kasparow - Timman
Bogoljubow-Indisch (E 11)
1. d4 Sf6 2. c4 e6 3. Sf3 Lb4+ 4. Ld2
Ld2:+ 5. Dd2: 0-0 6. g3 d5 7. Lg2 De7
8. 0-0 Td8 9. Tc1 c6 10. De3 Ld7 11.
Sbd2 Le8 12. Sb3 Sbd7 13. Sa5
Bis jetzt ist nicht viel passiert; Weiß hat zweifellos das freiere Spiel (man sehe den Le8), aber Schwarz Aussicht auf Befreiung mit e5 oder c5.

**13. ... Tab8 14. Tab1 Tdc8 15. cd5:
Sd5: 16. Dd2 c5?!**
Danach gerät Schwarz allmählich in ernste Schwierigkeiten. Auch 16. ... e5 war nach Kasparow zu früh wegen 17. de5: Se5: 18. Se5: De5: 19. Sc4 nebst 20. Ld5: mit Aussicht auf Vorteil wegen des Isolani d5, aber nach 16. ... S5b6 würde e5 „drohen", und Weiß hätte es schwer, etwas Konkretes zu erreichen.

17. e4 S5b6 18. e5
Nun ist e5 verhindert und d6 schwach.

18. ... h6 19. a3 Sd5?!
Dieser Zug scheint fraglich, da er dem Sa5 sofort den Weg nach dem Wunschfeld ebnet.

20. Sc4 Td8 21. De1 cd4: 22. Sd4: Sc5 23. Td1 Sb6 24. Sd6 Sc8 25. Tbc1 Sa4

Nachdem sich Timman in der unangenehmen Stellung wohl nicht ganz am zähesten verteidigt hat, ist nun die Lage kombinationsreif.

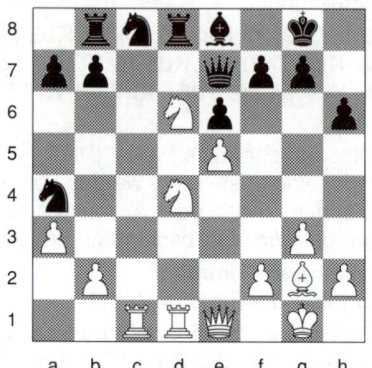

26. Sb7:! Tb7: 27. Lb7: Db7: 28. Se6:! Td1:

Es gibt wenig Wahl; auf Td7 wollte Kasparow 29. Sd8, drohend e6, spielen.

29. Dd1: Sab6

Nach fe6: 30. Dd8 gewinnt Weiß mindestens eine Figur mit überlegenem Endspiel zurück (30. ... Dd7 31. Tc8:).

30. Tc7?

Auch jetzt war 30. Dd8 sehr stark. Der Zwischenzug mit dem Turm gibt Schwarz Schwindelchancen.

30. ... De4 31. Dd8 De1+ 32. Kg2 De4+ 33. Kg1 De1+ 34. Kg2 De4+

Diese Zugwiederholungen deuten besonders bei Kasparow auf starke Zeitnot hin.

35. f3 De2+ 36. Kh3 Db5?!

Laut Kasparow sollte Schwarz noch ein Schach auf f1 geben. In Anbetracht des Folgenden stünde der weiße König auf der 4. Reihe schlechter.

37. a4!

Verhindert, daß die schwarze Dame nach einem Zug des Se6 auf e5 nehmen kann, mit Deckung von e8.

37. ... Da4: 38. Sc5?

Richtig war nach Kasparow 38. Sd4! und die Doppeldrohung b3 bzw. e6 stellt Schwarz vor unlösbare Probleme.

38. ... Db5 39. Sd7 Df1+ 40. Kg4 Sd6!

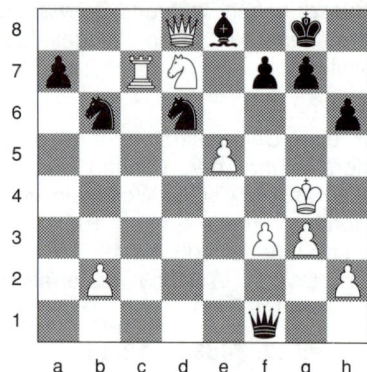

Ausgerechnet im ominösen 40. Zug findet Timman intuitiv den einzigen, der seine Stellung noch am Leben erhalten kann. Was nun? 41. ed6: bringt nach 41. ... f5+ 42. Kf4 g5+ den weißen König auf Trab. Leicht zu gewinnen scheint aber 41. Sb6:. Es scheint nur so, denn Kasparow weist auf den phantastischen Gegenzug 41. ... Dd3!?! hin. Jetzt wird Weiß nach 42. Dd6:? f5+ sogar mattgesetzt bzw. verliert nach 43. ef6: die Dame. Nach 42. ed6: aber meint der Weltmeister, daß Schwarz mit 42. ... f5+ 43. Kf4 Dd4+ 44. Kf5 g6+ 45. Ke6 De3+ 46. Kd5 Dd3+ schließlich ein Remis erreichen kann - eine Frage für Analytiker, ob und wie Weiß aus dem Dauerschach herauskommt. Im Text freilich gelingt es Schwarz ebenfalls, mit einem blauen Auge zu entwischen.

41. Sf6+ gf6: 42. ed6: h5+ 43. Kh4 De2 44. h3 Kg7 45. Te7 Db5 46. f4 Ld7 47. Te5 Df1 48. Tg5+ und Remis durch Dauerschach (48. ... fg5: 49. Dg5:+ Kf8 50. Dh6+ und Ke8 ist nicht möglich). Zum 1.1.90 stand Kasparow nach seinem erneuten Triumph dann mit genau 2800 Punkten zu Buch - ist er damit der Größte aller Zeiten, wonach es ihn so ˙sehr gedrängt hat?!

Der Abstand wird größer

Dagegen begann für Karpow das Jahr 1990 weniger glücklich - mit einem ELO-„Abbau" auf 2730 und einer Vorstellung beim Neujahresturnier in Reggio Emilia, die keine besseren Zeiten ankündigte. Daß ausgerechnet zwei neue Stars aus den eigenen sowjetischen Reihen an ihm vorbeigingen, dürfte geschmerzt haben.

Endstand: 1. Ehlvest (UdSSR) 7,5 P.; 2. Iwantschuk (UdSSR) 6,5 P.; 3. Karpow 6 P.; 4./5. Ribli (Ungarn), Andersson (Schweden) 5,5 P.; 6. Gurewitsch (UdSSR) 5 P.; 7./8. Ki. Georgiew (Bulgarien), Petursson (Island) 4,5 P.; 9./10. Portisch (Ungarn), de Firmian (USA) 4 P.; 11. Beljavsky (UdSSR) 2 P.

Karpow gewann zwei Partien und machte den Rest remis. Als Erklärung für sein kraftloses Spiel wurde eine Grippe in der Anfangsphase des Turniers angeführt; indes gewann er relativ früh bereits eine Partie, und dies gegen einen Beljavsky, der in diesem Moment mit 0,5 aus 2 wohl noch keineswegs so am Boden zerstört war, wie sich dies im weiteren Verlauf ergab.

Beljavsky - Karpow
Nimzowitsch-Indisch (E 55)

1. d4 Sf6 2. c4 e6 3. Sc3 Lb4 4. e3 0-0 5. Ld3 c5 6. Sf3 d5 7. 0-0 dc4: 8. Lc4: Sbd7 9. Se2 cd4: 10. Sed4: De7 11. a3 Ld6 12. Sb5 Lb8 13. Ld2 a6 14. Lb4 Sc5 15. Sc3 Ld7 16. Dd4 Tc8 17. a4 La7 18. Dh4 Lc6 19. Se5 Le8 20. Le2 Dc7 21. Sc4 Td8 22. a5 Sb3 23. Tad1 Lc5 24. Lc5: Sc5: 25. Dg3 Dg3: 26. hg3: Lc6 27. f3 Sb3 28. e4 Kf8 29. Kf2 Ke7 30. Ke3 Sh5 31. Kf2 Sf6 32. Td8 : Td8: 33. Ld1 Sd2 34. Sd5+ ed5: 35. Sd2: de4: 36. Sb1 ef3: 37. Lf3: Lf3: 38. gf3: Td5 39. Tc1 Tb5 40. Tc2 Kd7 41. Sc3 Ta5: 0:1 im 57. Zug.

Grippe hin oder her, jedenfalls bekamen diejenigen weiteren Aufwind, die für das bevorstehende Kandidatenfinale Timman gegen Karpow reelle Chancen prophezeiten...

Kasparow hatte inzwischen ganz andere Sorgen: Er mußte sich vor den Unruhen und Kämpfen in seiner Heimatstadt Baku nach Moskau in Sicherheit bringen. Erst im Februar erschien er wieder auf der Schachszene: Nach einem Simultan in Rom mit Empfang beim Papst (der bekanntlich selbst Schachspieler ist) ging es weiter zum Kat. 16-Turnier von Linares. Die große Frage: Wie kommt nun der Weltmeister mit den jungen sowjetischen Nachwuchsstars zurecht, die Karpow so einige Probleme bereiteten? Kasparow remisierte tatsächlich in der ersten Runde mit Gelfand, dem später härtesten Rivalen, stürmte dann aber zunächst los wie in den imposanten Vorjahresturnieren Tilburg/Belgrad, mit vier Siegen in Serie. Doch bald tat er sich schwerer. Nach einem weiteren Remis (gegen Ljubojevic) lieferte ihm Iwantschuk, einer der „neuen" Sowjets, eine Schlacht auf Messers Schneide.

Iwantschuk - Kasparow
Sizilianisch (B 97)

1. e4 c5 2. Sf3 d6 3. d4 cd4: 4. Sd4: Sf6 5. Sc3 a6 6. Lg5 e6 7. f4 Db6 8. Dd2 Db2: 9. Tb1 Da3 10. f5 Sc6 11. fe6: fe6: 12. Sc6: bc6: 13. Le2 Le7 14. 0-0 0-0 15. Tb3 Dc5+ 16. Le3 De5 17. Lf4 Dc5+ 18. Kh1 Sg4 19. h3 e5 20. Sa4 Da7 21. Lc4+ Kh8 22. hg4: ef4: 23. Sb6

Eine der vielen „langen Varianten", dieses seit Bobby Fischer legendären und umstrittenen Systems. Bekannt wurde sie durch die 5. Partie des Kandidatenmatchs Spraggett - Sokolow 1988, die der Kanadier gewann und damit den Grundstein für seinen sensationellen Sieg legte. Damals wie auch in späteren Partien zogen die Schwarzen wie selbstverständlich 23. ... Tb6, worauf 24. Tf4: möglich ist mit den Ideen 24. ... Tb6:? 25. Tf8:+ Lf8: 26. Df2 bzw. 24. ... Tf4:? 25. Df4: Tb6: 26. Df7. Kasparow hat etwas Neues gefunden.

23. ... d5!? 24. ed5: cd5: 25. Ld5: Tb8 26. Sc8:

Jetzt gehen die ganzen Varianten mit Tf4: offensichtlich nicht mehr, da Schwarz z.B. nach Tb6: das peinliche Gegenschach auf h6 hat. Somit bekommt Schwarz für die Rückgabe des Bauern ein freies Spiel, wobei auch der weiße König nicht mehr besonders sicher steht.

26. ... Tbc8: 27. Th3 Db6 28. Te1 Lg5 29. Te6 Dd8 30. c4?!

Iwantschuk weist auf 30. Td6 hin mit der Absicht, nach Dd6: 31. Th7:+ Kh7: 32. Le4+ Dg6 33. Lg6: Kg6: 34. Dd3+ Dauerschach zu geben. Offenbar hat er, vielleicht in aufkommender Zeitnot, seine Chancen zu optimistisch eingeschätzt.

30. ... Tb8 31. Dd3 Lh4 32. Le4 Dg5 33. Lh7:?!

Relativ besser nach Kasparow 33. Dd1, denn nun war sofort 33. ... f3 möglich, z.B. 34. Tf3: Tf3: 35. gf3: Lf2 drohend Dh4+, oder 35. Df3: Kh7: 36. g3 Dc1+ 37. Kg2 Tb2+ 38. Kh3 Lf6 39. De4+ g6 40. Te7+ Kh6 und Schwarz behält die Oberhand.

34. Dc2 f3! 35. Tf3: Td2 36. De4

Auch 36. Dg6 Td1+ 37. Kh2 Dc1 ändert nichts.

36. ... Td1+ 37. Kh2 Te1

Kasparow gibt an, daß er hier mit 37. ... Dc1 38. Te8+ Te8: 39. De8: Kh7: 40. Dh5+ Dh6 41. Df5+ g6 42. Df7+ Dg7 fortsetzen sollte - aber man beachte den 40. Zug.

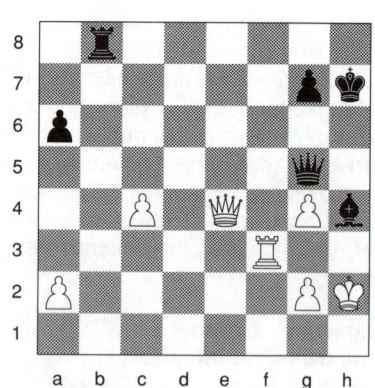

40. ... g6

Hier erwähnt Kasparow sonst nur noch das schlechte 40. ... Kg8? 41. Tf5!, aber ging nicht einfach, wie von anderen vorgeschlagen, 40. ... Dg6 und falls 41. Tf5 Lg5? Jetzt bekommt Weiß jedenfalls eine Chance.

41. Th3?

Hat er hier, wie so oft, in Zeitnot einen Zug zuviel gemacht? Bei nur etwas ruhiger Überlegung hätte er bestimmt gesehen, daß nun sofort alles aus ist, während 41. Tf7+ die Lage noch sehr kompliziert und keineswegs ungünstig für Weiß gestaltet. Neben diversen Angriffen droht nicht selten auch g3 mit Figurgewinn, z.B. 41. ... Kh6 42. Dd4 Tg8 43. g3 oder 41. ... Kg8 42. De6 Kh8 43. g3. Erste Analysen waren nach längerem Umfang der Meinung, daß die Partie remis ausgehen sollte. Jetzt ist sie praktisch vorbei.

41. ... Kg7 42. Dd4+ Kg8 43. De4 Df6 0:1

Ein zwar insgesamt nicht unverdienter, doch keineswegs klar herausgespielter „Zittersieg". War der Weltmeister ein wenig angeschlagen? In der nächsten Runde jedenfalls verlor er gegen Gulko, und dies auf recht sonderbare Art, die allen Kommentatoren Rätsel aufgab.

Gulko - Kasparow
Königsindisch (E 88)
1. d4 Sf6 2. c4 g6 3. Sc3 Lg7 4. e4 d6 5. f3 0-0 6. Le3 c6 7. Ld3 e5 8. d5 b5 9. cb5: cd5: 10. ed5: e4 11. Se4: Sd5: 12. Lg5

Diese zweischneidige Gambitvariante brachte Kasparow in Reykjavik 1988 mit Erfolg gegen Timman an. In späteren Analysen fand man Verbesserungen für Weiß, so daß es verständlich wird, warum Gulko das Ganze nun wieder probiert; und auch, warum Kasparow es

nicht mehr wiederholen will. Wirklich rätselhaft aber dies: Den Zug, den der Weltmeister nun spielt, hatte er selbst als schwach bezeichnet gerade wegen der Fortsetzung, die Gulko prompt adoptiert! Dieser selbst wiederum gibt im „Informator" für 12. ... Db6 ein Rufzeichen, dessen Begründung aber auch nicht so ganz klar ist.

12. ... Db6 13. Dd2 Sd7 14. Lc4 S5f6 15. Sf6:+ Lf6:

Diesen Läufer geben Königsindisch-Fans eigentlich nicht gern her. Nach Gulko war besser 15. ... Sf6: 16. Se2 Te8.

16. Lf6: Sf6: 17. Se2 Te8 18. 0-0-0 d5 19. Ld3

Hier empfiehlt Gulko 19. Lb3 Db5: 20. Sc3.

19. ... a6 20. ba6: d4

Schwarz ist nicht ohne Gegenspiel, doch man darf bezweifeln, daß dies einen Bauern wert ist.

21. Kb1 Te3?

Dieser vermeintlich aktive Zwischenzug (droht Td3:) wird Schwarz zum Verhängnis. Notwendig war sofort La6:, wonach aber die „Beweispflicht" noch immer dem Nachziehenden bleibt.

22. Lc4 La6: 23. La6: Ta6:

Jetzt muß er feststellen, daß 23. ... Da6: 24. Sc1 gerade wegen des Zwischenzugs Te3 nicht mehr geht, denn 24. ... Td8 wird mit 25. De3: de3: 26. Td8:+ nebst allmählichem Einsammeln des Be3 (Td3 usw.) beantwortet. Mit zwei Minusbauern aber sollte Schwarz nun auf keinen grünen Zweig mehr kommen.

24. Sd4: Te8 25. Se2 Tb8 26. Sc3 Db4 27. The1 Td6 28. Dc2 Tdb6 29. Te2 Df4 30. h3 Tc6

Man kann sich kaum vorstellen, daß

Tb2:+ usw. angesichts des freien a-Bauern noch objektive Chancen für Schwarz versprochen hätte. Es mag eine Möglichkeit gewesen sein, den Widerstand zu verlängern; doch gewöhnlich zieht man es in schlechterer Stellung der Schwindelchancen wegen vor, so viel Figuren wie möglich auf dem Brett zu behalten. Übrigens hätte 28. Dc1! statt Dc2 selbst solche Möglichkeiten noch ausgeschaltet (Gulko).

31. Dd2 Df5+

Nicht Dd2: 32. Ted2: Tc3: 33. Td8+. Aber auch so setzte sich das materielle Übergewicht Gulkos allmählich durch. Im 54. Zug gab der Weltmeister auf.

Hätte Gelfand nicht ausgerechnet in der nächsten Runde gegen Jussupow verloren, dann wäre Kasparow vielleicht nicht mehr erster geworden, denn er remisierte seine folgenden zwei Partien und schaffte es dann zum Schluß noch, sich durch einen Sieg über den (keineswegs

schwachen) spanischen Lokalmatador Illescas wieder an die Spitze zu setzen.

Endstand: 1. Kasparow 8 P.; 2. Gelfand (UdSSR) 7,5 P.; 3. Salow (UdSSR) 7 P.; 4. Iwantschuk (UdSSR) 6,5 P.; 5. Short (England) 6 P.; 6./7. Gulko (USA), Jussupow (UdSSR) 5,5 P.; 8. Beljawsky (UdSSR) 5 P.; 9.-11. Illescas (Spanien), Portisch (Ungarn), Spassky (Frankreich) 4 P.; 12. Ljubojevic (Jug.) 3 P.

Nicht mehr im triumphalen Vorjahresstil also, aber doch wieder ein Sieg in einem Turnier der höchsten Kategorie; und in der öffentlichen Meinung drohte zwischen K&K eine merkliche Lücke zu klaffen. Unter diesen Vorzeichen mußte nun Karpow, gerade als Linares zu Ende ging, zu demjenigen Kampf antreten, bei dem praktisch seine ganze weitere Karriere auf dem Spiel stand - ein Verlust hätte ihn leicht sein Renommee gegenüber dem „Rest der Welt" als Ausnahmespieler kosten können...

Das Kandidatenfinale

Ein Jahr zuvor hätte wahrscheinlich noch niemand Timman in einem Match gegen Karpow auch nur den Hauch einer Chance gegeben. Doch das Debakel von Rotterdam, die auffallend schwache Vorstellung gegen Jussupow, vor kurzem wieder Reggio Emilia ... womöglich war Karpow nicht mehr der alte? Auf dem Papier galt er natürlich immer noch als Favorit, doch auch seinen Sturz wollte man nicht mehr so recht ausschließen.

Das Match rückte dann die Maßstäbe von der ersten Partie an wieder zurecht. Es stimmt allerdings nicht, daß Timman ohne Chance vernichtet wurde, wie un-

ter dem Eindruck des Endstands fast überall dargestellt; auch bot Karpow bei weitem keine fehlerfreie Leistung. Er selbst sagt in einem Kommentar für „NIC" (der sich allerdings nur auf seine Schwarz-Partien bezieht), Timman hätte die erste nicht zu verlieren brauchen und in der fünften, siebten und neunten reelle Gewinnchancen gehabt. Das genügt wohl, wenn man noch z.B. die vierte dazuzählt.

Die andere Seite der Medaille freilich ist, daß auch Karpow in einigen Fällen gute Chancen ausließ. Alles in allem ein Match, in dem auf beiden Seiten der Druck und die Nervosität deutlich spürbar wurden - kein hochklassiges, aber zumindest bis zu einem gewissen Punkt spannendes und sogar offenes. Karpow erwies sich auch unter diesen Umständen letztlich als der Stärkere, doch er spielte noch immer nicht auf dem Niveau früherer Glanztaten.

Gleich die erste Partie dürfte psychologisch große Wirkung gehabt haben und ist auf ihre Art typisch für den Verlauf.

Timman - Karpow
Spanisch (C 92)

1. e4 e5 2. Sf3 Sc6 3. Lb5 a6 4. La4 Sf6 5. 0-0 Le7 6. Te1 b5 7. Lb3 d6 8. c3 0-0 9. h3 Lb7 10. d4 Te8 11. Sbd2 Lf8 12. a4 h6 13. Lc2 ed4: 14. cd4: Sb4 15. Lb1 ba4: 16. Ta4: a5 17. Ta3 Ta6

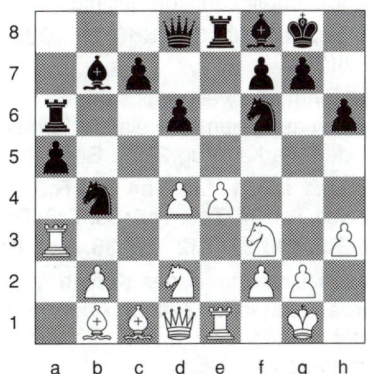

So weit kann alles nichts Neues gewesen sein, den Karpow hatte vor nicht langer Zeit schon so gespielt, und also darf man davon ausgehen, daß diese Stellung bei Timmans Analysen irgendwann auf dem Brett gestanden hat.

18. Sh4(??)

Ein kaum begreiflicher Zug, der vielleicht noch nichts Entscheidendes verdirbt, aber in punkto Vorbereitung ein

schweres Loch offenbart. Hätte das Timman-Team nur die folgende Antwort übersehen, wäre allein das schon verwunderlich. Aber Karpow selbst hatte darauf in seinen Anmerkungen hingewiesen, und das zu allem Überfluß in „New in Chess", dessen Chefherausgeber kein anderer als Timman ist...

18. ... Se4:! 19. Se4: Le4: 20. Le4: d5 21. Tae3 Tae6

Timman meint, daß sofortiges 21. ... de4: 22. Te4: Te4: 23. Te4: Dd5 mit schwarzer Druckstellung unangenehmer war. Jetzt konnte er mit 22. Ld5: etwas ähnliches erreichen, zieht aber wohl mit Recht ein Bauernopfer für Gegenspiel vor.

22. Lg6!? Dh4: 23. Te6: Te6: 24. Te6: fe6: 25. Le3 Df6 26. Dg4?

Erst dieser Fehler bringt Weiß auf die Verliererstraße. Die Dame steht hier scheinbar aktiv, richtet aber überhaupt nichts Zählbares aus. Weiß mußte sich die Möglichkeit vorbehalten, auch am Damenflügel z.B. mit Da4 vorzugehen, und einfach 26. Lb1 spielen. Als Bestes für Schwarz sieht Karpow darauf 26. ... c5 27. dc5: e5 an, aber die Öffnung der Stellung bietet dem Läuferpaar Perspektiven, und es ist möglich, daß Weiß noch das Gleichgewicht herstellen kann.

26. ... Ld6 27. h4 Sc6 28. Le8

Es geht nicht 28. Lh6:? (Idee gh6: 29. Le8+) wegen 28. ... Se7.

28. ... Se7 29. Ld7 Sf5

Mit dieser Umgruppierung ist nun schon Schwarz am Drücker; er hat d4, h4 und überhaupt den Königsflügel unter Beschuß. Von einem weißen Angriff dort ist keine Spur.

30. h5 Kf7 31. Lc8 Ke7 32. b3?

Ein Fehler, der aber wahrscheinlich nur den Gang der Dinge beschleunigt. Timman dürfte in diesem Moment schon ziemlich demoralisiert gewesen sein.

32. ... c5! 33. De2

Der Bd4 ist einfach weg (33. dc5:?? Da1+ nebst Matt).

33. ... cd4: 34. Ld2 d3! 35. Dd1

Diesmal verliert 35. Dd3: Da1+ 36. Df1 Lh2+ die Dame.

35. ... Dh4 36. g3 Sg3: 0:1, denn 37. fg3: Dg3:+ 38. Kf1 Lc5 bringt ein sofortiges Ende.

Ein solcher Start eines Wettkampfes kann natürlich den stärksten Mann umwerfen. Aber das Turnierschicksal gab Timman „Bewährung": Nach der wenig ereignisreichen 2. Partie wurde er in der dritten regelrecht begnadigt, indem Karpow wahrscheinlich mehr als einmal den Gewinn ausließ; und das im Endspiel, wo seine Technik ansonsten besonders gefürchtet ist. Damit sollte die psychologische Lage eigentlich wieder im Lot sein. Und tatsächlich war für die nächste Partie ein erbitterter Kampf angesagt.

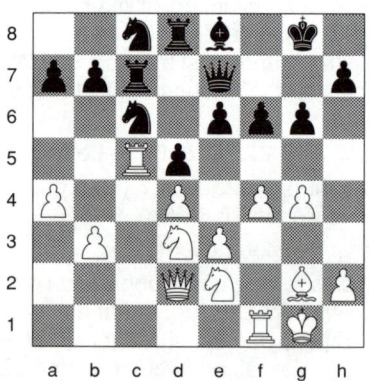

Karpow - Timman, 4. Partie

Bisher ist nichts Entscheidendes los;

man hat den Eindruck, daß Weiß etwas bequemer steht, aber was bedeutet das? Karpow beginnt jetzt zu forcieren, läßt aber damit eine unerwartete Gegenchance zu.

24. f5 g5 25. Sg3 e5!?

Mit diesem Bauernopfer hat Weiß wohl kaum gerechnet. 26. Ld5:+ Lf7 (Karpow gelangt nach 26. ... Kh8 und umfangreichen Post-mortem-Analysen zu Vorteil für Weiß 27. Lf7:+ Df7: ist nun überhaupt nicht klar. Als weiteren Verbesserungsvorschlag gibt Karpow 26. Tfc1 e4 27. Sb4 an. Wie er spielt, steht er bereits schlechter, ohne Aussicht auf Aktivitäten.

26. Dc1?! b6

Jetzt geht ein Nehmen auf d5 wegen des letztendlichen Sb4 gar nicht mehr.

27. Tc2 e4 28. Sf2 Sd6 29. Dd2(?) Tdc8(?)

Laut Timman zwei gegenseitige Fehler, die sich aufheben; er weist für Schwarz auf den starken Zug 29. ... Sa5 hin.

30. Tfc1 a5 31. Lf1 Sb4 32. Tc3 Dd7 33. Sd1 Tc6 34. Tc6: Tc6: 35. Tc6: Dc6: 36. Sc3 Kf8 37. Kf2 Ke7 38. Ke1 Kf8

Dieses Umherirren der Könige ist ein klares Zeichen für Zeitnot. Aber gerade dabei kommt eine zweite Chance für Timman zustande.

39. Kd1 Dc8 40. Ke1 Kg7?!

Hier war nach allgemeiner Ansicht 40. ... h5! stark. Ob Schwarz dann reelle Gewinnchancen hätte, ist eine andere Frage; aber jedenfalls wäre die einzige aktive Idee von Weiß, zu der es in der Partie kommt, im Keim erstickt worden.

41. Sa2

Nach überstandener Zeitnot der erste konstruktive Zug.

41. ... Sa2: 42. Da2: Dc7 43. Kf2 Kf8

44. Db2 Ke7 45. Le2 Kd8 46. Ke1 Kc8 47. Kd2 Kb7 48. Dc1 De7 49. Ke1 Ld7 50. Kf2 Se8

Bis jetzt ist noch immer keine rechte Idee in den Laviermanövern zu entdecken; aber nun packt Karpow plötzlich mit einem Schlag seinen einzigen Trumpf aus.

51. Dh1 Db4 52. h4 Db3:

Nach 52. ... gh4: 53. Dh4: Db3: 54. g5 wird der Bf5 schnell.

53. hg5: fg5: 54. Dh7: Da4: 55. De7 Dc6 56. Dg5: a4 57. De7 Dd6 58. Dd6: Sd6:

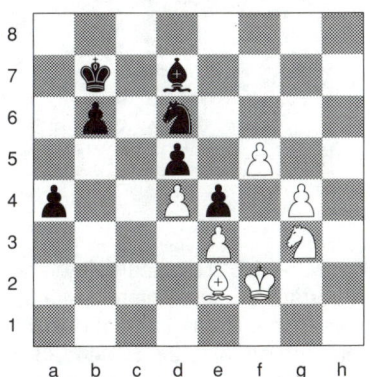

Eine ganz neue und heikle Lage: die beidseitigen „Verbundenen" sind etwa gleich weit, doch die schwarzen Leichtfiguren scheinen in punkto Wirkung nach beiden Flügeln zentraler und günstiger postiert. Man hat noch immer den Eindruck, daß Schwarz die besseren Karten besitzen sollte.

59. Ld1 Lb5?

59. ... b5, um die Bauern vereint vorzuschieben und nicht einen allein, wirkt fast selbstverständlich. Timman meint sogar, daß der Zug zum Gewinn geführt

hätte. Karpow dagegen billigt Schwarz nur ein =+ zu und analysiert die Folgen von 60. f6 zum Remis.

60. Se2 a3 61. Sc1

Diese einfache Möglichkeit, die Felder a2/b3 unter Kontrolle zu bringen und damit die schwarzen Aktionen zumindest stark zu verzögern, hatte Timman nach eigenem Eingeständnis übersehen. Nun wurde die Partie abgebrochen - Schwerarbeit für die Sekundanten ...

61. ... Kc7 62. Kg3 Sc4 63. Le2 Le8 64. Kf4 Sb2 65. Kg5 Sd3

Laut Timman lief bis jetzt alles nach Analyse, die als beidseits Bestes 66. Sa2 b5 67. Ld1 b4 68. Lb3 Kd6 69. Kf6 Sf2 70. Kg5 Sd3 mit Remis ergab. Karpow dagegen meint, Schwarz hätte sich das Remis durch folgende Variante im Zug vorher sichern können: 64. ... b5 65. Sa2 Sb2 66. f6 Sd3+ 67. Kf5 b4 68. Ld1 =, und läßt erkennen, daß er nun selbst auf Gewinn spielen wollte.

66. Sb3 a2

Von Karpow unkommentiert, hingegen ein „?" von Timman, der nach längeren Analysen der Meinung ist, mit 66. ... b5 wieder die besseren Aussichten gehabt zu haben. Die Wahrheit über dieses verzwickte Endspiel liegt also selbst jetzt noch anscheinend trotz seitenlanger Untersuchungen in weiter Ferne, und beide dürften hie und da auch ein wenig aneinander vorbeigedacht haben.

67. Sa1 b5 68. Ld1 b4 69. Lb3 Sc1 70. Ld5: Kd6 71. Lc4 Lb5

Zäher war 71. ... b3, aber auch danach laut Timman ein weißer Gewinn möglich.

72. Lg8 Ke7 73. Kh6

Nochmals ein unklarer Punkt kurz vor dem Ende. Was sprach gegen 73. Kg6, um den schwarzen König nicht nach f6 zu lassen? Karpow geht darauf merkwürdigerweise gar nicht ein. Auf den Textzug geben beide die Remisvariante 73. ... b3 74. Lb3: Sb3: 75. Sb3: Lc4 76. Sa1 Kf6 an.

73. ... Kf8? 74. Le6 Ld7 75. g5 1:0, z.B. 75. ... Le6: 76. fe6: b3 77. g6 b2 78. g7+ Kg8 79. e7, oder 78. ... Ke7 79. g8D ba1:D 80. Df7+ nebst 81. Dd7 matt.

Das sah schon stark nach Vorentscheidung aus; doch ein Sieg in dieser Phase hätte Timman sicherlich noch immer ins Geschäft gebracht. In der 5. Partie stand zunächst Timman, dann Karpow besser; doch für keinen sprang ein voller Zähler heraus. Danach war wieder der Exweltmeister an der Reihe, den Gegner „auszulassen": die 6. Partie hielt man nach ständiger Überlegenheit zumindest an einer Stelle im Endspiel für sicher gewonnen.

Die unwiderruflich letzte Chance, dem Match vielleicht noch eine Wende zu geben, bot dann die 7. Partie.

Timman - Karpow, 7. Partie
Spanisch (C 92)
1. e4 e5 2. Sf3 Sc6 3. Lb5 a6 4. La4 Sf6 5. 0-0 Le7 6. Te1 b5 7. Lb3 d6 8. c3 0-0 9. h3 Lb7 10. d4 Te8 11. Sbd2 Lf8 12. a4 Dd7

Nachdem die 5. Partie von seiten Timmans die 1. deutlich verbesserte, hält Karpow einen Tapetenwechsel für angebracht. Das jetzige System ist aber aus WM-Partien genügend bekannt und trifft daher auf eine sorgfältige Vorbereitung des Gegners.

13. ab5: ab5: 14. Ta8: La8: 15. d5 Se7
Eine wenig gebräuchliche Alternative zu Sa5 oder Sd8.
16. Sf1 h6 17. Sg3 c6 18. dc6: Lc6:

19. Sh2 d5
Es scheint, daß Schwarz mit diesem Gegenstoß im Zentrum seiner Sorgen ledig wird; aber dem ist doch nicht ganz so.
20. Sh5! Se4:
Auch 20. ... Sh5: 21. Dh5: g6 22. Df3 wäre nach Karpow für Weiß vorteilhaft.
21. Sg4 Df5

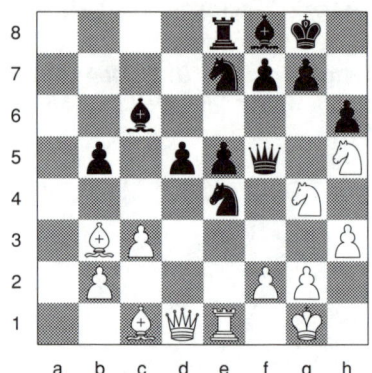

Jetzt wäre 22. Te4:! sehr interessant und vermutlich aussichtsreich für Weiß gewesen; die Dame kann offensichtlich nicht nehmen, also 22. ... de4: 23. Sg3 nebst 24. Se5: und nach dem Fall von f7 sieht es äußerst kritisch aus, obwohl zumindest Karpow in langen Analysen einen zwingenden weißen Vorteil bestreitet.

22. f3? Sc3:! 23. bc3: Dh5: 24. Te5: Dh4 25. Le3 Sg6 26. Lf2 Dd8 27. Te8: De8: 28. Ld5:
Weiß hat überhaupt nichts mehr; außerdem kam Timman in Zeitnot, doch nach der überstandenen kritischen Lage war Karpow sicher mit Remis zufrieden.
28. ... h5 29. Se3 Sf4 30. Lc6: Dc6: 31. Lg3 Se6 32. Sd5 Dc4 33. Dd2 Db3 34. Kh2 Db1 35. De1 De1: 36. Le1: Ld6+

**37. Lg3 Lc5 38. Le1 Kf8 39. g4 hg4:
40. fg4: Ke8 41. Kg2 Kd7 42. Lg3 Kc6
43. Sb4+ Lb4: Remis**

Die 8. Partie brachte schließlich den K.o.
Offenbar in dem Bestreben, auch mit
Schwarz auf Gewinn zu spielen, brachte
Timman ein ungesundes Bauernopfer,
das Karpow ohne große Probleme wi-
derlegte.

**Karpow - Timman, 8. Partie
Damenindisch** (E 15)

1. d4 Sf6 2. c4 e6 3. Sf3 b6 4. g3 La6
5. b3 d5 6. Lg2 dc4: 7. Se5 Lb4+ 8. Kf1
Sfd7 9. Sc4: c6 10. Lb2 0-0 11. Sbd2
b5 12. Se3 Lb7 13. Dc2 Db6 14. Sf3 Sf6
15. Se5 Le7 16. S3g4 Sg4: 17. Sg4: Sd7
18. Lf3 Tac8 19. Td1 a5 20. De4 Tc7
21. Kg2 a4 22. ba4: Ta8 23. ab5: cb5:
24. Db1 Lf3:+ 25. ef3: h5 26. Se3 h4
27. d5 Lc5 28. The1 e5 29. Sg4 Tca7
30. Se5: Se5: 31. Te5: Ta2: 32. d6 h3+
33. Kh3: Ld6: 34. Th5 Df2: 35. Dh7+ Kf8
36. Dg7:+ Ke8 37. Th8+ Kd7 38. Df7:+
1:0

Die 9. Partie sorgte für ein vorzeitiges
Ende. Karpow stand anfangs gut, unter-
schätzte dann wohl den weißen Angriff
und geriet schließlich in eine bedenkli-
che Lage. Zumindest Remis, nach manchen Analysen sogar Aussicht auf den
vollen Punkt hätte Timman mit 39. fe5:
Td5: 40. e6 gehabt. Statt dessen verlor
er durch zwei schwache Züge hintereinander sogar noch.

**Timman - Karpow, 9. Partie
Spanisch** (C 92)

1. e4 e5 2. Sf3 Sc6 3. Lb5 a6 4. La4
Sf6 5. 0-0 Le7 6. Te1 b5 7. Lb3 d6 8. c3
0-0 9. h3 Lb7 10. d4 Te8 11. Sbd2 Lf8
12. a4 h6 13. Lc2 ed4: 14. cd4: Sb4 15.
Lb1 c5 16. d5 Sd7 17. Ta3 f5 18. Tae3
f4 19. T3e2 Se5 20. Sf1 Sf3:+ 21. gf3:
Dh4 22. Sh2 Te5 23. Dd2 Dh3: 24. Df4:
ba4: 25. Dg4 Dg4: 26. Sg4: Tee8 27. f4
a5 28. f3 La6 29. Tg2 Kf7 30. Td1 Lc4
31. Se3 Lb3 32. Te1 c4 33. e5 de5: 34.
Lg6+ Kg8 35. Sg4 Sd3 36. Sh6:+ gh6:
37. Ld3:+ Kh8 38. Lg6 Ted8 39. Ld2 Lb4
40. Lc3 Lc3: 41. bc3: a3 42. fe5: Td5:
43. e6 Td1 44. Td1: Ld1: 45. e7 La4 46.
Lf7 Tb8 47. Te2 Tb1+ 48. Kf2 Tb2 29.
Lc4: Kg7 50. Ke1 Te2: 51. Ke2: h5 52.
Lb3 Ld7 53. Ke3 Kf6 54. Kf4 Lc6 55. c4
Ke7: 56. c5 Le8 0:1

Endstand 6,5:2,5 für Karpow! Zweifellos
ein insgesamt verdienter Sieg, dessen
Höhe jedoch über den tatsächlichen
Verlauf täuscht.

Kürzertreten vor der WM

Die Fronten waren nun also klar: Neu-
auflage der „unendlichen Geschichte"!
Vor allem für Kasparow schien dies ein
Signal zum Kürzertreten zu sein. Er
spielte von da an kein einziges großes
Turnier mehr; lediglich kleinere Wett-
kämpfe, den ersten als reinen Schau-
kampf über zwei Partien (auch ohne
ELO-Wertung) gegen den dänischen
GM Curt Hansen noch während des
Karpow-Timman-Matchs, wobei es offenbar vor allem um die Darstellung im
dänischen Fernsehen ging. Kasparow
gewann „standesgemäß" mit 1,5:0,5,
wobei er allerdings die zweite Partie
leicht hätte verlieren können, wäre der
Gegner nicht in großer Zeitnot gewesen.

**Hansen - Kasparow
Königsindisch** (E 90)

1. c4 g6 2. Sc3 Lg7 3. d4 Sf6 4. e4 d6
5. Sf3 0-0 6. h3 e5 7. d5 Sa6 8. Le3

Sh5 9. Sh2 De8 10. Le2 f5 11. ef5: Sf4
12. 0-0 Lf5: 13. Te1 Df7 14. Sf1

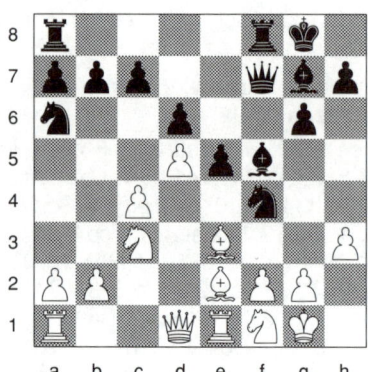

14. ... Lh3: 15. gh3: Sh3:+ 16. Kg2 Sf2:
17. Db1 e4 18. Sg3 Dd7 19. Lf2: Tf2:+
20. Kf2: Dh3 (man kann sich kaum vorstellen, daß diese Opferorgie - insgesamt Turm und Figur! - korrekt ist) 21.
De4: Sc5 22. De7 Le5 23. Tg1 Tf8+ 24.
Ke1 Lg3:+ 25. Kd2 Tf7 26. De8+ (offenbar in Zeitnot ein stilles Remisangebot
durch die folgende Zugwiederholung;
man war später der Ansicht, daß 26.
Tg3:! den schwarzen Angriff zum Erlie-
gen bringt) 26. ... Tf8 27. De7 Lf4+ 28.
Kc2 Df5+ 29. Kd1 Tf7 30. De8+ Kg7 31.
Tf1 Df6 32. Kc2 Tf8 33. Tf4: Df4: 34.
De7+ Tf7 35. De8 Dg5 36. Td1 Te7 37.
Dc8 Df6 38. Ld3 Df2+ 39. Td2 und hier
war Kasparow nun doch mit Remis zufrieden, bevor der Gegner etwa die Zeitkontrolle schaffen und die Partie hätte
gewinnen können ...

Auch Karpow legte nach dem Timman-
Match erst einmal eine Pause ein - und
machte dann Ende April Schlagzeilen
auf eine Weise, die er bestimmt nicht
eingeplant hatte. Er verlor nämlich als
erster Träger des WM-Titels gegen ei-

nen Computer! Es war „nur" ein Simul-
tan, doch selbst die „Times" hielt das
Ereignis eines großen Berichts auf der
Seite 1 für wert. Ort des Geschehens:
München, als Auftaktveranstaltung des
Mephisto-SKA-Großmeisterturniers, wo
Karpow ansonsten vor allem mit Promi-
nenten wie Schauspieler Helmut Fi-
scher („Monaco Franze"), Schriftsteller
Ephraim Kishon oder GONG-Chefre-
dakteur Helmut Markwort zu tun bekam.
Er gewann denn auch alle Partien, bis
auf eine:

**Karpow - Mephisto Portorose
Slawisch** (D 16)

**1. d4 d5 2. c4 c6 3. Sf3 Sf6 4. Sc3 dc4:
5. a4 Lg4 6. Se5 Lh5 7. f3 Sfd7 8. Sc4:
e5 9. Se4 Lb4+ 10. Ld2 Dh4+ 11. g3
De7 12. Lb4: Db4:+ 13. Dd2 Dd2:+ 14.
Kd2: ed4: 15. Sed6+ Ke7 16. Sb7: Sa6
17. Lh3 Tab8 18. Sba5**

Soweit steht alles im Buch (Adorjan -
Rohde 1986, remis nach 18. ... Sb4 19.
Thc1 c5 20. Ta3).

**18. ... Thc8 19. f4 f6 20. e3 de3:+ 21.
Ke3: Sb4 22. Kf2 Sd3+?! 23. Kg2
Sb2:?**

Ein Fehler, der Material kostet und dem
amtierenden Mikro-Weltmeister eigentlich nicht ähnlich sieht. Wahrscheinlich
war die Folge, bis der Verlust perfekt
wird, zu lang für das Elektronengehirn,
um sie vollständig zu berechnen.

**24. The1+ Kd8 25. Sd6 Tc7 26. g4 Lg6
27. f5 Se5 28. fg6: hg6:**

Weiß steht trotz der Mehrfigur vor großen technischen Problemen - sehr wenig Bauern, Remisdrohungen wie „falscher Läufer" plus h-Bauern oder zwei
blanke Springer am Schluß.

**29. Tab1 Tb4 30. g5 Ke7 31. Te4 Te4:
32. Se4: Sa4: 33. Ta1 Sb6 34. Sc5 Ke8
35. Sab7 Sf7 36. gf6: gf6: 37. Ta7:**

Jetzt zeichnet sich eigentlich ein Remis ab; doch Karpow will es offenbar nicht wahrhaben und beginnt schließlich „auf Verlust" zu spielen.

37. ... Ke7 38. Ta6 Sd5 39. Kg3 Se5 40. Lg2 Se3 41. Lh1 g5 42. Sa5 Kd6 43. Se4+ Ke7 44. Sc5 Kd6 45. Scb7+ Kd7 46. Ta8?!

Den c-Bauern von der Leine zu lassen vermeidet zwar das Remis durch Zugwiederholung, vermehrt aber bestimmt nicht die weißen Gewinnchancen.

46. ... c5 47. Th8 Ke6 48. Sb3 Sf5+ 49. Kf2 Sd3+ 50. Ke2 c4 51. Sa1 Sf4+ 52. Ke1 c3 53. Sc2 Tc4 54. Kd1 Tc7

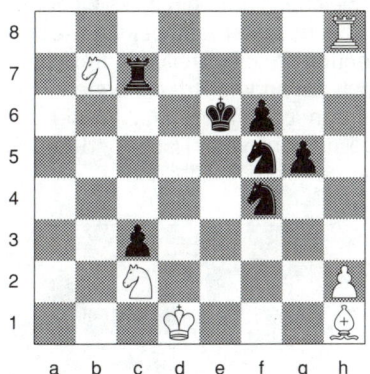

Hier bot der Bediener des Computers Remis an, und da Schwarz inzwischen mit Td7 usw. starke Gegendrohungen hat, wäre es sicherlich vernünftig gewesen, anzunehmen.

55. Te8+? Kf7 56. Td8 Ke7!

Au Backe! Der Turm müßte eigentlich wegen des erwähnten Td7+ auf der d-Linie bleiben; aber wo angesichts der Drohung Tb7:? Karpow dachte hier lange nach und gestand mit seinem nächsten Zug ein, daß er keine Rettung mehr gefunden hatte.

57. Sb4 Se3+!

57. ... Tb7: 58. Sc6+ Kf7 59. Se5+ gäbe Weiß noch Chancen, im Trüben zu fischen.

58. Ke1 c2 59. Sc2: Tc2: 60. Td2 Tc1+ 61. Kf2 Sc4!

Wieder wäre 61. ... Sg4+ 62. Kg3 Tg1+ 63. Lg2 nicht so klar (63. ... Se3 64. Kf2!)

62. Td4 Se6 63. Te4 Th1: 64. Tc4: Th2:+ und Karpow testete die Endspielkünste des Rechners noch 20 Züge lang, bis er das Handtuch warf.

Das anschließende Turnier im Mai in Haninge (Schweden) begann für den Exweltmeister mit einer neuerlichen Enttäuschung: In der 2. Runde wurde er von Seirawan gleich in der Eröffnung mit Schwierigkeiten konfrontiert, konnte sich zwar in ein Endspiel retten, das schließlich sogar zu halten sein sollte, doch in diesem Moment rächte sich der vorherige hohe Zeitverbrauch - die Klappe fiel ...

Seirawan - Karpow
Englisch (A 20)

1. c4 e5 2. g3 g6 3. d4 d6 4. de5: de5: 5. Dd8: Kd8: 6. Sc3 c6 7. f4 Le6 8. Sf3 Lc4: 9. Lh3 f5 10. b3 Lb4 11. Lb2 Ld5 12. e4 fe4: 13. 0-0-0 Lc3: 14. Lc3: ef3: 15. Le5: Sd7 16. Lh8: Se7 17. Thf1 Sf5 18. Ld4 h5 19. g4 hg4: 20. Lg4: Sh4 21. Lf2 Sg2 22. Lg1 Sh4 23. h3 Kc7 24. Lh2 Sf6 25. f5+ Kb6 26. fg6: Sg4: 27. hg4: Tg8 28. Td4 a5 29. g5 Sg6: 30. Kd2 Tf8 31. Lg1 Ka6 32. Lf2 Tf5 33. Tg4 Se5 34. Tg3 Sg6 35. Th1 Te5 36. Te1 Tf5 1:0 durch Zeitüberschreitung.

Danach kam Karpow allerdings in Schwung und konnte noch fünf Partien gewinnen; aber Seirawan stand ihm nicht nach und ließ sich diesen einen Punkt Vorsprung bis ins Ziel nicht mehr abjagen. Und so wurde es wieder nur ein zweiter Rang für den Exweltmeister.

Endstand: 1. Seirawan (USA) 8,5 P.; 2./3. Karpow, Ehlvest (UdSSR) 7,5 P.; 4. Polugajewsky (UdSSR) 6,5 P.; 5. Andersson (Schweden) 6 P.; 6. Sax (Ungarn) 5,5; 7.-9. Hellers, Hector, Karlsson (Schweden) 4,5 P.; 10. van der Wiel (NL) 4 P.; 11./12. Ftacnik (CSFR); Wojtkiewicz (Polen) 3,5 P.

Hellers - Karpow
Wiener Partie (C 29)

1. e4 e5 2. Sc3 Sf6 3. f4 d5 4. fe5: Se4: 5. Sf3 Le7 6. De2 Sg5 7. d4 c6 8. Df2 Sf3:+ 9. Df3: Db6 10. Df2 f6 11. Dg3 Le6 12. Dg7: Tg8 13. Dh7: Dd4: 14. Ld2 De5:+ 15. Le2 Df5 16. Dh6 Dc2: 17. 0-0 Kd7 18. De3 Dg6 19. g3 b6 20. Kh1 Lc5 21. Df3 Ld4 22. Lf4 Lg4 23. Dg2 Lc3: 24. Lg4: Dg4: 25. bc3: Te8 26. c4 Te2 27. Tf2 Tf2: 28. Df2: Sa6 29. cd5: Dh5 30. dc6:+ Kc6: 31. Tc1+ Sc5 32. Le3 Tf8 33. a4 Dd5+ 34. Kg1 f5 35. a5 Te8 36. ab6: ab6: 37. Lc5: bc5: 38. Tf1 Te4 39. Dc2 c4 und diesmal fiel bei Karpows Gegner das Blättchen (0:1). Ausgleichende Gerechtigkeit nach einem interessanten Partieverlauf?!

Im Mai ließ auch Kasparow wieder einmal von sich hören: Er startete bei einem Schnellturnier (25-Min.-Partien) in Paris mit märchenhaftem Preisfond (1. Platz 200.000 ff.), gesponsort von einer Firma Immopar, die auch die französische WM-Hoffnung Joel Lautier groß herausbringen möchte. Man sieht, auch in westlichen Ländern wird Schach allmählich „entdeckt", doch fast überall verläuft die Entwicklung viel stürmischer als in Deutschland ... (Kasparow soll auf die Frage, warum er kaum noch hierher käme, vor nicht allzu langer Zeit geant-wortet haben, im Schach tue sich in Deutschland ja nichts!)

Bei diesem Schnellturnier in Paris trafen acht Spieler im K.o.-System aufeinander; jede Runde bestand aus zwei Schnellpartien, bei einem 1:1 war Blitzentscheid die Folge. Kasparow setzte sich zunächst gegen Speelman durch und traf im Halbfinale auf Kortschnoi. Die zwei Schnellpartien endeten remis. Fürs Blitzen aber galt die Regelung, daß bei Remis der Schwarzspieler weiterkommen sollte - und das war in diesem Fall Kortschnoi. Kasparow mußte also mit Weiß unbedingt gewinnen, hatte zeitweise einen Bauern mehr, doch bei ungleichen Läufern ging es nicht weiter. Erst in höchster Zeitnot kam wieder Bewegung in die Stellung, freilich auch noch auf andere Art: die ersten Figuren wurden umgeworfen ... Wenig später flog die Uhr vom Tisch, und der Eklat war perfekt. Die Stellung:

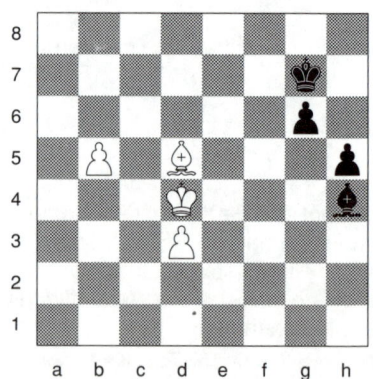

Was soll der arme Schiedsrichter in so einer Lage tun? Es ging um einen Riesenbetrag, dem Verlierer blieben später 50.000 ff., nur ein Viertel des ersten Preises! Die Entscheidung lautete aufgrund der Stellung Remis, aber das hätte ja Kortschnoi am grünen Tisch ins Finale gebracht. Natürlich bekam nun Kasparow einen Wutanfall und marschierte von der Bühne. Hinter den Kulissen ging die Diskussion weiter. Später wurde verschiedentlich verbreitet, die Veranstalter hätten Kortschnoi unter Druck gesetzt, da sie ohne den Superstar Kasparow (die einheimische Hoffnung Lautier war bereits ausgeschieden) um die Attraktivität des Finales fürchteten. Andererseits hinterläßt es sicher keinen guten Beigeschmack, wenn so eine wichtige Entscheidung statt am · Brett durch den Schiedsrichter getroffen wird. Wie auch immer, Kortschnoi stimmte zu, zwei weitere Blitzpartien zu spielen, und die brachten Kasparow ins Finale, das er gegen Short ebenfalls erst im Blitz gewann.

Neuerlichen Wirbel um den Weltmeister, wenngleich anderer Art, gab es Anfang Juni bei der jährlichen Generalversammlung der GMA. Kasparow wurde mit großer Mehrheit als Präsident wiedergewählt und legte das Amt gleich wieder nieder, wie alle vermuteten, weil er zuvor bei der Abstimmung über einen Vertrag zwischen GMA und FIDE eine Niederlage kassiert hatte. Die Mehrheit wollte seinem Konfliktkurs gegenüber Campomanes nicht folgen. Aber auch Karpow ist seitdem bei der GMA nicht mehr in führender Position dabei - er selbst sagte, er habe nicht wieder kandidiert; zu lesen war, er sei bei den Neuwahlen durchgefallen. Wie auch immer. Die Organisation der Großmeister also vorerst ohne ihre beiden Spitzenspieler in vorderster Reihe - ob dies ein gesunder Zustand ist und lange anhalten kann?

Im Juli trat der Weltmeister in Murcia/ Spanien dann zu seinem letzten öffentlichen Trainingsmatch an: gegen Lew Psachis, früher als UdSSR-Champion auf dem Sprung, ein ganz Großer zu werden, jetzt etwas hinter der Weltspitze zurückgeblieben, aber mit ELO 2575 immerhin ein starker Großmeister (46.-52. Platz der Weltrangliste). Das freilich reicht, wie frühere Resultate anderer „Opfer" zeigen, noch keineswegs, um mehr als ein Sparringspartner für einen Kasparow in guter Form zu sein ...

Psachis - Kasparow, 1. Partie Königsindisch (E 81)

1. c4 g6 2. e4 Lg7 3. d4 d6 4. Sc3 Sf6 5. f3 0-0 6. Le3 Sbd7 7. Ld3 c5 8. Sge2

Was Psachis mit dieser Variante vorgehabt hat, bleibt sein Geheimnis. Schon vor zehn Jahren empfahl Geller in seiner Königsindischen Monographie das folgende Gegenspiel und meinte, daß Schwarz keine Schwierigkeiten hat. In neuen „Informatoren" z.B. ist die Zugfolge nicht zu entdecken, und der Verlauf dieser Partie spricht auch nicht gerade für eine fällige Neubewertung.

8. ... cd4: 9. Sd4:

Vorzuziehen ist vielleicht 9. Ld4:, was in Timoschenko - Jurtaew 1988 unklare Komplikationen mit beidseitigen Chancen ergab.

9. ... e6 10. 0-0 d5 11. ed5: ed5: 12. Lf2

Nach 12. cd5: Sb6 scheint Schwarz bequem zu stehen.

12. ... Se5 13. c5?!

Versucht aus nichts etwas zu machen.

13. ... Sfd7 14. Le2?!

Hier könnte man noch vielleicht nach einer Verbesserung suchen; jetzt geht das Kommando schnell auf Schwarz über.

14. ... Sc5: 15. Sdb5 b6 16. Sd5: Lf5

Die schwarzen Figuren stehen nun offenkundig wirkungsvoller.

17. Sd4 Ld3

Natürlich nicht Dd5:? 18. Sf5: Dd1: 19. Se7+ und Weiß kommt gut weg.

18. Ld3: Dd5: 19. Lc2 Tad8 20. De2 Tfe8 21. Tfe1?!

Ein Übersehen, aber auch nach dem allseits empfohlenen 21. Db5 kann die weiße Stellung kaum mehr gefallen.

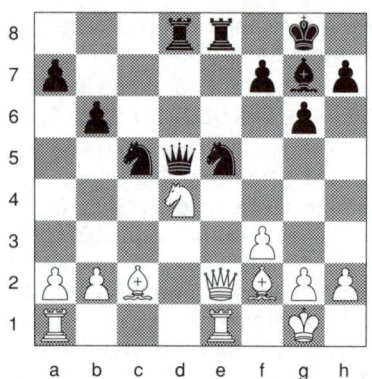

21. ... Sf3:+! 22. Df3: Te1:+ 23. Te1: Ld4:

Ob Psachis erst jetzt feststellte, daß 24. Te8+ Te8: 25. Dd5: fatal mit 25. ... Te1 matt endet?

24. Dd5: Td5: 25. Te2

Das Angebot eines zweiten Bauern in der Hoffnung auf ungleiche Läufer sieht schon sehr nach Resignation aus.

25. ... Lb2: 26. Lc5: Tc5: 27. g3 b5 28. Kg2 Le5 29. Lb3 a5 30. Tf2 Tc7 31. Te2 Lc3 32. Te8+ Kg7 33. Tb8 a4 34. Ld5 Tc5 35. Le4 b4 36. Lc2?

Nur eine Abkürzung des unvermeidlichen Endes, sicher in Zeitnot. Als Psachis 36. ... Le5 entdeckte, gab er unverzüglich auf.

Das sah schon sehr nach Klassenunterschied aus. Im folgenden allerdings hoffte man, daß ein Fight aufkommen würde, denn die zwei nächsten Partien endeten remis, wobei Psachis in der 2. und Kasparow in der 3. die besseren Chancen hatte. Doch die zweite Hälfte geriet dann wieder zu einer total einseitigen Demonstration. Aus Kasparows Siegesserie eine hübsche Angriffspartie mit Schwarz.

Psachis - Kasparow, 5. Partie
Englisch (A 26)

1. c4 g6 2. Sc3 Lg7 3. g3 Sc6 4. Lg2 d6 5. Sf3 e5 6. d3 f5 7. 0-0 Sf6 8. Tb1 h6 9. b4 0-0 10. b5 Se7

Eine ziemlich bekannte Grundstellung, wobei die Nachziehenden in der neueren Praxis gewöhnlich den a-Bauern-Tausch (mit a5/a3 bzw. a6/a4) einschoben. Es ist aber gar nicht klar, wem dies mehr zustatten kommt, denn entweder muß Schwarz dem Gegner die a-Linie überlassen oder sie neutralisieren, was sein Angriffspotential auf der anderen Seite schwächt.

11. a4

Das weiße Spiel macht nun keinen besonderen konstruktiven Eindruck; wenn er c5 spielen wollte, konnte er dies sogar sofort tun, allerdings gilt die Folge 11. ... Le6 12. La3 Tc8 mit der Absicht b7-b6 dann als vollwertig für Schwarz. Üblicher und besser mit dem Zug a4 harmonierend wäre der Plan Se1-c2-b4 nebst evtl. a5-a6, aber vielleicht sollte man überhaupt schon hier 11. Sd2 spielen, um Schwarz durch den Druck auf b7 zu belästigen.

11. ... Le6 12. La3 Tc8 13. Sd2

Auf 13. c5 wäre wieder b6 möglich, aber auch der Textzug macht nun keinen

88

rechten Sinn mehr, da der Lg2 ins Leere schießt.

13. ... b6 14. e3 g5

Schwarz hat am Damenflügel eine ziemlich sichere Auffangstellung und kann alle Kräfte jetzt auf die andere Seite werfen. Als zusätzliches Ärgernis für Weiß stellt sich heraus, daß 15. f4 wegen ef4: 16. ef4: Sg4 nicht in Frage kommt, was ansonsten in solchen Stellungen - eigentlich geschlossenes Sizilianisch mit vertauschten Farben - meist den Gegenangriff am ehesten bremst.

15. d4 ed4: 16. ed4: f4 17. Te1 Lg4 18. Sf3

18. f3 Ld7 und die logische Folge 19. g4 (sonst Sf5 o.ä.) scheitert an Sg4: nebst Ld4:+/Lc3:. Es wird immer deutlicher, daß die weiße Figurenstellung hinten und vorne nicht stimmt.

18. ... Dd7 19. c5

Wenn dies schon vor vielen Zügen möglich war, so ist es jetzt bestimmt nicht wirkungsvoller. Schwarz kümmert sich denn auch gar nicht darum.

19. ... Tce8 20. Tc1 Sf5 21. Dd3 Kh8 22. cd6: cd6: 23. Te8:

Die Dd7 drohte ohnehin über f7 zum Kampfplatz zu schwenken.

23. ... De8: 24. Tf1

Ein merkwürdig aussehender Zug - angeblich war Psachis bereits in Zeitnot - aber eine gute Idee ist schwer zu finden. Vielleicht sollte Weiß mit Todesverachtung 24. h3 probieren, bevor auch noch die Dame auf h5 erscheint.

24. ... Dh5 25. Se4 Se4: 26. De4: Lh3

Droht einfach, aber schwer zu parieren Lg2: nebst g4/f3+.

27. Se5

Ganz hübsch, aber wirkungslos, da Schwarz den Springer einfach ignorieren kann.

27. ... Lg2: 28. Kg2:

Oder 28. Dg2: Sd4: 29. Ld6: f3.

28. ... g4 29. Ld6:

Wieder ein verzweifelter Ablenkungsversuch, offenbar mit der Idee Sd6: 30. Sg6+ Kg8 31. De6+ nebst Sf4:. Aber Schwarz läßt sich auch darauf nicht ein.

29. ... Tf6 30. Lb8 Dh3+

Weiß gab auf angesichts von 31. Kg1 f3 32. Sf3: gf3: 33. Df3: Sh4. Schließlich das Endresultat: 5:1 für den Weltmeister.

Karpow: Endlich wieder Spitze!

Der letzte Test Karpows vor der WM versprach wesentlich mehr Spannung - das doppelrundige Spitzenturnier des Bieler Schachfestivals Ende Juli/Anfang August, mit 8 Teilnehmern und Kategorie 14. Konnte der Exweltmeister endlich die nicht gerade großartige Serie (abgesehen von dem Timman-Match) der letzten Zeit vergessen lassen und wieder einmal so aufspielen, wie man ihn in Bestform kennt? Er konnte - wie nach Plan gewann er alle seine vier ersten Partien mit Weiß, machte dazwischen mit Schwarz Remis und konnte es sich dann leisten, die Sache etwas ruhiger angehen zu lassen. 9,5 Zähler aus 14 Partien und 1,5 P. Vorsprung auf den Nächsten waren zum Schluß sehr deutlich, wenngleich man anmerken muß, daß kein so gefährlicher Gegner vor allem aus dem eigenen sowjetischen Lager vorhanden war wie in einigen vorigen Turnieren.

Endstand: 1. Karpow 9,5 P.; 2. Andersson (Schweden) 8 P.; 3./4. Miles (USA), Wahls (BRD) 7,5 P.; 5./6. Hort (BRD), Polugajewsky (UdSSR) 7 P.; 7. de Firmian (USA) 5 P.; 8. Lautier (Frankreich) 4,5 P.

Karpow - Lautier
Königsindisch (E 69)

1. Sf3 Sf6 2. c4 g6 3. g3 Lg7 4. Lg2 0-0 5. 0-0 d6 6. d4 Sbd7 7. Sc3 e5 8. h3 c6 9. e4 Db6 10. Te1 ed4: 11. Sd4: Se8 12. Sf3 Se5 13. Se5: de5: 14. Da4 a5 15. a3 Sc7 16. Le3 Db2: 17. Tec1 b5 18. Dd1 bc4: 19. Lc5 Se6 20. Sa4 Db3 21. Lf8: Lf8: 22. Lf1 Sd4 23. Tc4: Dd1: 24. Td1: Le6 25. Tc3 Td8 26. Kg2 Tb8 27. Sc5 Tb2 28. Ld3 La2 29. Sa4 Tb3 30. Ta1 Tc3: 31. Sc3: Lb3 32. Se2 a4 33. f4 Sb5 34. fe5: Lg7 35. Tc1 Le5: 36. Tc6: Sa3: 37. Sg1 Kf8 38. Sf3 Lb2 39. Sd2 Ld1 40. Tc7 Le5 41. Tc5 Ld4 42. Tc8+ Ke7 43. Tc7+ Ke6 44. Sf3 Lb2 45. Tb7 Lc1 46. Kf2 h5 47. Le2 Lb3 48. Sd4+ Ke5 49. Sb3: ab3: 50. Tb3: Ke4: 51. Ld3+ 1:0

Karpow - Miles
Spanisch (C 67)

1. e4 e5 2. Sf3 Sc6 3. Lb5 Sf6 4. 0-0 Se4: 5. d4 Sd6 6. Lc6: dc6: 7. de5: Sf5 8. Dd8: Kd8: 9. Sc3 Ke8 10. b3 h5 11. Td1 Le7 12. Lg5 Sh6 13. h3 Lf5 14. Le7: Ke7: 15. Sd4 Tad8 16. Td2 Lg6 17. Tad1 h4 18. b4 Sf5 19. Sce2 Sd4: 20. Sd4: f6 21. ef6:+ Kf6: 22. Sb3 Td2: 23. Td2: b6 24. Td7 Tc8 25. Td4 Lc2: 26. Th4: Te8 27. Tf4+ Ke5 28. Tf7 Lb3: 29. ab3: Kd4 30. Tg7: Kc3 31. Tc7: Kb4: 32. Tc6: Kb3:

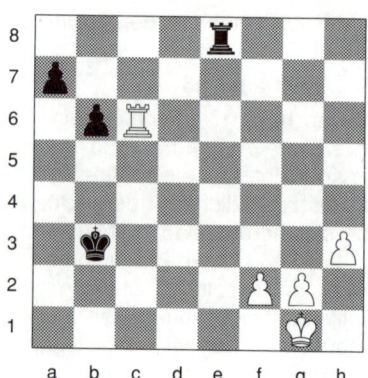

33. f4 Tf8 34. g4 Tf4: 35. g5 b5 36. g6 Tf8 37. g7 Tg8 38. Tc7 a5 39. h4 a4 40. h5 a3 41. h6 a2 42. Ta7 1:0

Karpow - Polugajewski
Damenindisch (E 15)

1. d4 Sf6 2. c4 e6 3. Sf3 b6 4. g3 La6 5. Da4 Lb7 6. Lg2 c5 7. dc5: bc5: 8. 0-0 Le7 9. Sc3 0-0 10. Td1 d6

Der aktive Plan 10. ... Db6 11. Lf4 Td8 12. Td2 d5 genügte Schwarz in einer Partie Tukmakow - Aseew, UdSSR-Meisterschaft 1989, zum Ausgleich. Natürlich kann man annehmen, daß Karpow bei seiner Vorbereitung dagegen, wie auch im Text, nicht untätig geblieben war ...

11. Lf4 Db6 12. Td2

Hierzu war keine neuere Partie zu finden als Ribli-Rodriguez aus dem Interzonenturnier 1987 Subotica. Rodriguez wählte dort die völlig passive Aufstellung 12. ... Td8 13. Tad1 Se8 und versah letzteren Zug sogar mit einem Rufzeichen, nachdem er dank schwächeren Spiels von Weiß in der Tat eher in Vorteil kam (Ergebnis Remis). Es wäre interessant gewesen, wie der Belagerungsspezialist Karpow die Sache behandelt hätte; jedenfalls will es Polugajewski darauf nicht ankommen lassen und bringt eine neue Idee aufs Tapet, die ganz verlockend aussieht, aber anscheinend doch ihre Bedenken hat.

12. ... Sc6 13. Ld6: Ld6: 14. Td6: Db2: 15. Tb1 Dc3: 16. Tb7: Sd4

Nun scheint für Weiß guter Rat teuer, da 17. Sd4:? an De1+ 18. Lf1 Se4 scheitert.

17. Dd1!

Ein „reuiger" Rückzug, der zudem einen Bauern hergibt - allein auf die Idee muß man erst einmal kommen, und daß das sogar gut sein soll ...

17. ... Sf3:+

Wahrscheinlich ein kritischer Moment: zu prüfen wäre Td8 18. Td8: Td8: 19. Sd4: cd4: oder sogar 17. ... Dc4:, da nach 18. Sd4: cd4: die schwarze Dame offenbar nicht mit 19. Td4: Da2: 20. Ta4 Tad8! oder 19. Tc6 Da2: zu fangen ist.

18. Lf3: Dc4: 19. a4

Nun sieht sich Schwarz immer mit der Eventualität eines Wegzugs des Tb7 konfrontiert und muß also auf seinen Ba7 achten. Der Versuch, das Problem in der Partie „endgültig" zu lösen, bringt in der Tat dieses Ergebnis - nur anders als es sich Schwarz wohl gedacht hat! Auch die Bauernrückgabe durch Sd5 schwächt den Druck kaum ab; vielleicht war Se4 zu versuchen.

19. ... a5(?) 20. Tb5 Ta7? 21. Td8!

Was nun? Es droht Dd6 oder Tbb8 mit Grundreihenmatt, so daß Schwarz wohl ein Luftloch machen muß; aber welches? 21. ... h6 verfehlt seinen Zweck, z.B. 22. Tf8:+ Kf8: 23. Tb8+ Se8 24. Dd6+ Te7 25. Te8:+! Ke8: 26. Lc6+ Kf8 27. Dd8+; und 21. ... g6 ändert nichts daran, daß Schwarz nach 22. Tbb8 Td8: 23. Dd8:+ matt wird. Der Textzug soll offenbar für diesen Fall das weitere Fluchtfeld g6 schaffen; aber nun fällt die schwarze Stellung einfach auseinander.

21. ... g5 22. Tf8:+ Kf8: 23. Dd6+ Kg7 24. Tc5: Td7 25. De5 Db4 26. Dg5:+ Kf8 27. Tc8+ Ke7 28. Kg2 1:0; ein Minusbauer und die trostlose Stellung sind genug (Da4: scheitert z.B. an 29. Dc5+ - auch einfach 29. Lc6 - Td6 30. Tc7+ Sd7 31. Lc6).

Vor der WM ...

Es gab wieder das fast schon übliche Hickhack, monatelanges Tauziehen über den Austragungsort und die Bedingungen, dann endlich stand fest: die WM 1990 wird zur Hälfte in New York bzw. Lyon gespielt, mit einem neuen Rekord-Preisfond von 4,1 Millionen Schweizer Franken, verteilt im Verhältnis 5/8 zu 3/8 zwischen Sieger und Verlierer, also ca. 2,6 zu 1,5 Millionen. Der Hauptkonflikt Kasparow/Campomanes übertrug sich nach Gründung der Groß- meister-Union auf die Organisation GMA bzw. FIDE, und das Thema hieß vor allem: wieviel an Mitbestimmung sowie finanziellen Anteilen holt sich die GMA, nachdem die FIDE bisher praktisch allein über die WM entschieden bzw. daran verdient hatte? Wieder einmal sah man das Motiv heraufziehen, das Spekulationen schon so und so oft beschworen hatten: will Kasparow die Entscheidungsschlacht gegen Campomanes mit dem Versuch, der FIDE das lukrativste Ereignis des Weltschachs zu entreißen und sie damit in den finanziellen Ruin treiben?

Doch wieder einmal wurde nicht alles so heiß gegessen, wie gekocht. Trotz aller Rücktritts-, Verzichts- und anderer Drohungen, die zwischendurch von Kasparow überliefert wurden, gab es am Ende eines Kompromiß: Der Rest des Preisfonds, der nicht an die Spieler geht, wird zu gleichen Teilen zwischen FIDE und GMA aufgeteilt, bzw. ein anderer Teil geht an eine Gesellschaft zur Entwicklung des Schachs in der Dritten Welt. Auch das zuständige Komitee wurde mit Vertretern beider Organisationen sowie der Veranstalter besetzt. Zumindest für diese WM war damit der Burgfrieden gewahrt.

Natürlich wäre es auch kein „richtiges" K&K-Match gewesen, wenn sich die beiden nicht vorher wieder einmal tüchtig unter publizistisches Feuer genommen hätten. Dazu gab es diesmal eine Weltpremiere: ein gemeinsames Interview oder Streitgespräch beim SPIEGEL, das zum Start der WM veröffentlicht, aber natürlich schon längere Zeit vorher geführt wurde. Neben dem üblichen Austausch von „Freundlichkeiten" (etwa im Stil: Mit ihm essen? Lieber hungern, wie die Überschrift lautete) las man dabei aber auch ein paar konkrete Aussagen, zum Beispiel über gegenseitige Schwächen. Kasparow bezeichnete seinen Rivalen als entscheidungsschwach, unentschlossen, konditionell unterlegen und anfällig in den entscheidenden Schlüsselpartien. Umgekehrt führte Karpow Schwäche in der Verteidigung und überhöhte Selbsteinschätzung bzw. Unterschätzung des Gegners als Achillesfersen des Weltmeisters an.

Und dann selbstverständlich die unver-

meidbaren Prognosen: wer wird schon öffentlich erklären, daß er seine Chancen als schlechter einschätzt? Aber immerhin gelang es speziell Kasparow, sich ähnlich wie vor Sevilla mit großen Tönen hervorzutun: auf die Frage, ob er „zu 100 %" gewinnen werde, kam die Antwort: „Nun gut, es gibt auch Erdbeben." Karpows Parade: „Erdbeben hat es in letzter Zeit recht häufig gegeben ..." Immerhin zumindest noch wesentlich geistreicher als das platte Getrommle in Politiker-Wahlkämpfen. An anderer Stelle freilich soll Kasparow wieder einmal seine Ankündigung aufgetischt haben, er werde nun Karpow doch endlich vernichten - er würde es nicht gern sehen, wenn dieser die Bühne mit Ergebnissen wie dem 12 : 12 von Sevilla verlassen könne ...

Der Rest der Schachwelt sah Kasparow eindeutig als Favorit, wenn auch nicht unbedingt hoch. Die Prognose vom Vernichten und Zertrümmern wurde nur von wenigen geteilt. Manche machten sich eher Sorgen, ob Kasparow sich gut genug auf die WM vorbereitet habe - er war in der UdSSR nicht zum erstenmal politisch aktiv geworden, diesmal bei der Gründung einer neuen Partei.

Schockiert war man allgemein von der Affäre Azmajparaschwili: angeblich hatte jemand dem Kasparow-Sekundanten eine riesige Summe (100.000 Dollar) für den Verrat von Eröffnungsgeheimnisen geboten, und als dies abgelehnt wurde, so hieß es, sei auf Azmajparaschwilis Haus ein Brandanschlag verübt worden, so daß seine Familie in die georgische Vertretung in Moskau geflüchtet sei. Immerhin ging offenbar selbst das Kasparow-Team nicht so weit, Karpow mit diesen Dingen persönlich in Verbindung zu bringen; doch fiel auf, daß sich besonders der Weltmeister stets mit Leibwächtern zeigte. Auch ohne die besagte Geschichte freilich kein Wunder, denn im Frühsommer hatten Banditen ohne jeden schachpolitischen Hintergrund Großmeister Jussupow in seiner Wohnung überfallen, ausgeraubt und durch einen Schuß erheblich verletzt.

Doch dann war alles andere vergessen: Ab 8. Oktober sollten die „Waffen" sprechen - das heißt die 32 Figuren. Zuvor gab es noch eine große Eröffnungs-Show im Waldorf-Astoria-Hotel mit 700 Gästen der High Society, präsentiert durch einen bekannten amerikanischen TV-Moderator. Karpow zog (wie seltsamerweise fast immer) für die erste Partie Weiß.

Ein wenig ging es, schon fast „traditionell", dann wieder um Flaggen und Stühle: Kasparow wollte diesmal, als Zeichen der Opposition (er war vom Gorbatschow-Fan zu einem erklärten Gegner geworden) nicht unter der sowjetischen, sondern der russischen Fahne spielen. Manche fanden es auch bemerkenswert, daß er einen schlichten schwarzen Küchenstuhl als Sitzmöbel ausgesucht hatte, das Pendant von Karpow wurde von anscheinend Sachkundigen (?) als Bürostuhl taxiert. Am Spieltag selbst kam die unvermeidlich weltbewegende Frage nach den Anzügen der Matadore auf, und ein Korrespondent offenbar deutschen Ursprungs (da dies in hiesigen Zeitungen geradezu zum „Renner" wurde) schwang sich zu der Formulierung empor, Kasparow habe wie ein heldenhafter Operntenor ausgesehen, sein Gegner jedoch wie ein Briefträger, der Angst hat, vom Hund gebissen zu werden. Schon fast ein Schlag unter die Gürtellinie, aber doch kennzeichnend dafür, wie noch immer die Sympathien der Öffentlichkeit verteilt sind - fast zu 100 % auf seiten des medienwirksamen Kasparow.

Aber nun Schluß mit allen Vorgeschichten und Histörchen - ab jetzt haben die Partien das Wort ...

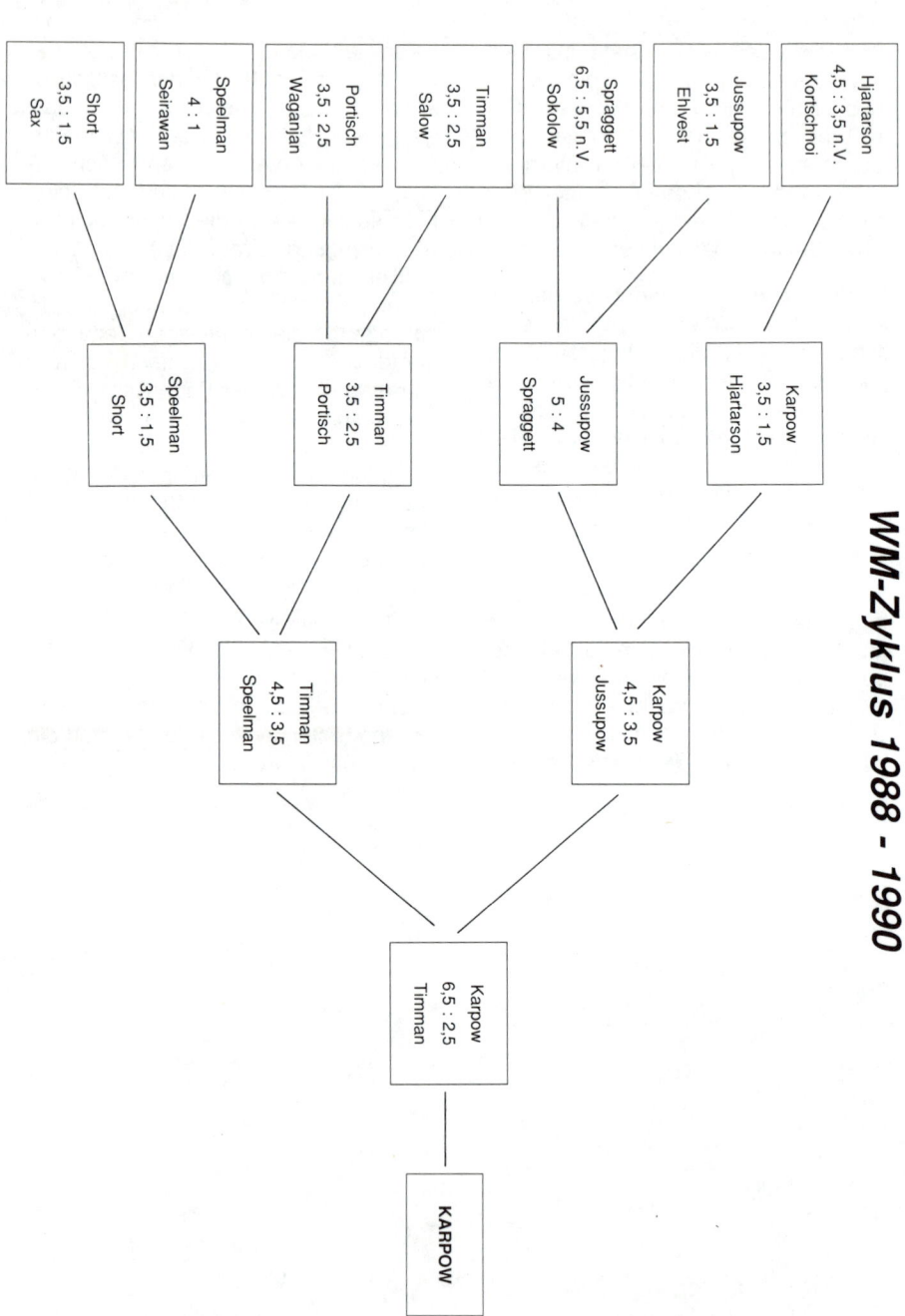

Der Wettkampf in New York

1. Partie

Man hat sich fast schon daran gewöhnt, daß Karpow in der ersten Partie Weiß hat (zum vierten Mal in fünf Wettkämpfen) - und daß da nicht allzuviel passiert. Fast könnte es scheinen, als wäre es diesmal genauso gewesen; aber da ist der 22. Zug und erstmals das Eingreifen eines Computers, der selbst bei so hochklassigen Champions noch Verbesserungen findet ... Aus beiden Lagern, so hieß es hinterher, sei bestätigt worden, daß die Idee vom „Deep Thought" Schwarz zumindest vor viel schwerere Probleme gestellt hätte als die Partie. Aber sehen Sie selbst!

Straßenschach am *TIMES SQUARE* in New York, ca. 200m von der Austragungsstätte der Schach-WM 1990.
Foto: Stefan Löffler, Berlin

Karpow - Kasparow
Königsindisch (E 81)
1. d4 Sf6 2. c4 g6 3. Sc3 Lg7

Kasparow verzichtet auf die Grünfeld-Verteidigung und wählt Königsindisch. Ist das seiner Meinung nach eine richtige Eröffnung für „Tiger"?
Was kann Karpow dazu sagen? „Die Königsindische Verteidigung kommt heute nicht so oft auf höchster Ebene vor. Schwarz kann hier nicht so leicht mit Ausgleich rechnen ... Aber die dieser Eröffnung am treuesten ergebenen Anhänger wollen immer eine Auszeichnung für ihre Kühnheit erhalten. Das betrifft nicht nur den Weltmeister ...", schrieb Karpow in seinem Buch „Wie spielt man halbgeschlossene Eröffnungen?".

4. e4 d6 5. f3!? (1)
(Hinweis: Zahlen in Klammern = verbrauchte Gesamtzeit)

Das mußte die erste Überraschung für Kasparow in dieser Weltmeisterschaft sein. Das Sämisch-System gehörte nicht zu Karpows Repertoire; er bevorzugte immer 5. Sf3.

5. ... 0–0 6. Le3 c6 (6)

Im Trainingsmatch gegen Lew Psachis, Murcia 1990, spielte Kasparow 6. ... Sbd7.

7. Ld3 a6!? (9)

„Ein System, das vor vielen Jahren von GM Robert Byrne (heute Schachberichterstatter der „New York Times") ausgearbeitet wurde, sicher eine Überraschung für Karpow" schrieb die „Schachwoche".

Womöglich war das ein Zeichen von Achtung gegenüber dem ehrenwerten Großmeister und dem amerikanischen Schach?

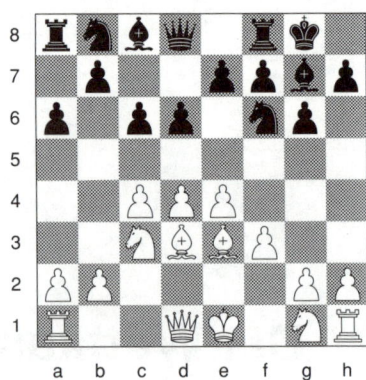

8. Sge2 (6)

Karpow folgt Geller: „Wenn Weiß 8. ... b5 mit 8. a4 zu verhindern versucht, blockiert Schwarz den Damenflügel durch 8. ... a5! mit Aussichten auf gleiches Spiel." Z.B. 9. Sge2 Sa6 10. 0–0 Sb4 11. Dd2 Sd7 12. Tad1 Sd3: 13. Dd3: b6 14. Dd2 La6, Ivkov - R. Byrne, Genf 1977, oder 9. Dd2 Sa6 10. Td1 e5 (10. ... Sb4 11. Lb1) 11. Sge2 Sd7 12. 0–0 und nun 12. ... De7 mit einer „sehr sicheren Stellung".

8. ... b5 9. 0–0 Sbd7 (15)

Nach 9. ... bc4: 10. Lc4: d5 11. Lb3 de4: 12. fe4: Sg4 13. Lf4 e5 14. de5: Db6+ 15. Dd4 Dd4:+ 16. Sd4: Se5: 17. Sf3! behält Weiß bessere Chancen. Weniger klar war 10. ... Sbd7 11. Tc1 Sb6 12. Lb3 a5 13. Sa4 Lb7 14. Dd2 Sfd7 15. Tc2 La6, Hort - Benkö, Moskau 1968, obwohl Weiß nach 16. Tfc1 etwas besser stehen muß.

10. Tc1 (16)

Andere Möglichkeiten waren 10. Kh1 (Miles), 10. cb5: ab5: 11. b4, 10. Dd2 und 10. b3!?.

10. ... e5 (22)

Nach 10. ... bc4: 11. Lc4: d5 12. Lb3 (12. ed5: Sb6) 12. ... de4: 13. fe4: (13. Se4: Se4: 14. fe4: Sf6!) 13. ... Sg4 14. Lf4 e5 15. de5: Sge5: 16. Sa4 hat Schwarz das Feld e5 erobert, aber nicht Ausgleich erreicht.

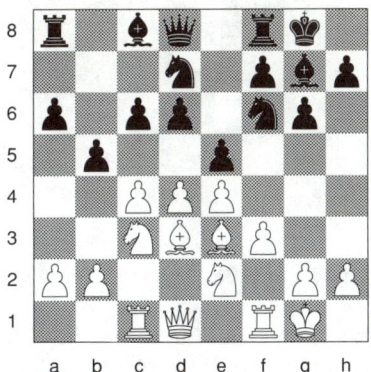

11. a3 !? (36)

Nach 20 Minuten!
In der Partie Diez del Corral - Spassky, Palma de Mallorca 1969, geschah 11. b3 ed4: 12. Sd4: Se5 13. cb5: ab5: 14. Le2 d5! mit besserem Spiel für Schwarz. 11. de5: bringt nichts wegen 11. ... Se5:!, aber nicht 11. ... de5:? 12. c5! (Seirawan).
Pachmann und Seirawan plädieren für 11. b4, aber 11. ... bc4:! 12. Lc4: d5 13. ed5: Sb6 14. Lb3 Sfd5: 15. Sd5: Sd5: 16. Ld5: Dd5: bietet Schwarz gute Chancen. Und nach 11. d5 folgt 11. ... b4! nebst 12. ... c5.

11. ... ed4: (45)

Nach 23 Minuten. Es drohte 12. d5, und 11. ... bc4: 12. Lc4: d5 13. ed5: Sb6 14. La2 Sfd5: 15. Sd5: Sd5: 16. Ld5: ist nun günstig für Weiß.

12. Sd4: Lb7

Nach 12. ... Se5 13. cb5: cb5: 14. Te1 Sd3: 15. Dd3: Lb7 16. Sb3 kommt Schwarz nicht zu d6-d5.

13. cb5: (50)

Nur zu Zugumstellung führte 13. Te1 Se5 14. cb5:.

13. ... cb5:!? (55)

Kasparow will durch d6-d5 Ausgleich erreichen. Nach 13. ... ab5: hatte Schwarz gutes Figurenspiel, aber eine unbewegliche Bauernstruktur, und diese Stellungen spielt Karpow sehr gut.

14. Te1 (80)

Nach 30 Minuten. Karpow muß feststellen, daß Schwarz nicht schlechter steht; nach 14. Tf2 (mit der Idee 14. ... Se5 15. Lf1 Te8 16. Td2) folgt 14. ... d5! 15. ed5: Sd5: 16. Sd5: Ld5:

14. ... Se5 (73)

Kasparow versucht nun die Initiative zu übernehmen; zum Ausgleich führte 14. ... d5! 15. ed5: Sd5: 16. Sd5: Ld5: 17. Lf2 Se5 bzw. 17. a4 Te8!

15. Lf1 Te8?!

3 Minuten; auch hier war 15. ... d5! richtig.

16. Lf2 (90)

Weiß kann d6-d5 nicht vermeiden, nach 16. Sb3 war 16. ... Sc4 stark.

16. ... d5 (95)

Nach 19 Minuten entscheidet sich Kasparow dafür. Auf 16. ... Tc8 könnte Karpow 17. Sb3 Sc4 18. Tc2 spielen.

17. ed5:

2 Minuten. 17. f4? Seg4 18. e5 Sf2: 19. Kf2: Se4+ kommt nicht in Frage.

17. ... Sd5: 18. Sd5: (104)

Interessant war 18. Se4 mit der Idee 19. Sc5, aber nach 18. ... Sf4 19. Sc5 Ld5

sind die schwarzen Figuren aktiv, z.B.
20. g3? Lf3:! 21. Dd2 Se6 22. Sce6: Te6:
23. Te5: Le5: 24. Sf3: Dd2: 25. Sd2:
Lb2:.

18. ... Dd5: (112)

18. ... Ld5: 19. a4! (19. Tc5 Lc4) war
günstiger für Weiß.

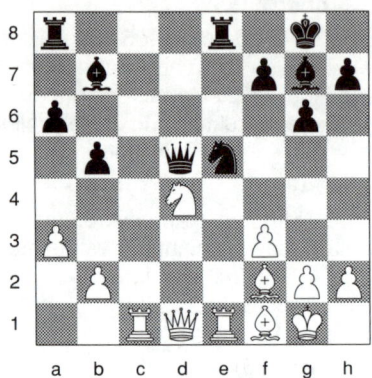

19. a4! (110)

Nun mußte Kasparow feststellen, daß
sich seine „Gamble-Strategie" nicht ge-
lohnt hat; Weiß steht besser.
Laut Reuter-Schachexperten war man
einig: Karpow könnte diese Partie gewinnen, weil Kasparow zu viel waghalsi-
ge Hasardzüge machte. Zu hart gesagt,
aber in bestimmter Weise hatten sie
recht.

19. ... Lh6!

Stärker als 19. ... Sc4 20. Te8:+ Te8:
21. ab5: ab5: 22. Sb5: Dd1:+ 23. Td1:
Sb2: 24. Td2 und die schwarzen Figuren
„hängen".

20. Ta1

Aber nicht 20. Tc7? wegen 20. ... Lf4!.

20. ... Sc4 (129)

Kasparow verbleiben 21 Minuten für 20
Züge. Nach 20. ... b4 folgt 21. a5!.

21. ab5: ab5:

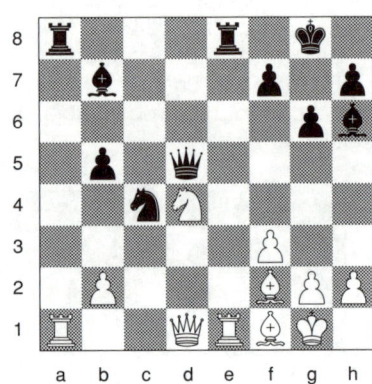

22. Ta8:?! (118)

Nur 6 Minuten.
Am Tag nach der Partie fand der Groß-
rechner „Deep Thought" in Pittsburgh
laut der „Schachwoche" einen Gewinnweg für Weiß nach **22. b3!**, und „dies
wurde inzwischen von beiden Lagern
bestätigt."
Damit aber die Diskussion noch nicht
beendet. Nach **22. b3!** hat Schwarz drei
Möglichkeiten.

**A) 22. ... Te1: 23. Ta8:+ La8: 24. De1:
Sd2**

24. ... Sd6 25. Sb5:! Sb5: 26. De8+ nebst
27. Db5: mit einem Mehrbauern.

25. Lb5: Sb3: 26. De8+ Kg7

Oder 26. ... Lf8 27. Sb3: Db3: 28. Lc5
Db1+ 29. Lf1.

**27. Sb3: Db3: 28. Ld4+ f6 29. De7+
Kg8 30. Dd8+ Kf7**

30. ... Lf8 31. Lc5 Df7 32. Lc4.

31. Le8+ Ke6 32. Dd7 Matt!

Eine schöne Analyse von „Deep
Thought".

B) 22. ... Sd2!? 23. Te8:+

„23. Ta8: Ta8: 24. Lb5: Lf4 mit Kompensation" sagte Kasparow in einem Interview im spanischen Fernsehen laut „Schachwoche".

23. ... Te8: 24. Lb5: Td8 25. Ta7 Tc8 26. Le2! Dd7 27. La6 Tc7 28. Lb7: Tb7: 29. Ta8+ Kg7 30. Da1 f6 31. Da3 Kf7 32. b4 Tc7 33. b5

mit klarem Vorteil für Weiß, Analyse von „Deep Thought".

C) 22. ... Sd6! 23. Te8:+ Te8: 24. Sb5: Sb5: 25. Dd5: Ld5: 26. Lb5: Tc8 27. b4!

27. La4 sieht nicht wie ein Gewinnweg aus nach 27. ... Ld2 (aber nicht 27. ... Tb8 28. Td1 Le6 29. La7) 28. Td1 Tc2.

27. ... Tb8 28. Ta5

Nach 28. Lf1 Tb4: 29. Td1 Le6 30. Td8+ Kg7 31. Lc5 kann sich Schwarz noch retten mit 31. ... Th4! (R. Douven).

28. ... Ld2 29. Lc5 h5 30. Kf2 Le6 31. Ke2 Lc3 32. Kd3 Le1

und ich sehe nicht, wie Weiß weiterkommen kann. Aber war das nicht einen Versuch wert?

Kehren wir aber nun zur Partie zurück:

22. Ta8:?! Ta8: 23. Db3 (123)

Im Presseraum war schnell festgestellt, daß 23. Sb5: nicht gewinnt wegen 23. ... Dd1:! (23. ... Db5: 24. b3 Ld5 25. Te5) 24. Td1: Sb2: 25. Tb1 Lg7 26. Ld4 Sa4.

23. ... Lc6 (132)

Auch 23. ... Sd6 war möglich.

24. Ld3! (126)

Nun verliert Schwarz wegen der Drohung 25. Le4! den b-Bauern, aber nicht die Partie.

24. ... Sd6 25. Dd5: Ld5: 26. Sb5: Sb5: 27. Lb5: Lg7!

Wie kann man nun den b-Mehrbauern behalten?

28. b4 Lc3 29. Td1 Lb3 30. Tb1 La2

Remis

Zeitverbrauch: Weiß 143 Minuten, Schwarz 135 Minuten.

2. Partie

Es war also doch knapper für Kasparow in der ersten Partie, als viele zuerst gedacht hatten - was wird er nun mit Weiß tun, um seine kühnen Prognosen a la Sevilla von der endgültigen Vernichtung Karpows einzuhalten? Oder wird er gar wie in Sevilla gleich in der zweiten Partie damit auf die Nase fallen?

Es begann eine Serie von drei Partien, die zum Kompromißlosesten und Spannendsten gehört, was K&K bis jetzt aufs Brett brachten. Der erwartete Großangriff des Weltmeisters kam, und Kasparow begann die ersten Neuerungen aus seinem Labor wie ein Zauberer die Kaninchen aus dem Hut zu ziehen ...

Kasparow - Karpow
Spanisch (C 92)

1. e4

Nach einer Minute. Eine „kleine" Überraschung für Karpow, aber das paßt zusammen mit Kasparows Aussagen, er wolle seinen Gegner nicht nur schlagen, sondern vernichten.

1. ... e5 (2) 2. Sf3 Sc6 3. Lb5 a6 4. La4 Sf6 5. 0–0 Le7 6. Te1 b5 7. Lb3 d6 8. c3 0–0 9. h3 Lb7 10. d4 Te8 11. Sbd2 Lf8 12. a4 h6

Man konnte erwarten, daß Karpow die Saizew-Variante wählt, mit welcher er so erfolgreich war im Kandidatenfinale gegen Jan Timman; aber 1. e4 ließ bereits vermuten, daß Kasparow etwas gegen Karpows Lieblingsverteidigung vorbereitet haben mußte.

13. Lc2 ed4: 14. cd4: Sb4 15. Lb1 ba4: (10)

Im WM-Match Leningrad 1986 spielte Karpow 15. ... c5 16. d5 Sd7, aber in letzter Zeit ist er erfolgreich mit dieser Fortsetzung gewesen.

16. Ta4: a5 17. Ta3 Ta6

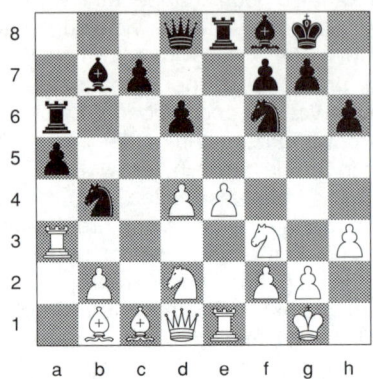

18. Sh2 (13)

Ein logischer Zug. In der 5. Matchpartie Timman - Karpow folgte 18. Tae3 (nach 18. Sh4? Se4: 19. Se4: Le4: 20. Le4: d5! stand Schwarz bereits besser in der 1. Matchpartie) 18. ... a4! (sonst folgt 19. b3! und 20. Lb2) 19. Sh4 (Timman glaubt nicht an Vorteil nach 19. Sf1 d5 20. e5 Se4 21. S1d2 c5 22. Se4: de4: 23. Le4: Le4: 24. Te4: c4, Balaschow - Karpow, UdSSR-Meisterschaft 1983 und ein neues Beispiel: Sokolow - Bronstein, Open Reykjavik 1990) 19. ... c5! 20. dc5: (20. Sdf3 cd4: 21. Sd4: d5! 22. e5 Se4, Karpow) 20. ... dc5: (Karpow hat lange Zeit überlegt an 20. ... d5, aber nach 21. e5 muß Weiß besser stehen, Timman) 21. Sf5 Lc8 mit unklarem Spiel.

18. ... g6 (11)

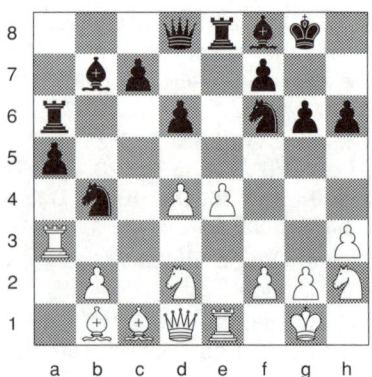

19. f3! (15)

„Er schob mit spitzem Zeigefinger seinen Bauern von f2 nach f3 - dieser brillante Zug war so nie zuvor gespielt worden. Karpow starrte verdutzt aufs Brett, er wirkte ratlos. Kasparow grinste, ging in den Ruheraum und ließ seinen Gegner allein. ‚Er (Karpow) schwitzt Kanonenbälle' sagte US-GM Jasser Seirawan, der die Partie öffentlich analysierte" schrieb „Bild".

„Doch was nun folgte, war wahrlich weltmeisterliches Schach, Schach wie aus einer anderen Dimension. Kasparows unscheinbarer 19. Zug entpuppte sich im späteren Verlauf als die Einleitung zu einem großartigen Konzept. Dieser Bauernzug machte sein Zentrum eisenfest und unangreifbar, so daß er plötzlich völlig freie Hand für seine Figurenmanöver erhielt." (Kindermann, Süddeutsche Zeitung)

Als Erklärung ist kaum eine bessere möglich wie die von Stefan Kindermann im Schach-Echo: „Das weiße Handicap ist der starke schwarze Druck gegen e4, der die Beweglichkeit der weißen Figuren stark einschränkt. Außerdem verfügt Schwarz über den Vorpostenspringer auf b4, der wichtige Felder im weißen Lager beobachtet. Der entscheidende schwarze Trumpf ist jedoch (neben seinem Druck auf e4) die Möglichkeit, im richtigen Moment mit d6-d5 oder c7-c5 das weiße Zentrum anzuhebeln, wofür zwei von Karpows Partien, die er aus dieser Position heraus spielte, ein exzellentes Vorbild sind:

a) Hjartarson - Karpow (Kandidatenmatch 1989): 19. Sg4 Sg4: 20. Dg4: c5! (der Hebel im richtigen Moment; das erstrebenswerte 21. d5, das unter normalen Umständen zu weißem Vorteil führen würde, ist nun wegen 21. ... Ld5: nicht möglich) 21. dc5: dc5: 22. e5 Dd4 und Schwarz hatte gutes Spiel.

b) Iwantschuk - Karpow (Linares 1989): 19. f4 d5! (wieder der richtige Hebel, der diesmal auf einem typischen Bauernopfer beruht) 20. e5 Se4 (denn nach 21. Se4: de4: 22. Le4: Le4: 23. Te4: c5 hätte Schwarz mehr als genug Kompensation) 21. Sg4 c5 22. Se4: de4: 23. dc5: Lc5:+ 24. Le3 mit etwa ausgeglichenem Spiel.

(Anm. von L.G.: Hinzu kommt c) 19. e5 de5: 20. de5: Sh7 21. Sc4 Dd5 22. Dd5: Ld5: 23. Tc3 Sf6 24. Ld2 Sd7 25. Le4 Remis, Horvath - Rasuwajew, Sotschi 1987).

Diese Vorbetrachtungen sollen die Kraft von Kasparows Zug und dem damit verbundenen Konzept klarmachen."

19. ... Dd7?! (21)

Nur 10 Minuten.

19. ... d5?! 20. e5 Sd7 21. f4 c5 22. Sdf3 (oder 22. Tg3!? cd4: 23. Sdf3) sieht schlecht aus (Kindermann).

19. ... c5 20. d5 Sd7 21. Sc4 h5 „kann man spielen, aber das ist kein gutes Benoni" (Yasser Seirawan).

19. ... c6 20. f4! (20. Sdf1 Lg7 21. Le3 Sd7 22. Dd2 h5 mit spielbarer Benoni-Struktur, Seirawan; oder 22. Sg4!? h5 23. Sf2) und nun geht nicht 20. ... d5 21. e5 Se4, wie in Iwantschuk - Karpow. Auch das ist keine Lösung.

Nach 19. ... Lg7 20. Sc4 Da8 (mit der Idee Da7, John Nunn, oder 21. ... d5) gibt Kindermann 21. d5 Td8 22. De2 c6 23. Sd6:! Td6: 24. e5 Td5: 25. ef6: Lf6: 26. Lh6: mit Vorteil für Weiß. Als Feind Nr. 1 erweist sich in der Partie der Springer auf c4, darum war richtig 19. ... Da8! 20. Tc3 (20. Sc4 d5 oder 20. Sdf1 Lc8 21. Le3 Db8! 22. Dc1 Kh7) 20. ... Db8! 21. Sdf1 Lc8 und alles sieht nicht so tragisch aus - Weiß steht besser, aber Schwarz kann mitspielen.

20. Sc4! (36)

Nach 21 Minuten; mit 19. ... Dd7?! hat Kasparows Team vielleicht nicht gerechnet?

Eine andere Meinung hatte Karpow in der Pressekonferenz zum Abschied vom Broadway: „alles, vielleicht auch das Opfer 25. Lh6:, sei bei Kasparow häusliche Vorbereitung gewesen." Die Schachwoche schrieb: „Kasparow hat eine hübsche Partie gespielt, wenn auch zuhause."

20. ... Db5 (24) 21. Tc3! (38)

Nach 21. Se3?! Lc8 wäre Karpow zufrieden - 22. Seg4?! Sg4: 23. Sg4: Lg4: 24. hg4: d5 25. e5 c5.

21. ... Lc8 (34)

Mit der Idee 22. Sa3 Db8.

Nach 21. ... d5? folgt 22. Sa3 nebst 23. e5 und 21. ... Kh7 (oder 21. ... h5) gefällt Karpow nicht wegen 22. Sa3 Dd7 23. Le3 nebst Dd2 und evtl. Tec1.

22. Le3 (44) Kh7 (63)

Nicht besser war 22. ... h5 23. Dc1 Db8 (oder 23. ... c6) wegen 24. Lh6.

23. Dc1 (59)

Das Bulletin schrieb: „Hier meinte Nick de Firmian, daß Karpow schlechter steht. Das ist seine Butterbrot-Variante, was wird er für den Rest des Wettkampfes spielen?"
Seirawan gefällt 23. Dd2 besser.

23. ... c6? (66)

Es drohte 24. Sa3 mit Bauerngewinn auf c7, darum war richtig 23. ... Db8 24. Sg4 Sg8 mit passiver, aber noch nicht verlorener Stellung.

24. Sg4 (78) Sg8 (86)

„Offenbar ein taktischer Fehler. Vielleicht schätzte Karpow auch die nach seinem 30. Zug entstehende Lage nicht richtig ein" schrieb Kindermann.
Ich denke, es gibt nichts Besseres; nach 24. ... Sg4: 25. hg4: d5 folgt 26. Se5 Le6 27. Kf2! mit der Drohung 28. Lh6: Lh6: 29. Th1.

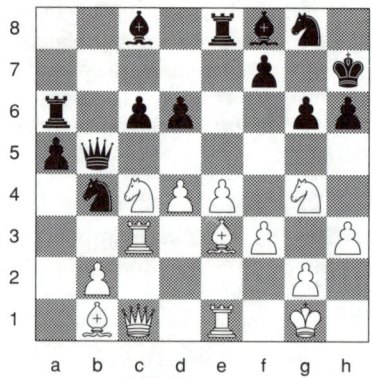

25. Lh6:!

Ausgezeichnet, brillant, schrieb Seirawan. Aber nicht etwas „dumm", warum nicht einfach 25. Sf2 nebst f3-f4-f5? Nach 25. ... d5! 26. Sa3 (26. Se5 Le6) 26. ... Db8 27. e5 c5 steht Weiß dann nicht besser - 28. f4 Sc6!

Nun verliert 25. ... Sh6:? 26. Sf6+ sofort, bleibt ...

25. ... Lh6: (88) 26. Sh6: (95) Sh6: 27. Sd6: Db6 28. Se8: (99) Dd4:+ (110)

22 (!) Minuten. Nach 28. ... Dd8 folgt 29. d5 De8: 30. dc6: Tc6: 31. Tc6: Sc6: (Dc6: 32. Dc6: Sc6: 33. Tc1 ist hoffnungslos für Schwarz) 32. Dc5 mit einer gewonnenen Stellung für Weiß.

29. Kh1 Dd8 30. Td1! (108) De8: 31. Dg5

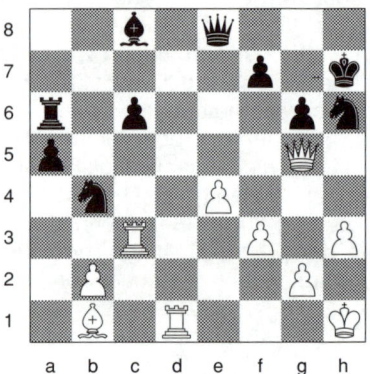

Materiell betrachtet ist Schwarz sogar etwas in Vorteil, aber es gibt kein Zusammenspiel seiner Figuren. Dagegen beherrschen die weißen Schwerfiguren das Brett, nun droht 32. Td8.

31. ... Ta7! (118)

31. ... Sg8 (mit der Idee 32. Td8 De7) geht nicht wegen 32. Dh4+ Kg7 33. Td8 De6 (De7? 34. Tg8:+) 34. f4 Ta8 35. f5 De5 36. f6+. Auf 31. ... Ld7 könnte folgen 32. Tc5 a4 33. Te5.

32. Td8 (111) De6 33. f4 (114) La6! (131)

Seirawan plädiert für 33. ... f6 mit der Idee 34. Dh4 (oder 34. Th8+ Kh8: 35. Dh6:+ Kg8! 36. Tg3 Tg7 37. Tg6: Tg6:

38. Dg6:+ Kf8) 34. ... Td7! 35. f5 De5!
36. fg6:+ Kg7 37. Td7: Ld7:, aber sofort
gewinnt 34. Dc5! Td7 35. Da5:.
33. ... Td7? verliert wegen 34. f5 (auch
34. Da5: ist gut genug) 34. ... Dd6 (34.
... gf5: 35. ef5: De1+ 36. Kh2 De5+ (Db1:
37. Th8+!) 37. Tg3) 35. Tc8: Dd1+ 36.
Kh2 Db1: 37. Th8+! Kh8: 38. Dh6:+ Kg8
39. f6 mit Matt.

34. f5! (117)
Aber nicht 34. Da5:? wegen 34. ... De7!
und droht 35. ... Ld3.

34. ... De7 35. Dd2! (121)
Nach 35. Th8+ (35. fg6:+ fg6: 36. Th8+
Kh8: 37. Dh6:+ Dh7 38. Df8+ Dg8) 35.
... Kh8: 36. Dh6:+ Kg8 37. fg6: kann sich
Schwarz erfolgreich verteidigen durch
37. ... De5! (aber nicht 37. ... fg6:? 38.
Tc6:! Sc6: 39. La2+) 38. Dh7+ Kf8 39.
Tf3 Lc4, eine Analyse von W. Unzicker.

35. ... De5! (146)
Es drohte 36. Tg3!, z.B. 35. ... c5? 36.
Tg3 Sc6 (De5 37. Dg5) 37. Th8+! Kh8:
38. Dh6:+ Kg8 39. fg6:.
Sofort verliert 35. ... Sd5? wegen 36.
Th8+!.

36. Df2 (124)
Möglich war 36. Tf3!? mit der Idee 37. f6.

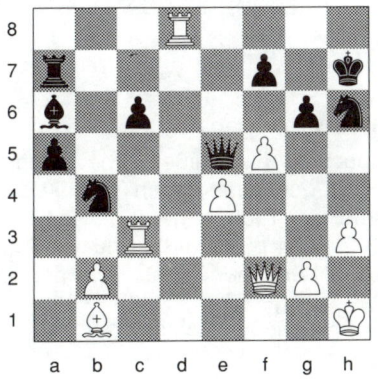

36. ... De7 (148)
Laut Analyse von Unzicker wäre der
Ausgang noch nicht klar gewesen nach
36. ... Tb7!? (36. ... Te7? verliert wegen
37. Tc5 Df6 38. e5! Te5: 39. fg6:+ Kg7
40. Df6:+ Kf6: 41. Te5: Ke5: 42. g7 Kf6
43. g8D Sg8: 44. Tg8:) 37. Tc5 Df6 38.
fg6:+ Kg7 39. Df6:+ Kf6:, z.B. 41. Th8
Kg7! 42. Th7+ Kg6: 43. e5+ Ld3.
Der Ausgang wäre aber klar nach 37.
Tg3! mit der Idee 37. ... Sg8 38. Tg5!.

37. Dd4 (125) Sg8
Nicht viel hartnäckiger war 37. ... f6 we-
gen 38. Tc5! (38. fg6:+ Kg7) 38. ... gf5:
(Ld3 39. Ta5:!) 39. e5 fe5: 40. Te5: Dg7
41. Tf5:! Dd4: 42. Tf7 matt, eine schöne
Variante von Unzicker.

38. e5! (126)

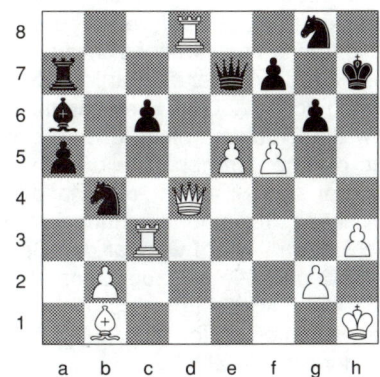

Ein trauriges Bild!

38. ... Sd5
Gibt es was Besseres?

**39. fg6:+ (136) fg6: 40. Tc6:! (140)
Dd8: 41. Da7:+ Se7 42. Ta6: (142)**
Die Zeitkontrolle ist vorbei und Karpow
könnte aufgeben. „Daß er sich noch weitere Züge quälte, zeigt, wie unerwartet
und vernichtend ihn die Niederlage ge-

troffen hat" schrieb die „Schachwoche".

42. ... Dd1+ 43. Dg1 Dd2 (150) 44. Df1 (143) Schwarz gab auf.

Man kann KIndermann zustimmen: „Eine sehr eindrucksvolle Vorstellung von Kasparow."

Zeitverbrauch: Weiß 143 Minuten, Schwarz 150.

3. Partie

Der Auftakt des Matchs muß fast schon wie ein Alptraum für Karpow gewesen sein - verständlich, daß er nun seine erste Auszeit einsetzte. Bestimmt hatte er sich um jeden Preis vorgenommen; mit Weiß in der nächsten Partie dem Ansturm des Gegners ein kräftiges Kontra entgegenzusetzen. Aber ... statt dessen lief er in eine weitere Vorbereitung Kasparows, noch wesentlich erstaunlicher als die in der 2. Partie! Ob nun korrekt oder nicht, am Brett konnte Karpow die Probleme nicht lösen. Es war das gleiche „Drehbuch" wie in manch anderer K&K-Partie, wo Kasparow durch Anzetteln unüberschaubarer Verwicklungen seinem Gegner den Boden unter den Füßen wegzog. Denn solche Stellungen liebt Karpow gar nicht, deswegen kosten sie ihn nicht zuletzt meist mörderisch viel Zeit ...

Auch diesmal kristallisierte sich nach der Zeitnot eine im Abgabezug wohl gewonnene Stellung für Kasparow heraus, aber er machte den Sack nicht zu. Sicher hat das Karpow geholfen, im weiteren Verlauf des Wettkampfs auf die Beine zu kommen. Vielleicht hat der Weltmeister in dieser Partie tatsächlich die Chance zur Demoralisierung seines Rivalen ausgelassen. Was wohl passiert wäre, wenn Karpow auch diese

Partie noch verloren hätte, in diesem Stil?

Aber „wenn, wenn" zählt bekanntlich hinterher nichts mehr!

Karpow - Kasparow
Königsindisch (E 92)

1. d4 Sf6 2. c4 g6 3. Sc3 Lg7 4. e4 d6 5. Sf3

1 Minute. Nun ist klar, das Sämisch-System war nur für eine Partie vorbereitet, als Überraschung.

5. ... 0–0 6. Le2 e5 7. Le3 (2)

Eine von Gligoric empfohlene Idee, Lieblingsvariante von Reshevsky und L. Portisch.

7. ... De7 (6)

Eine der Hauptvarianten.

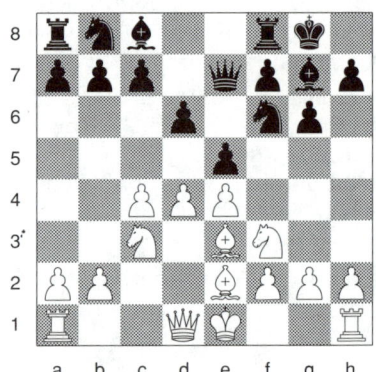

8. de5: (7)

Kasparow als Weißer (!) bevorzugte 8. d5. In der Partie gegen Tschiburdanidse, Baku 1980, folgte 8. ... Sg4 9. Lg5 f6 10. Lh4 h5 11. h3?! Sh6 12. Sd2 c5 13. Sf1 und „nun könnte Schwarz durch das richtige 13. ... Sa6 nebst Ld7 und Sc7 gleiche Aussichten erreichen" (Geller).

104

Kasparow lernte schnell, ein Jahr später gegen Morrison, Graz 1981, geschah 11. Sd2! c5?! (11. ... a5) 12. dc6: bc6: 13. b4 Le6 14. 0–0 Sd7 15. Sb3 Sh2: 16. Kh2: g5 17. Sa5 Sh8 18. Lg3 h4 19. Lg4 mit einer gewonnenen Stellung.

8. ... de5: 9. Sd5

Eine logische Folge von 8. de5:. Wenig verspricht 9. 0–0 c6 10. Sd2!? (in Karpow - Quinteros, Ol. Malta 1980), folgte 10. Dc2 Lg4 11. Tfd1 Sa6 12. Td2 Lf3: 13. Lf3: Sc5 14. Tad1 Se6 15. g3 Tfd8 16. Td8:+ Sd8: 17. Td2 Se6 mit gleichen Chancen) 10. ... Sa6 11. Da4! Sg4 (möglich war auch Sd7 12. a3 Sdc5 13. Dc2 Se6 14. b4 Sd4 bzw. 12. Sb3!? Te8 13. Tad1 Sdc5 14. Da3 Se6 15. De7: Te7: 16. c5 Sd4 17. Sd4: ed4: 18. Ld4: Ld4: 19. Td4: Sc5: 20. Td8+ Kg7 nebst Se6 mit Ausgleich, A. Nikitin) 12. Lg4: Lg4: 13. f3 Le6 14. Tfd1! (14. Sb3 Tfd8 15. Tfd1 Db4! wäre günstiger für Schwarz, A. Nikitin), Waganjan - Kasparow, UdSSR-Meisterschaft, 14. ... Tfd8!? mit Ausgleich.

9. ... Dd8!?

Ohne zu überlegen!
Vergleichsweise eine neue Idee, aber Kasparow mußte etwas haben, weil die Stellung nach 9. ... Sd5: 10. cd5: c6 11. d6 De6 12. h4!, J. Sokolow - Djuric, San Bernardino 1988, als ungünstig für Schwarz gilt.

10. Lc5 (21)

„Weiß ist mehr oder weniger zum folgenden Materialgewinn gezwungen", schrieb Kindermann. Eine andere interessante Möglichkeit war 10. Dc2 (10. Sd2?! Sc6! kommt nicht in Frage, und 10. Lg5 bringt nichts wegen 10. ... c6 11. Sf6:+ Lf6: 12. Dd8: Ld8: 13. Ld8: Td8: 14. Se5: Te8 15. 0–0–0 Sa6 16. f4 f6) 10. ... c6 11. Sf6:+ Lf6: 12. c5.

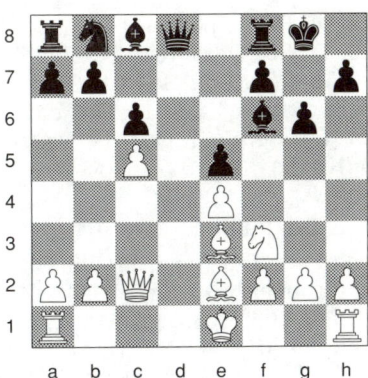

Nun steht Weiß nach 12. ... Sd7?! 13. 0–0! (aber nicht 13. Sd2 De7 14. Tc1 (14. b4 a5!) Lg5 15. Lg3: Dg5: 16. 0–0 Sc5: mit Vorteil für Schwarz, Marin) 13. ... De7 14. Tfd1 besser. Die richtige Lösung ist 12. ... Lg4! (die gleiche Idee wie in Karpow - Quinteras) 13. 0–0 Sd7 14. Tfd1 Dc7 (De7 15. Td6) 15. Td2 Tfd8 mit gleichen Chancen.

10. ... Se4:! (7)

Wieder sofort geantwortet, I. Sokolow gibt in „Informator 46" als Bemerkung eine Variante an - 9. ... Dd8?! 10. Lc5 Te8? 11. Le7! und Weiß gewinnt, das ist auch passiert in der Partie Peetz - Ganfell, Dieren 1988.

11. Le7! (9)

Um die schwarze Dame auf d7 zu locken.

In der Partie Marin - Khait, Budapest Open 1990, geschah 11. Lf8: Lf8:! (Kf8: 12. Sb6: Dd1:+ 13. Td1: ab6: 14. Td8+ Ke7 15. Tc8: Ta2: 16. Tc7:+ Ke6 17. Tb7: Ta1+ 18. Ld1 Td1:+ 19. Kd1: Sf2:+ 20. Ke2 Sh1: 21. Tb8: und Weiß gewinnt, Marin) 12. Dc2 (12. Se5: Dg5 oder 12. 0–0 Sc6 ist günstig für Schwarz) 12. ... Sc5 13. Se5: Lf5 14. Dc3 (nicht besser war 14. Dd1 Lg7 15. f4 Sc6 16. Sc6: bc6: 17. Sc3 Dh4+ 18. g3 De7; z.B. 19. 0–0 Tb8! 20. Dd2 Se4 21. Se4: Le4:) 14. ... c6 15. g4 Se4 16. Db3 cd5:! 17. Db7: Sd7 18. Sc6?! Dg5! 19. Da8: Dd2: 20. Kf1 Lg4: 21. Se7+ Kg7 und Weiß gab auf.

11. ... Dd7! (8)

Nach 11. ... De8? folgt 12. Lf8: Df8: 13. Dc2! (aber nicht 13. Sc7:? Db4+ 14. Kf1 (14. Sd2 Lh6) Dc5, Wolff) 13. ... f5 (13. ... Lf5 14. g4) 14. Sc7: Db4+ 15. Sd2 Lh6 16. Td1 mit Materialvorteil für Weiß, „Schachwoche".

12. Lf8: (32) Kf8: (9)

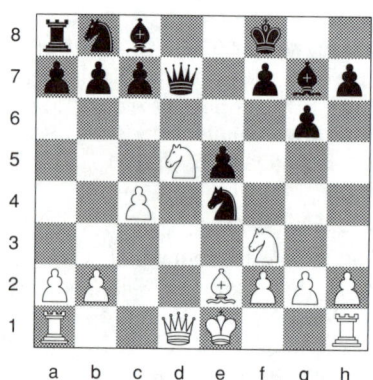

„Normal wäre Schwarz mit einem Bauern für die Qualität und dem riesigen Läufer auf g7 gut entschädigt, aber seine mangelhafte Entwicklung führt zu Problemen in der d-Linie", schrieb Kindermann. Wie kann man das ausnutzen?

13. Dc2? (36)

Nur 4 Minuten. Kasparow spielte sehr schnell, und es war klar - die Variante war vorbereitet; laut Schachmagazin 64: „Kasparow sagte nach der Partie, er ha-

be auch das nun folgende Damenopfer in der häuslichen Analyse untersucht." Karpow mußte etwas mehr Zeit investieren, um den richtigen Weg zu finden. Meiner Meinung nach könnte Weiß die schwarze Strategie widerlegen mit 13. Dd3! Sd6 (Sc5 14. Da3 oder 13. ... f5 14. Da3+) 14. Da3 Sc6 (e4 15. Sg5 Kg8 16. Td1) 15. Td1, z.B. 15. ... e4 (Kg8 16. c5) 16. Sg5 Sd4? 17. Sh7:+!.

13. ... Sc5 (15) 14. Td1 (40)

Nach 14. 0–0 hat Schwarz die Wahl zwischen 14. ... Sc6 15. Tfd1 Se6, wie in der Partie, oder 14. ... c6 15. Sc3 De7.

14. ... Sc6 (21)

Praktisch erzwungen.

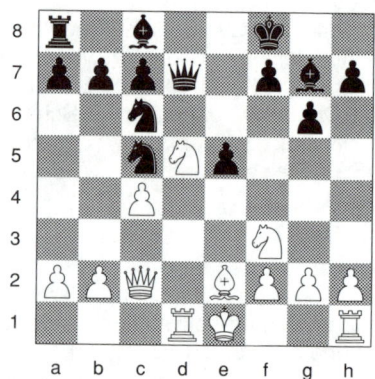

15. 0–0! (70)

Karpow will abwarten mit 15. Sb6? ab6: 16. Td7: Ld7: - Schwarz hat nur zwei Leichtfiguren und einen Bauern für die Dame, aber, wie auch in der 2. Partie, haben die Figuren von Karpow kein Zusammenspiel. Dazu eine schöne Variante von Wahls: 17. a3 e4 18. Sd2 Sd4 19. Dd1 Se2: 20. Ke2: (20. De2: Sd3+ 21. Kf1 Sb2:) Lg4+ 21. f3 ef3:+ 22. gf3: Te8+ 23. Kf2 Sd3+ 24. Kg2 Lh3+! und Schwarz gewinnt.

Auch 15. Sf6? De7 16. Sh7:+ Kg8 17. Shg5 Lf5 kommt nicht in Frage, aber laut einer Analyse von „Deep Thought" war 15. Sg5!? richtig mit der Idee 16. Sf6 De7 17. Sgh7:+ matt! Die kritische Stellung ergibt sich nach 15. ... Kg8! (Dd8 16. Sf6! Lf6: 17. Td8:+ Ld8: 18. Dd2 ist günstig für Weiß) 16. b4 Dd8! 17. Sf7: Kf7: 18. bc5: Sd4. Ich glaube, Kasparow wäre zufrieden mit 19. Dd2 (19. Da4?! - mit der Idee 19. ... c6? 20. Sb6, Deep Thought - 19. ... Lf5 20. Se3 Ld7 nebst Lh6) 19. ... c6 20. Sc3 Lf5 21. 0–0 De7, aber für Karpow könnte das eine Geschmackssache sein.

15. ... Se6! (62)

Nach 41 Minuten! 15. ... Sd4 16. Sd4: ed4: kommt nicht in Frage; nach 17. Dc1 Dd8 18. Tfe1 Ld7 19. Df4 (Deep Thought) muß Schwarz um Remis kämpfen. Interessanter sieht 15. ... e4 16. Sg5 Df5 aus, aber dann folgt 17. f4! Sd4 18. Dd2 und Weiß steht auf Gewinn, z.B. 18. ... c6 19. g4! Se2:+ 20. De2: Dg4:+ 21. Dg4: Lg4: 22. Sh7:+ nebst Sf6+.

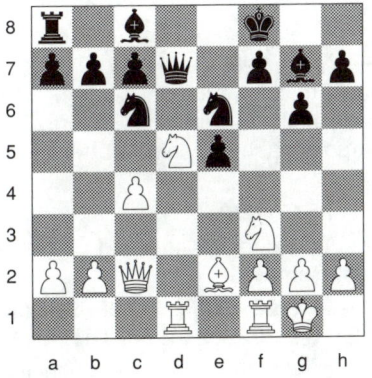

16. Sb6?! (90)

Nach 20 Minuten entscheidet sich Karpow, die Dame zu nehmen. Die Stellung nach 16. Tfe1 Scd4 17. Sd4: Sd4: 18. Dd3 Dd6! gefiel ihm nicht, aber eine bessere Entscheidung wäre 16. Dd2! Scd4 (e4 17. Sg5 oder 16. ... Sd8 17. Se3) 17. Sd4: Sd4: 18. f4!, L. Portisch.

16. ... ab6: 17. Td7: Ld7:

Über diese Stellung kann man nichts Besseres sagen als Dschindschichaschwili: „Ich sehe keinen Weg, wie Weiß gewinnen kann. Und ich sehe auch nicht, wie er Remis halten kann."

18. Dd2 (97)

Nach 18. a3 gefällt Karpow nicht die Bauernstruktur b2, a3. Schwarz könnte fortsetzen mit 18. ... Le8 (ich glaube nicht, daß Kasparow 18. ... e4 19. De4: Lb2: spielen wollte) nebst f5 und e4. Karpow möchte gerne einen Springer tauschen, aber wie?

18. ... Le8! (67) 19. b3 (101) e4 (76) 20. Se1 (103)

Nach 20. Sg5 Sg5: 21. Dg5: Ta2: 22. De3 Sd4! (f5 25. Td1) 23. Ld1 f5 (Lc6?! 24. Dg3 Se6 25. b4), eine Analyse von Douven, hat Weiß durch Bauernopfer nichts erreicht - kein Gegenspiel.

20. ... f5 (98)

22. (!) Minuten.,

21. Ld1 (109) Se5! (107)

21. ... Td8?! 22. Dc1 Sb4 (mit der Idee 23. a3? Sa2 nebst Sc3) hat weniger Sinn wegen 23. Sc2! Sd3 (Sa2:? 24. Da3+) 24. Da3+.

107

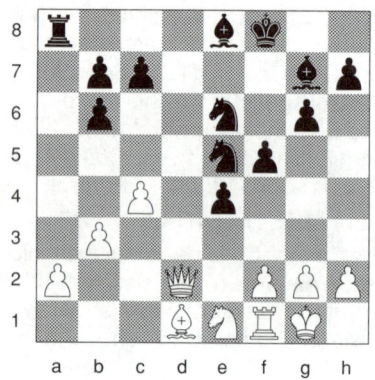
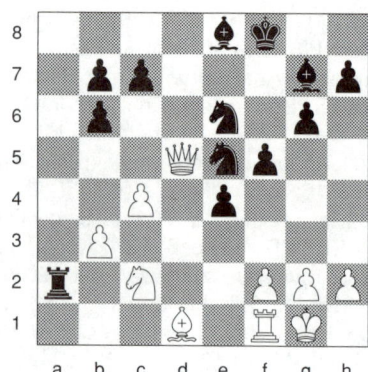

22. Sc2! (114)

Karpow trifft eine Entscheidung, etwas zu opfern; um diese Stellung zu verein-fachen. Der schwarze Druck wird immer stärker, z.B. nach 22. f3?! (22. Dd5? Td8 23. De6: Lf7) 22. ... Td8 23. Dc1 e3! 24. f4 Sd3 25. Sd3: Td3: oder 22. a4?! Td8 23. Dc1 Sd3 (23. ... c5!? mit der Idee Lc6 und f4) und „der Zug könnte abfah-ren".

22. ... Ta2: (111)

Nach 22. ... Td8 folgte 23. Db4+ (23. Dc1 f4!) Kf7 24. Se3.

23. Dd5! (116)

„Deep Thought" bevorzugte 23. f3. Kar-pow hat das nicht gefallen wegen 23. ... ef3: 24. gf3: (24. Lf3: Sd4) 24. ... Sc6.

23. ... Ke7 (112)

Nach 23. ... Ta5!? 24. Dd2 (24. De6: Ld7 25. Dd5 Td5: 26. cd5: Lb5 27. Te1 Sd3 oder 24. Db7:? Lc6 25. Db8+ Kf7 nebst Ta8) „hat Schwarz gratis einen Bauern geschnappt" (Analyse von Dou-ven), aber nach 24. ... Ta8 (f4 25. Sb4) 25. Se3 hat Karpow seinen Springer im Spiel. Kasparow gefällt sein aktiver Turm auf a2.

24. Sb4 (122) c6 (127)

Kasparow will sein Läuferpaar behalten, nach 24. ... Lc6 folgt 25. Dc6:! bc6: 26. Sa2:.

25. De6:+ Ke6: 26. Sa2:

Das Endspiel mit zwei Bauern für die Qualität ist vorteilhaft für Schwarz, aber Karpow glaubt an seine Verteidigungs-kunst.

26. ... Sf7 (129)

Überführt den Springer auf d6 und er-laubt nicht Sc3.

27. Le2 (128) Sd6 (131) 28. Sb4 (130) Lc3 (134) 29. Sc2 f4! 30. Td1 h5 (138)

Die schwarzen Bauern am Königsflügel kommen in Bewegung, es droht g5-g4. Darum ...

31. f3! (135) e3 (139) 32. g3 (137) g5 33. Ld3

Nach 33. h4? folgt 33. ... Sf5!.

33. ... h4

Kasparow will c5 nebst b5 spielen, nun geht 33. ... c5?! noch nicht wegen 34. h4!.

Auch nach 33. ... Ke5 34. Kf1 Lf7 (c5 35. Sa3) 35. Ke2 c5 36. Sa3 b5 37. Tb1! kann Schwarz nicht weiterkommen.

34. Kf1 (140) c5 (145) 35. Ke2?! (142)

Vorsichtiger war 35. gf4: gf4: 36. Sa3! oder 35. Sa3!?

35. ... b5! (146) 36. cb5:?! (145)

Gibt Schwarz Chancen, richtig war 36. Sa3! bc4: 37. bc4: (37. Sc4: Sb5) mit Remis.

36. ... Sb5: 37. Lc4+ Ke7 38. Td5 (146)

Hat Kasparow diese Möglichkeit übersehen? Nein, er opferte den Bauern, um seine Figuren zu aktivieren.

38. ... Lf6 (147) 39. Tc5: (147) Sc3+ (148) 40. Kf1 Lg6 (149)

Nach 40. ... Lc6 41. Se1 hg3: 42. hg3: g4 43. fg4: f3 kann Weiß sich retten durch 44. Tc6:! bc6: 45. Sf3: (O. Borik).

41. Se1 (149)

Die Abbruchstellung. Nach 9 Minuten gab Kasparow seinen Zug ab.

41. ... Kd6 (158)

Laut „Schachwoche" konnte sich Karpow ziemlich sicher sein, daß Kasparow 41. ... Kd6 in den Umschlag gegeben hatte ... am Monitor war anhand der Armbewegungen klar zu erkennen, daß der Weltmeister eine längere Buchstabenreihe notierte ... Aus dem Lager von Karpow war zu hören, daß der Zug 41. ... b6! gewonnen hätte!"

Ich glaube, sie hatten recht.

Analysediagramm

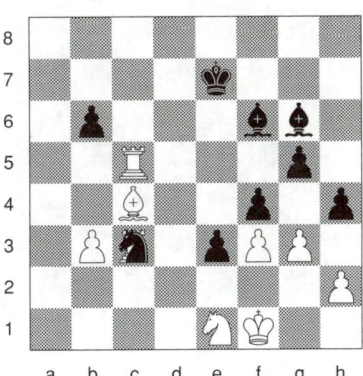

Weiß hat nun zwei Möglichkeiten:

A) 42. Tc8 Lf5!

Nach 42. ... e2+ 43. Le2: (aber nicht 43. Kg2 h3+! 44. Kh1 b5 45. Ld3 Ld3: 46. Sd3: Sd1! mit der Idee Sf2+) 43. ... Lf5 44. Tc4 b5 45. Tb4 Lh3+ 46. Kf2 hat Schwarz nichts erreicht.

43. Tc7+ Kd6 44. Tf7 Lh3+ 45. Sg2 fg3:! 46. hg3: Ld8! 47. gh4: gh4: 48. Kg1 b5 49. Ld3 e2 50. Se1 Lb6+ 51. Kh2 Le6 und Schwarz steht auf Gewinn.

B) 42. Tc6 b5 43. Ld3 Ld3: 44. Sd3: e2+ 45. Kg2!?

45. Ke1 fg3: 46. hg3: hg3: 47. Tc3: g2 48. Tc7+ Kd6 49. Kf2 Kc7: 50. Kg2: Ld4 51. f4 g4! mit einem gewonnenen Endspiel.

45. ... Sd1! 46. gh4: gh4: 47. Tc1

Es drohte 47. ... h3+ 48. Kh3: Sf2+, nach 47. h3 folgt 47. ... Ld4.

47. ... Ld4 und Schwarz muß gewinnen.

Zurück zur Partie mit der Abbruchstellung:

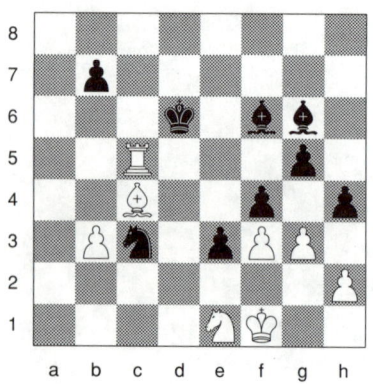

a b c d e f g h

42. Ta5! (149)

Der einzige Zug! Nach 42. Tc8? folgt 42. ... b5! 43. Ld3 Ld3: 44. Sd3: e2+ 45. Kg2 (45. Ke1 hg3: 46. hg3: fg3: 47. Tc3: g2) 45. ... Kd7! mit gewonnener Stellung identisch wie nach 41. ... b6.

„Schachwoche" gibt folgende Analysen von Kommentatoren in New York an:

A) 42. ... Lf5 43. Tf8 Lh3+ 44. Kg1 Le5! unklar; 44. ... Ld4?! 45. Td8+ Kc5 46. Sd3+ Kb6 47. gf4: Se2+ 48. Kh1 gf4: 49. Tf8 wäre günstig für Weiß.

B) 42. ... e2+ 43. Le2: Lf5 (oder 43. ... fg3: 44. hg3: Lf5 45. Tc4 Lh3+ 46. Kf2 Le6 47. Lf1 Lc4: 48. Lc4: mit Ausgleich, „Deep Thought") 44. Tc4 b5 45. Tc3:! (aber nicht 45. Tb4 Lh3+ 46. Kf2 Ld8 47. Tb5: Sb5: 48. Lb5: Lb6+ 49. Ke2 Lg1) 45. ... Lh3+ 46. Sg2 Lc3: 47. gf4:! gf4: 48. Kg1 mit Remis, Seirawan.

c) 42. ... hg3: 43. hg3: fg3: 44. Kg2 b5 45. Ld3 Lf7 46. b4 Le5 47. Sc2 e2 48. Tc3: Lc3: 49. Le2: mit Ausgleich, Dzindzichaschwili.

42. ... fg3: 43. hg3: hg3: 44. Sg2 (151) b5 (159) 45. Ta6+ Ke7 46. Ta7+ (162) Ke8 47. Ta8+ (165) Ld8 48. Se3:! (185)

Nach 20 Minuten wählt Karpow den sichersten Weg zum Remis.

48. ... bc4: (161) 49. Sc4: g4 (191) 50. Kg2 (191)

Nach 30 Minuten, aber Karpow verbleiben noch 19 Minuten für 6 Züge; keine Zeitnot.

50. ... Se2 (178) 51. Se5 (195) gf3:+ 52. Kf3: (196) g2 53. Td8:+ Remis

Zeitverbrauch: Weiß 196 Minuten, Schwarz 178.

4. Partie

Auch wenn Kasparow in dieser denkwürdigen 3. Partie also nicht zum krönenden Abschluß kam, so war es doch bis jetzt Spiel auf ein Tor - oder aber, um den Vergleich zu wechseln, Karpow wirkte wie ein Boxer, der in die Ecke gedrängt ist und nur die Fäuste hochhalten kann, um die Schläge des Gegners so gut es geht abzuwehren. War die Lage schon reif für den K.o.?

Das muß wohl Kasparow gedacht haben, denn was ihm in der vorigen Partie fast Erfolg gebracht hätte, Karpow mit notfalls zweischneidig-dubiosen Varianten in ein taktisches Getümmel zu verstricken, das übertrieb der Weltmeister diesmal. Er ging, um im Boxer-Bild zu bleiben, mit weit offener Deckung auf den vernichtenden Schlag aus - und hätte um ein Haar einen bösen Konter eingefangen ...

Kasparow - Karpow
Spanisch (C 92)

1. e4 e5 2. Sf3 Sc6 3. Lb5 a6 4. La4 Sf6 5. 0–0 Le7 6. Te1 b5 7. Lb3 d6 8. c3 0–0 9. h3 Lb7 10. d4 Te8 11. Sbd2 Lf8 12. a4 h6 13. Lc2 ed4: 14. cd4: Sb4 15. Lb1 c5

Was hat Kasparow in dieser Variante vorbereitet?

16. d5 Sd7 17. Ta3 f5!?

In der 14. Partie des Revanchekampfs London/Leningrad 1986 spielte Karpow 17. ... c4.

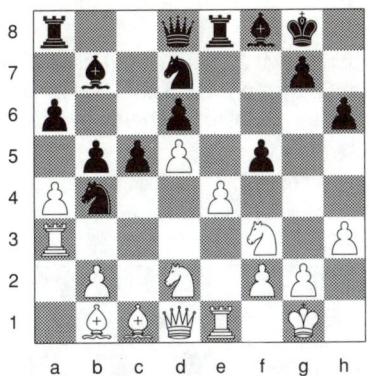

18. ef5: (15)

Timman bevorzugte in der 9. Partie Kuala Lumpur 1990 18. Tae3. Kasparow schrieb in seinem Buch über den Revanchekampf 1986: „Schwarz spielt nicht 17. ... f5 und mit guten Gründen: nach 18. e5! Se5: 19. Se5: Te5: 20. Te5: de5: 21. Lf5: bekommt Weiß sehr gute Angriffschancen am Königsflügel."

Jan Timman in seinen Kommentaren: „Ich hatte kein Vertrauen zur Idee mit 18. e5", und nun sucht auch Kasparow neue Wege, warum?

In der Partie Raaste - Rantanen, Helsinki 1990, folgte 18. e5 g6? 19. e6! Sb6 20. g4 Df6 21. gf5: gf5: 22. Sh2 Te7 23. Tg3+ Tg7 24. Se4! fe4: 25. Sg4 Tg4: 26. Dg4:+ Lg7 27. De4: Ld5: 28. Dh7+ und Schwarz gab auf.

Aber womöglich hat Krogius recht, der Chef von Karpows Mannschaft in New

York: er gibt in der russischen Zeitung „64" an 18. ... de5:! 19. Lf5: Ld5: 20. Sh2 (20. Lg6 Te6) Sf6 21. Sg4 e4 22. Lg6 (22. Tg3 Kh8) Te6 23. Tg3 Sg4: 24. Dg4: Sd3 mit genügend Gegenspiel.

18. ... Sf6 (10)

In der Partie Iwantschuk - Lukacs, Debrecen 1988, hat Schwarz schnell verloren nach 18. ... Te1:+ 19. De1: Ld5: (Sf6 20. Sh2) 20. Se4 Lf7?! (20. ... Sf6 21. Sf6:+ Df6: 22. Sh2 Df7 23. Tg3 Kh8 24. Sg4) 21. f6! g6 22. Sh4 d5 23. Tg3 De8 24. Sg6: Lg6: 25. f7+ Df7: 26. Sd6 und Schwarz gab auf.

19. Se4!?

Gespielt ohne zu überlegen und bestimmt eine Überraschung für Karpow. Andere Möglichkeiten sind 19. Sh2 (Wasjukow - Rasuwajew, Moskau 1987), 19. Sh4!? und die neue Fortsetzung 19. Te8:, Sokolow - Hjartarson, IZT Manila 1990.

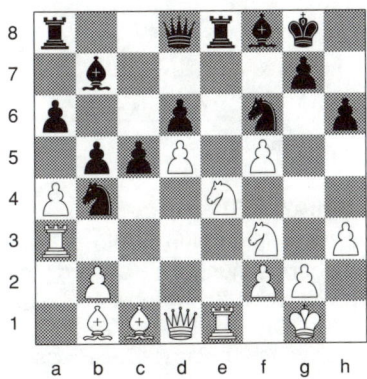

19. ... Ld5:! (63)

Nach 53 (!) Minuten.

19. Se4 gilt als ungefährlich für Schwarz wegen 19. ... Sbd5: 20. Sh2 (oder 20. Sh4 Sc7 21. Sf6:+ Df6: 22. Sg6 Te1:+

23. De1: Te8 24. Te3 Te3: 25. De3: ba4: 26. La2+ Ld5 27. Ld5: Sd5: 28. De4 Se7 mit Ausgleich, de Firmian - Alex. Iwanow, San Mateo (Activ) 1989) 20. ... Se4: 21. Le4: Te4:! 22. Te4: Sc3 23. Tc3: Le4: 24. Tg3 (nach 24. Lh6: kommt Df6! 25. Sg4 Dd4) 24. ... Kh8 25. Dg4 Ld5, de Firmian - Alex. Iwanow, Las Vegas 1989 - das alles finden wir im Informator 48.

Was hatte Kasparow vor? Möglicherweise 20. Sf6:+! Df6: (oder 20. ... Sf6: 21. Te6! Ld5? 22. Tf6:) 21. Sh2 mit, meiner Meinung nach, besseren Chancen für Weiß.

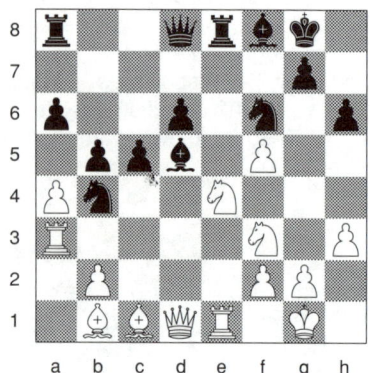

20. Sf6:+?! (39)

Nach 24 Minuten. Nun mußte 19. ... Ld5: eine Überraschung für Kasparow sein, im Inf. 48 gibt Alex. Iwanow 19. ... Ld5:? 20. Sf6:+ Df6: 21. Ld2 mit Angriff.

Logisch wäre 20. Tae3!. Das Pressebulletin bringt eine Partie Cs. Horvath - Zöbisch, Balatonbereny 1988: 20. ... Le4: 21. Le4: d5 22. Lb1 Te3: 23. Te3: d4 24. Te6 d3 25. Se5 c4 26. Df3 Tc8 27. Dg3 und Weiß hat gewonnen. Sicherer sieht 21. ... Se4: 22. Te4: Te4: 23. Te4: c4 nebst Sd3 aus, mit unklarer Stellung.

20. ... Df6: 21. Ld2 (51)

Kasparow folgt Alex. Iwanow; die andere Möglichkeit war 21. Tae3 Te3: 22. Te3: Lf7 und Weiß hat nicht viel erreicht - 23. Sh2 Dd4! oder 23. Ld2 Sd5!.

21. ... Db2:! (77)

21. ... Lf3:?! 22. Tf3: Db2: 23. Lc3 wäre zu gefährlich für Schwarz (Seirawan).

22. Lb4: (57)

Auch hier war 22. Tae3 interessant, aber nach 22. ... Te3: 23. Te3: La2! 24. La2: Da2: kann Schwarz sich erfolgreich verteidigen.

22. ... Lf7! (82)

Widerlegt die weiße Strategie!

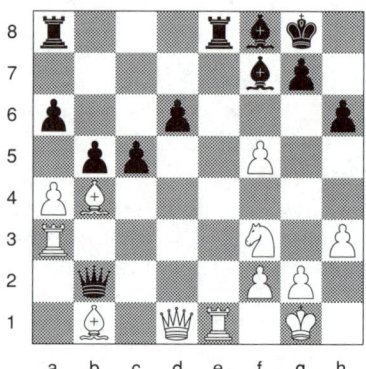

23. Te6! (72)

Die einzige Chance! Günstig für Schwarz wäre 23. ab5: Db4: 24. Ta6: Te1:+! 25. Se1: (25. De1: De1:+ 26. Se1: Tb8) 25. ... Te8 oder 23. Dd3 Db4: 24. Te8: Te8: 25. f6 g6.

23. ... Db4:! (90)

Laut Computer „Deep Thought" war möglich 23. ... Le6: 24. fe6: Db4: (Te6: 25. La2 oder 24. ... cb4: 25. Tb3! Df6 26. Sd4) 25. Dd3 Te6: 26. ab5: Tc8 27.

ba6: c4 28. Dh7+ Kf7 29. Df5+ Ke7 und Schwarz gewinnt. Computer unterschätzen immer das Angriffspotential, auch hier gewinnt nach dem richtigen 25. Te3! Le7!? (25. ... Dc4 26. Te4 Dc3 27. e7! Le7: 28. Te7: Te7: 29. Dd5+) 26. Dd3 Lf6 27. e7! Weiß!

24. Tb3! (94)

24. Tae3 gefiel Kasparow nicht wegen 24. ... ba4:!.

24. ... Da4: (93) 25. Lc2

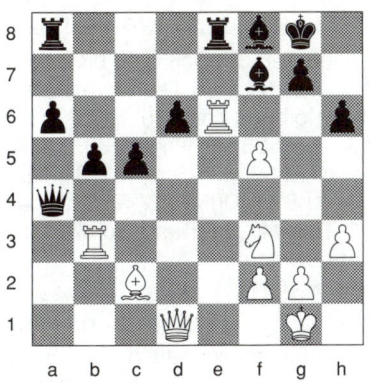

25. ... Tad8!? (115)

Wenig Sinn hat 25. ... Da5?! 26. Tae3. Meiner Meinung nach riskant, aber prinzipiell richtig war 25. ... Le6:! (aber nicht Te6: 26. fe6: Le6: wegen 27. Te3 Da2 28. Dd3) 26. fe6: Dc4 27. Te3 Le7! und Schwarz muß sich erfolgreich verteidigen.

26. Tbe3 Db4 27. g3!? (109)

Eine kritische Stellung ergibt sich nach 27. De2 Dc4 28. Ld3 (keine Chance bietet 28. Te8: De2: 29. Tf8:+ Kf8: 30. Te2: a5 und Weiß ist hilflos gegen die Phalanx von vier verbundenen schwarzen Bauern) 28. ... Dc1+ 29. Kh2 c4 30. Lc2 Le6:!.

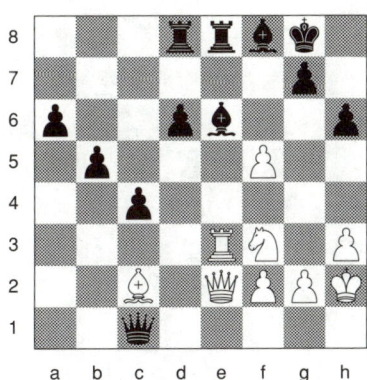

Weiß hat zwei Möglichkeiten:
A) 31. Te6: Te6: 32. De6:+ Kh8 33. Le4 d5! 34. Ld5: Td5: 35. Dd5: Df4+ 36. g3 Dd6;
B) 31. fe6: d5 32. e7 Le7: 33. Te7: Te7: 34. De7: Df4+ 35. Kg1 Df6 und Schwarz gewinnt in beiden Varianten, eine Analyse von Pliester.

Zurück zur Partie:

27. ... a5 (133)

27. ... d5 erlaubt 28. Se5 d4 (28. ... Le6: 29. fe6: Te6: 30. Sd3) 29. Tf3! (29. Sf7:? de3: 30. Sd8: Td8:!) mit gefährlicher Initiative.

Laut „Schachwoche" boten Kortschnoi und Christiansen „en passant" 29. Tb3 Le6:! 30. Tb4: (30. fe6:!, L. Gutman) 30. ... Lf5: 31. Lf5: Te5: an.

28. Sh4!? (133)

Nach 24 Minuten. Auch hier wäre 28. De2 Dc4 29. Ld3 Dc1+ 30. Kg2 günstig für Schwarz nach 30. ... c4 31. Lc2 Le6:! 32. fe6: (32. Te6: Te6: 33. De6:+ Kh8) 32. ... Da1! mit der Idee 33. e7 Te7: 34. Te7: Le7: 35. De7: Df6.

Auf 28. T3e4 Db2 29. De2 könnte folgen 29. ... Te6: 30. fe6: Lg6 31. Sh4 Lh7, z.B. 32. e7 Le7: 33. Te7: Lc2:.

28. ... d5 29. De2 Dc4 30. Ld3 Dc1+

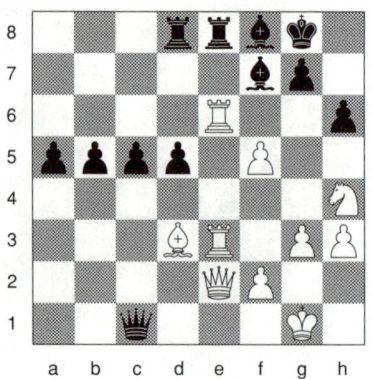

31. Kg2

„Kasparow kämpfte voll auf Sieg, und gemäß GM Petursson hätte er dieses Ziel mit 31. Kh2! vielleicht auch erreicht" schrieb „Schachwoche". Hatte er Recht?

Der weiße König auf h2 deckt nicht das Feld f2; das zeigt sich in der Variante 31. ... c4 32. Lc2 d4! 33. Te8: Te8: 34. Te8: d3 35. De7 Le8: 36. De8: Dc2: und Schwarz gewinnt.

31. ... c4 (137) 32. Lc2

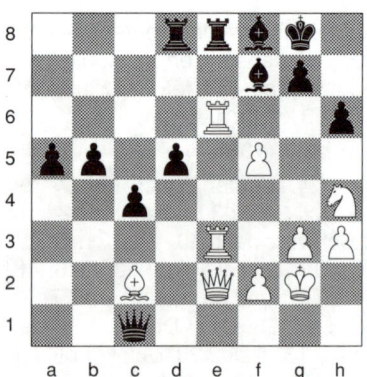

32. ... Le6:! (145)

Karpow verbleiben fünf Minuten für acht Züge!

Schwächer war laut Analyse im Presse-raum 32. ... d4 33. Te8: Te8: (nach 33. ... d3? 34. Td8:! de2: 35. Te2: Dg5 36. Tb8 nebst Sg6 gewinnt Weiß) 34. Te8: d3 wegen 35. De7 Le8: 36. De8: (vgl. die Variante zum 31. Zug!) 36. ... dc2: 37. De6+ Kh7 38. Dg6+ Kh8 39. Df7 Da3 40. Sg6+ Kh7 41. Sf8:+ Df8: 42. Df8: c1D 43. f6 mit Remis.

33. Te6: Te6: 34. De6:+ (141)

Nach 34. fe6: folgt 34. ... Dg5.

34. ... Kh8 35. Sg6+ Kh7 36. De2

36. Db6 Te8 37. Dc6 geht nicht wegen 37. ... Dc2: 38. De8: De4+!. Kein Dauer-schach gibt es nach 36. Sf8:+ Tf8: 37. Dg6+ Kg8 38. f6 wegen 38. ... Dg5!, aber nicht 38. ... Tf6: 39. De8+ Tf8 40. De6+ Kh8 41. Dg6 Dc2: 42. Dc2: b4 43. Dd2 Td8 44. Da2! und Schwarz kann nicht gewinnen.

36. ... Dg5 (147)

Nach 36. ... d4?! war 37. De4! stark. Laut Petursson war auch 37. Sf8:+ Tf8: 38. f6+ d3 39. De4+ Kh8 40. fg7:+ Kg7: 41. De7+ Tf7 42. De5+ möglich.

37. f6 Df6:! 38. Sf8:+ Kg8 39. Sg6

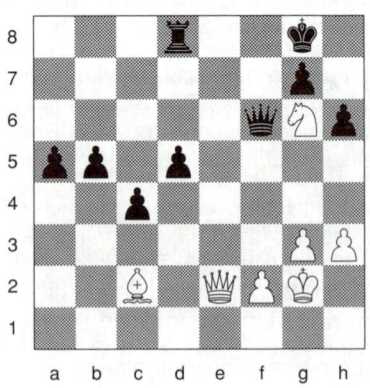

39. ... Df7? (148)

„Karpow stand jedenfalls die ganze Partie über dermaßen unter Druck, daß er froh war, den Gegner zum Dauerschach zu zwingen, es ist kaum anzunehmen, daß er dieses nicht gesehen haben sollte" schrieb „Schachwoche".

Ich könnte das nicht sagen, aber ... Nach 39. ... d4?! war die Stellung nicht klar wegen 40. De4!. Nicht genug Gegenspiel bietet 40. Lf5 (40. Se7+ Kf8 41. Sg6+ Kf7) 40. ... Dc6+! (aber nicht 40. ... d3? 41. De4 d2 42. Le6+ De6: 43. De6:+ Kh7 44. Df5 d1D 45. Se7+) 41. Le4 (41. Kh2 Te8 42. Se7+ Kf8) 41. ... Dd6! (auch 41. ... d3 42. Df3 Df6 mußte reichen, aber falsch wäre 41. ... Te8? wegen 42. Lc6: Te2: 43. Ld5+ Kh7 44. Sf8+ mit Remis) und Schwarz mußte gewinnen.

Nach 40. De4! d3 41. Ld1 hat Weiß laut Meinung von Kortschnoi sehr viele Drohungen auf den weißen Feldern.

Richtig war 39. ... b4! 40. Lf5 (40. Se7+ Kf8 41. Sg6+ Kf7 42. Se5+ Kg8 43. Sd7 Dd6) 40. ... b3 und Schwarz muß gewinnen.

40. Se7+ (146)

Kasparow kann es noch gar nicht glauben. Dauerschach, wie hat er das geschafft?

40. ... Kf8 41. Sg6+

Diesen Zug hat Kasparow abgegeben, und am nächsten Tag einigte man sich nach Angebot von Karpow auf **Remis**. Zeitverbrauch: Weiß 146 Minuten, Schwarz 148.

Zwei interessante Aussagen zu dieser Zeit: Laut Nachrichtenagentur Reuter meinte der französische GM Joel Lautier: „Diese Jungs versuchen sich gegenseitig zu killen". Und US-GM John Fedorowicz: „They are playing like ma-

niacs, lunatics." Haben sie Recht?

5. Partie

Nach dieser Partie, so wurde berichtet, soll Kasparow völlig durchgeschwitzt und „fertig" gewesen sein, sein Gegner war es aber nach diesem dritten Duell auf Messers Schneide bestimmt nicht minder. Trotzdem scheint der Ausgang eher für den Weltmeister ein psychologischer Schock gewesen zu sein: statt der angekündigten und offenbar nun in Reichweite gesehenen Vernichtung des Gegners ein höchst glückliches Entkommen vor der ersten Niederlage. Daß er, obwohl er letztlich doch nicht verlor, eine Auszeit nahm, zeugt von der Wirkung. Und prompt ging es in der nächsten Partie merklich ruhiger zu. Hat Kasparow in diesem Moment innerlich umgeschaltet und wieder mehr Respekt vor dem Gegner bekommen?

Karpow - Kasparow
Königsindisch (E 92)

1. d4 Sf6 2. c4 g6 3. Sc3 Lg7 4. e4 d6 5. Sf3 0–0 6. Le2 e5 7. Le3 (1) Sa6!?(1)

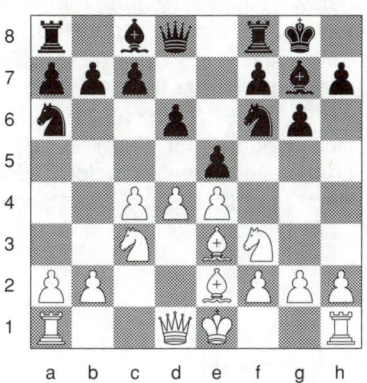

Diesmal kein 7. ... De7, was ihm in der 3. Partie gute Chancen gegeben hatte. Der Weltmeister wählt eine moderne Variante, entwickelt von und besonders beliebt bei der jungen russischen Generation. „Springer am Rand, nicht immer Schimpf und Schand", unter diesem Titel hat Heinz Wirthensohn in „Schachwoche" Nr. 27/1990 einen Bericht über diese Variante veröffentlicht. Interessant ist auch ein Artikel von Rainer Knaak im Chess Base Magazin.

8. 0–0 (11)

Nach 10 Minuten. In der Partie Bönsch - Shirov, Rilton 1989/90 folgte 8. de5: de5: 9. Sd2 c6 10. c5 De7 11. La6: ba6: 12. f3 Tb8 13. b3 a5 14. Sc4 La6 15. Sd6 Sh5 16. Dc2 Sf4 17. 0–0–0 Se6 18. Db2 Sd4 19. Da3 De6 20. Td2 (20. Da5: Tb3:!) 20. ... Tb4 21. Tb2 Tfb8 mit schwarzer Initiative.

8. ... c6!? (2)

Ein neuer Versuch. Bekannt ist 8. ... Sg4 und 8. ... De8. 8. ... c6!? war empfohlen von Stefan Reschke, und diese Möglichkeit haben wir untersucht bei meinem Lehrgang mit einer Auswahl des hessischen A-Kaders.

9. de5:! (31)

Meiner Meinung nach kann Weiß nur so versuchen, 8. ... c6 zu widerlegen. Die Stellung nach 9. d5 Sg4! (c5 10. Se1 Se8 11. Sd3 mit der Idee 11. ... f5 12. f4 oder 9. ... Sc5 10. Sd2 a5 11. a3 Sfd7 12. Dc2 ist günstig für Weiß) 10. Lg5 h6 11. Lh4!? analysieren wir in der 19. Partie. Nach 11. Ld2 folgt in dieser Variante 11. ... f5!.

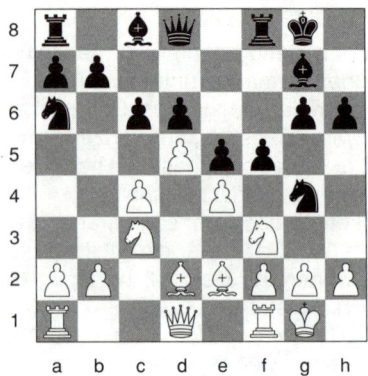

Einer der Vorteile des Sa6; mit dem Springer auf d7 wäre das schlecht wegen 12. Sg5!. Nun könnte folgen 12. Se1 Sf6 13. f3 fe4:! (Db6+ 14. Kh1 Db2: 15. Sa4 Da3 16. Lc1 Db4 17. Ld2 mit Zugwiederholung, weniger überzeugend sieht 13. ... Kh8 14. Sd3 b5 15. cb5: cb5: 16. b4 Ld7 17. Kh1 Tc8 18. a4 aus, Wirthensohn - Landenbergue, Nürnberg 1990) 14. fe4: Db6+ 15. Kh1 Db2: mit der Idee 16. Sa4 Dd4! und Weiß hat nicht genügend Kompensation für den Bauern.

9. ... de5: 10. Dd8: Td8: 11. Tfd1

Nichts bringt 11. Se5:?! Se4: 12. Se4: Le5: 13. Lg5 wegen 13. ... Td4 (auch 13. ... Tf8 ist möglich) 14. f3 Le6.

11. ... Te8 (5)

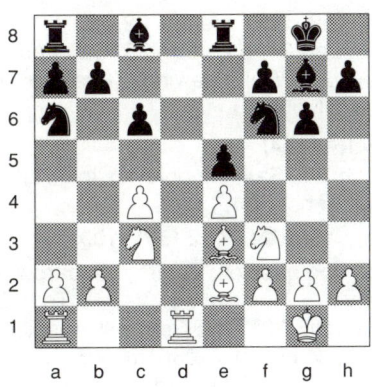

12. h3?! (41)

Maxim Dlugy plädierte zurecht für sofortiges 12. c5! mit der Idee 12. ... Sg4 13. La6: Se3: 14. fe3:! (nach 14. Lb7: Sd1: 15. La8: Sc3: 16. bc3: Ld7 17. Td1 Lg4 18. Lc6: Lf3: 19. gf3: Tc8 hat Weiß nur symbolischen Vorteil.) 14. ... ba6: 15. Td6, z.B. 15. ... Lb7 16. Td7 Tab8 17. Sa4 mit Druckspiel.

Kritisch ist jedoch 12. ... Sc7 13. h3 Sd7 14. Sd2! (nichts bringt 14. Lc4 Se6 15. Sa4?! Sd4! bzw. 15. b4 Sd4! 16. Sd4: ed4: 17. Ld4: Ld4: 18. Td4: a5!) 14. ... Se6 15. b4 a5 (b6 16. cb6: ab6: 17. Sc4 Sd4 18. b5!) 16. a3 Sd4 17. Sc4.

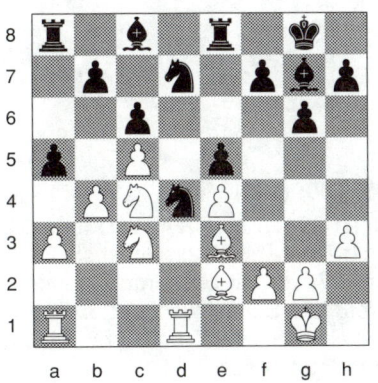

Nach 17. ... Sc2 18. Tac1 Se3: (Sa3: 19. Sa5: oder 18. ... ab4: 19. Tc2: bc3: 20. Sd6) 19. fe3: nebst Sd6 behält Weiß bessere Chancen.

12. ... Lf8! (18)

Kasparow will nun natürlich c4-c5 vermeiden.

13. Sd2 (47)

Nach 13. a3?! folgt 13. ... Sc5 14. Sd2 a5 15. b4 ab4: 16. ab4: Ta1: 17. Ta1: Sa6 18. b5 Sb4.

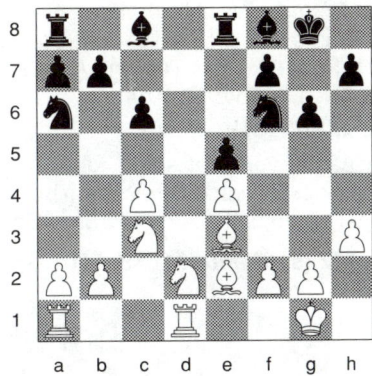

13. ... b6! (46)

Nach 28 (!) Minuten. Schwächer war 13. ... Lc5 wegen 14. Lg5 Kg7 15. Sb3 (Rohde) oder 13. ... Sc5 14. b4 Se6 15. c5 Sd4 16. Ld3 Le6 (16. ... Td8 17. Sc4 oder 16. ... b6 17. Sb3!) 17. Ld4:! ed4: 18. Se2 (Ljubojevic) mit besseren Aussichten für Weiß.

Kasparow verstärkt mit seinem Zug die Kontrolle über das kritische Feld c5.

14. a3 (65)

Es ist schwer, etwas besseres zu finden.

14. ... Sc5 (48) 15. b4 (75) Se6 16. Sb3 (79)

Unlogisch wäre 16. Sf3 wegen 16. ... Sd7, und es droht 17. ... a5.

117

16. ... La6 (72)

Nach 24. Minuten. Erwartet wurde 16. ... a5. Aber Kasparow will seinen Damenflügel nicht schwächen, wegen 17. f3! (Salow gibt 17. ba5: ba5: 18. Sa4 Se4: 19. Lf3 f5 20. Le4: fe4: 21. Sbc5 als unklar an.) 17. ... a4 (17. ... ab4: 18. ab4: Ta1: 19. Ta1: Lb4: 20. Sa4) 18. Sc1 c5 19. Sd3.

17. f3! (86)

Karpow verfolgt seinen Plan - Punkt e4 steht unter Kontrolle und nun kann er den Springer c3 aktivieren.
Es drohte 17. ... Sd4 18. Sd4: ed4: 19. Ld4: Se4: 20. Se4: Te4: mit Ausgleich, z.B. 21. Lf3 Td4: 22. Td4: Lg7.

17. ... Sh5 (81)

Kasparow versucht sofort, die Schwächung der schwarzen Felder am Königsflügel zu nutzen. Es droht 18. ... Sg3.

18. Lf2 (91) Ted8 (91) 19. Lf1 (93)

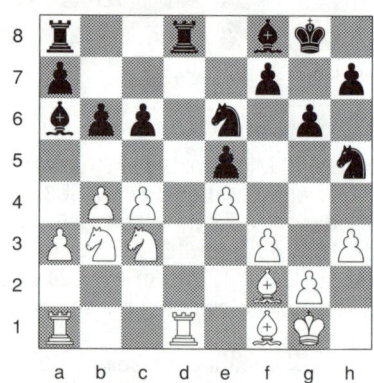

19. ... Shf4! (109)

Nach 19. ... Lg7 mit der Idee 20. ... Sd4 folgt 20. a4! Sd4 21. Tab1 Sb3: 22. Td8:+ Td8: 23. Tb3: Sf4 24. b5.
Falsch wäre der Versuch, beide Türme zu tauschen mit 19. ... Td1: 20. Td1: Td8

21. Td8: Sd8: wegen 22. c5! Lf1: 23. cb6: La6 24. ba7: Lb7 25. Sa5 La8 26. Sa4 und Weiß gewinnt (Analyse von Max Dlugy).

20. g3 (103)

Nach 20. Sa4 (Ljubojevic) folgt 20. ... Lg7! nebst Sd4.

20. ... Sh5 21. Kg2 f5?! (109)

A tempo gespielt. Verliert Kasparow die Nerven? Möglich war 21. ... Td1: 22. Td1: Td8 23. Td8: Sd8: mit Ausgleich, z.B. 24. c5 Lf1:+ 25. Kf1: b5 26. Sa5 Le7 nebst Kg8-f8-e8-d7.

22. Tab1?! (107)

Nur vier Minuten. Nach 22. ef5:! gf5: 23. Td8: Td8: 24. Te1 Lg7 25. b5 cb5: 26. Sb5: steht Weiß besser.

22. ... Tac8?! (116)

22. ... Td1: 23. Td1: Td8 24. Td8: Sd8: war sicherer.

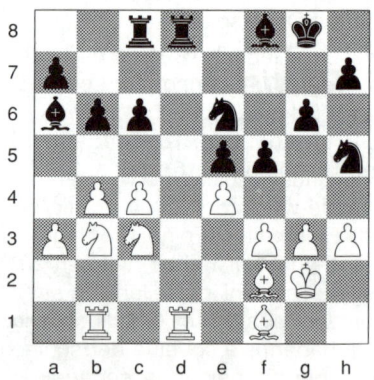

23. Td8: (123)

Nach 23. c5 Lf1:+ 24. Kf1: folgt 24. ... Td1:+ (24. ... bc5: 25. Sc5: Lc5: 26. bc5: Sf6 27. g4 mit besseren Chancen für Weiß laut Schachwoche) 25. Td1: bc5: 26. Sc5: Sc5: 27. bc5: Tb8. Und wer steht nun besser?

23. ... Td8: 24. Td1? (126)
Wieder war die richtige Lösung 24. ef5: gf5: 25. Te1 Lg7 26. b5 cb5: 27. Sb5:.
24. ... Td1: 25. Sd1: fe4: (122) 26. fe4: c5
Nun kann nur Weiß kleine Probleme haben.
27. bc5: (133)
Karpow wählt einen sicheren Weg zum Remis.
27. ... Sc5: 28. Sc5: Lc5: 29. Lc5: bc5: 30. Sc3 Sf6 31. Kf3 Lb7 32. Ld3 Kf8 33. h4 h6 34. Lc2 Ke7 35. La4 a6 36. Ke3
Remis nach Angebot von Kasparow. Zeitverbrauch Weiß 143 Minuten, Schwarz 134 Minuten.
„Er hatte eine gute Position, tat aber einfach nichts" drückte L. Ljubojević sein Unverständnis für die passive Spielweise des Herausforderers aus.

6. Partie

Natürlich ist kein Waffenstillstand erklärt, aber es ist auch klar, daß niemand auf Dauer solch nervenzerfetzende Kämpfe wie in der 2. - 4. Partie durchhält. Eine weitere Folge: Die Ungenauigkeiten oder gar Fehler nehmen zu, die Psyche scheint zuweilen zu streiken. Von der 6. Partie soll GM Ljubojevic gesagt haben, sie sei eine der schlechtesten, die die beiden je gegeneinander gespielt hätten. Da hat er freilich noch nicht geahnt, was zum Beispiel in der nächsten passieren sollte ... Und ein wenig übertrieben scheint es ohnehin, doch wie die Analysen von Lev Gutman zeigen, ging es doch in der kritischen Phase ab dem 25. Zug ein wenig drunter und drüber.

Kasparow - Karpow
Spanisch (C 92)
1. e4 e5 2. Sf3 Sc6 3. Lb5 a6 4. La4 Sf6 5. 0–0 Le7 6. Te1 b5 7. Lb3 d6 8. c3 0–0 9. h3 Sd7!?
Schluß mit der Saizew-Variante?!
Aber auch mit dieser schon von Tschigorin erfundenen Verteidigung konnte Kasparow fest rechnen - Karpow hat sie angewandt in den Weltcup-Turnieren Rotterdam und Skelleftea 1989.
10. d4 (6) Lf6!
Nach 10. ... Lb7 11. Sbd2! Lf6 12. Sf1! kann Weiß den Springer b1 zum Königsflügel überführen, mit besseren Chancen. Mehr dazu in meinem Buch „Modernes Spanisch", Rau Verlag 1986.
11. a4

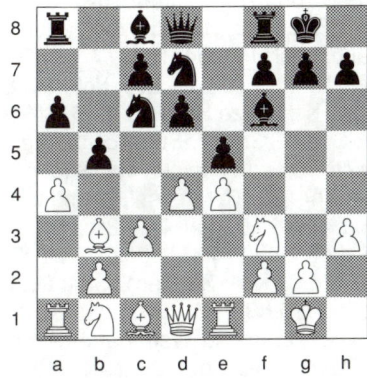

11. ... Lb7!? (3)
Im Weltcup setzte Karpow fort mit 11. ... Tb8 12. ab5: ab5: 13. Le3 Se7 14. d5 (14. Sg5 h6 15. Lf7:+ Tf7: 16. Se6 De8 17. Sc7: Dd8 18. Se6 Remis, Sax - Karpow, Skelleftea 1989) 14. ... Sc5! 15. Lc2 c6 16. b4 Sa6 17. dc6: Sc6: 18. Sa3 Sc7 mit laut Nunn gleichen Chancen, Nunn - Karpow, Rotterdam 1989.

Warum nun Karpow nicht 11. ... Tb8 spielt?

Van der Wiel antwortet: wegen 13. Sa3! (mit der positionellen Drohung Sc2-e3) 13. ... Sa5 14. La2 evtl. nebst b2-b4. Judit Polgar hat eine andere Meinung: 13. d5! Se7 14. Sbd2! (den Springer schnell zum Königsflügel, 14. Sa3 - ! von Nunn - ist die „alte Theorie", aber nach 14. ... Sc5 (14.'... b4 15. cb4: Tb4: 16. Ld2 Tb8 17. Lc3 g6 18. Sc4 Lg7 19. Sa5, Suetin - Sokolsky, Moskau 1953) 15. Lc2 c6! (15. ... b4 16. cb4: Tb4: 17. Tb1 nebst Ld2 und b2-b4, Suetin) 16. b4 Sa6 17. dc6: Sc7 kann Schwarz zufrieden sein, der weiße Springer a3 kommt nicht rechtzeitig ins Zentrum) 14. ... Sg6 (14. ... Sc5 15. Lc2 c6 16. b4 Sa6 17. dc6: Sc6: 18. Sf1 ist günstig für Weiß, laut J. Polgar war interessant 14. ... Sc5 (14. ... b4 15. cb4: Tb4: 16. Lc4!? nebst b3, La3) 15. Lc2 b4, aber wer glaubt nach 16. cb4: Tb4: 17. b3 mit der Idee 18. La3 Tb8 19. Lc5: dc5: 20. Sc4 an die schwarze Stellung?) 15. Sf1 Sh4 16. S1h2 Sf3:+ 17. Sf3: Sc5 18. Lc2 c6 (nach 18. ... b4 folgen wir Suetin: 19. cb4: Tb4: 20. Tb1 nebst Ld2 und b2-b4) 19. b4 Sa6 20. dc6: Dc7 21. Lb3! Dc6: 22. Ld5 Dc3:?! 23. Le3! Dc7 24. Dc1! Lb7 (24. ... Dc1: 25. Tec1: Sb4: 26. La7 Sd5: 27. Lb8:) 25. La7 Ld5: 26. Dc7: Sc7: 27. Lb8: und Weiß hat gewonnen, J. Polgar - van der Sterren, Wijk aan Zee 1990. Fantastisch gespielt von Judit! Ich glaube, Kasparow und Karpow hatten die gleiche Meinung.

12. ab5: (29)

Nach 23 (!) Minuten. Man kann feststellen, Kasparow hat sich wohl besser vorbereitet auf 11. ... Tb8.

12. ... ab5: (4) 13. Ta8: Da8: (6)

Nigel Short versuchte auch 13. ... La8:

(?!, Hübner), aber in folgender Partie hat Hübner diese Fortsetzung in Frage gestellt: Hübner - Short, Skelleftea 1989.

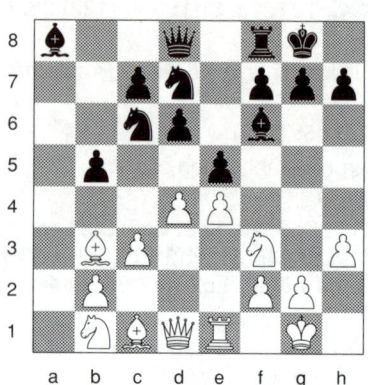

14. d5! Se7 15. Sa3 Sc5 (15. ... Db8? ist seit langem bekannt als ein Fehler; in der Partie Boleslawski - Smyslow, UdSSR 1950, geschah 16. Sb5:! c6 (Db5: 17. La4) 17. dc6: Sc5 18. Lc4 Lc6: 19. Dd6: Se4: 20. Db8: mit einem Mehrbauern) 16. Lc2 (16. Sb5:?! c6 17. dc6: Lc6: 18. c4 Se4: mit besseren Aussichten für Schwarz, Hübner; 18. ... Le4: 19. Lc2 Lc2: 20. Dc2: Db8 ist nach Short unklar) 16. ... c6 17. b4 Sa6 18. dc6: Lc6: 19. Dd3! (nach 19. Sh2, Chandler - Short, Hastings 1987/88 gibt Short 19. ... Sc8! 20. Sg4 Lg5 an mit der Idee 21. Lg5: Dg5: 22. Se3 Sc7) 19. ... Sc7!? (ein neuer Versuch; in der Partie Tal - Torre, Bugojno 1984, geschah 19. ... Db8? 20. Sd4! ed4: 21. e5 Sg6 22. ef6: mit einer gewonnenen Stellung für Weiß, Tal gibt 19. ... Dd7 20. Sd4! Sc7 21. Sc6: Dc6: 22. Le3 mit Vorteil für Weiß an) 20. Td1!? (jetzt bringt 20. Sd4 nichts wegen 20. ... ed4: 21. e5 Sg6 22. ef6: Df6: 23. cd4: Sd5, Hübner) 20. ... Da8 (20. ... Dc8? 21. Dd6: Se6 22. Dd3 g6 23. g3

gibt Schwarz keine Kompensation für den Bauern; 20. ... Sc8 21. Sd4 ed4: 22. e5 g6 23. ef6: Df6: 24. Dd4: Dd4: 25. Td4: Te8 26. Td1 d5 nebst Sb6-c4 mit etwas besseren Aussichten für Weiß nach Hübner, mir gefällt mehr 21. Lb3! nebst Sa3-c2-e3) 21. Dd6: Se6 22. Dd3 Sg6?! (laut Hübner war besser 22. ... Td8 - oder 22. ... h5 - 23. De2 Td1: 24. Ld1: (24. Dd1: Le4: 25. Le4: De4: 26. Sb5: Dc6) 24. ... Le4: 25. Sb5: Lc6 mit Kompensation für den Bauern, aber ich sehe keine Kompensation nach 23. De3! Td1: 24. Ld1: Le4: 25. Sb5: Lc6 26. Da7 Da7: 27. Sa7:, z.B. 27. ... e4 28. Sc6: Sc6: 29. Sd2 Lc3: 30. b5) 23. Te1! Db7 24. g3 h5 25. h4 Dc8 26. Sh2 Td8 27. Df3 Le8 28. Lb3! Sef4 29. gf4: ef4: 30. Lf4: Dc3: 31. Dc3: Lc3: 32. Lg5 Ta8 33. Te3 Lb4 34. Sc2 und Weiß hat leicht gewonnen.

14. d5

Gespielt ohne zu überlegen. Kasparow kannte bestimmt die Partie Tal - Karpow, Skelleftea 1989, in welcher Tal ohne große Ambitionen spielte, aber nicht verlieren wollte: 14. Sa3 b4 15. Sc4 bc3: 16. bc3: Sa5 17. Sa5: Da5: (Remis in Matulovic - Gligoric, Jugosl. Meisterschaft 1965) 18. Dc2 ed4?! (vorsichtiger war 18. ... h6! mit Ausgleich, Hübner) 19. cd4: Ld4: 20. Ld2 Dc5 21. Sd4: Dd4: 22. Lc3 Dc5 23. Dd2 Kh8 24. Ld4 Dh5 25. Ld1!? (25. Dc3 Dg6 26. Dc7:?! Le4:) 25. ... Dg6 26. Lg4 mit weißer Initiative Auch 14. Dd3 (?, Hjartarson) kommt nicht in Frage, nach 14. ... ed4:! 15. Db5: (15. cd4:? Sd4: 16. Sd4: Sc5 17. Db5: Ld4:) 15. ... Sc5 16. Ld5 Tb8, Hjartarson - Short, Tilburg 1988, steht Schwarz klar besser laut Hjartarson.

14. ... Sa5 (16)

Dieser Zug hat eine schlechte Reputation. Short bevorzugte 14. ... Se7 15. Sa3 La6.

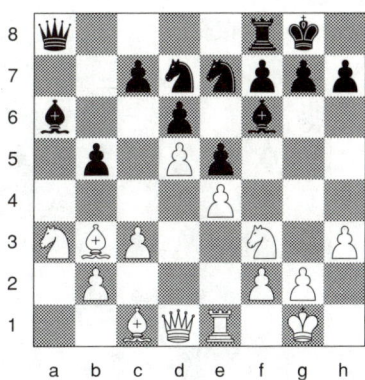

In der Partie Anand - Speelman, Olympiade 1988, folgte 16. Sh2 g6 17. Lc2 Db7?! (ich glaube, besser war 17. ... Lg7 18. Ld3 Tb8 19. b4 c6 20. dc6: Dc6: mit genügend Gegenspiel, oder 18. ... Db7 19. De2 Tb8 20. Sg4, Anand) 18. b4 Lg7?! (Nach 18. ... c6 19. dc6: Dc6: gibt Anand 20. c4! bc4: 21. b5 Lb5: 22. Sb5: Db5: 23. La4 Db7 24. Dd6: an) 19. c4! Td8 20. Lg5 f6 21. cb5: fg5: 22. Ld3! Tf8 23. Dd2 Sb8 24. ba6: Sa6: 25. Tb1 mit Vorteil für Weiß, oder 24. Sf3!, Anand.

Karpow gefällt nicht der schwarze Läufer auf a6, beide „K" haben mehr Vertrauen in die „alte russische Theorie". In der Partie Wasjukow - Jakowlew, UdSSR 1957, war Weiß erfolgreich mit 16. Sc2 Sc5 17. Sb4 Sb3: 18. Db3: Lb7 19. Le3 (ein neues Beispiel: 19. Dc2 h6 20. Dd3 De8 21. Le3 Dd7 22. Td1 Kh7 23. Dd2 Ta8 24. Sh2 Sg6 25. Sf1 De8 26. Sg3 Lc8 27. Sh5 Le7 mit Remis, Kosten - Short, Hastings 1988/89) 19. ... c6 (Tb8 20. Td1!) 20. dc6: Lc6: 21. Sc6: Dc6: 22. Db4! Ta8 23. Td1 Ta6 24.

Se1 d5 25. Dc5! Dd7 26. Sc2 Td6 27.
Sb4.

15. Lc2

Nach einer Minute.

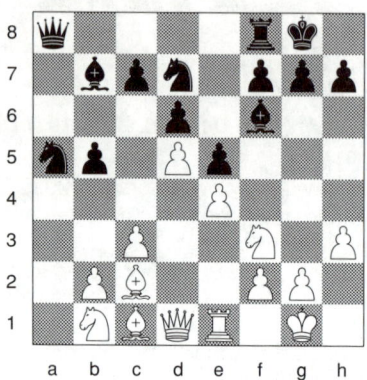

15. ... Sc4! (19)

Eine neue Idee. „Zum ersten Mal in diesem Wettkampf ist Karpow besser vorbereitet. Mit größter Wahrscheinlichkeit
hat er diesen Zug mit seinem Team
gründlich unter die Lupe genommen ...“
schrieb die „Schachwoche“.
Bekannt ist nur 15. ... Tb8 16. Sa3 La6
17. b4 Sc4 18. Sc4: bc4: 19. La4 Sb6
20. Lc6 Lb7 21. Lb7:! (aber nicht 21. b5?
Lc6: 22. bc6: Da2, Wasjukow - Geller,
UdSSR 1957) 21. ... Db7: 22. Le3, Tal
- Keres, Tallinn 1964, oder 15. ... Le7
16. Sa3 c6 17. dc6: Lc6: 18. De2 Da6
19. Sd2 Tb8 20. b4!, Tal - Stein, UdSSR-
Meisterschaft 1965, mit Vorteil für Weiß
in beiden Beispielen.

16. b3 (38)

Etwas Besseres ist schwer zu finden.

16. ... S4b6 (20) 17. Sa3?! (42)

Keinen Sinn hat 17. La3?! („um das
schematische c7-c6 zu verhindern“,
Schachwoche), denn nach 17. ... Le7

18. Sh2 La6 19. Sg4 c6 20. dc6: Dc6:
21. Se3 g6 wohin mit dem Läufer a3?
Meiner Meinung nach ergibt sich die kritische Stellung nach 17. Le3! Le7 (17.
... c6? 18. dc6: Lc6: 19. Dd6: gibt keine
Kompensation für den Bauern) 18. Sbd2
c6 19. dc6: Lc6: 20. Sf1; z.B. 20. ... Db7
21. S1h2! Le7 22. Sg4 müßte Kasparow
gefallen.

17. ... La6 (21)

Nach 17. ... c6 18. dc6: Lc6: folgt 19.
De2! (aber nicht 19. Dd6:?! Sc8 20. Dd3
Sc5 21. De2 Sd6, Christiansen) 19. ...
Da5 20. b4 und der Bb5 geht verloren.

18. Sh2 (65)

Die einzige Möglichkeit aktiv zu werden;
nichts bringt 18. b4 (!?, Wahls) c6 oder
18. Ld3 c6 19. dc6: Dc6: 20. Ld2 Sc5
mit gutem Spiel für Schwarz.

18. ... c6 (31)

„Schachwoche“ schrieb dazu: „Deep
Thought wollte hier 18. ... Ld8 spielen
mit leichtem Vorteil für Schwarz, was
Lautier zu der Bemerkung veranlaßte,
daß dieser Computer mit einer Menge
Humor ausgestattet sei“. In diesem Fall
hatte Lautier womöglich Recht.

19. dc6: (72) Dc6: 20. Ld2

Nach einer Minute. Nach 20. Df3 (Christiansen) könnte 20. ... Le7 21. Sg4 Sf6
folgen, und 22. Se3? geht nicht wegen
22. ... Dc3:. Auch 20. Te3 hatte Nachteile, z.B. 20. ... d5!?.

20. ... Le7 (55)

Karpow entscheidet sich, mit d6-d5 zu
warten.

21. Sg4 (75)

Spassky und Seirawan waren einstimmig - Schwarz steht besser.

21. ... Ta8 (58)

Sieht logisch aus, aber interessant war
auch 21. ... Te8!? mit der Idee 22. Se3

Sf6 23. Sf5 Lf8 24. Lg5 Te6.

Nach 21. ... f5 22. ef5: Lb7 folgt 23. Df3!
(23. Se3 d5, Wolff).

**22. Se3 (84) Sf6 (60) 23. Sf5 (92) Lf8
(61) 24. Lg5**

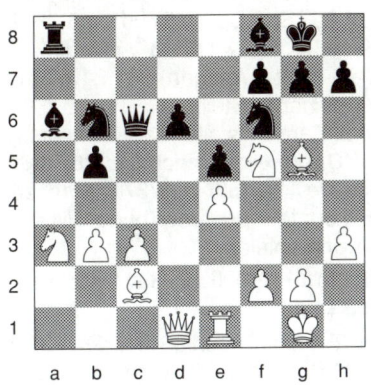

24. ... Sbd7!

„Mit diesem typischen Karpow-Zug
bringt sich der Herausforderer um die
Früchte seiner Arbeit" schrieb „Schach-
woche" und, ich glaube, zu Unrecht.
Nach 24. ... d5 (Dc3:? 25. Lf6: gf6: 26.
Te3 kommt nicht in Frage) 25. ed5: hat
Schwarz drei Möglichkeiten:
A) 25. ... Dd5: 26. Lf6: Dd1: 27. Td1:
gf6: 28. b4 Sa4 29. Td3 Tc8 30. Tg3+
Kh8 31. c4 Lb4:? 32. Sh6;
B) 25. ... Sbd5: 26. Sb5: Lb5: 27. c4 Sb4
28. Lf6: Sc2: 29. cb5:;
C) 25. ... Sfd5: 26. Sb1! Sc3:? 27. Dd3.
Mußte Karpow sich auf das einlassen?

25. c4!? (93)

Kasparow will durch dieses Bauernopfer
seinen Läufer aktivieren.

25. ... bc4: (73)

Es gibt nichts Besseres, nach 25. ... b4
folgt 26. Sb5.

26. bc4: (99)

26. Sc4: hat Kasparow weniger gefallen
wegen 26. ... Lc4: 27. bc4: h6!

26. ... Lc4:? (91)

Der kritische Moment in dieser Partie.
Richtig war 26. ... Dc5! 27. Te3 (27. Sb5
d5!) 28. ed5: Dc4: oder 27. Df3 d5) 27.
... h6 28. Lf6: Sf6: mit besserem Spiel
für Schwarz. Nun übernimmt Weiß die
Initiative.

**27. Sc4: (100) Dc4: 28. Lb3 (101) Dc3
(93)**

Zuerst will Karpow sofortiges 29. Te3?
vermeiden wegen 29. ... Da1 und etwas
Zeit gewinnen.
Nach 28. ... Db4 29. Te3 Se4:?! kommt
30. Ld5! (Wolff gibt 30. Lf7:+ Kf7: 31.
Dd5+ Kg6 an - unklar).

29. Kh2! (106)

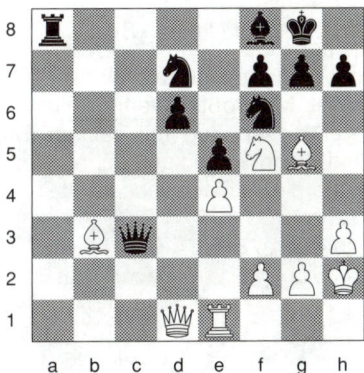

29. ... h6 (106)

„De Firmian kritisierte diese Entscheidung von Karpow, der den schwarzfeld-
rigen Läufer zu einem Schattendasein
verdammt" schrieb S. Löffler in „Schachwoche".
Ich habe mehr Vertrauen in Karpows Intuition; nach 29. ... g6?! folgt 30. Lf6:!
(weniger überzeugend ist 30. Te3 Da1

123

31. Df3!? (31. Dd2 gf5: 32. Lf6: f4! 33. Te1 Da5) 31. ... gf5: 32. Df5: Lg7 33. Tg3 Kf8 34. Lf6: Sf6: 35. Tg7: Kg7: 36. Dg5+ Kf8 37. Df6: Da7 38. Dd6:+ De7 39. Dh6+ Kg8 und Weiß hat genügend Kompensation für die Qualität, eine Analyse von Wolff) 30. ... Sf6: (gf5:?? 31. Dh5) 31. Te3 Da1 32. Dd2 mit einer gefährlichen Initiative, z.B. 32. ... gf5:? 33. Tg3+ Lg7 34. Dg5 Se8 35. De7 Da7 36. Lf7: Kh8 37. Df8+! Lf8: 38. Tg8 matt, eine schöne Variante von Lautier (Ashley).

30. Lf6: (122)

30. Lh4 (30. Ld2 Db2 31. Te3 Tal) gefällt Kasparow nicht wegen 30. ... g6 31. Se3 Ta3 32. Ld5 Le7.

30. ... Sf6: (107) 31. Te3 (123) Dc7 (112)

Nach 31. ... Db2?! war 32. Df3! stark.

32. Tf3!

Nun hat 32. Df3 keinen Sinn wegen 32. ... Dd8.

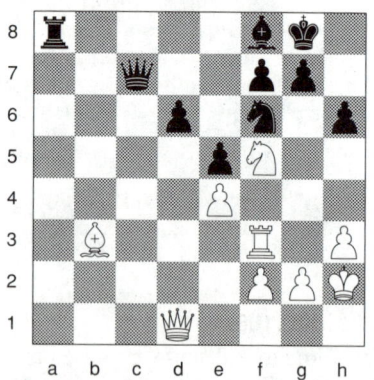

32. ... Kh7?! (138)

Nach 26 (!) Minuten. Karpow verbleiben 12 Minuten für 8 Züge. Er will noch versuchen auf Gewinn zu spielen; obwohl vorsichtiger war, nach 32. ... Dd8! 33.

Se3 (33. Tg3 Kh8 34. Lf7: Se4: gibt Ljubojevic an) 33. ... Ta7 34. Sd5 mit Ausgleich zufrieden zu sein.

33. Se3! (125) De7 (145)

Noch fünf Minuten für sieben Züge. Laut Analyse von Douven war richtig 33. ... Ta7 34. Sd5 Sd5: 35. Ld5: g6 36. Db3 (nach 36. Tf7:+ Df7: 37. Lf7: Tf7: kann Weiß nicht gewinnen) 36. ... Kg7 mit einer sicheren Stellung.

Aber Karpow wollte das Qualitätsopfer auf f6 vermeiden, nach 34. Tf6:! gf6: 35. Dh5 De7 36. Sf5 De8 37. h4 nebst g4-g5 könnte Kasparow ohne Risiko auf Gewinn spielen.

34. Sd5 (127) Sd5: 35. Ld5: Ta7 36. Db3 (128)

Das Endspiel nach 36. Tf7: Df7: 37. Lf7: Tf7: bietet keine Chancen auf Gewinn, Schwarz kann eine Festung aufbauen.

36. ... f6? (146)

Vorsichtiger war 36. ... Kg8!? (mit der Idee g6 und Kg7) 37. Tf7: Df7: 38. Lf7:+ Tf7: 39. De6 g5, nach 40. h4 (40. Dg6+ Lg7 41. Dd6: Tf2:) 40. ... Kg7 hat Weiß kaum Chancen auf Gewinn.

37. Db8! (130)

Nun droht Tc3-c8

37. ... g6! (147)

Aber nicht 37. ... h5? 38. g4! g6 39. g5.

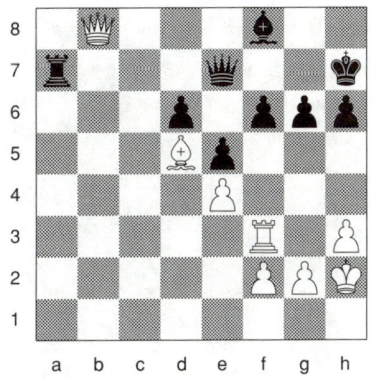

38. Tc3? (136)

Richtig war 38. g4! Tc7 (38. ... h5 39. g5 oder 38. ... Kg7 39. Tc3) 39. Ta3 Kg7 40. Da8! mit der Idee 41. La2 und 42. Dd5, Analyse von Douven. Schwarz müßte dann sehr schwere Probleme lösen.

38. ... h5! 39. g4 (137) Kh6! (148) 40. gh5: (145) Kh5:

Die Zeitkontrolle ist vorbei.

41. Tc8? (146)

Ein impulsiver Zug nach nur einer Minute.

„Bereits nach der Zeitkontrolle vergibt Kasparow endgültig den vielleicht immer noch möglichen Sieg. Maxim Dlugy schlug nach Konsultation mit dem Kasparow-Team 41. Dc8! vor; 41. ... Kh6 42. Tg3 mit der Drohung 43. Dg4" schrieb Löffler in „Schachwoche". Was kann man dazu sagen, sie haben recht!

41. ... Lg7 (147)

Die Abgabestellung. Nach 32 (!) Minuten gab Kasparow seinen Zug ab.

42. Te8!

Laut Meinung von Kommentatoren die beste Chance; nach 42. Db3? f5! 43. Df3+ Kh6 44. ef5: Dg5 kommt Schwarz zu Gegenspiel.

Remis ohne Wiederaufnahme. Es könnte folgen 42. ... Dc7! 43. Db2 (43. Db3 Dc1) 43. ... Dc5 44. De2+ Kh6 45. Dd2+ Kh5! (g5 46. h4) 46. Lb3 (46. h4 Ta3) 46. ... g5.

Nach dieser Partie hat Kasparow gute Gründe, sich zu ärgern.

7. Partie

Seit der 4. Partie hat Karpow vor allem psychologisch sicherlich Boden unter den Füßen gefunden; aber gewinnt man allein mit Abwehrschlachten solch einen Wettkampf? Man wartet eigentlich noch immer darauf, daß es dem Herausforderer gelingt, mit Weiß einmal richtig Dampf zu machen, von Anfang an das Heft in die Hand zu nehmen.

Auch in der 7. Partie probiert er es jedoch wieder im typischen Karpow-Stil, erreicht diesmal aber immerhin mehr: die Initiative und eine Stellung, in der sich Kasparow in der Lage des Verteidigers nicht sonderlich wohl gefühlt haben dürfte. Wie sonst soll man erklären, was er sich in dieser Partie für einen Schnitzer leistet? Das Motiv kennt wohl schon jeder bessere Kaffeehausspieler und der Weltmeister übersieht es. Er soll gesagt haben, erst als sein Gegner so lange überlegte nach dem fatalen Zug Da5, sei es ihm selbst in seinem Ruheraum erst wie Schuppen von den Augen gefallen. Und das wars dann für diese Partie - nun hat Kasparow den anfangs schon fast geschlagenen Gegner endgültig „aufgebaut".

Karpow - Kasparow
Königsindisch (E 92)

1. d4 Sf6 2. c4 g6 3. Sc3 Lg7 4. e4 d6 5. Sf3 0–0 6. Le2 e5 7. Le3 Sa6!? (6) 8. 0–0 (2) Sg4!?

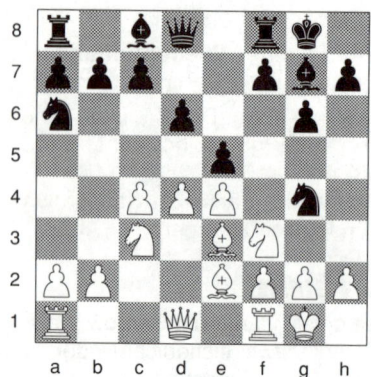 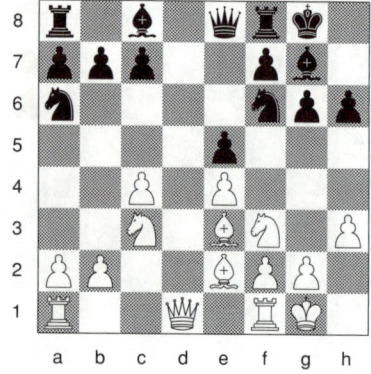

In der 5. Partie geschah 8. ... c6 9. de5:! mit besseren Aussichten für Weiß. Die Fortsetzung in der Partie paßt besser zu der Variante mit 7. ... Sa6 und wird meistens gespielt.

9. Lg5 (3) f6!?

Aber dieser Zug ist weniger bekannt. Eine kritische Stellung ergibt sich nach 9. ... De8 10. h3 h6 11. Lc1! (in der Partie Groszpeter - Gallagher, San Bernardino 1980 folgte 11. Lh4 Sf6 12. Te1?! (die Stellung nach 12. de5: de5: 13. Sd2 c6 gilt als günstig für Schwarz, Tschechow - Jurtajew, UdSSR 1988) 12. ... ed4: 13. Sd4: g5 14. Lg3 Se4: 15. Ld3 Sc3: 16. bc3: Dd8 17. Lc2 Sc5 18. f3 a6 19. Dd2 Df6 20. Lf2 Ld7 21. Tab1 b6 und Weiß muß noch beweisen, eine Kompensation zu finden) 11. ... Sf6 12. de5: de5: 13. Le3

In der Partie Miles - Timostschenko, Moskau, GMA-Open 1989, ging es weiter mit 13. ... Sh5 (nach 13. ... c6 ist 14. c5! Sc7 15. Dd6! stark - 15. ... Se6 16. Se5: Sg5 17. Lg5: hg5: 18. Lc4, Tschechow; auch 13. ... Sd7 14. a3 c6 15. b4 f5 16. c5 f4 17. Lc1 g5 18. Sd2! (besser als 18. Lb2 Sc7 19. Dd6 Se6 20. Lc4 Tf6 21. Tad1 Kh7 22. Dd3 Tg6, Browne - Tschechow, Palma, GMA-Open 1989) 18. ... Sf6 19. Sc4 gibt Weiß bessere Chancen, van Wely - Piket, Amsterdam 1990) 14. c5 Sf4 15. La6: ba6: 16. Sd5 Sd5: 17. Dd5: Le6 (nach 17. ... Tb8 18. Dd2 Kh7 19. Dc3 Db5 20. b3 Lb7 21. Se5: De8 (21. ... Le4: 22. Ld4 Tbd8 23. Tfe1 f5 24. Tad1 Tfe8 25. a4 Db8 26. c6 und Weiß hat schnell gewonnen, Nowikow - Glek, Odessa 1989) 22. f4! (22. Ld4?! Td8 23. f4 Lc4: 24. Tae1 Remis, Newerow - Glek, Odessa 1989) 22. ... Lc4: 23. Dc4 ist klar besser für Weiß) 18. Dd2 Td8 19. Dc3 Dc6 20. Tfe1 f6 21. Sd2 mit besseren Aussichten für Weiß.

10. Lc1 (6)

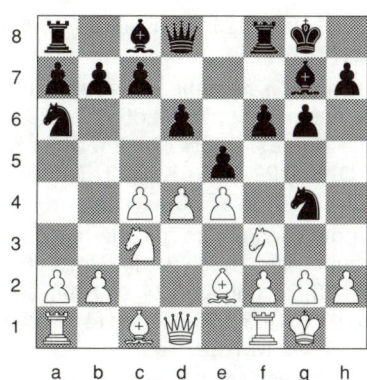

10. ... Kh8!? (8)

In der Partie Cebalo - I. Sokolow, Jugos-
lawische Meisterschaft 1989, folgte 10.
... De8 11. h3 Sh6 12. de5:?! de5: 13.
b3 Le6 14. La3 Tf7 15. Dc2 Lf8 16. Lf8:
Df8: 17. a3 Td7 18. Tfd1 Td1:+ 19. Sd1:
Sf7 mit Ausgleich. Logischer sieht 12.
Tb1! aus mit der Idee 13. de5: de5: 14.
b4.

Schwarz kann versuchen, die Position
des Tb1 auszunutzen durch 12. ... f5?!
(12. ... ed4: 13. Sd4: f5 14. Lh6: Lh6:
15. ef5: gf5: 16. Lh5 nebst Te1), aber
nach 13. Lh6:! Lh6: 14. de5: steht Weiß
auf Gewinn, z.B. 14. ... fe4: 15. Se4: Lf5
16. Sf6+ Tf6: 17. ef6: Lb1: 18. Dd5+ Kf8
19. Tb1: De2: 20. Db7:.

Diesen Plan verfolgte Weiß in der Partie
Benjamin - Kindermann, Novi Sad 1990:
10. ... Sh6 (Stefan Kindermann kommentierte die 7. Partie für das Schach-
Echo und will nun keine Zeit „verlieren"
für Kh8 oder De8) 11. Tb1!? Sf7 (11. ...
ed4: 12. Sd4: f5 13. Lh6: Lh6: 14. ef5:
gf5: 15. Lf3 c6 16. b4! nebst 17. b5!) 12.
de5: de5: 13. b4 c6 14. b5 Sc7 15. La3
Tc8 (nach Dd1: konnte folgen 16. Ld1:!?
Tc8 17. bc6: bc6: 18. La4 Sd8 19. Sd2
La6 20. Tfd1 Lh6 21. Sb3 Lc4: 22. Sa5)

16. bc6: bc6: 17. Da4 Ld7 18. Tfd1 Dc8
und nun war eine logische Folge 19.
Sd2! Se6 20. Sb3 mit Druckspiel für
Weiß.

11. h3 (19)

Nach 13 Minuten. Nach 11. de5: könnte
Kasparow 11. ... fe5: 12. h3 Sf6 spielen,
11. Tb1?! wäre nun nicht gut für Weiß
wegen 11. ... f5!

11. .. Sh6 (9) 12. de5: (24)

Auch hier ist 12. Tb1 f5! 13. de5: fe4:
14. Se4: Lf5 günstiger für Schwarz.

12. ... fe5:?! (11)

Diese Entscheidung hat viele überrascht. „Nach 12. ... de5: steht Schwarz
besser", war die Meinung von M. Tal,
„12. ... fe5: öffnet zwar die f-Linie, nimmt
aber seiner Bauernstruktur einen Groß-
teil ihres dynamischen Potentials"
(Wahls).

Nach 12. ... de5: 13. Le3 (13. Dd8: Td8:
14. Le3 Lf8! oder 13. Tb1 Sc5) c6 14.
Dd8:! Td8: 15. Tfd1 Te8 16. c5 Sc7 17.
Lc4 steht Weiß etwas besser und
Schwarz muß sich passiv verteidigen.
Kasparow gefällt diese Stellung nicht, er
will mit den Damen spielen.

13. Le3 (28) Sf7 14. Dd2 (30)

Es drohte Lh6 mit Abtausch des
„schlechten" Läufers.

14. ... Sc5 (21)

Nach 10 Minuten. Kasparow versucht
den Sa6 ins Spiel zu bringen, nach 14.
... c6 (mit der Idee Sc7) 15. Sg5 bekommt Schwarz Probleme mit dem
Punkt d6.

15. Sg5?! (53)

Nach 23 Minuten. Diesmal hatte Tal mit
15. Lc5:! dc5: 16. De3 recht, z.B. 16. ..
b6 17. Tad1 Ld7 18. Sh2! Sd6 19. Sd5
mit Druckspiel.

15. ... Sg5: (37)

16 Minuten. Mir gefällt mehr 15. ... Se6!?
16. Se6: (16. Sf7:+ Tf7: 17. Lg4 Sd4 18.
Lc8: Dc8: 19. Ld4: ed4: 20. Sb5 De6)
16. ... Le6: 17. Tfd1 c6 18. c5 (sonst
kommt 18. ... Dh4) 18. ... dc5: 19. Lc5:
Dd2: 20. Td2: Te8 mit guten Aussichten
auf Ausgleich.

16. Lg5: Lf6 (38) 17. Le3! (56) Se6 (49)

Es gibt nichts Besseres, nach Le6?! folgt
18. b4 Sd7 19. Sd5.

18. Lg4! (59)

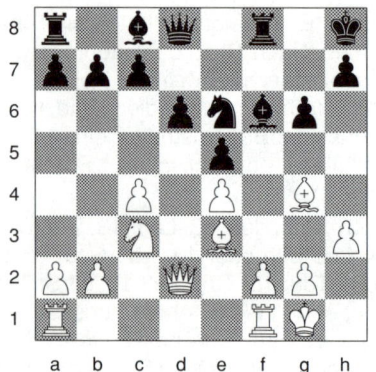

18. ... h5 (72)

Andere Möglichkeiten:

A) 18. ... Lg5 sieht logisch aus -
Schwarz will seinen „schlechten"
Läufer abtauschen, aber 19. Le6:
Le3: 20. De3: Le6: 21. c5! und Weiß
steht besser.

B) 18. ... Sf4 19. Lc8: Dc8: 20. Sd5 Lg5
21. Lf4: Lf4: 22. Dd3 und wieder ist
der Springer besser als der Läufer;

C) 18. ... Sd4 19. Lc8: Dc8: 20. f4! (nach
20. Ld4: ed4: 21. Sb5 c5 gewinnt
Weiß keinen Bauern - 22. Sd6: Dc6)
20. ... c5 21. Sd5! Lg7 22. Tf2 (auch
22. Ld4: ist gut) nebst Taf1 mit Initiative für Weiß.

**19. Le6: (60) Le6: 20. Sd5 (63) Lh4 21.
Tac1!? (74)**

Kasparow wäre sehr zufrieden mit Remis nach 21. La7:?! Ld5:! (Ta7:? 22.
Dh6+ Kg8 23. Dg6:+ Kh8 24. Dh6+ Kg8
25. De6:+) 22. Dh6+ Kg8 23. Dg6:+ Kh8
24. Dh5:+ Kg8 25. Dg6+.

Karpow versucht so gut wie möglich f4
vorzubereiten (nach 21. f4?! folgt c6 22.
fe5: cd5: 23. cd5: Lg8 24. e6 Kh7), seine
Idee ist Tc1-c3, b3, Td3 und f4. „Normal"
war 21. b3 Kh7 22. Tad1.

21. Kh7 (83) 22. Tc3 (85)

Karpow verfolgt seinen Plan, möglich
war 22. b3!?

22. ... Tf7 (87) 23. b3 (87)

Unklar wäre 23. Td3 c6 24. Sc3 Lc4: 25.
Td6: wegen 25. ... Lf1:! 26. Td8: Td8:,
z.B. 27. Dc1 La6 28. La7: b5 29. Lb6
Tb8 30. Lc5 b4 31. Sd1 Td8 32. Lb4:?
Le2 mit schwarzer Initiative, eine Analy-
se von L. Pliester.

Nun hat Weiß nach 24. Td3 c6 25. Sc3
sein Ziel erreicht, darum ...

**23. ... c6! (95) 24. Sb4 (88) Td7 (97)
25. Tcc1! (94)**

Es drohte 25. ... d5 26. cd5: a5! 27. Sd3
cd5: 28. Se5: d4 29. Td3 de3: 30. Td7:+
Ld7: 31. Dd7:+ Dd7: 32. Sd7: Lf2:+ und
25. Td3?! geht nicht wegen 25. ... a5
26. Sc2 d5.

„Nun ergriff Karpow den Turm auf c3,
doch unsicher zog er die Hand wieder
zurück, um ihn schließlich doch auf das
alte Feld zurückzustellen" schrieb S.
Löffler in „Schachwoche".

25. ... Lf6 (98)

25. ... d5?! 26. cd5: cd5: 27. Sd5: Ld5:
28. ed5: Td5: 29. Dc2 ist günstig für
Weiß.

26. f4! (98) ef4: (104) 27. Lf4:

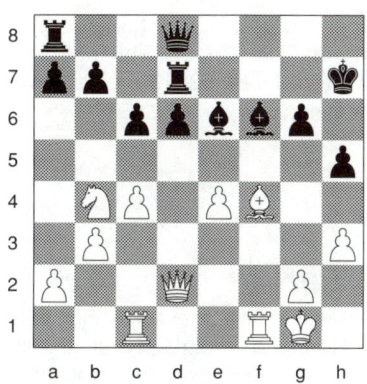

27. ... Da5? (110)

Ein katastrophaler Fehler.

Aber auch nach 27. ... De7 (oder 27. ... Dh8, M. Tal) 28. Sd3 mit der Idee Se1-f3 steht Weiß besser.

28. Sd5! (123)

Nach 25 Minuten!

28. ... Dc5+ (111)

S. Löffler gibt in „Schachwoche" 28. ... Dd8 29. Sf6:+ Df6: 30. Ld6: De5 31. c5 De4: 32. Tf4 De5 33. Te1 Dd5 34. Td4 Df5 35. Te5 Df7 36. Tde4 und Weiß gewinnt.

29. Kh1?! (128)

Eine kritische Stellung ergibt sich nach 29. Le3! Lg5 und nun gewinnt 30. Tf4! Da3 (Lf4: 31. Sf4: De5 32. Ld4 De4: 33. Te1) 31. Sf6+ Lf6: 32. Tf6: Te8 33. Df2 mit Mattangriff.

Kasparow hat gerechnet mit:

a) 30. Lc5: Ld2: 31. Sf6+ Kh6!; mehr Chancen bietet Weiß 31. ... Kg7 32. Ld4! (aber nicht 32. Sd7: dc5:! 33. Tcd1 Le3+ 34. Kh1 Ld4 35. Td4: cd4: 36. Sc5 Lc8) 32. ... Lc1: 33. Sd7:+ Kh6 34. Sf8 Lg8 35. Tf6: Lh7 36. Tf7 Lg8 37. Lg7+ Kg5 38. Se6+ Kh4 39. Ld4 mit Matt, eine Analyse von L. Pliester.

b) 30. Sf6+ Kh6 (Kg7 31. Sh5:+ gh5: 32. Dc3+) 31. Lc5: Ld2: 32. Sd7: (32. Tcd1 Tdd8!) 32. ... Lc1: 33. Tc1: Ld7: 34. Ld6: und Weiß gewinnt einen Bauern, aber nicht die Partie.

29. ... Ld5: (112)

Das einzige, 29. ... Lg7? 30. Le3 Da3 31. Sf6+ Lf6: 32. Tf6: Te8 33. Df2 mit Mattangriff oder 29. ... cd5:? 30. cd5: Dd4 31. de6: Te7 32. Dd4: Ld4: 33. Ld6: Te6: 34. Tc7+ Kg8 35. e5! mit einem gewonnenen Endspiel.

30. cd5: (129)

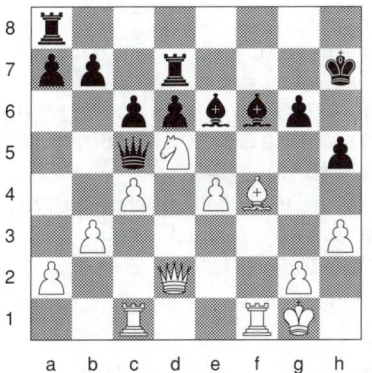

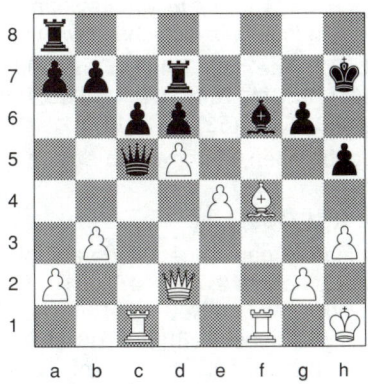

30. ... Dd4 (116)

„Es war den Kommentatoren schwer verständlich, wieso der Weltmeister nicht mit 30. ... Db5 den Bauern behalten hat", schrieb S. Löffler in „Schachwoche".
.
Aber Weiß gewinnt den Bauern doch nach 31. Lh6 (31. Ld6:? Td6: 32. Df4, Löffler, 32. .. Tad8; aber 31. a4 Db3: 32. dc6: bc6: 33. e5! mit weißer Initiative kommt in Frage, M. Rohde) 31. ... Le5 32. Lf8 Lg7 33. Lg7: Kg7: 34. Dc3+ Kh7 35. dc6: bc6: 36. Dc6: Dc6: 37. Tc6: Te8 38. Td1 Te4: 39. Td6:, eine Analyse von L. Pliester.

31. dc6: bc6: 32. Tc6: (131)
Aber nicht 32. Dd4:? Ld4: 33. Tc6: Tf8.

32. ... Te8 (117) 33. Tc4 (133) Dd2: 34. Ld2: Le5 (121) 35. Le3 (137) Lg3 36. Tf3 (139) h4 (127)
„Kasparow setzt sich nicht sehr zäh zur Wehr. Nun werden die Königsflügelbauern noch anfälliger" schrieb S. Löffler. Die Frage ist, ob 36. ... Le5 besser war nach 37. Lf2 Kg7 38. Ta4 Tee7 39. Td3 Tf7 40. Kg1 mit der Idee Td5-a5.

37. Lf2! (140) Lf2: (130)
Nicht besser war 37. ... Tde7 38. Lg3: hg3: 39. Tg3: Te4: 40. Te4: Te4: 41. Tg5 nebst Ta5 mit einem gewonnenen Turmendspiel (Dzindzichaschwili).

38. Tf2: Tde7 39. Tf4 (145) g5 40. Tf6 Te4: (132) 41. Te4: Te4: 42. Td6: (149) Te7 43. Ta6 (153) Kg7 (137)
Abgebrochen, Karpow gab seinen Zug ab.

44. Kg1 (155)
Kasparow gab ohne Wiederaufnahme auf. Es könnte folgen 44. ... Tf7 45. b4 Kh7 (Kf8 46. a4 Ke8 47. Tg6 Tf4 (Tf5 48. Tg8+ nebst Ta8) 48. Tg8+ Kf7 49. Tg5: Tb4: 50. Ta5 Tb7 51. Th5 Tb4 52.

Th7+) 46. a4 Kg7 47. b5 Kh7 48. Tc6 Kg7 49. Tc8 Kh7 50. Tb8 Kg6 51. a5 Tf4 52. a6 Ta4 53. Kf2, eine Analyse von Peters.

8. Partie

Was soll man nach solch einer Pleite tun? Manche empfehlen erst einmal ein Sicherheitsremis, weil ein Unglück bekanntlich selten allein kommt bzw. weil man im Rachedurst gern überzieht. Aber dazu ist Kasparow nicht der Typ; er „kneift" nicht. Seine zweite Auszeit einsetzen konnte er in so frühem Stadium auch schlecht. Also Flucht nach vorn...
Bestimmt hat der Weltmeister darauf vertraut, daß er ein Typ ist, der „auf Bestellung" gewinnen kann, wenn die Lage kritisch wird. Fast hätte es auch diesmal geklappt - aber nur fast, ein Anzeichen für schlechte Form? Es ist merkwürdig: Nach der von Kasparow überlegen geführten Anfangsphase ist seit der 4. Partie der Wurm drin, nichts scheint mehr klappen zu wollen.

Kasparow - Karpow
Spanisch (C 92)
1. e4 e5 2. Sf3 Sc6 3. Lb5 a6 4. La4 Sf6 5. 0-0 Le7 6. Te1 b5 7. Lb3 d6 8. c3 0-0 9. h3 Sd7 10. d4 Lf6! 11. a4 Lb7 12. Le3 (6)
Kasparow wählt einen anderen Weg. In der 6. Partie folgte 12. ab5:.

12. ... Sa5 (12)
Überlegt sich, was hat wohl Kasparow vor?

13. Lc2 Sc4 (19) 14. Lc1

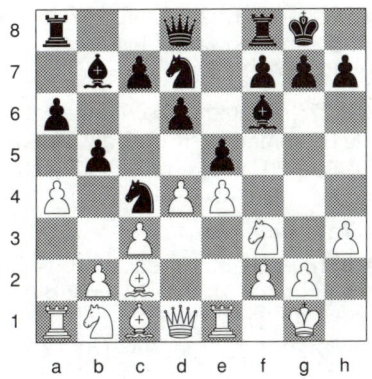

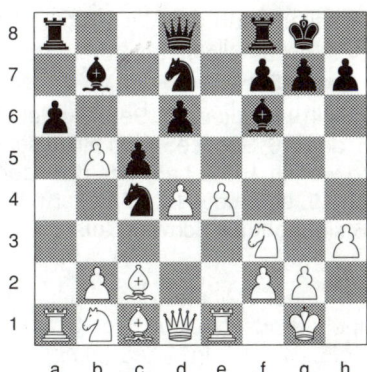

14. ... d5! (24)

Noch 5 Minuten verbraucht - eine letzte Überprüfung, Karpow bringt eine interessante Neuerung. Er versucht, für ihn ungewöhnlich, in „brutaler" Form Ausgleich zu erreichen. Andere Möglichkeiten waren 14. ... ed4: (A) und 14. ... Scb6 (B).

A) Eine kritische Stellung ergibt sich nach 14. ... ed4: 15. cd4: c5 16. ab5:! (laut Enzyklopädie bringt nichts 16. Sc3 cd4: 17. Sd4: Db6 18. Sf5 b4 19. Sd5, Kavalek - Rasuwajew, Amsterdam 1975, wegen 19. ... Da5. Nach 16. b3 gibt Karpow 16. ... cd4:! 17. bc4: d3 an, bzw. 17. Sd4: Db6).

In der Partie Iwantschuk - Karpow, Reggio Emilia 1989/90, folgte 16. ... cd4: (Karpow gibt im Informator 49 16. ... ab5: 17. Ta8: Da8: als Ausgleich an mit den Varianten 18. dc5: Sc5: 19. b3 Se5 20. Dd6:?! Sf3:+ 21. gf3: Se6 bzw. 18. b3 Scb6 19. dc5: dc5:, aber Weiß kann stark mit 18. Sc3! fortsetzen) 17. ba6:! (17. Sd4: Db6) 17. ... Ta6: (17. ... La6:? 18. Ld3 Dc8 19. De2, und nach 17. ... Db6 kommt 18. b3! Sce5 19. Sd4: bzw. 18. ... d3? 19. Ld3: La1: 20. ab7:) 18. Ta6: La6: und nun zeigte laut van der Wiel Kasparow(!) den Gewinnweg für Weiß: 19. b3! (in der Partie geschah 19. Sd4: Db6 20. Sf5 Sb2: 21. Dd6: Dd6: 22. Sd6: Sc5! 23. Le3 Scd3 24. Ld3: Sd3: 25. Td1 Td8! 26. Sf5 h5 27. Sd2 g6 28. Sg3 Le5 29. Tb1 Sb2 30. Lg5 Te8 31. Sf3 mit Remis) 19. ... Sce5 20. Sd4: Sc5 (laut Karpow mit Kompensation) 21. Le3 Sed3 22. Ld3: Sd3: 23. Te2 nebst Td2 oder Ta2.

B) Eine „solide" Verteidigung wäre 14. ... Scb6, aber Stellungen nach 15. a5! (wenig bietet 15. b3 wegen 15. ... ba4: 16. ba4: a5!, Rodriguez - Mihaljcisin, Belgrad 1988) 15. ... Sc8 16. Sbd2 Se7 17. Sf1 (im Stil von R.

Fischer - van der Wiel) hätten Kasparow gefallen.

15. de5:! (50)

Nach 44(!) Minuten. 15. Se5:?! (oder 15. ab5: de4: 16. Se5: Le5:) war ein falscher Weg wegen 15. ... Le5:! 16. de5: de4:. Auch 15. ed5: Ld5: 16. b3 Lf3: 17. Df3: Sd6 sieht gut für Schwarz aus.

15. ... Sde5:

Nach einer Minute. Van der Wiel schrieb: „Fortsetzungen wie 15. ... de4: 16. ef6: ef3: 17. fg7: Te8 kommen für Karpow nicht in Frage, obwohl das nicht klar war."

Er hatte Recht, aber auch Karpow - nach 17. b3! S4e5 18. fg7: Te8 19. Sd2 steht Weiß klar besser.

16. Se5: Se5:

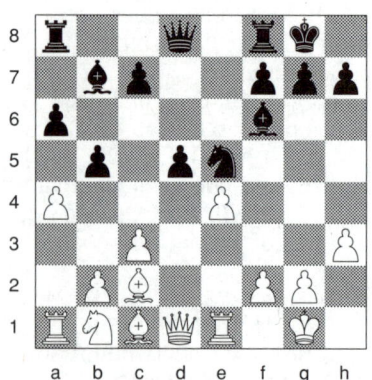

17. ab5:! (55)

In solcher Weise bekommt Kasparow die schwarze Dame weg vom Zentrum, nach 17. f4 Sg6 18. e5 Lh4 19. Tf1 konnte folgen 19. ... b4! (van der Wiel gibt nur 19. ... Lg3 20. Dg4 Dh4 21. Dh4: Lh4: 22. Sd2 oder 19. ... Le7 20. Sd2 d4 21. De2 bzw. 21. Se4 dc3: 22. bc3:

mit besseren Chancen für Weiß) 20. cb4: d4! mit schwarzer Initiative.

17. ... ab5: (65)

Nach 37(!) Minuten. Die Alternative 17. ... de4:? kommt nach 18. Dd8: Tfd8: 19. ba6: Sd3 20. Ld3: ed3: 21. a7 nicht in Frage.

18. Ta8: Da8: (70)

Nach 18. ... La8: 19. ed5: (19. f4 Sg6 20. e5 Lh4 21. Tf1 b4! 22. cb4: d4) 19. ... Dd5: 20. Dd5: Ld5: 21. Lf4 Sc4 22. b3 Sd6 23. Ld6: cd6: 24. Td1 Le6 25. Td6: Tc8 26. b4! muß Schwarz mit Minusbauer um Remis kämpfen.

19. f4 (59)

Weiß hat kein anderes Spiel

19. ... Sg6 20. e5 Lh4 (77) 21. Tf1

Nach 21. Te2?! folgt 21. ... Te8.

21. ... Le7

Aber nicht 21. ... d4?! wegen 22. Dg4 Le4 23. Le4: De4: 24. Sd2.

22. Sd2 (68)

Kasparow bringt den Springer ins Spiel. Van der Wiel gibt an 22. Dh5 (ein „primitiver" Versuch) 22. ... d4 (auch Te8 ist möglich, mit der Idee 23. f5? Se5: 24. f6 g6 25. De5: Lc5+) 23. f5 Lg2:! (aber nicht d3? 24. Ld3: Se5: 25. f6 Lc5+ 26. Kh2 Sd3: 27. Dg5) 24. fg6: hg6: 25. De2 Lf1: 26. Df1: Dd5 und „die weiße Stellung erweckt wenig Vertrauen".

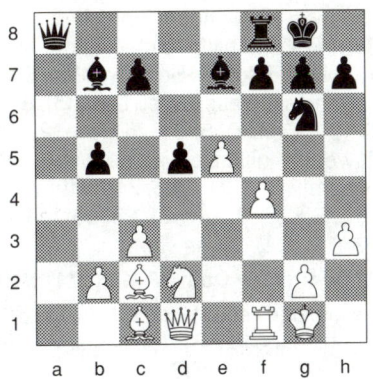

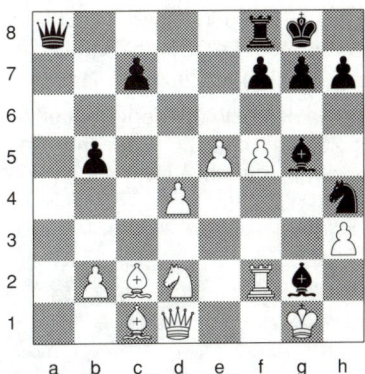

22. ... Lc5+?! (107)

Nach einer halben Stunde. Der Zug stieß auf harte Kritik der Kommentatoren, schrieb „Schachwoche".

Karpow hatte in dieser „kurzen" Zeit drei mögliche Alternativen zu analysieren neben der Partiefortsetzung.

A) Nach 22. ... f5 23. Dh5! (aber nicht 23. g4?! - Lautier - wegen Sh4) 23. ... d4 (Sh4 24. g3) 24. Lf5: dc3: (Lg2: 25. Tf2) 25. Sf3 Le4 26. Sg5 Lg5: 27. Le6+ Kh8 28. Dg5: steht Weiß klar besser.

B) Laut Meinung der Kommentatoren und Analyse von van der Wiel könnte Schwarz ein vollwertiges Spiel erreichen durch 22. ... d4. Die kritische Stellung ergibt sich nach 23. cd4:! (23. De2 Td8! - mit dem schwarzen Läufer auf c5 geht das nicht wegen Sb3 - 24. f5 d3! 25. Ld3: Lc5+ 26. Kh1 Td3:! ist günstig für Schwarz, oder 26. Kh2 Se5:!) 23. ... Lg2: 24. Tf2 Sh4! (Lh3: 25. Dh5 nebst 26. f5 oder 24. ... Lh1 25. f5 gibt Weiß entscheidenden Angriff) 25. f5 Lg5

Van der Wiel gibt weiter an: 26. Dg4 h6! (aber nicht Ld2:? 27. Ld2: Sf3+ 28. Kg2: Sd2:+ 29. Kh2 und Weiß steht auf Gewinn) 27. Tg2: Dg2:+ 28. Dg2: Sg2: 29. Kg2: Td8 30. h4!? Le3 oder 26. ... f6 27. Tg2: Dg2:+ 28. Dg2: Sg2: 29. Kg2: fe5: 30. d5 und das Endspiel in beiden Varianten ist günstig für Schwarz.

Dieses Endspiel hätte Karpow bestimmt gefallen, aber wie steht es mit 26. f6! g6 (Le3 27. Dg4) 27. Dg4 h6 28. e6! mit der Idee 28. ... fe6: 29. Sb3! Lc1: (Lf3 30. De6:+ oder Sf3+? 30. Kg2:) 30. Sc1:?

C) Meiner Meinung nach richtig war 22. ... b4! mit der Idee 23. Sf3 bc3: 24. bc3: f5.

23. Kh2 (71) d4 (116)

23. ... Le3?! hat keinen Sinn wegen 24. Sf3 Lc1: (Lf4:+? 25. Lf4: Sf4: 26. Lh7:+ Kh7: 27. Sg5+) 25. Dc1:.

24. De2! (96)

Nach 25 Minuten. Nun ist Kasparow mit seinem Spiel und mit seiner Stellung zufrieden.

24. Sb3? Lb6 (aber nicht Lg2:? 25. Sc5: Lf1: 26. Df1: dc3: 27. bc3: Da1 28. Se4) bringt nichts - g2 hängt und, was das Wichtigste ist, der Springer zieht in der

falschen Richtung. Nach 24. Sf3?! folgt dc3: 25. bc3: Le4 26. f5? Lf3:!

24. ... dc3: (121) 25. bc3: (101)

Was hat Karpow überlegt - hat er Angst vor 25. Se4 cb2: 26. Lb2: (mit Angriff, Seirawan) gehabt? Nein, dann kommt 26. ... La3!.

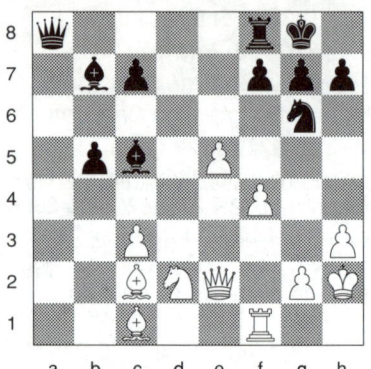

Nun können auch wir feststellen: Schwarz hat große Probleme.

25. ... Td8 (125)

Sofort 25. ... La3? geht nicht wegen 26. La3:! (weniger überzeugend sieht aus 26. f5 Sf4 27. Tf4: Lc1: 28. f6, van der Wiel, wegen 28. ... g6 aus) 26. ... Da3: 27. f5 Dc3: 28. fg6: Dc2: 29. gf7:+ Tf7: (Kh8) 30. e6!.

26. Se4! (109) La3 (132)

Es gibt nichts Besseres. „Alles richtet sich gegen den schwarzen Königsflügel. Karpows Miene war anzusehen, daß er mit seiner Stellung aber gar nicht zufrieden war, außerdem nahte die Zeitnot" schrieb „Schach-Magazin 64". Und Schachwoche: „Jedermann hielt den Sieg von Kasparow nur für eine Frage der Zeit ..."

27. La3: (117) Le4:! (145)

Karpow bleiben noch fünf Minuten für 13 Züge - und nicht leichte Züge. Nach 27. ... Da3: folgt 28. Sg5! (weniger überzeugend sieht aus 28. e6 Le4:! 29. ef7:+ Kf7: 30. De4: Dc3: 31. f5 Se5 32. Dh4 mit weißer Initiative, van der Wiel; auch 30. Le4:!? Dc3: 31. Db5: ist gut für Weiß) 28. ... Sf8 (Dc3: 29. e6!) 29. e6! fe6: 30. Lh7:+! und Weiß gewinnt.

28. De4: (119) Da3: 29. f5 (121) Se7!

Das einzige, sofort verliert 29. ... Sf8? wegen 30. e6 fe6: 31. fe6: Dd6+ 32. Kh1 (32. ... De6:? 33. Tf8:+).

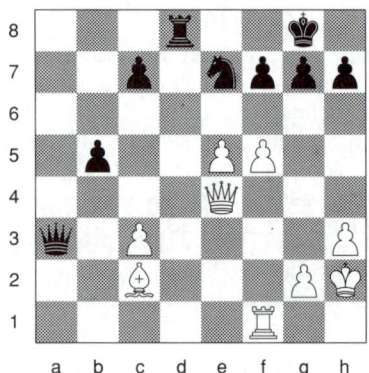

30. Dh4! (124)

Laut einer Analyse von van der Wiel mußte Schwarz nach 30. Tf3!? die einzige Verteidigung finden: 30. ... f6? 31. c4 Dc5 32. ef6: oder 30. ... Dc5 31. Td3! Te8 32. e6 f6 (Df5: 33. ef7:+ Df7: 34. Tf3 Dg6 35. Lb3+ Kh8 36. De7:) 33. Td7 und Weiß gewinnt, aber 30. ... Kh8! 31. c4 (31. f6 Sg6 bringt nichts) 31. ... Dc5 32. cb5: Db5: 33. f6 Sg6 34. e6 gf6: 35. Tf6: fe6: 36. Tg6: hg6: 37. Dh4+ Kg7 38. De7+ Kh6 39. Dd8: De5+ mit Dauerschach.

30. f6 Sg6 bringt nichts; 31. e6?! Dd6+.

30. ... f6! (146)

134

Wieder einziger Zug, es drohte 31. f6.
30. ... Dc5? verliert wegen 31. f6 De5:+
32. Kh1 Sg6 33. Lg6: hg6: 34. fg7:.

31. Dg3! (132)

Nichts bringt 31. ef6:? wegen Dd6+, und
nach 31. Tf3 hat Schwarz eine gute Verteidigung: 31. ... Tf8! 32. Tg3 Kh8 33.
ef6: gf6: (van der Wiel).

31. ... Kf8! (147)

Wieder findet Karpow die beste Verteidigung, nach 31. ... Kh8 folgt 32. ef6: gf6:
33. Dc7: Tc8 34. Dd7 Dc5 35. De6 und
Schwarz bleibt mit einem Minusbauer in
schlechter Stellung

32. Kh1! (138)

Nun folgt nach 32. ef6: gf6: 33. Dc7: Tc8
34. Dd7 Dc3: (der Se7 ist durch den
König gedeckt) und Schwarz hat keine
Probleme. Auch 32. Tf4 Dc5 33. ef6:
gf6: 34. Th4 bringt nicht viel wegen 34.
... Sf5: 35. Lf5: Df5: 36. Dc7: Td7.

**32. ... Dc5 (148) 33. ef6: gf6: 34. Lb3
(139) Sd5**

Der kritische Moment in dieser hart aus-
gekämpften Partie.

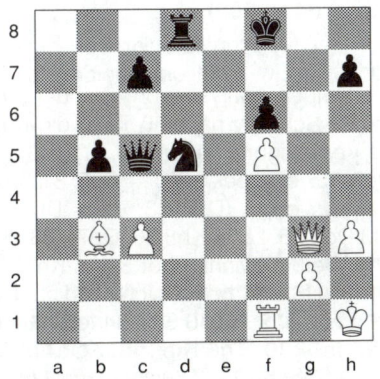

35. Dh4?

Nur eine Minute. Schade um Garry!

Richtig war 35. Td1! c6 (Td6 36. Dh4
Kg7 37. Td3) 36. Td3! (van der Wiel
analysiert nur 36. Td4 Ta8 - 36. ... Dd6!?
mit Ausgleich - 37. Kh2 Dc3: 38. Dd6+
Kg7 39. Tg4+ Kh8 40. Ld5: cd5: 41. Dd5:
De5+ mit wahrscheinlichem Remis) 36.
... De7 37. Dg4! (aber nicht 37. Dh4?
Kg7! und der schwarze König kommt in
Sicherheit auf h8) 37. ... Dg7 38. Dh4
nebst Tg3 mit Entscheidung.

35. ... Kg7! 36. Td1?! (144)

Logischer war nun 36. Tf3 De7 37. Tg3+
Kh8 mit etwa gleichen Chancen.

36. ... c6 37. Td4?? (145)

Wieder nur eine Minute. Richtig war 37.
Td3 De7 mit Ausgleich.

**37. ... Dc3:! (149) 38. Tg4+ Kh8 39.
Ld5: Da1+! 40. Kh2 De5+**

„Applaus im Presseraum, Karpow hat
die Zeitkontrolle überstanden" schrieb
„Schachwoche". Hängepartie, und Kasparow gab seinen Zug ab. Schwarz behielt einen Mehrbauern, und Kasparow
muß sich nun zufrieden geben mit einem
schweren Kampf um Remis - das war
das Ergebnis der langen Nachtanalyse.

41. Tg3 (154)

Der Abgabezug.

41. ... cd5: (149) 42. Dg4 Dc7

Nach 42. ... De7 43. Dd4 b4 folgt 44.
Te3 Dd6+ 45. Kg1 Tc8 (Tb8 46. Te6 Df8
47. Tf6: Dg7 48. De5 Td8, eine Idee von
Timman, bringt nichts wegen 49. h4
nebst h5-h6, van der Wiel) 46. Te6 Dc5
47. Dc5: Tc5: 48. Tb6! mit Remis.

43. Dd4 Dd6 44. Kh1! (157)

Kasparow entfesselt den Turm, nach 44.
Dg4 Dd7 kommt Schwarz zu d5-d4 z.B.
45. h4 (45. Dd4 Df5:) d4 46. Td3 Dc7+!
(aber nicht 46. ... b4 47. h5 Tg8 48. Dd4:
Dd4: 49. Td4: Tb8 50. h6 b3 51. Td1 b2
52. Tb1 Kg8 53. Kg3 Kf7 54. Kf4 Ke7

55. Ke4 Kd6 56. Kd4 Tb7 57. Kc3 Ke5
58. Tb2: Tb2: 59. Kb2: Kf5: 60. Kc3 Kg6
61. Kd4 Kh6: 62. Ke4 Kg5 63. Kf3 mit
Remis, eine Variante von Ljubojevic) 47.
Kh3 Dc4 und Schwarz muß gewinnen
(48. Tg3 Tg8).

44. ... Te8 (161) 45. Dg4 Dd7
Nach 45. ... Dc7 folgte 46. Dh4.

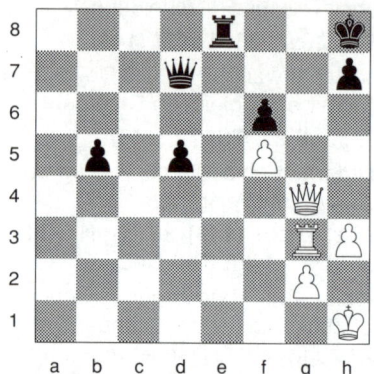

46. Td3 (157)
Laut van der Wiel war richtig 46. Db4!?
Tg8! (Df5: 47. Db5: De5 48. Tf3 oder
46. ... d4 47. Td3 Td8 48. Dc5 bringt
Schwarz nicht weiter) 47. Tf3 mit der
Idee 47. ... Dg7 48. Tf2 Dg3 49. Db2,
aber Schwarz kann stärker spielen: 47.
... d4! 48. Td3 Dd5.

46. ... Te1+ (173) 47. Kh2 Te4 (187)
Gut gespielt, kostete aber noch 14 Minuten.

48. Dg3 (158)
Einziger Zug; nach 48. Dd1 (48. De4:??
Dc7+) folgt 48. ... Dd6+ 49. Kg1 De5
und es gibt keine gute Verteidigung gegen 50. ... Te1+.

48. ... Te5 (193)
Der Bauer f5 ist tabu (Df5:? 49. Db8+
Kg7 50. Tg3+).

49. Ta3! (166) Te8 (200)
Karpow verbleiben noch 10 Minuten für
7 Züge.

50. Df4 (169) Db7! (204)
Nun droht Db8. Nach 50. ... d4 konnte
folgen 51. Ta6!? Td8 (d3 52. Td6 Dc7
53. Dd4 Te5 54. Td8+ Te8+ 55. Td6 mit
Remis) 52. Tf6: d3 53. Dd2, van der
Wiel.

**51. Kh1 (183) Db8 52. Dh4 Db6 (206)
53. Db4**

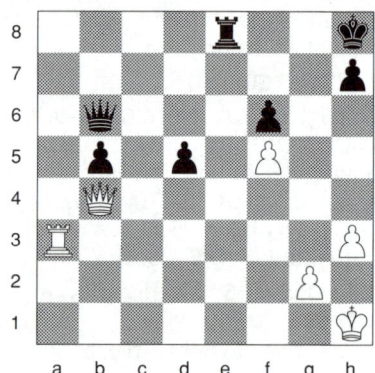

53. ... d4?! (209)
Mit vier Minuten für vier Züge konnte
sich Karpow nicht entscheiden für 53.
... Df2! 54. Ta1! (54. Db5:? Te1+ 55.
Kh2 Df4+ 56. Tg3 Te3) 54. ... Tg8 55.
Tg1 Df5: 56. Db5: De4, obwohl Schwarz
nach 57. Dc6! noch nicht sofort gewinnt
(van der Wiel).

54. Tg3! (193)
Das Endspiel nach 54. Td3 Td8 55. De7
Dd6 56. Dd6: Td6: bietet keine Chancen
- 57. Kh2 (57. g4 Kg7 58. Kg2 h5) 57.
... Kg7 58. Kg3 Kf7 (nichts bringt 58. ...
Kh6 59. Kf4 Kh5 wegen 60. g3 b4 61.
h4! b3 62. g4+! Kh4: 63. Td1 Kh3 64.
Kf3 mit Remis) 59. Kf4 Ke7 60. Ke4 Kd7

nebst Kc6 und das Bauernendspiel nach 61. Td4: Td4: 62. Kd4: Kd6 ist verloren für Weiß.

54. ... Dc7

Laut van der Wiel verdient 54. ... Tg8 Aufmerksamkeit, aber nach 55. Tg8:+ Kg8: 56. De7 b4 57. h4 b3 58. De8+ Kg7 59. De7+ Kh6 60. Kh2! (van der Wiel gibt nur 60. g4 Dc6+ 61. Kh2 Dc2+ 62. Kg3 Dd3+ 63. Kg2 Dd2+ 64. Kh1 Dd1+ 65. Kh2 Dg4: 66. Df6:+ Kh5) mit der Idee 61. Kh3, 62. Df8+ und 63. g4 matt, kann Schwarz da überhaupt noch Remis machen?

55. Td3 (195) Dc1+ 56. Kh2 Df4+

Karpow hat die zweite Zeitnot in dieser Partie überstanden.

57. Kg1 Dc1+ (238) 58. Kh2 Df4+ 59. Kg1

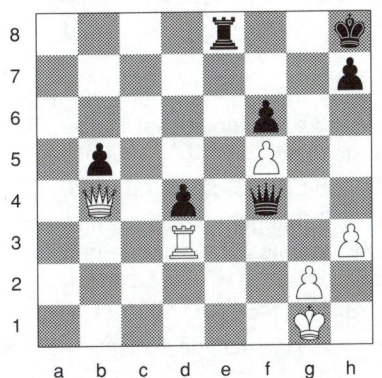

59. ... Tc8!? (242)

Nach 59. ... Kg7!, mit der Idee 60. ... Te2, hatte Kasparow nichts Besseres als den Übergang in ein verlorenes Damenendspiel: 60. Td4: Te1+ 61. De1: Dd4:+ 62. Kh1 Kf8! (van der Wiel gibt 62. ... b4 63. De7+ Kh6 64. Df8+ Kg5 65. Dg7+ Kf5: 66. Dh7:+ Ke5) 63. Da5

(63. De6? Da1+ 64. Kh2 De5+) 63. ... b4 64. Da8+ Ke7 65. Db7+ Kd6.

60. Td1 Td8 (244)

Das Turmendspiel nach 60. ... Df5: 61. Dd4: Dc5 62. Dc5: Tc5: 63. Td6 Kg7 64. Tb6 bietet keine Chancen.

61. Db5: (202)

Schwarz hat noch einen starken Freibauern, aber die schlimmsten Zeiten sind für Kasparow vorbei.

61. ... De3+ 62. Kh1 d3 63. Da5! (223) Dd4 64. Da1 Db6 (248)

Das Turmendspiel ist Remis, und nach 64. ... Dd6? folgt 65. Td3:! Dd3: 66. Df6:+ Kg8 67. De6+ mit Dauerschach.

65. Da2 (233) Kg7 (250) 66. Dd2 (235)

Die Stellung ist Remis, Karpow glaubt selbst nicht mehr an Erfolg. Das weitere ist mehr eine Demonstration.

66. ... Dc5 (259) 67. Tf1 (243) Td4 (261) 68. Tf3 (247) Dd6 69. Te3 (248) Ta4 (263) 70. Te1 (250) h5 (266)

Karpow hat noch 4 Minuten für 2 Züge, keine Zeitnot.

71. Tb1 (257) Dd7 (268) 72. Dd1 (261) Kh6 (269)

Noch eine Zeitkontrolle ist vorbei. Stärker war 72. ... Dd4! mit der Idee 73. Dh5:? Ta1! oder 73. Tb7+ Kf8 74. Tb8+ Ke7 75. De1+ De5!. Die richtige Antwort war 73. De1! De5 74. Dd2.

73. Dd2+ (272) Kg7 (301)

Nach 32(!) Minuten.

74. De3!? (278)

Kasparow hat festgestellt, nach 74. Dd1 Dd4! gibt es keine Drohung 75. Dh5:.

74. ... h4 (303) 75. Df3 (279)

Nun droht 76. Tb7 und 76. Dh5.

75. ... Kh6 (308) 76. De3+ (280) Kg7 (311) 77. Df3 d2! (316)

„Der allerletzte Gewinnversuch" schrieb „Schachwoche".

78. Dh5! (281)

Sicher nicht 78. Tb7? wegen Ta1+ 79. Kh2 d1D.

78. ... Df7

Es gibt nichts Besseres.

79. Df7:+ Kf7: 80. Td1 Td4 81. Kg1 Td5 82. Kf2 Tf5:+ 83. Ke2 Tg5 84. Kf2 Remis nach Angebot von Karpow. Zeitverbrauch: Weiß 284 Minuten, Schwarz 318.

Eine dramatische Partie!

9. Partie

Weiter Probleme für Kasparow: Die Umstellung auf Grünfeld-Indisch bringt nicht den erhofften Erfolg. Karpow ergreift sofort die Initiative und macht beachtlichen Druck. Manche sehen ihn schon vor dem Führungstreffer. Aber dann zeigt sich auch bei ihm wieder, welche Spuren das anstrengende Duell bis jetzt hinterlassen hat: Sein Bock im 32. Zug - er stellt seinen wichtigsten Bauern einzügig ein - ist mindestens so kapital wie Kasparows fatales Da5? in der 7. Partie. Ob er wirklich den Gewinn ausgelassen hat ... sehen Sie die Analysen, aber ärgerlich genug war es wohl in jedem Fall für ihn.

Karpow - Kasparow
Grünfeld-Indisch (D 85)

1. d4 Sf6 2. c4 g6 3. Sc3 d5

„Endlich, die so sehnlichst erwartete Grünfeld-Indische Verteidigung (eine Anti-Karpow-Eröffnung gemäß Kasparow) macht ihre Aufwartung. Karpow hat sich bestimmt sehr gründlich darauf vorbereitet" (Löffler, Schachwoche).

„Nach zwei Jahren ... kehrt Kasparow zu Grünfeld-Indisch zurück, jener Eröffnung, in der er gegen Karpow mehrere empfindliche Niederlagen einstecken mußte. Auch diesmal mußte er viel leiden ..." (Borik, Schachmagazin 64).

4. cd5: (1) Sd5: 5. e4 Sc3: 6. bc3: Lg7 (1) 7. Le3

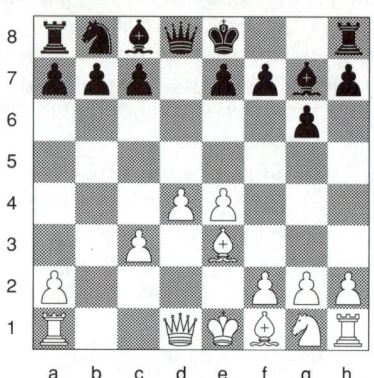

Eine kleine Überraschung für Kasparow, diese Zugfolge hat Karpow noch nie gespielt.

7. ... c5 (2) 8. Dd2 (4) cd4: (20)

In der Partie gegen Jusupow, Reykjavik 1988, spielte Kasparow „normal" 8. ... Da5.

9. cd4: (5) Sc6 (21) 10. Td1! (15)

Prinzipiell die richtige Fortsetzung, nach 10. Sf3 Lg4 kann Schwarz zufrieden sein.

10. ... Da5!? (23)

In der Partie Kozul - Dorfman, Marseille 1989, folgte 10. ... e6 11. Sf3 0–0 12. Lb5 Ld7 13. 0–0! (13. Lh6 Se5! 14. Se5: Lb5: 15. Lg7: Kg7: 16. Sg4 f5 unklar, Kozul) 13. ... a6 (Se5 14. de5:! Lb5: 15. Db4 De8 16. Tfe1 mit Vorteil, Kozul) 14. Le2 Da5 15. d5 Dd2: 16. Td2: ed5: 17.

ed5: Se7 und nun war laut Kozul richtig 18. d6! Sf5 19. Lb6 mit der Idee g4 und besseren Chancen für Weiß.

Schwächer wäre auch 10. ... 0–0?! wegen 11. d5 Se5 12. h3 nebst f4.

11. Da5: (34) Sa5: 12. Sf3!

12. Ld3 0–0 13. Se2 ist weniger aktiv; in der Partie Jusupow - Gulko, Linares 1989 ging es weiter mit 13. ... Ld7! 14. Tc1 Tfc8 15. Kd2 e6 16. Tc8:+ Tc8: 17. Tc1 Tc1: 18. Sc1: Kf8 19. Se2 a6 20. Lf4 Sc6 21. Ld6+ Ke8 22. Kc3 Lf6 23. Lc7 Le7 24. f3 Remis.

12. ... 0–0 (25)

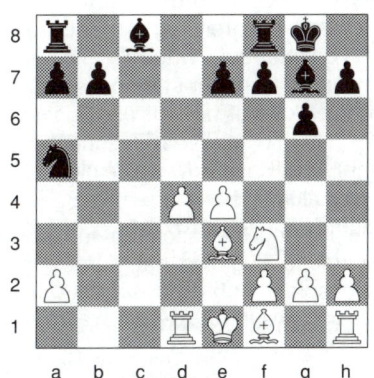

13. Le2!? (54)

Die andere Möglichkeit war 13. h3!? Ld7 14. Tb1 b6 15. Ld3 Tac8 16. Ke2 Sc4 17. Lg5.

13. ... Ld7 (39)

13. ... Lg4 14. Sd2 Ld7 15. Tb1 Tac8 16. Ld3 b6 17. h3!? nebst Ke2, Weiß steht etwas besser.

14. Ld2! (63)

„Einzige Chance, den kompletten Ausgleich nach 14. 0–0 Tfc8 15. Tc1 Tc1: 16. Tc1: Tc8 zu vermeiden" (Seirawan).

14. ... b6 (42)

14. ... Sc6 15. d5 Se5 (oder Sd4 16. Sd4: Ld4: 17. Lb4 Lf6 18. f4) 16. Se5: Le5: 17. f4 wäre klar vorteilhaft für Weiß.

15. 0–0 (68)

Nach 15. La5:?! ba5: gibt das Läuferpaar Schwarz mehr als genug Kompensation für die verdoppelten a-Bauern.

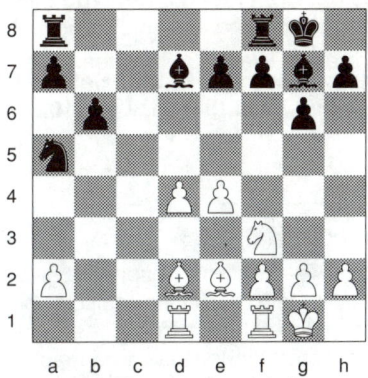

15. ... Tfd8 (65)

Dieser Zug wurde von den meisten Kommentatoren kritisiert. Seirawan bezeichnete ihn mit „?". Er plädierte für 15. ... Tfc8 16. Tc1 Lg4 17. La6 (17. Le3 Tc1: 18. Tc1: Tc8) 17. ... Tc1: 18. Tc1: Lf3: 19. gf3: Ld4: 20. Tc7 e6 und Weiß hat Kompensation für den Bauern, aber nicht mehr."

Ich glaube, nach 17. e5! steht Weiß besser.

16. Tc1 (80) Lg4 (80) 17. d5 (83) Sb7!? (83)

Laut Seirawan waren andere Möglichkeiten „nicht mehr appetitlich". Nach 17. ... f5 18. h3! (18. Ld3 fe4: 19. Le4: Lf5, Wolff, oder 18. La5: ba5: 19. Lc4, Borik, 19. ... fe4: 20. Sg5 Lh6) 18. ... Lf3: (oder fe4: 19. hg4: ef3: 20. Lf3:) 19. Lf3: fe4: 20. Le4: hat Schwarz nichts erreicht.

Auch 17. ... Tac8 18. Lb4 Kf8 19. La6 Tc1: 20. Tc1: ist günstig für Weiß (Seirawan).

Wahls gibt 17. ... e6?! 18. h3 (18. La5: ba5: 19. Lc4!, Wolff) Lf3: 19. Lf3: Sb7 (ed5: 20. ed5: Sb7 21. d6) 20. Lg5 mit der Idee 21. de6: fe6: 22. e5 an.

18. h3 (90)

Nichts bringt 18. Tc7? wegen Sc5 19. Te7: Lf6 20. Tc7 Se4: oder 18. Lb4 e6! 19. Tc7 Sd6.

18. ... Lf3: (84) 19. Lf3: Sc5 (91) 20. Le3 (98) Tac8 (94) 21. Lg4 (102) Tb8

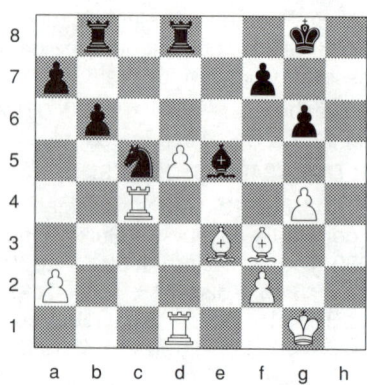

27. ... Sb7 (118)

Dieser Zug wurde hart kritisiert. „Schwarz gibt freiwillig die Blockade auf der c-Linie auf, warum? Sicher, der schwarze Springer steht besser auf d6, aber er kommt nie auf d6. Besser war 27. ... f6 mit der Idee Kf7" schrieb Seirawan. Aber Kasparow wollte nicht seinen Königsflügel schwächen; z.B. könnte folgen 28. Te1!? Kf7 29. g5 (f5?? 30. Lc5:).

Nach 27. ... Ld6 28. Kg2! mit der Idee Ld4 und Th1 müßte der schwarze Läufer zurückkehren auf e5.

28. Ta4! (121) Sa5 (121)

Erzwungen, schlecht war 28. ... Ta8? wegen 29. d6!.

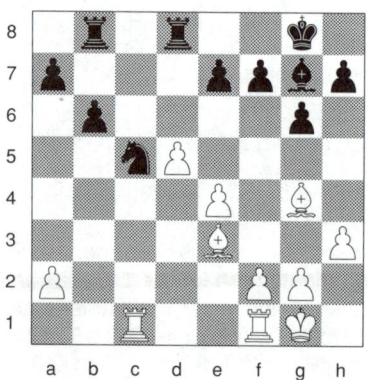

22. Tc4! (106)

Es ist klar - Weiß steht besser und Karpow kann durch 22. Lc5: bc5: 23. Tc5: einen Bauern gewinnen, aber ist das Endspiel mit ungleichfarbigen Läufern zu gewinnen? Laut Meinung von Seirawan muß Schwarz nach 23. ... h5 24. Lf3 Tdc8 remisieren.

22. ... h5 (95) 23. Lf3 e6! (96) 24. Td1 (111) ed5: (98) 25. ed5: Le5 (102) 26. g4! (117) hg4: (104) 27. hg4:

140

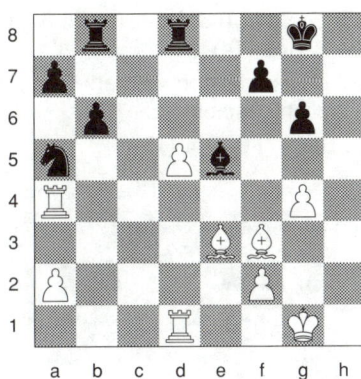

29. g5?! (130)

GM Krogius, Chef von Karpows Team, plädierte mit Recht für 29. Te4! Ld6 30. Ld4 mit Druck.

29. ... Tbc8 (122) 30. Le2 Ld6 (129) 31. Kg2 (137)

Eine andere Möglichkeit war 31. La6!? Tc7 (Tc2 32. Ld4 Lc5? 33. Ld3) 32. Kg2 mit der Idee 32. ... Sb7? 33. Lb7: Tb7: 34. Ld4 Lf8 35. Lf6 Td6 36. Th4 Lg7 37. Tdh1, eine Analyse von Dlugy und de Firmian.

31. ... Lc5

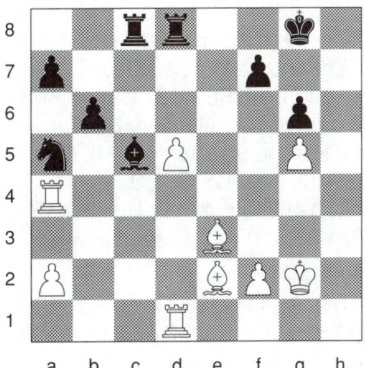

32. Ld2 (140)

„Ein unglaublicher Fehler. Unmittelbar nach der Partie gab der bitter enttäuschte Karpow ein Statement ab: 32. Ld2 ist nichts anderes als ein Fingerfehler, er wollte nämlich 32. Lf4 (mit der Drohung 33. d6) 32. ... Ld6 33. Ld2 spielen. Am Brett machte der sonst so beherrschte Karpow keine Anstalten, seine Erregung und Wut zu verbergen" (Löffler, Schachwoche).

Konnte Karpow gewinnen? Weiß hatte drei interessante Möglichkeiten:

A) 32. Lf4 Ld6 33. Ld2 Tc2 (auch Le5 34. La5: ba5: 35. Ta5: Tc2 36. Lf3 Lc7! 37. Ta7: Lb6 38. Ta6 Lf2: 39. Kh3 Le3 ist genug für Remis laut Analyse von Pliesters) 34. Ld3 Tc5 35. Le4 Tc4 mit Ausgleich (Matthias Wahls).

B) 32. Lc1 Lf8 33. Lb2 Tc5! (Löffler gibt 33. ... Lg7?! 34. Lf6 Td6 35. Th4 Lf6: 36. gf6: Tf6: 37. Tdh1 an) 34. Th4

Die beiden Kontrahenten während des Wettkampf's

Foto: Stefan Löffler, Berlin

Lg7 35. Lf6 Tdd5: 36. Tdh1 Tg5:+!
und Schwarz steht nicht schlechter
(G. Ligterink).
C) 32. Th4 Le3: 33. fe3: Tc2 34. Tdh1
Kf8 35. Th8+ Ke7 36. Td8: Kd8: 37.
Kf3 Ta2: 38. Lb5 Ke7 39. Th8 Sb7
40. Te8+ Kd6 41. Lc6 Sc5 42. e4
Ta3+ mit Ausgleich (L. Pliester).

**32. ... Td5: (133) 33. Lf3 (143) Tdd8
(136) 34. La5: (147) Remis** auf Angebot
von Karpow. Zeitverbrauch: Weiß 147
Minuten, Schwarz 136.

10. Partie

Nun haben die beiden endlich doch von
den vorherigen Aufregungen genug;
auch Kasparow scheint zu realisieren,
daß es bei ihm momentan nicht zum
besten läuft, und wehrt sich nicht mehr
gegen eine „künstliche Auszeit", da offenbar keiner schon so früh sein zweites
Time-Out verbrauchen will. Unter diesen Umständen ist das Remis nicht verwunderlich - das einzige im ganzen
Match, bei dem man den beidseitigen
Friedenswillen klar und deutlich von Anfang an zu spüren meint.

**Kasparow - Karpow
Russisch** (C 43)

1. e4 e5 2. Sf3 (1) Sf6

Nach aufregenden spanischen Partien
zeigt nun Karpow, daß er mit einem Remis einverstanden ist.

3. d4 (4)

Eine Überraschung von Kasparow, der
fast immer 3. Se5: spielte.

3. ... ed4: (1)

Die meistgespielte Fortsetzung ist hier
3. ... Se4:. Laut Theorie hat Weiß nach
dem Textzug einen kleinen Vorteil, aber
Schwarz hat kein Gegenspiel.

**4. e5 (5) Se4 (4) 5. Dd4: (6) d5 6. ed6:
Sd6: 7. Sc3 (14)**

Wird in den letzten Jahren fast aus-
schließlich gespielt.

7. ... Sc6 (7) 8. Df4 (15)

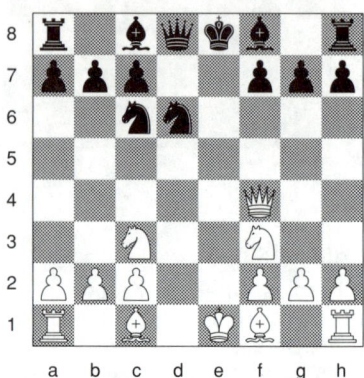

„Diese Stellung ist seit Jahrzehnten bekannt. Man hat jetzt verschiedene Fortsetzungen versucht - 8. ... g6, 8. ... Lf5
und 8. ... Le6 als Hauptfortsetzungen ...
Merkwürdigerweise spielte niemand
bisher den einfachen Partiezug ..." (Samarian)

8. ... Sf5 (9)

Die theoretische Neuerung! In der Partie
Sax - Jusupow, Rotterdam 1988, folgte
8. ... Lf5 9. Lb5! Le7 (De7+ 10. Kf1! Le4
11. Lc6:! Lc6: 12. Se5 0–0–0 13. Sc6:
bc6: 14. Da4 Sb5 15. Da6+! Kb8 16.
Le3 mit weißer Initiative, Klowan - Kar-
man, Fernpartie 1984-87) 10. Lc6:! bc6:
11. Se5! 0–0 12. Sc6: De8 13. Se7:+
De7:+ 14. Le3 Lc2: 15. Tc1 Ld3 16. Sd5
Dd8 17. Dd4! mit Vorteil für Weiß.

9. Lb5 (25)

Nach 9. Sb5 folgt Lb4+! 10. c3 (oder 10.
Ld2 Ld2:+ 11. Sd2: De7+ 12. Le2 0–0!
13. Dc7: Ld7 mit Initiative für den Bau-

142

ern) 10. ... La5 11. g4 Se7 mit gutem Spiel für Schwarz (Douven).

9. ... Ld6 (14) 10. De4+ (26) De7 (18)

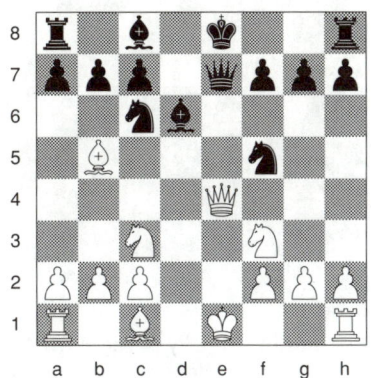

nicht das Läuferpaar überlassen; 14. ... 0–0–0 15. g4 Sfe7 16. Sd6:+ cd6: 17. g5 Lg4 18. Le2 gibt Weiß etwas bessere Chancen.

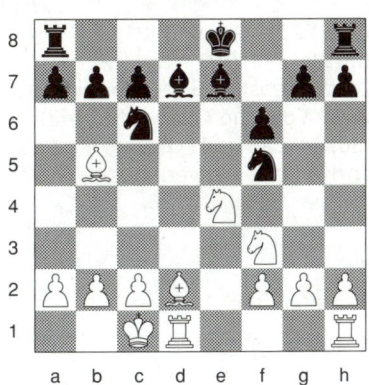

11. Lg5?! (63)

Nach 38(!) Minuten. Meiner Meinung nach war sofort 11. Ld2! besser, nach 11. ... Ld7 12. 0–0–0 De4: 13. Se4: Le7 14. g4 (14. Lf4!?) a6 15. Lc4 Sd6 16. Sd6:+ Ld6: 17. Tde1+, wie in der Partie, steht Weiß besser, weil 17. ... Se7 oder Le7 mit 18. Se5! beantwortet wird.

Nichts bringt 11. Lc6:+ (11. Le3?! De4: 12. Se4: Se3: 13. Sd6:+ cd6: 14. fe3: gibt Schwarz besseres Spiel) 11. ... bc6: 12. 0–0 De4: 13. Se4: f6! (aber nicht La6? 14. Te1 0–0–0, Borik, wegen 15. g4!) 14. Te1 Kf7 mit gutem Spiel für Schwarz.

11. ... f6 (29) 12. Ld2 Ld7 13. 0–0–0 (73) De4: (39)

Nach 13. ... 0–0 (0–0–0 14. Lc6:!) gibt Douven 14. De7: Le7: 15. Lc4+ Kh8 16. Lf4 Ld6 (Sd6 17. Sd5!) 17. Ld6: Sd6: 18. Sb5! Sb5: 19. Td7: Sd6 20. Ld5 mit Druckspiel für Weiß an.

14. Se4: Le7 (73)

Nach 34 Minuten. Karpow will Kasparow

15. g4?! (77)

Nur 4 Minuten. Schamkowitsch plädiert mit Recht für 15. Lf4!, und Schwarz mußte noch um Ausgleich kämpfen.

15. ... a6! (94)

Diese Möglichkeit hat Kasparow unterschätzt. Nach 15. ... Sd6 16. Sd6:+ Ld6: 17. The1+ Se7 (oder Se5 18. Se5: fe5: 19. Ld7:+ Kd7: 20. Te4 Thf8 21. Le3) 18. Ld7:+ Kd7: 19. Lf4 bekommt Weiß ein besseres Endspiel.

Auch 15. ... Sh6 16. Lh6: gh6: 17. Lc6:! (Mednis gibt 17. h3 h5! 18. g5 (18. gh5: 0–0–0) fg5: 19. Sfg5: h6! 20. Sf3 0–0–0 mit gutem Spiel für Schwarz an) Lc6: 18. Tde1 wäre kein Ausgleich.

16. Lc4 (81)

Nach 16. La4 gibt Mednis 16. ... b5 17. Lb3 Sfd4 18. Sd4: Sd4: mit Ausgleich.

16. Ld3 konnte man versuchen zu beantworten mit Sh6!?.

16. ... Sd6 (95) 17. Sd6:+ Ld6: 18. Tde1+ Remis nach Angebot von Ka-

sparow. Zeitverbrauch: Weiß 81 Minuten, Schwarz 95.

Laut einer Analyse von Matthias Wahls gibt 18. ... Se7 19. g5 (19. h3 b5 20. Lb3 c5) 19. ... b5 20. gf6: gf6: 21. Ld3 (21. Lb3 c5 22. Ld5 0–0–0) 21. ... Kf7! (aber nicht 21. ... 0–0–0 wegen 22. Sd4 Le5 23. Sb3 nebst Sc5 mit weißem Druck) Schwarz gleiche Chancen.

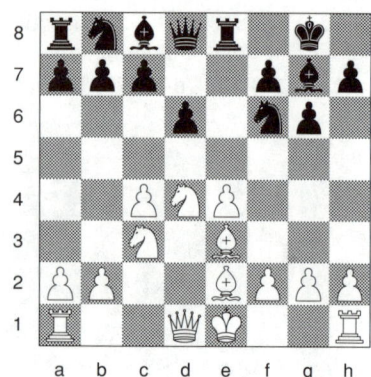

11. Partie

Offenbar fühlt sich Kasparow nach der kleinen Ruhepause wieder stark genug, seinen alten Stil zu praktizieren: abermals eine verblüffende Neuerung im Königsindisch, zwar kein Damen-, sondern „nur" ein Qualitätsopfer, aber immerhin... Die Wirkung ist diesmal zwar begrenzt, reicht aber immerhin aus, um Karpow zur Defensive und letztlich zum Remisschluß zu veranlassen. Es scheint, als habe der Weltmeister die Krise abgeschüttelt, wenn auch noch nicht das Gesetz des Handelns völlig zurückgewonnen. Für den Nachspielenden jedenfalls ein Remis mit Pfeffer, anders als in der 10. Partie...

Karpow - Kasparow
Königsindisch (E 92)

1. d4 Sf6 2. c4 g6 3. Sc3 Lg7 4. e4 d6 5. Sf3 0-0 6. Le2 e5 7. Le3 (2) ed4:!? (2)

Der sofortige Abtausch im Zentrum; um den Vorstoß d6-d5 vorzubereiten, gilt als günstig für Weiß, aber Kasparow hat bestimmt was vor!

8. Sd4: Te8

9. f3! (8)

In der Partie Kamsky - Tal, New York Open 1990, war Weiß erfolgreich mit 9. Dc2 De7?! 10. f3 c6 11. g4!. Aber 9. Dc2 (?! Kamsky) sieht unlogisch aus, die Dame gehört auf d2, um den Läufer e3 zu unterstützen. Schwarz hat die Wahl zwischen 9. ... c6 (! Kamsky) 10. 0-0 (10. f3 d5) 10. ... De7 11. f3 d5 12. cd5: cd5: (12. ... Sd5:!? 13. Sd5: cd5: 14. Tae1 de4: 15. fe4: Sc6 16. Sc6: mit Remis, Adamsky-Hutters, Politiken Cup 1990) 13. Lg5 De5 mit gleichen Chancen, eine Analyse von Kamsky, und 9. ... Sg4!? 10. Lg4: Lg4: 11. 0-0 c5! 12. Sde2 Sc6 13. Sg3 Sd4 14. Dd2 Da5 15. Lh6 Lh8 16. Tac1 b5! mit gutem Gegenspiel, Kantzler - Jurtajew, Frunze 1987.

9. ... c6 (3) 10. Dd2!

Karpow wählt laut Theorie die beste Fortsetzung. Andere Möglichkeiten waren 10. Sc2, 10. 0-0 und 10. Lf2.

10. ... d5 11. ed5: (11) cd5: 12. 0-0 Sc6 (3)

In der letzten Zeit ist 12. ... dc4: (so spielte noch Robert Fischer) mehr populär. In der Partie Lautier - Barbero, Novi Sad (ol) 1990, folgte 13. Tad1 a6 14. Lc4:

Sbd7!? (nach 14. ... b5 15. Lb3 Lb7 kann Weiß mit 16. a4! fortsetzen, z.B. 16. ... b4 17. Sa2 - 17. Se4! Gligoric - 17. ... a5 18. Df2 Sbd7 19. Sb5 Lf8 20. Ld4 Lc6 21. Lc4 Db8 22. Sc1 Db7 23. Sb3 mit Druckspiel; Gheorghiu - Browne, USA 1971) 15. Kh1?! (in der Partie Gligoric - Fischer, IZT Stockholm 1962, folgte mit Zugumstellung 15. Df2 b5 16. Lb3 Lb7 17. Sc2 Dc7 18. Sb4 Lf8 19. Sbd5 Sd5: 20. Sd5: Ld5: 21. Td5: Te3: 22. De3: Lc5 mit Ausgleich, aber richtig war 15. Lb3! b5 16. Sc6 Dc7 17. Sb4 oder 15. ... Sc5 16. Lc2 b5 17. Df2 mit besserem Spiel) 15. ... b5 16. Lb3 Sc5 (warum nicht 16. ... Lb7!) 17. Lc2 De7 18. Tfe1 Lb7 19. Df2 Scd7 20. Sb3 Dd8 21. Sc5 Dc8 22. S3e4 Se4: 23. Se4: Le4: 24. Le4: mit klarem Vorteil für Weiß. „Die Variante hatte der junge Franzose natürlich aus New York mitgebracht. Schade, daß Barbero nicht Kasparows Neuerung wiederholt, dann hätte man sofort gesehen, ob sie einer analytischen Prüfung standhalten könnte" schrieb „Schachwoche".

13. c5! (23)
Nichts verspricht 13. Sc6: bc6: 14. Tad1 La6 15. cd5: Le2: 16. De2: Sd5: 17. Sd5: cd5: 18. Df2 Lb2: 19. La7: Dd7 mit Remis; Portisch (nicht zu vergessen - einer von Karpows Sekundanten!) gegen Bouaziz, IZT Szirak 1987, oder 13. Tad1 Sd4: 14. Ld4: dc4: 15. Lc4: Le6 16. Lb5 Tf8 17. Df2 Da5 18. Dh4 a6, Tal - Jurtajew, UdSSR 1983.

13. ... Te3:!? (5)
So hat noch keiner gespielt! Bekannt ist 13. ... De7 14. Lf2 a6 15. Sc6: bc6: 16. Ld3 Le6 17. Se2 a5 18. Sd4 „mit großem weißem Übergewicht, Olafsson - Gheorghiu, Havanna 1966", Geller. Oder 13. ... Ld7 14. Tad1 De7 15. Lf2 Dc5: 16.

Se6! Dd6 17. Sg7: Kg7: 18. Sb5 De5 19. Tfe1 a6 20. Lf1 Dh5 21. Sd4! h6 22. Sc6: Lc6: 23. Ld4 mit klarem Vorteil, Gligoric - Tringov, Haag 1966, oder - ein weniger bekanntes Beispiel - 13. ... Le6 14. Lf2 Sd7 15. Sdb5 d4 16. Se4 Ld5 17. Tac1 Le4: 18. fe4: Sf6 19. Lf3 Se4: 20. Le4: Te4: 21. Sd6 Te6 22. Lg3 und Weiß hat schnell gewonnen, Nikolajewski - Bachmatow, UdSSR 1975.
Die kritische Stellung ergibt sich nach 13. ... Sh5!? 14. Lf2 Le5 (14. ... Sd4:? 15. Ld4: Ld4: 16. Dd4: Df6 17. Tad1 Lc6 18. g4 mit Vorteil; Brenninkmeijer - Belkhodja, Dieren 1988) 15. g3 Sg7 (15. ... Lh3 16. Tfe1 Sg7, Taimanow - Stein, UdSSR-Meisterschaft 1965, und nun ist 17. Sdb5 günstiger für Weiß, Boleslawski).

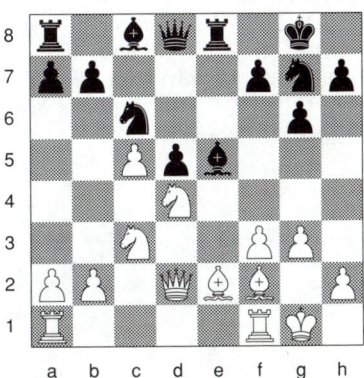

Nach 16. Tfe1 Se6 17. Se6: Le6: (fe6:!?) 18. f4 Lc3: 19. bc3: Lf5 20. Tad1 Remis, Hort - Gligoric, Tilburg 1977 oder 17. Sdb5 Sg5! 18. Dd5: Sh3+ 19. Kg2 Sf2: 20. Kf2:, Lev - Burgess, London 1990, und nun 20. ... Le6! kann Schwarz zufrieden sein, aber meiner Meinung nach gibt 16. Lb5! Ld7 17. Sde2! (17. Tfe1 mit der Idee 17. ... a6 18. Lf1 geht nicht

wegen 17. ... Sd4: 18. Ld4: Ld4:+ 19. Dd4: Lb5: 20. Sb5: Te1:+ 21. Te1: Sc6 mit Ausgleich) Weiß die besseren Chancen, z.B. 17. ... Lh3 18. Tfd1 d4 19. Dh6.

14. De3: (28)

Gligoric schrieb in seinem Buch: „13. ... Te3: geht nicht wegen 14. De3: (14. Sc6:? Te2:) 14. ... Sg4? 15. Sc6:.

14. ... Df8! 15. Sc6: (50)

Es drohte 15. ... Sg4!, z.B. 15. Sb3?d4! 16. Sd4: Sg4!. Nach 15. Scb5?! Dc5: 16. Tac1 Db6 17. Df2 Ld7! 18. Tfd1 Te8 hat Schwarz mehr als genug Kompensation für die Qualität.

15. ... bc6: 16. Kh1! (53)

Nach 16. Df2 folgt 16. ... Tb8 17. b3 (17. Sa4? Tb4 18. b3 Se4) 17. ... Sd7 18. Tac1 Tb4 19. Tfd1 Lh6 20. Tc2 De7 drohend Lc3 (Douven). Auch 16. Sa4 (oder 16. Tad1 Lh6 17. Df2 De7 18. Kh1 Le3 19. Dh4 Lc5: 20. Tfe1 Tb8) 16. ... Lh6 17. Dc3 De7 18. Kh1 Le3 19. Tfd1 d4 20. Td4: Ld4: 21. Dd4: De2: ist günstig für Schwarz (Douven).

16. ... Tb8 (10)

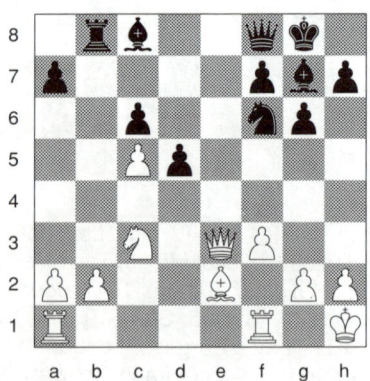

17. Sa4? (59)

17. b3? wäre fatal nach 17. ... d4 18.

Dd4: Sd5, aber auch die Partiefortsetzung hat Nachteile - Karpow bleibt ohne Gegenspiel; die Türme brauchen offene Linien. Meiner Meinung nach war richtig 17. Ld3! Tb2: 18. Se2 mit der Idee 19. Tab1 und besseren Chancen für Weiß.

17. ... Tb4 (19) 18. b3 (60) Le6! (41)

18. ... Sh5 19. Tad1 Th4 gefällt Kasparow nicht wegen 20. f4! Sf6 21. Dg3 und der schwarze Turm steht auf h6 nicht sehr aktiv.

Eine interessante Stellung ergibt sich nach 20. Df2.

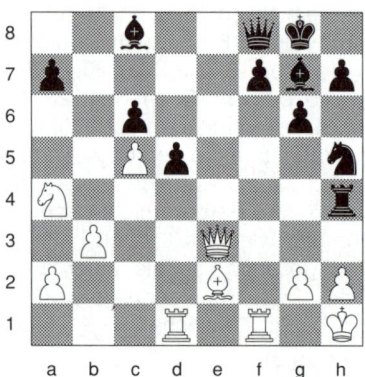

Laut Analyse von Dzindzichaschwilj und Cebalo kann Schwarz spielen: 20. ... Th2:+! (20. ... De7 21. g3) 21. Kh2: Le5+ 22. Kg1 (22. f4? Sf4:! 23. Kg1 Dh6 24. Lf3 Sd3 und Schwarz gewinnt, bzw. 23. Df4:? Dh6+) 22. ... Lg3 23. De3 (23. Dd4? mit der Idee 23. ... Dh6 24. f4, Borik, verliert wegen 23. ... Sf4) 23. ... Sf4 24. Tfe1 Dh6 25. Kf1 Lh3! 26. De8+ Kg7 27. De5+ mit Dauerschach; eine fantastische Variante!

19. Sb2!? (80)

Kasparow hatte erwartet 19. Tad1 d4! 20. Td4: (20. Dd2 Sd5! 21. Lc4?! Tc4:! 22. bc4: Se3 ist günstig für Schwarz)

20. ... Sd5 21. Td5: Ld5: 22. Sc3 Ld4 23. Dd3 Dc5: 24. Sd5: mit Ausgleich.

19. ... Sh5 (56)

Nun wäre 19. ... d4?! 20. Dd2 günstig für Weiß.

20. Sd3 (88) Th4 (58) 21. Df2 (91) De7 (60)

Christiansen bevorzugte 21. ... g5, aber nach 22. g4 La1: 23. Ta1: Sf6 24. Tg1 kann Weiß zufrieden sein.

22. g4 (96)

Karpow wählt einen Weg zum Remis. 22. Tac1?! Ld4 23. De1 Le3 24. Tc2 Dg5 oder 22. g3?! Ld4 23. De1 La1: 24. gh4: Ld4 gibt Schwarz gefährliche Initiative.

22. ... Ld4! (61) 23. Dd4: (105)

Nach 23. Dg2 La1: 24. Ta1: Sf4! (weniger überzeugend sieht 24. ... Lg4: 25. fg4: De2: 26. De2: Sg3+ 27. Kg2 Se2: aus, trotz Minusbauern steht Weiß im Endspiel gut wegen der schlechten Stellung des Turms auf h4) 25. Sf4: Df6 26. Tg1 Df4: 27. Dg3 Dg3: 28. Tg3: g5 steht Schwarz nicht schlechter (Kamsky).

23. ... Th2:+ (62) 24. Kh2: (107) Dh4+

Remis

Zeitverbrauch: Weiß: 107 Minuten, Schwarz 62.

12. Partie

Der Abschied aus New York. Natürlich würde jeder gern mit einem Vorsprung nach Lyon umziehen; noch mehr aber fürchtet sich jeder davor, im letzten Moment unter den psychologischen Druck eines Rückstandes zu geraten. Für Karpow ist ein 6 : 6 ohnehin ein gutes Ergebnis - als Herausforderer lag er zur Halb-

zeit bisher stets zurück, und so hatte er den Gleichstand als Wunschziel angepeilt. Logische Folge: zwar ein gewisser Kampf, aber ohne letztes Risiko, Sicherheit zuerst.

Kasparow - Karpow
Spanisch (C 92)

1. e4 e5 2. Sf3 Sc6 3. Lb5 a6 4. La4 Sf6 5. 0-0 Le7 6. Te1 b5 7. Lb3 d6 8. c3 0-0 9. h3 Sd7 10. d4 Lf6 11. a4 Lb7 12. Sa3!?

Wieder wählt Kasparow einen neuen Weg. In der 6. Partie geschah 12. ab5:, in der 8. setzte er fort mit 12. Le3.

Nach dieser WM könnte ich ein Buch über Spanisch schreiben mit 9. ... Sd7, wenn Sie, sehr geehrte Leser, versprechen, dieses Buch zu kaufen!

In den schönen alten Zeiten, als ich noch etwas jünger war, kannte jeder in Rußland ein Lied, wie viel nette Mädchen es gibt, wie viel zärtliche Namen ...

Ich würde gern sagen, wie viele Schachbücher es gibt, welche man gern lesen kann und dazu etwas lernen oder mindestens sich gut informieren, aber ich kann das nicht.

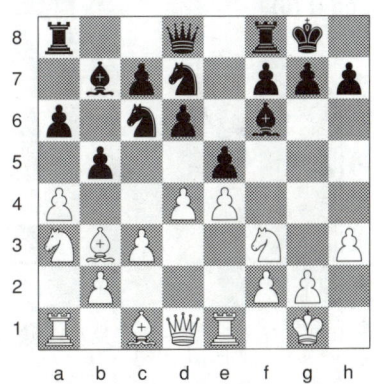

12. ... ed4: (13)

Nach 11 Minuten. In der Enzyklopädie wird die Möglichkeit 12. Sa3 überhaupt nicht erwähnt. Euwe/Samarian machen uns bekannt mit 12. ... b4? 13. Sc4 bc3: 14. bc3: Te8 15. d5 Se7 16. Sa5 Lc8 17. Le3 mit Vorteil für Weiß, Unzicker - Blau, Freiburg 1951.

In der Partie de Firmian - Benjamin, US-Meisterschaft 1988, ging es weiter mit 12. ... Db8?! 13. Lg5! ed4: (13. ... Sa5 14. La2 ed4: 15. cd4: b4 16. Sc4 Sc4: 17. Lc4: macht das schwarze Leben nicht leichter) 14. Lf6: (14. cd4:? Sd4:) 14. ... Sf6: 15. cd4: Sb4 (15. ... Sa5 16. Lc2 b4 17 e5 mit Angriff) 16. Sc2! (nun gibt 16. e5?! Sfd5 17. ab5: ab5: 18. Sb5: Ta1: 19. Da1: Sd3 20. Td1 S5f4 Schwarz die Initiative, Dlugy) 16. ... ba4: 17. Ta4: Sc2: 18. Lc2: Te8? (18. ... Lc6 19. Ta2 Db7 20. Dd3 g6 21. Sd2 mit Vorteil für Weiß war laut Dlugy die beste Lösung) 19. e5! Lf3: 20. Df3: de5: (20. ... Db2: 21. Dd3! de5: 22. Tb1 e4 23. Dc4) 21. de5: Db2: 22. Te2! Db5 23. Ta1 Sd7 24. La4 Da5 25. e6! fe6: 26. Tee1 Dd5 27. Dd5: ed5: 28. Te8:+ Te8: 29. Ld7: Td8 30. Lc6 und Schwarz gab auf.

13. cd4: (5)

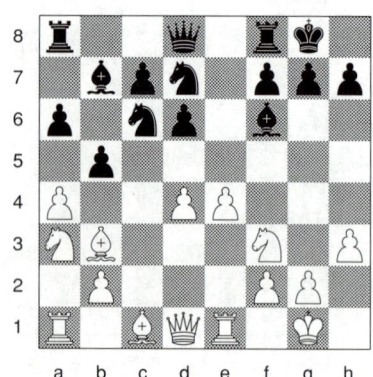

13. ... Sa5!? (16)

Noch eine Neuerung! In der Partie Adams - Short, Britische Meisterschaft 1988, war Schwarz erfolgreich nach 13. ... Te8 14. Dd2 Te7! (Short hatte kein Vertrauen zu einer Variante von Suetin: 14. ... ba4: 15. La4: Sb6 16. Lb3 a5 17. Sc4 Sc4: 18. Lc4: Sb4 19. e5? de5: 20. de5: Lf3: 21. ef6: Te1:+ 22. De1: Sc2 23. Dc3 Dd1+ 24. Kh2 Sa1: mit materiellem Übergewicht für Schwarz, womöglich wegen einer „normalen" Fortsetzung: 16. Lc2! a5 17. Sb5 Sb4 18. Lb1 mit weißer Initiative) 15. Lc2 De8 16. b3 ba4: 17. ba4: a5 18. Lb1 Sc5 19. e5 de5: 20. Dc2 e4 21. Lg5 Lg5: 22. Sg5: Sd3 23. Te4: Te4: 24. Dd3: Te1+ 25. Kh2 g6 26. La2 Te7 27. Te1 Sd8 mit Qualität mehr (0:1/43).

Die kritische Stellung ergibt sich nach 14. ab5:! (14. Lf4 Sa5 15. Lc2 b4 16. Sb1 c5 17. Sbd2 mit gleichen Chancen, de Firmian; nicht 15. ... ba4:? 16. Dd3 g6 17. La4:) ab5: 15. La2! (aber nicht 15. Lf4 Sa5 - 15. ... b4?! 16. Sb5 Ta1: 17. Da1: nebst Da2 - 16. Lc2 b4 17. Sb5 Lc6 18. Ld3 Db8 19. Da4, eine Analyse von Dlugy, wegen 19. ... Le7!) 15. ... b4 16. Sc4 oder 15. ... Sb4 16. Lb1 mit klar besseren Chancen für Weiß.

14. La2 (7)

Solche Abwicklungen wie 14. ab5: ab5: 15. Sb5: Sb3: 16. Ta8: Da8: 17. Db3: kommen für Kasparow überhaupt nicht in Frage. Es könnte folgen 17. ... Le4: 18. Sc7: Dc6 19. Dc3 Lf3: 20. gf3: Db7 21. Lf4 Tc8 22. Ld6: Sf8 nebst Se6.

14. ... b4 (19) 15. Sc4 Sc4: (21) 16. Lc4: (8) Te8!? (22)

Nach 16. ... d5, eine Idee von Dzindzichaschwili, folgt 17. Ld5: Ld5: 18. ed5: Sb6 19. Lf4 Sd5: 20. Le5 nebst Tac1 mit Druckspiel.

Auch 16. ... c5 17. Lf4! oder 16. ... a5 17. Lf4 stellt Schwarz vor Probleme.

17. Db3 (20)

Kasparow sucht Antwort auf die Frage: versucht Karpow zu komplizieren in schlechterer Stellung, oder war das alles noch eine Hausanalyse? 17. Db3 war praktisch erzwungen; nach 17. Ld3 c5! 18. Lf4 cd4: steht Schwarz gut.

17. ... Te4: (23) 18. Lf7:+ (22) Kh8 (24)

Sicher nicht Kf8? wegen 19. Lg8!.

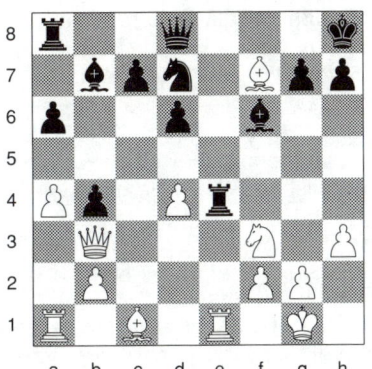

19. Le3?! (47)

Nach 25 Minuten. Kasparow wirkt unsicher, er findet keinen guten Plan. Falsch war 19. Db4:? wegen 19. ... Te1:+ (aber nicht 19. ... Tb8? 20. Le3! Te3:? 21. Te3: Lf3: 22. De1) 20. Se1: Tb8 21. Dd2 De7 mit schwarzer Initiative.
Die richtige Lösung war, nach Analyse von Kortschnoi, 19. Ld2! (mit der Idee 20. Te4: Le4: 21. Te1) 19. ... Tb8! 20. Te4: Le4: 21. Te1 d5 22. Lf4 (22. Ld5:? Sc5) mit Vorteil für Weiß. „Schachwoche" schrieb: „Beim Weggehen zeigte sich Kasparow ungehalten und verärgert: Ich habe den Gewinn verpaßt!"

19. ... Te7! (38) 20. Ld5 (50) c6! (46)

Nach 20. ... Ld5:?! 21. Dd5: Sb6 (Dzind-

zichaschwili) folgt 22. Da5!.

21. Le6 (56) Sf8 (73)

Nach 27 (!) Minuten. Karpow gefällt seine Stellung, er sucht nach der besten Fortsetzung. Er hat überlegt 21. ... c5 (a5? 22. Sg5) mit der Idee 22. Sg5 cd4: 23. Dd3 Sf8 24. Ld2 De8, aber nach 22. Ld5! cd4: 23. Lb7: Sc5 24. Dd5 steht Weiß besser.

22. Lg4 (83)

22. Lc4 gefällt Kasparow nicht wegen a5 nebst La6.

22. ... a5 (76) 23. Tac1!? (90)

Kasparow will den Abtausch der weißfeldrigen Läufer vermeiden, z.B. 23. Lf4 Sg6 24. Te7: Le7: 25. Lg3 Lc8 26. Df7 Dg8 wäre eine mögliche Variante.
Nun ist die Stellung ausgeglichen, beide Rivalen warten auf eine Aktivität des Gegners.

23. ... Sg6 (88)

Mit einer schönen Idee - den Springer nach Te7-c7 mit Sg6-e7-d5 auf d5 zu überführen.

24. Lh5 (96)

Nach 24. Dc2 folgt Tc7 25. Lf5 Sf8 26. Lf4 Lc8.

24. ... Tc8 (97)

24. ... Tc7? geht nicht wegen 25. Lg6: hg6: 26. Dc2, und nach 24. ... Sf8 folgt 25. Lg4.

25. Lg4 (110)

Nun bringt 25. Lg6:?! hg6: nichts - 26. g4 c5 bzw. 26. Dd3 De8.

25. ... Tb8 (101)

Sicher nicht 25. ... Tcc7? und die Schwäche der 8. Reihe zeigt sich nach 26. Sg5! Lg5:? 27. Lg5: Te1:+ 28. Te1: Dg5: 29. Te8+ mit Matt, aber meiner Meinung nach war besser zurückzugehen: 25. ... Ta8!.

26. Dc2 (111) Tc7 (114) 27. Df5 (119)

Nun schafft es Karpow, den Springer auf d5 zu überführen. Vorsichtiger war 27. Lf5 Sf8 28. Dd3 (28. Lf4 Lc8!).

27. ... Se7 (124)

Der Bauer auf a5 hing, und nach 27. ... Ta8 folgt 28. Sg5.

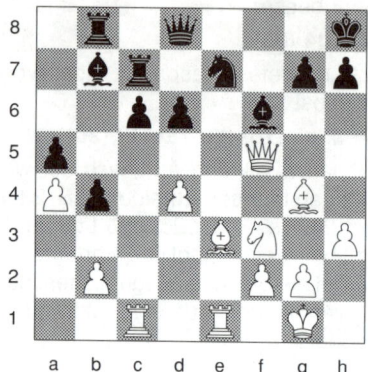

28. Dd3? (120)

Nur eine Minute. Warum nicht 28. Dh5!? (28. Da5:? Sd5 und die weiße Dame ist gefangen). Nach 28. ... g6 (28. ... Sd5 29. Lg5 h6 30. Lf6: Sf6: 31. Dg6 Lc8 32. Sh4) 29. Dh6 (aber nicht 29. Lg5? mit der Idee 29. ... gh5: 30. Lf6:+ Kg8 31. Le6+ Kf8 32. Sg5 wegen 29. ... Sf5!) 29. ... Lc8 30. Lg5 (30. Sg5? Sg8) 30. ... Sg8 31. Dh4 Lg4: 32. hg4: gefällt mir die weiße Stellung mehr.

28. ... Sd5 (125) 29. Ld2 c5 (129)

Schwarz steht nun etwas besser.

30. Le6! (123)

Es drohte 30. ... c4 31. Tc4: La6.

30. ... Sb6 (133) 31. dc5: (130) dc5: (141)

Karpow verbleiben 9 Minuten für 9 Züge. 31. ... Sa4:? 32. cd6: Tc1: 33. Tc1: Sb2:

34. Df5 nebst 35. d7 (34. ... Dd6: 35. Lf4) kommt nicht in Frage.

32. Dd8:+ (131) Td8: 33. Lf4 Te7 (143) 34. Sg5 (131)

Nach 34. Tc5:? folgt 34. ... T8e8.

34. ... Ld5! (146)

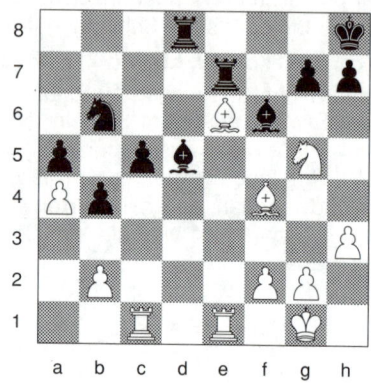

35. Ld5: (143)

35. Sf7+ Tf7: 36. Lf7: Lf7: 37. Lc7 Sa4: 38. Ld8: Ld8: ist günstig für Schwarz laut einer Analyse von Borik in „Schachmagazin 64". Nach 39. Tcd1 Lf6 40. Td7 Lg6 41. Ta7 h5 42. Ta5: (42. b3 c4! 43. bc4: b3 44. Ta5: Sc3) 42. ... Sb2: 43. Tc5: Sd3 44. Tc8+ Kh7 45. Tb1 Ld4 46. Kf1 Lf2: müßte Kasparow schwer um Remis kämpfen.

35. ... Td5: 36. Te7: (144) Le7: 37. Te1

Kasparow hat hier Remis angeboten. Karpow hatte noch vier Minuten, nachdem er davon zwei überlegt hatte, akzeptierte er das Angebot.

„Schachwoche" schrieb: „Schwarz steht, wie aus dem Lager von Karpow bestätigt wurde, etwas besser: 37. ... Lf8! 38. Te8 Kg8 39. Tb8 (39. Se6 Kf7) 39. ... Sd7."

Laut Analyse von Ligterink/Pliester er-

gibt sich die einzige Möglichkeit für Schwarz, auf Gewinn zu spielen, nach dem wilden 40. Tc8 Sb6 41. Tb8 Sa4: 42. Se6 Kf7 43. Sf8: Sb2:, aber die Entscheidung, so zu spielen oder nicht zu spielen, könnte Karpow nur nach einer Hausanalyse treffen. **Remis.**
Zeitverbrauch: Weiß 144 Minuten, Schwarz 148.

13. Partie

Hohe Erwartungen zum Start in Lyon; volles Haus, die Zuschauer drängen sich schon lange vorher an den Saaltüren und machen sich mit Murren und Pfeifen bemerkbar, weil sie eine Zeitlang warten müssen. Alles rechnet damit, daß Karpow nun mit Weiß versuchen wird, nach dem für ihn eigentlich plangemäßen Halbzeitstand mit Selbstvertrauen das Heft in die Hand zu nehmen. In diesem Sinn ist die Partie vielleicht eine kleine Enttäuschung: der Herausforderer holt weniger als nichts heraus, doch auch Kasparow mißlingt es, daraus Kapital zu schlagen - gerade als er dazu ansetzen will, übersieht er ein Qualitätsopfer, und alles läuft, wenn man von der einen oder anderen kleinen Ungenauigkeit dann noch absieht, bald wenig ereignisreich auf ein Remis zu. Die Kasparow-Fans schöpfen in Karpows Zeitnot zwar nochmals Hoffnung, doch auch der Blick des Weltmeisters zum Himmel vor seinem 39. Zug führt kein Wunder mehr herbei.

Karpow - Kasparow
Grünfeld-Indisch (D 85)

1. d4 Sf6 2. c4 g6 3. Sc3 d5 4. cd5: Sd5: 5. e4 Sc3: 6. bc3: Lg7 7. Le3 c5 8. Dd2 (1) 0–0 (2)

In der 9. Partie spielte Kasparow 8. ... cd4:.

9. Tc1 (11) Da5 (8) 10. Sf3 (30)
Nach 19(!) Minuten.
10. ... e6 (10)
Öfter wird 10. ... cd4: 11. cd4: Dd2:+ gespielt, aber Kasparow will in dieser Partie kein Endspiel.

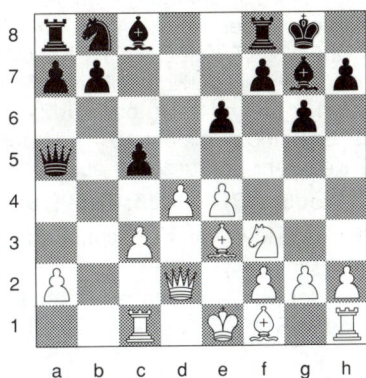

11. d5 (43)
Diesen Zug hat Viktor Kortschnoi in den Kommentaren zu seiner Partie Piket - Kortschnoi, Wijk aan Zee 1990, Informator 49, mit einem „?" bezeichnet. Kennt Karpow diese Partie nicht oder ist er mit dieser Einschätzung nicht einverstanden?

Die „richtige" Fortsetzung 11. Lh6! spielt Karpow in der 15. Partie.

In der Partie Gschnitzer - Popovic, Bundesliga 1988/89, folgte 11. Le2 cd4: 12. cd4: Dd2:+ 13. Kd2: (13. Sd2: Sc6 14. Sb3 mit Ausgleich) 13. ... Sc6 14. Thd1 Ld7! (Kasparow/Nikitin geben 14. ... Td8 15. Ke1 als etwas besser für Weiß an) 15. d5?! (15. Ke1 Tfc8 mit gleichen Chancen) 15. ... ed5: 16. ed5: Sb4 17. Lc5? Tfc8! 18. d6 (18. Lb4: Lh6+) Sa2: und Weiß gab auf.

Auch nach 11. Ld3 kann Schwarz cd4:!

12. cd4: Dd2:+ 13. Kd2: Sc6 spielen. In der Partie Blees - Mihaljcisin, Budapest 1990, folgte aber 11. ... Td8?! (11. ... Sc6 12. d5 ed5: 13. ed5: Se7 14. c4 Dd2:+ 15. Kd2:! b6 16. Lf4 ist günstiger für Weiß) 12. Lg5 (12. Lh6!) 12. ... f6 (12. ... Td7 13. Se5! Le5: 14. de5: h6 15. Lh6: c4 16. Df4 mit Angriff, Analyse von Blees, oder 14. ... c4 15. Lf6 cd3: 16. Dh6 d2+ 17. Ke2 Da6+ 18. Kf3 Dd3+ 19. Kg4 De4:+ 20. Kg3 Td3+ 21. f3 mit Matt) 13. Le3 cd4: 14. cd4: Dd2:+ 15. Kd2: Sc6 und nun sieht 16. Thd1 nebst 17. Ke2 sehr gut für Weiß aus.

11. ... ed5: (13) 12. ed5: Te8! (18)

Eine neue Idee von Kortschnoi. Früher wurde gespielt:

A) In der Partie Lputjan - Tukmakow, UdSSR 1988, folgte 12. ... Lf5 13. Le2 Sa6 (13. ... c4 14. 0–0 Sd7 15. Tfd1 Sc5, Bagirow - Grigorjan, UdSSR 1983, 16. Lc4: Se4 17. De1 Tac8 18. Lb3 Lc3: 19. De2 Sd6 20. Sd4! mit etwas besseren Chancen, Bagirow) 14. 0–0 Tad8 (Tac8 15. Lh6! Lh6: 16. Dh6: f6 17. Sh4 mit Angriff, Ftacnik - Jansa, CSSR-Meisterschaft 1979) 15. La6: (15. Lh6 Le4) 15. ... Da6: 16. Lc5: Tfe8 17. c4 Tc8 18. Ld4 Tc4: 19. Tc4: Dc4: 20. Lg7: Kg7: 21. Db2+ mit Druckspiel für Weiß.

B) Auch nach 12. ... Sd7 13. c4 (13. Ld3 b5 14. c4 Dd2:+ 15. Sd2: bc4: 16. Lc4: Lb7! mit gleichen Chancen; in Ftacnik - Hartson, Skara 1980, folgte 16. ... Sb6 17. 0–0! Td8 18. Lb3) 13. ... Dd2:+ 14. Kd2:!? (14. Sd2: Te8 15. Le2 Se5 16. Sf3 b6 17. Se5: Le5: 18. Kd2 Ld7 19. Ld3 Te7 mit Ausgleich, Franke - Mihaljcisin, Budapest 1988) 14. ... b6 15. Ld3 Se5 16. Se5: Le5: 17. a4 hat Weiß etwas bessere Chancen.

13. Le2 (53)

Kortschnoi gibt an 13. Ld3 Lg4! oder 13. c4 Da3 14. Le2 (14. Ld3 Lg4 15. Sg5 h6 16. Se4 (16. h3? Lf5!), Spassky, 16. ... Lf5 17. Sd6 Ld3: 18. Se8: Lb2) 14. ... Lf5 15. 0–0 Lb2 16. Tcd1 Lc3 mit etwas besseren Aussichten für Schwarz.

13. ... Lf5 (27) 14. 0–0 (56)

Nach 14. c4 Da3 15. Sh4 folgt 15. ... Le4! (Spassky).

14. ... Sd7 (28)

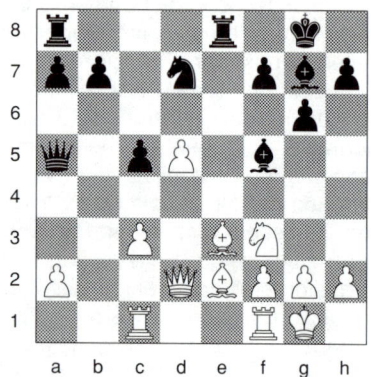

15. h3!? (78)

In der Partie Piket - Kortschnoi, Wijk aan Zee 1990, geschah 15. Db2 (!, Kortschnoi) Sf6 und nun sollte Weiß nach 16. Db7:! Da2: 17. Lb5 Tab8 18. Da6 Da6: 19. La6: Sd5: 20. Lc5: Sc3: 21. Sd4 gleiches Spiel bekommen (Kortschnoi).

15. ... Sb6! (42)

Spassky plädierte für 15. ... b5?!, aber nach 16. g4! (16. Sh4 Le4 17. f3 Ld5:! 18. Dd5: Sb6) 16. ... Le4 17. c4! (aber nicht 17. Sg5 Sf6) 17. ... b4 18. Sg5 steht Weiß besser, z.B. 18. ... Lc3 19. Dd1.

16. g4 (91)

Nun wäre 16. c4?! zu früh wegen Dd2: 17. Sd2: Lb2.

16. ... Ld7 (46)

Nach 16. ... Le4 17. c4 Da3 18. Sg5 Lb2 folgt 19. Se4: Te4: 20. Tb1! Ld4 21. Ld3 Te7 22. Tb3 Da4 23. Tc1 mit Vorteil.

17. c4 Dd2: (59)

Nun wäre 17. ... Da3?! nicht so gut wegen 18. Tb1.

18. Sd2: Sa4 (63)

Douven gibt an 18. ... Ld4?! 19. Ld4: Te2: 20. Le3 Tae8 21. Sb3 Ta2: 22. Sc5: Lc8 23. Tfe1 mit besseren Aussichten für Weiß.

19. Lf3 (92)

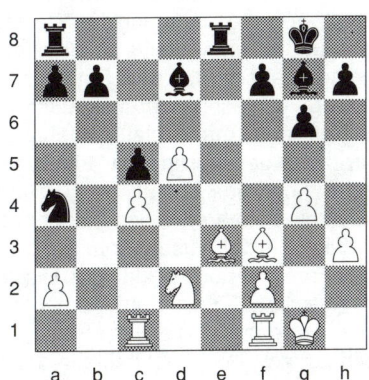

19. ... Sc3? (68)

Kasparow hat das folgende Qualitätsopfer übersehen. Nach 19. ... f5! 20. d6 Tab8 gefällt die schwarze Stellung mehr. Nur zum Ausgleich führt 19. ... b5 20. cb5: Lb5: 21. Sc4 (21. Tfe1 Sb2!) Sc3 22. Sd6 Lf1: 23. Se8: Te8: 24. Kf1:, Analyse von Douven.

20. Tc3:! (102)

Vielleicht hat Kasparow gerechnet mit

20. Lc5: Sa2: 21. Tc2 Sc3 22. Le3 a5 und der a-Bauer ist sehr stark.

20. ... Lc3: 21. Se4 Te4:! (73)

Der Versuch, die Qualität zu behalten, könnte nach dem Fallen des Bc5 katastrophal werden, z.B. 21. ... Le5? 22. Sc5: Lc8 23. Tb1 Tab8 24. Sd3.

22. Le4: Te8 23. Ld3 (104) b6 24. Kg2 (106) f5 (78) 25. gf5:! (112)

Stärker als 25. Kg3 (Spassky).

25. ... Lf5: 26. Lf5: (116) gf5:

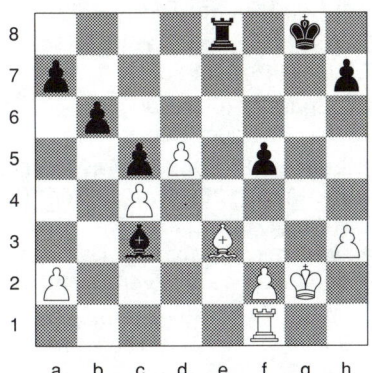

27. Td1? (123)

Zu passiv, wie Douven schrieb, mußte Weiß so schnell wie möglich auf die g-Linie kommen. Richtig war 27. Kf3! Te4 (Lf6 28. Kf4 oder 27. ... Ld4 28. Kf4! Le3:+ 29. fe3: Te4+ 30. Kf5: Tc4: 31. d6) 28. Tg1+ Kf7 29. Tg5 Tc4: (oder Kf6 30. Th5 Kg6 31. Th6+ Kg7 32. Tc6) 30. Tf5:+ Ke7 31. Lf4 mit besserem Endspiel für Weiß (Douven).

27. ... Kf7 (88) 28. Td3 (124)

Nun wäre 28. Kf3? falsch wegen Te4 29. d6 Ld4! 30. Lf4 Ke6 31. Tg1 Le5 (Douven).

28. ... Lf6 (89) 29. Ta3 (132) a5 (90) 30. Tb3 Ld8 (95) 31. Tc3 (137)

„Ein typischer Karpow-Zug" sagte Spassky.

31. ... Lc7 (106)

Nach 31. ... Te4? folgt 32. f3!

32. a4 (141)

Karpow verbleiben 9 Minuten für 8 Züge.

32. ... Kf6 (108) 33. Kf1 (143) f4!? (113)

Nun versucht Kasparow Karpows knappe Zeit auszunutzen und die Initiative zu übernehmen.

34. Lc1 (144) Kf5 (115)

Nach Ke5 folgt 35. Td3.

35. Tc2 (145) Tg8 (120) 36. Te2 Le5 37. Lb2 (146) Ld4 (121)

Laut Spassky führte auch 37. ... Lb2: 38. Tb2: Ke4 zum Remis.

38. Ld4: (148) cd4: 39. Te7 d3 (125) 40. Ke1 Tc8 (126) 41. Kd2 Tc4: (128) 42. Kd3: (170)

Das war der Abgabezug; Remis ohne Wiederaufnahme. Zeitverbrauch: Weiß 170 Minuten, Schwarz 128.

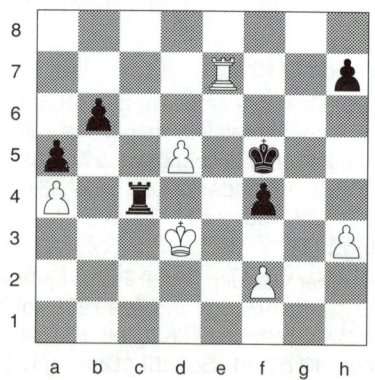

Es könnte folgen 42. ... Ta4: 43. d6 Ta1 44. Kc2 Ta2+ 45. Kc3 Ta1 mit Zugwiederholung. Weiß könnte versuchen, mit

43. Te1 Ta3+ 44. Kc4 Ta4+ 45. Kb5?! Td4 46. Kc6 auf Gewinn zu spielen, aber nach 46. ... b5 47. d6 a4 48. d7 a3 49. Kc7 b4 könnte das ein Spiel auf Verlust sein.

14. Partie

Kasparow ist nach wie vor für Überraschungen gut: Mit allem hätte man vielleicht von ihm als Weißer gerechnet, aber bestimmt nicht mit ... Schottisch! Der unvermeidliche Effekt stellt sich ein: Karpow verbraucht immens Zeit, während Kasparow bis zum 18. Zug ziemlich schnell spielt und einen teilweise ziemlich erregten Eindruck macht; es sieht aus, als glaube er, den Gegner in der Falle zu haben. Doch Karpows 18. Zug dämpft wohl die Stimmung des Weltmeisters, und es entwickelt sich ein offener Schlagabtausch, aus dem Schwarz keineswegs schlechter herauskommt. Nur die Zeit ... niemand glaubt mehr, daß Karpow ungeschoren den 40. Zug erreicht. Aber das schafft er in diesem Match bis dato erstaunlich gut: er bricht in Zeitnot nicht zusammen, ja macht manchmal gar noch Boden gut. Bis jetzt ... siehe die 20. Partie! Im Moment freilich hat er damit den etwas mißglückten Start zur zweiten Matchhälfte in der 13. Partie wettgemacht; einer der bisher gefährlichsten „Varianten-Angriffe" Kasparows ist verpufft.

Kasparow - Karpow
Schottisch (C 45)

1. e4 (3)

Kasparow wartete bei laufender Uhr ungefähr 3 Minuten(!), Karpow war noch nicht da.

1. ... e5 (3) 2. Sf3 Sc6 3. d4!?

„Die Eröffnungswahl in dieser Partie ist

die größte Überraschung dieser Weltmeisterschaft und vielleicht aller bisherigen K&K-Kämpfe. Die Schottische Partie kam in diesem Jahrhundert bei einem WM-Match bisher nicht vor. Das letzte Beispiel wird mit 1892 datiert (Steinitz - Tschigorin). Kasparow spielt die Schottische Partie (in einer Turnierpartie) erstmalig in seinem Leben. Karpow hatte diese Eröffnung schon sieben Mal auf dem Brett, und er erzielte damit das exzellente Resultat von drei Siegen bei vier Remisen" (O. Borik, Schach-Magazin 64).

„Das Beispielmaterial ist ziemlich ergiebig, es bietet dem Leser die Möglichkeit, sich in einige neue und interessante Varianten hineinzudenken, die sich von ihrem Charakter her durchaus auch als Eröffnungsüberraschung eignen" gibt Karpow an in seinem Buch „Wie spielt man offene Eröffnungen?"

Bleibt zu ergänzen, daß Karpow nach dem Zug 3. d4 ein paar durchdringende Blicke auf den Gegner warf, als wolle er fragen, ob das ernst gemeint sei, als könne er es gar nicht glauben.

3. ... ed4: 4. Sd4: Sf6 (10)

Karpow bevorzugt die klassische Variante, mehr populär ist 4. ... Lc5.

5. Sc6: bc6: 6. e5 De7 7. De2 Sd5 8. c4 La6 (11) 9. b3!? (3)

In der Partie Timman - Karpow, Amsterdam 1984, folgte 9. De4 Sf6 10. De2 Sd5 11. Sd2 0-0-0 (auch 11. ... Sb4 12. Sf3 c5 13. a3 Sc6 14. Ld2 0-0-0! 15. Lc3 (15. 0-0-0!?) d5! 16. ed6: Td6:! 17. De7: Le7: 18. Le2 Te6 führte zu ungefährem Ausgleich, Oll - Kalinin, UdSSR 1986; „mir aber gelang es mehr zu erreichen" schrieb Karpow) 12. De4 Sb6 13. a4?! d5! 14. cd5: Lf1: 15. d6 Td6:! 16. Sf1: Te6! 17. f4 g5 18. g3 Db4+ mit

schwarzer Initiative.

9. ... 0-0-0 (37)

Nach 26 Minuten. Wieder der gleiche Gedanke - Was hat Kasparow vor? Nach 9. b3 ist nun 9. ... g6 nicht so gut wegen 10. Lb2 Lg7 11. g3! (aber nicht 11. Sd2? Sb4! 12. Sf3 c5 13. a3 Sc6), auch 9. ... Dh4 sieht nicht sehr logisch aus wegen 10. a3! (10. Lb2 Lb4+ 11. Kd1 Sf4 12. De3 Se6, Gufeld - Wistaneckis, UdSSR 1955) nebst 11. g3.

Sofortiges 9. ... f6 gibt Weiß nach 10. g3! (10. Lb2 Sf4 11. De3 fe5: 12. g3 Sg6 13. Lg2 Dc5 bzw. 11. ef6: Sd3+ 12. Kd2 De2:+ 13. Le2: Sb2: 14. Te1 Lb4+ 15. Sc3 0-0 bringt nichts, Ljubojevic - Ivkov, Bugojno 1978) 10. ... fe5: 11. Lg2 ausreichende Kompensation für den Bauern.

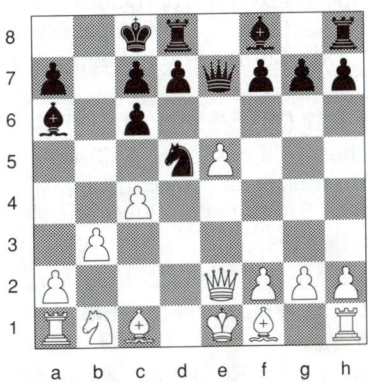

10. g3 (4)

Ein neuer Versuch. In der Partie Ljubojevic - Seirawan, Wijk aan Zee 1986, folgte 10. Db2?! Sb6 11. Le2 Te8 12. Lf4 g5 13. Lg3 Lg7 14. Sc3 f5! 15. f4 gf4: 16. Lf4: Le5: 17. Le5: De5: 18. 0-0 (18. 0-0-0 d5!) Dd4+ mit schwarzem Vorteil.

Hort schlägt 10. Lb2 vor: 10. ... Dg5 (10. ... f6 11. g3!?, in der Partie Hort - Trois, Sarajewo 1980, folgte 11. ef6: Sf6: -

Db4+! mit Ausgleich, Hort - 12. Sc3 d5 13. 0–0–0 De2: 14. Le2: Lc5 15. cd5: Le2: 16. Se2: cd5: 17. Sd4 The8 18. f3 mit besseren Chancen) 11. Sd2 Sf4! (aber nicht f6? 12. h4! Dh6 13. 0–0–0 Lc5 14. Df3! Sf4 15. ef6: gf6: 16. g3 Se6 17. Df6: Dh5 18. f4 Thg8 19. De5 De5: 20. Le5: Ld4 21. Ld4: Sd4: 22. Se4! Sf5 23. Td3 und Schwarz gab auf, Hort - Unzicker, Bundesliga 1983/84) 12. De3 Sg2:+ 13. Lg2: Dg2: 14. 0–0–0 c5! mit verwickeltem Kampf.

10. ... Te8 (50) 11. Lb2 (5) f6 12. Lg2 (6) fe5: (56) 13. 0–0 (8)

Nun ist der weiße König in Sicherheit und Kasparow kann den schwarzen angreifen - die schwachen Punkte a6, a7.

13. ... h5! (65)

Karpow setzt richtig auf einen Gegenangriff. Nach 13. ... Df7?! (Spassky) folgt 14. Dd2 Sf6 (Lb4? 15. Ld5:) 15. Da5 Lb7 16. Le5:.

14. Dd2 (10) Sf6 (67) 15. Da5 Lb7

Sicher nicht Kb7? 16. La3! (auch 16. Te1 ist nicht so schlecht) De6 17. Lf8: Thf8: 18. Sc3 mit der Idee Sa4-c5.

16. La3 (25)

Nach 16. Da7: Dc5 steht Schwarz gut.

16. ... De6 (80) 17. Lf8: Thf8: 18. Da7: (28)

Später sagte Kasparow bei einer Fernsehsendung, daß er diese Stellung auf seinem Analysebrett bei der Vorbereitung für die Partie hatte.

18. ... Dg4! (102)

Mit der Idee 19. a4 Dd4!. „Zu langsam war 18. ... e4 19. a4 e3 20. a5 ef2:+ 21. Kh1 De3 22. c5 und 23. a6 ist nicht mehr aufzuhalten" (Löffler, Schachwoche).

19. Sa3! (81)

Nach 53(!) Minuten. „Kasparow mußte

bewußt geworden sein, daß seine Eröffnungsanlage doch nicht so vielversprechend ist, und er versuchte hier ... die versäumten Hausaufgaben nachzuholen" (Borik, Schach-Magazin 64). Nach 19. Sc3 wäre 19. ... h4! (Dd4?! 20. Dd4: ed4: 21. Sa4 d6 22. c5 sieht günstiger für Weiß aus) 20. Sa4 d6 günstiger für Schwarz.

19. ... h4 (106)

19. ... Dd4? hat keinen Sinn wegen 20. c5! und es droht Sc4-a5 oder Tac1-c4.

20. Sc2 (82) h3 (113) 21. Lh1 (83) Se4! (118)

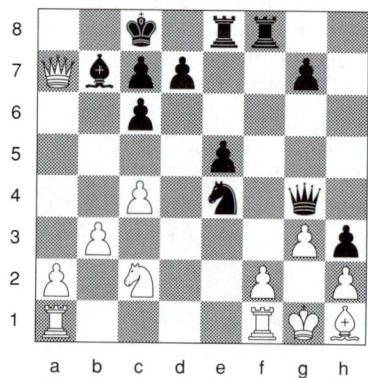

22. a4!? (94)

Nach 22. f3 Sg3:! 23. Tf2 (23. fg4:? Se2 matt!) Dg6 24. hg3: Dg3:+ 25. Kf1 hat Schwarz mindestens Remis mit 25. ... e4! (c5 26. Dc5: Lf3: 27. Lf3: Tf3: 28. Tf3: Df3:+ 29. Df2 Dh1+ 30. Ke2 De4+ 31. Kd2 bzw. 29. ... Dd3+ 30. Kg1) 26. fe4: Dd3+ 27. Kg1! (27. Ke1 c5! ist gefährlich für Weiß) 27. ... Dg3+.

Schwächer war 22. Se3 wegen 22. ... Dg6! (Sc3 23. Db7:+! Kb7: 24. Lc6:+ Kc6: 25. Sg4:) 23. a4 Sc3 24. Tae1 Dd3 25. a5 Dd4! 26. c5 Dd3. Auch 22. Sb4?!

156

kommt nicht in Frage wegen 22. ... Sc3 23. Tae1 Dd4!.

„Karpow schien sich in dieser Phase durchaus wohl zu fühlen; nach seinem 21. Zug war er aufgestanden, hinter dem Stuhl stehengeblieben und hatte Brett und Gegner eine Zeitlang wie von oben herab betrachtet, bevor er wegging. Und das trotz seiner schon drohenden Zeitnot ...“ (G. Treppner aus Lyon).

22. ... Sc3 (130)

Karpow bleiben 20 Minuten für 18 Züge. Schade, aber 22. ... Tf3 geht nicht wegen 23. Se3 Sg3: 24. hg3: Tg3:+ 25. Kh2! (aber nicht 25. fg3: Dg3:+ 26. Lg2 hg2: 27. Tf2 c5 28. Dc5: d6 29. Da7 Th8) 25. ... Tg2+ 26. Lg2: Df4+ 27. Kg1.

23. Tae1 (105)

Nach 23. Tfe1?! Se2+ 24. Te2: (24. Kf1 Sd4) De2: 25. Sb4 (oder 25. a5 Kd8!) 25. ... Kd8! gewinnt Schwarz.

23. ... Se2+ (132) 24. Te2: De2: 25. Sb4 (107)

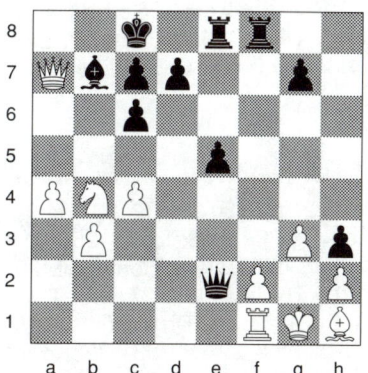

25. ... d5!? (135)

Karpow spielt auf Gewinn! „Angesichts Karpows knapper Bedenkzeit erwartete man die forcierte Remisabwicklung 25.

... Tf3 26. Sa6 Kd8 27. Db7: Tf2: 28. Tf2: De1+ 29. Tf1 De3+ 30. Tf2 De1+ mit Dauerschach“ (Borik, Schach-Magazin 64). Man sollte ergänzen, daß der Zug 25. ... Tf3 von Mikrocomputer-Weltmeister „Mephisto“ stammt.

Falsch dagegen wäre 25. ... e4? 26. Sa6 Kd8 27. Db7: Tf3 28. Dc7:+ Ke7 29. Lf3:! Df3: 30. De5+ Kd8 31. Da5+! Ke7 32. Dg5+ oder 25. ... Kd8? 26. Db7: Tf2: 27. Sc6:+! dc6: 28. Db8+ Kd7 29. Lc6:+! Kc6: 30. Db5+ Kd6 31. Dd5+ Ke7 32. Dc5+ und Weiß gewinnt.

26. cd5: (111) cd5: (145)

Karpow verbleiben 5 Minuten für die restlichen 14 Züge! „Spassky hielt die Partie im praktischen Sinn für entschieden wegen dieser horrenden Zeitnot. Die Spieler sahen aber anders aus. Man glaubte sogar, Karpow lächeln gesehen zu haben, während Kasparow das Gesicht verzog und sich wieder am Kopf kratzte. „Er sieht besorgter aus als der Gegner“, konnte man später lesen.“ (G. Treppner)

27. Ld5:! (127)

Nach 27. Tc1 (27. Sd5:? Da6!) Dd2 28. Dc5 Te7 29. Sd5: Ld5: 30. Ld5: Tf2:! 31. Le6+ Kd8 32. Lh3: e4! (aber nicht Th2:? wegen 33. Tc2! Dc2: 34. Dd5+ Ke8 35. Dg8 matt) 33. a5 e3 könnte die Situation für Weiß gefährlich werden.

27. ... Ld5: 28. Sd5: Dc2 29. Da6+ Kd7 30. Se3 (135) De4! (146) 31. Tc1 (140) Tb8! (147) 32. Df1! Tb3: 33. Dh3:+ Kd8 34. Dh5! (145)

Es geht nicht 34. Td1+?! Td3 35. Dh4+? wegen 35. ... Dh4: 36. Td3:+ Dd4.

34. ... Kc8! (148)

Nach 34. ... Df3?! folgte 35. Df3: Tf3: 36. Sg4 Tb2 37. Te1.

35. Dd1 (147)

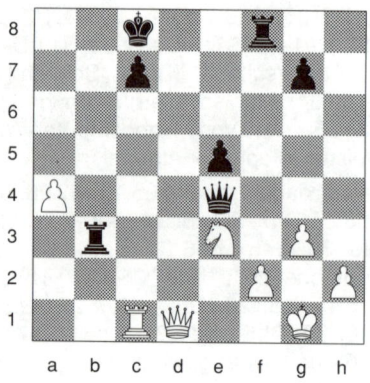

35. ... Te3:?

Zeitnot, Nerven ... Nach 35. ... Td3!
(Tb2? 36. Dd6) 36. Dc2 Tf7 könnte
Schwarz mit Qualität für einen Bauern
auf Gewinn spielen, z.B. 37. Sc4 Dd4!
38. Se5:? Td2.

**36. fe3: De3:+ 37. Kh1 De4+ 38. Kg1
De3+ 39. Kh1 De4+ 40. Kg1**

„Vor diesem Zug überlegte Kasparow
noch ungefähr eine Minute, bestimmt ob
er dreimalige Stellungswiederholung re-
klamieren könnte. Danach wich Karpow
blitzschnell dem sofortigen Remis aus.“
(G. Treppner)

40. ... Td8

... aber nach **41. Dc2** (Abgabezug) einigte man sich ohne Wiederaufnahme doch
auf **Remis**. Zeitverbrauch: Weiß 148 Minuten, Schwarz 149.

15. Partie

Der Kampf auf Messers Schneide geht
weiter. Nun ist auch endlich mal Karpow
mit einer Eröffnungsvorbereitung dran;
merkwürdig freilich, daß seine nahelie-
gende, mehrfach vorgeschlagene Verbesserung der 13. Partie Kasparow auf
dem falschen Fuß zu erwischen scheint.
Prompt wird es für den Weltmeister kritisch. Diesmal ist er es, der allgemein
fast schon abgeschrieben wird; einer
meint „good night, Mr. Kasparow“, und
Mikrocomputer-Weltmeister „Mephisto“
glaubt schon den Gewinn für Karpow
gefunden zu haben. Doch genau in diesem Moment beginnt Karpow den Faden und langsam auch seinen Vorteil zu
verlieren ... das achte Remis in Folge
kommt in Sicht; obwohl der Zeitpunkt
viele doch überrascht. Haben die besten
Schachspieler der Welt das Gewinnen
verlernt? Dramatische Remisen mögen
ja auch gut und schön sein, aber zumindest bei der breiten Masse droht das
Interesse dahinzusterben - und gar für
die Medien zählen natürlich nur Ent-
scheidungen.

**Karpow - Kasparow
Grünfeld-Indisch** (D 85)

1. d4 (3)

Karpow kam wieder zu spät.

**1. ... Sf6 2. c4 g6 3. Sc3 d5 4. cd5:
Sd5: 5. e4 Sc3: 6. bc3: Lg7 7. Le3 c5
8. Dd2 0–0 9. Sf3 Da5 10. Tc1 (20) e6
(4)**

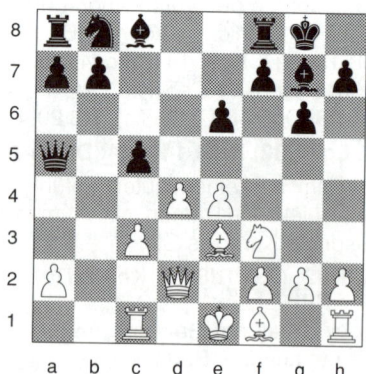

11. Lh6!?

A tempo gespielt! „Die Enzyklopädie gibt 11. d5?! an, aber interessant ist 11. Lh6!?" schrieb Anand, der indische WM-Kandidat, in Kommentaren zur Partie Piket - Kortschnoi, Wijk aan Zee 1990. Die Neuerung 11. Lh6!? wurde auch von Spassky im Bulletin zur 13. Partie vorgeschlagen und, das „Wichtigste", wäre auch der Zug, den der Mephisto-Computer spielt. Liest überhaupt Kasparows Team die Rundenbulletins nicht? Denn der Weltmeister brauchte nun 41(!) Minuten.

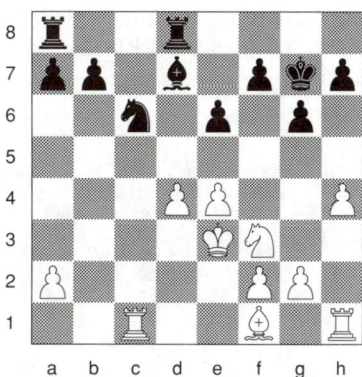

11. ... Sc6 (45)

„Es war wirklich eine Überraschung, daß Kasparow anscheinend darauf nichts vorbereitet hatte. Er überlegte lange, den Kopf in die Hände gestützt, die Füße wippten wie gewohnt unter dem Tisch, ab und zu ein Blick zum Himmel." (G. Treppner) Das Endspiel nach 11. ... cd4: 12. Lg7: Kg7: 13. cd4: Dd2:+ 14. Kd2: ist besser für Weiß.

12. h4! (31)

Zwingt praktisch Kasparow zur folgenden Abwicklung.

12. ... cd4: (47)

Sonst könnte der weiße Angriff auf der h-Linie gefährlich werden, z.B. 12. ... Td8 13. Lg7: Kg7: 14. h5 cd4: 15. hg6: hg6: 16. Dh6+ (16. e5 Th8!) Kf6 17. e5+ Ke7 18. Dg5+ Kd7 19. Th7 Tf8 20. Ld3.

13. Lg7: (32) Kg7: 14. cd4: Dd2:+ (63)

Bestimmt mit keinem guten Gefühl - das Mittelspiel ohne Damen mit Raumvorteil entspricht Karpows Stil.

15. Kd2: (33) Td8 16. Ke3 Ld7

„Spassky erzählte in den nächsten Zügen vom »grand masseur« Karpow, vom Stil einer Boa, wobei er die Bewegung des Erdrückens machte, die Stellung sei für Weiß sehr bequem, für Schwarz dagegen eine Tortur - es war einstimmig, daß Weiß klar besser steht." (G. Treppner)

17. Tb1 (64)

Nach 31 Minuten. Falsch war 17. Lb5? wegen 17. ... Sd4:! 18. Sd4: e5, wie S. Löffler angibt.

17. ... Tab8 (66)

Nach 17. ... b6 folgt 18. Ld3! (18. La6 Lc8! 19. Ld3 Lb7) 18. ... Tac8 19. Thc1 und es droht 20. La6.

18. Ld3 (70)

Spassky plädierte für 18. g4 mit der Idee 19. g5.

18. ... Se7 (98) 19. h5 (99)

Das gefiel Spassky überhaupt nicht, er schlug zuerst g4-g5 vor und sagte, der beste 20. Zug für Weiß wäre wieder rückwärts h5-h4.

19. ... f6 (99) 20. hg6: (104) hg6: (101) 21. Th2 (105) b6 (106)

Nach 21. ... Th8 folgt 22. Th8: Kh8: 23. g4 (mit der Idee 24. g5!) 23. ... g5 24.

e5 Kg7 (oder Sd5+ 25. Kd2 fe5: 26. Se5:
Le8 27. Th1+) 25. ef6:+ Kf6: 26. Th1 mit
Vorteil.

22. g4 (112)

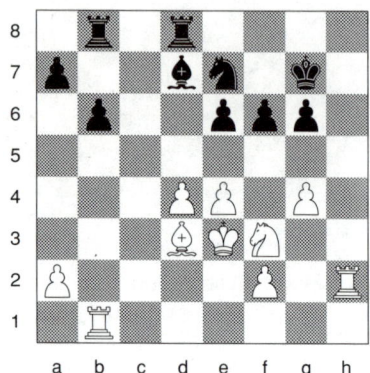

22. ... e5!? (122)

Spassky bezeichnete diesen Zug als
„Harakiri", aber Kasparow will Gegenspiel haben. Die Stellung nach 22. ...
Th8 23. g5! (23. T1h1 g5! 24. e5 Sd5+
25. Kd2 Th2: 26. Th2: Th8 27. ef6:+ Sf6:
28. Th8: Kh8: 29. Se5 Le8 30. f3 Kg7
macht das schwarze Leben etwas leichter, eine Analyse von L. Pliester; nicht
aber 23. ... Th2: 24. Th2: Th8 25. Th8:
Kh8: wegen 26. g5! Kg7 27. gf6:+ Kf6:
28. e5+ Kg7 29. Le4) 23. ... f5 24. Th8:
Th8: 25. Se5 Td8 26. Tc1 Tc8 27. Tc4
ist sehr schwer zu halten (Löffler,
Schachwoche).

23. de5: (121) Lg4: 24. ef6:+

24. T1h1 (mit der Idee 24. ... Lf3:? 25.
Th7+ Kf8 26. Th8+ Sg8 27. ef6:! Lh1:
28. Lc4 Ke8 29. Le6 und Weiß gewinnt)
geht nicht wegen 24. ... Td3:+! 25. Kd3:
Lf3: 26. Th7+ Kf8 27. ef6: Sg8, Löffler
(Schachwoche).

24. ... Kf6: (123) 25. Sd4

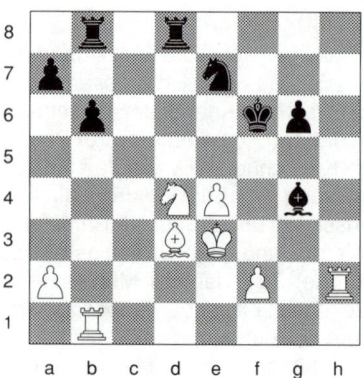

25. ... Tb7!? (132)

„Warum nicht endlich 25. ... Th8?"
schrieb „Schachwoche". Nach 26. Tbh1
hat Schwarz zwei Möglichkeiten:

A) 26. ... Th5 27. f3 T8h8 28. Th5: Th5:
29. Th5: Lh5: 30. Sb5! Sc8 (oder Sc6
31. f4!) 31. Lf1! nebst Lh3;

B) 26. ... The8 27. Th7 Sd5+ 28. Kd2
Sb4 29. a3 Sd3: 30. Kd3: Ted8 31.
Ke3! (aber nicht 31. Ta7: Ke5 32.
Te7+ Kf6 33. Tc7 Ke5, Pliester) und
nach 31. ... Tbc8 folgt 32. f4! mit der
Drohung 33. e5 matt.

In beiden Varianten behielte Weiß klaren Vorteil, Kasparow versucht Karpows
Aufgabe zu komplizieren.

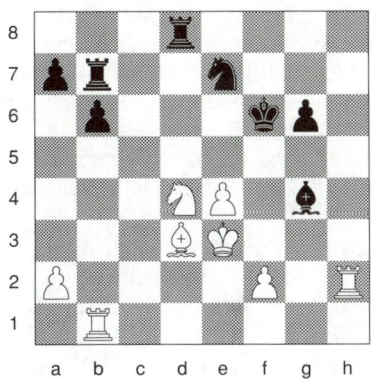

26. f3? (129)

Richtig war 26. Th4! mit klarem Vorteil für Weiß. Der Mikrocomputer-Weltmeister „Mephisto Lyon" gibt folgende Varianten an:

A) 26. ... Tbd7 27. e5+! (falsch wäre 27. Tg4: Td4: 28. e5+ Ke5: 29. Td4: Td4: 30. f4+ Tf4: 31. Tb5+ Sd5+ 32. Td5:+ Kd5: 33. Kf4: Kd4 mit Remis) 27. ... Ke5: 28. Tb5+ Sd5+ 29. Td5:+ Kd5: (Td5: 30. Sc6+) 30. Tg4:;

B) 26. ... Lh5 27. Tf4+ Ke5 28. Tb5+ Kd6 29. Tf7;

C) 26. ... Kg5 27. Tg4:+! Kg4: 28. Tg1+ Kh5 (Kh3 29. Tg3+ mit Matt) 29. Th1+ Kg4 30. Le2+ Kg5 31. Se6+ Kf6 32. Sd8:;

D) 26. ... Ld7 27. Th7! Te8 28. Lc4;

E) 26. ... Lc8 27. f4 Tc7 (Tbd7? 28. e5+) 28. e5+ Kg7 29. Tbh1.

26. ... Tbd7 (134) 27. Tb4 (131) Le6 (137) 28. Tc2?! (136)

Besser war 28. f4! (28. Lf1 Tc7 29. f4 Lg8) 28. ... Lg8 (Sc6? 29. e5+) 29. Tc2.

28. ... a5 (140) 29. Ta4 g5! 30. Lb5 (137) Td6 31. Le2 (142) Ld7 (141) 32. Tac4 (143) Te8 (142) 33. Tb2 (146) Sd5+ (143)

Remis auf Vorschlag von Kasparow. Zeitverbrauch: Weiß 146 Minuten, Schwarz 143. Man sah, daß Karpow deutlich das Gesicht verzog, als er die Hand gab; er war klar enttäuscht.

16. Partie

War Schottisch wie so manches andere nur eine einmalige Überraschungswaffe Kasparows? Nein, der zweite Versuch läßt sich schon bald erfolgreicher an als der erste, obwohl oder gerade weil Karpow selbst etwas Neues vorbereitet hat. Daß er nach 15 Zügen schon einen Bauern herausrücken muß, dürfte er kaum eingeplant haben, und als er danach auch noch die beste Fortsetzung verpaßt, wird seine Lage bald fatal. Wer hätte da geahnt, daß es die längste Gewinnpartie bei einer WM überhaupt werden wird? Aber nicht zum erstenmal setzt Kasparow in Zeitnot des Gegners eine aussichtsreiche Stellung fast in den Sand, so daß viele den Glauben verlieren, bei Abbruch könnte es noch zum Gewinn reichen. Aber am nächsten Tag bei der Hängepartie rückt das Ziel dann doch wieder näher ... bis es sich der Weltmeister wahrscheinlich zum zweitenmal selbst schwer macht. Plötzlich stehen Spassky & Co. im Presseraum um den Monitor, suchen den klaren K.o.-Schlag - und finden ihn nicht mehr. Spassky ruft den Computer zu Hilfe, aber der ist nicht mehr da. Zweiter Abbruch, und nachdem Kasparow fast die ganze Zeit bis zur nächsten Kontrolle übernommen hat, setzt er sogar noch sein zweites Time-out ein, um erst einmal diese vermaledeite „Seeschlange" zu gewinnen, bevor die nächste Partie an die Reihe kommt. Vor der dritten Sitzung tauchen plötzlich Gerüchte auf:

Hat der US-Superrechner „Deep Thought" für Kasparow den Gewinn gefunden? Nach anfänglich großer Aufregung stellt man im Lauf der Zeit doch fest, daß wohl nicht allzuviel dran ist an dieser Geschichte, spätestens als Karpow-Sekundant Henley zitiert wird, es habe sogar drei Gewinnwege gegeben, und als Computerexperte Frederic Friedel über seine Kontakte zum „Deep-Thought"-Team berichtet. Doch immerhin: Was jetzt noch ein Gerücht war, wird vielleicht schon in wenigen Jahren Realität sein können. Muß man dann gar über Regeländerungen nachdenken, etwa um Hängepartien ganz abzuschaffen?

Kasparow - Karpow
Schottisch (C 45)

1. e4 (1)

Kasparow wartete wieder bei eigener laufender Uhr.

1. ... e5 (2) 2. Sf3 Sc6 3. d4

Vor diesem Zug rieb sich Kasparow das Gesicht und schaute prüfend auf den Gegner. Hat Karpow etwas Neues gefunden?!

3. ... ed4: 4. Sd4: Sf6 5. Sc6: bc6: 6. e5 De7 7. De2 Sd5 8. c4 Sb6!? (4)

Die Abweichung von der 14. Partie (8. ... La6).

9. Sd2 (12)

Andere Möglichkeiten waren 9. b3?!, 9. Sc3!? und 9. Lf4!?.

9. ... De6! (11)

Nach 9. ... g6? 10. Se4! Lg7 11. Lg5 Db4+ 12. Kd1 steht Weiß klar besser (Tatai).

10. b3 (14) a5!? (17)

Laut Gligoric ist 10. ... Le7 11. Lb2 0–0 12. De4 d5 13. ed6: cd6: 14. Ld3 a5!?

(d5 15. cd5: cd5: 16. De6:, Bednarski - Gligoric, Havanna 1967, ist etwas günstiger für Weiß) 15. 0–0 De4: 16. Le4: d5 nebst a5-a4 genug für Ausgleich. Aber nach 12. g3! d5 13. ed6: cd6: 14. De6: Le6: 15. Lg2 d5 16. cd5: cd5: 17. 0–0 a5 18. Sf3 a4 19. Se5 steht Weiß etwas besser.

Auch 10. ... d5 11. ed6: cd6: 12. Lb2 d5 13. cd5: cd5: 14. De6:+! (in der Fernpartie Hultquist - Averby 1977 folgte 14. 0–0–0 f6 15. Dh5+ g6 16. Dh4 Lg7 17. Lb5+ Kf7 18. Dg3 Ld7 19. The1 Dg4 20. Ld7: Dd7: mit etwa gleichen Chancen) 14. ... Le6: 15. Lb5+ gibt Schwarz keinen Ausgleich.

Nach 10. ... Lb4 11. Lb2 0–0 12. 0–0–0! steht der Lb4 nicht gut, z.B. 12. ... d5 (a5 13. Dh5 a4 14. Ld3) 13. ed6: cd6: 14. a3 Lc5 15. Se4.

11. Lb2 (24)

Die neue Auflage von Euwes „Schacheröffnungen" gibt 11. a3 a4 12. b4 c5 13. bc5: Lc5: an.

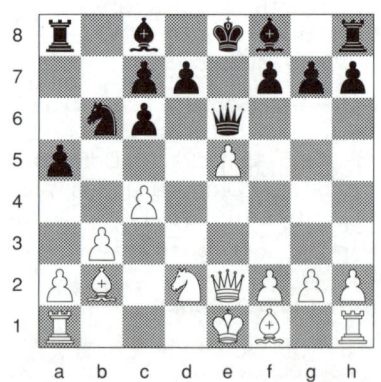

11. ... Lb4!? (33)

Im Presseraum war danach bald von „Desaster", „Karpow est fini" usw. die

Rede. Die Frage ist, warum nicht 11. ...
a4? Darauf konnte Karpow erwarten 12.
h4! (12. g3 Lb4 13. Lg2 a3 14. Ld4 c5!)
12. ... Lb4 13. Th3 0–0 (a3 14. Lc3) 14.
Tg3 und Schwarz hat Probleme, d7-d5
durchzuführen.

12. a3 (31)

Nun folgt nach 12. h4?! 0–0 13. Th3?!
d5!.

12. ... Ld2:+ (45)

Nun erlaubt 12. ... Le7 13. De4! 0–0 14.
Ld3 f5 15. ef6: De4:+ 16. Se4: gf6: 17.
0–0 mit Vorteil (Spassky).

13. Dd2: (33) d5!? (54)

Die logische Folge von 11. ... Lb4, Karpow will die Initiative übernehmen. Nach
13. ... a4 14. c5 Sd5 15. Lc4 (15. b4
d6!?, aber nicht 15. ... 0–0 16. 0–0–0)
15. ... ab3: 16. 0–0 mit der Idee f4-f5
oder 13. ... d6 14. 0–0–0 d5 15. c5 Sd7
16. Ld4 0–0 17. Te1 La6 18. La6: Ta6:
19. Te3 behält Weiß die Initiative. Auch
13. ... c5 14. a4 Lb7 15. Ld3 (15. f3 Sc8
nebst Se7, A. Martin, oder 15. ... d5!?)
15. ... Sc8 16. f4 sieht nicht wie ein guter
Rat aus.

14. cd5: (40) cd5: (63)

Nach 14. ... Sd5: 15. Lc4 0–0 16. 0–0
Dg6 (Spassky) 17. f4 Lf5 18. Tf3 oder
14. ... Dd5: 15. Dc2! (15. Dd5: Sd5: 16.
Tc1 Tb8 ist in Ordnung für Schwarz) 15.
... La6 (0–0 16. Td1 De6 17. Ld3) 16.
Td1 De6 17. La6: Ta6: 18. 0–0 Weiß
steht klar besser.

15. Tc1 (43) 0–0! (84)

Karpow spielt konsequent, aber warum
so viel Zeit (wieder 21 Minuten)? „Zweifellos die beste praktische Chance" war
die Meinung von Spassky. Nach 15. ...
c6 folgt 16. Dc2! nebst 17. Ld3.

16. Tc7: (53)

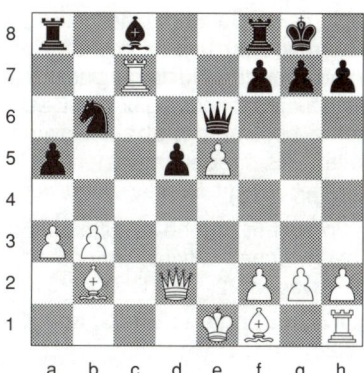

Der kritische Moment!

16. ... Dg6? (94)

Schwarz muß den Springer b6 aktivieren. 16. ... d4?! bringt nichts wegen 17.
Dd4: Db3: 18. Le2 Sa4 19. La1 Db1+
20. Dd1. Richtig war 16. ... a4! (um Feld
c4 für den Springer zu bekommen) 17.
b4 Dg6 18. f3 Sc4! 19. Lc4: dc4: 20.
Tc4: (20. 0–0? Db6+) 20. ... La6 21.
Te4!? Tfd8 22. Df2 De6 und die Initiative
kompensiert Schwarz zwei Bauern.

17. f3! (58) Lf5 (95)

Nach 17. ... a4 folgt 18. Ld3 Lf5 19. Lf5:
Df5: 20. Ld4 Dg6 21. Df2.

18. g4! (74)

Weiß kann keine Zeit verlieren, 18. Lb5?
Tac8 19. Tc8: Tc8: 20. g4 (20. 0–0 Tc2)
20. ... Lg4:! könnte katastrophal werden.

18. ... Lb1 (96)

Einziger Zug, 18. ... Le6 19. Ld3 bzw.
18. ... Lg4:? 19. Tg1 Db1+ 20. Tc1.

19. Lb5! (95)

Wegen der Drohung 20. Tc6 hat
Schwarz keine Zeit für 19. ... a4 20. b4
Sc4, was nach 19. Le2?! oder 19. Kf2?!
folgen könnte.

19. ... Tac8 (100) 20. Tc8: Tc8: 21. 0–0 (98)

„Nach diesem relativ schnellen Zug ging Kasparow weg und warf dabei einen kurzen Blick zurück, der so aussah: was willst du jetzt noch, gib doch auf. Er glaubte bestimmt total auf Gewinn zu stehen." (G. Treppner)

21. ... h5 (118)

„Hauptsache, Unruhe zu stiften" (Löffler, Schachwoche). Nichts bringt 21. ... Tc2?! wegen 22. Dd4 Dh6 23. Tf2.

22. h3 (108) hg4: (125) 23. hg4: (109) Lc2 24. Dd4! (116) De6

Sicher nicht Lb3:? wegen 25. e6!.

25. Tf2 (118)

Kasparow will nicht den Bb3 verteidigen; nach 25. De3?! folgt a4 (auch d4!? 26. Ld4: Sd5 ist interessant) 26. ba4: Sc4.

25. ... Tc7 (128)

Wieder war b3 „tabu": 25. ... Lb3:? 26. Ld3 Tc7 27. Th2 und es droht 28. Lf5 Dc6 29. e6.

26. Th2 (125)

Spassky plädierte für das „normale" 26. De3 a4 (d4 27. Ld4: Sd5 28. Dg5!) 27. ba4:, aber Kasparow wollte die Möglichkeit 27. ... Sc4!? (Sa4: 28. Ld4, Spassky) vermeiden.

26. ... Sd7 (134)

Bringt den Springer zur Verteidigung.

27. b4 ab4: 28. ab4: (133) Sf8 (136) 29. Lf1 (134)

Verliert Kasparow den Faden? Warum nicht 29. Le2 mit der Idee 30. f4?

29. ... Lb3! (144)

Karpow verbleiben 6 Minuten für 11 Züge.

30. Ld3 (140) Lc4 (145) 31. Lf5

Spassky zog 31. Lb1 vor, um das Einbruchsfeld a2 zu kontrollieren.

31. ... De7 (146) 32. Dd2 Tc6

Nach 32. ... Se6? folgt 33. Th8+! Kh8: 34. Dh2+ Kg8 35. Dh7+ Kf8 36. Dh8 matt.

33. Ld4 Ta6 34. Lb1 (143) Ta3

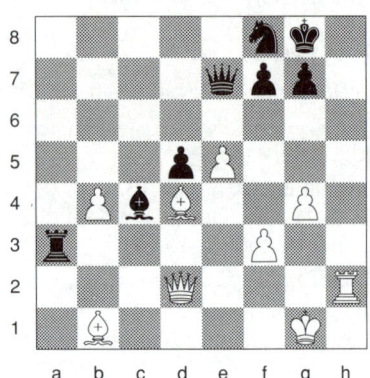

35. Th3? (145)

Deckt den Bf3, aber richtig war 35. Th5! und laut Analyse von R. Douven gewinnt Weiß in allen Varianten:

A) 35. ... Sg6 36. Lc5! De6 37. Dh2 f6 (37. ... Ld3 38. Db2! Da6 39. b5) 38. Th8+! (38. Lg6:? Ta1+) Sh8: 39. Dh7+ Kf7 40. Dh5+! g6 (40. ... Kg8 41. Lh7 matt!) 41. Dh8:;

B) 35. ... Tf3: 36. Dh2 Tf1+ 37. Kg2 f6 (Sg6 38. Th8+! Sh8: 39. Dh7+ oder 37. ... f5 38. Lc5 nebst 39. Th8+) 38. Lc5;

C) 35. ... Tb3 36. Lc2 Db4: 37. Df2 Sg6 (Ta3 38. Dh4) 38. Lb3: Db3: 39. De3.

35. ... Tb3! (147)

Einzige Verteidigung. Nach 35. ... Sg6 gewinnt 36. Lg6: fg6: 37. e6!, z.B. 37. ... g5 (De6: 38. Th8+! Kh8: 39. Dh6+ Kg8 40. Dg7: matt bzw. 38. ... Kf7 39. Df4+, oder 37. ... Ta8 38. Dh2 De6: 39. Th8+ Kf7 40. Df4+ Ke7 41. Dc7+, Analyse von Douven.

36. Lc2

Kasparow schüttelte mehrmals leicht den Kopf und sah unzufrieden aus.

36. ... Db4:!

Sofort verliert 36. ... Tb4:? wegen 37. Dh2 f6 38. Th8+ Kf7 39. Dh5+.

37. Df2 (146) Sg6! (148)

Wieder das einzige, nach 37. ... Se6 (Ta3? 38. Dh4 Sg6 39. Lg6: fg6: 40. Dd8+ Kf7 41. e6+) 38. Dh4 Kf8 39. Lb3:! Lb3: (Db3:? 40. Lc5+) 40. Lf2 gewinnt Weiß ohne Probleme.

38. e6!? (148)

„Warum nimmt er nicht wie ein Normalsterblicher die Qualität?" fragte S. Löffler in „Schachwoche".

Eine kritische Stellung ergibt sich nach 38. Lb3: Sf4!.

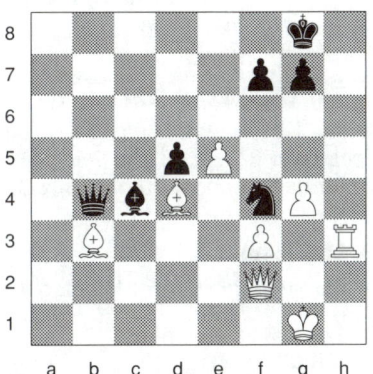

Nun beweisen folgende Varianten, daß Kasparow sich richtig entschieden hat:

A) 39. Th1 Db3: 40. Kh2 Dd3 41. Ta1 Dh7+ 42. Kg3 g5! (Se2+? 43. De2:!) 43. Ta8+ Kg7 44. e6+ Kg6 45. Dh2 Dh2:+! 46. Kh2: Se6: mit wahrscheinlichem Remis;

B) 39. Th4!? Db3: 40. g5 Sg6 41. Tg4 Dd1+ 42. Kh2 Le2 und Weiß kann kaum gewinnen;

C) 39. Th8+ Kh8: 40. Dh2+ Kg8 41. Lc4:

Se6, eine Analyse von Douven.

38. ... Tb1+! 39. Lb1: (148)

Nach 39. Kh2 Dd6+! (Tf1? 40. ef7:+ Kf7: 41. Lg6:+ Kg6: 42. Dc2+) 40. Dg3 (40. f4 Tf1) 40. ... Dg3:+ /41. Kg3: müßte Schwarz die einzige Verteidigung finden: 41. ... Tc1! (Te1 42. ef7:+ Kf7: 43. Th7) 42. Lf5 Td1! (Se7? 43. Th8+ Kh8: 44. ef7:).

39. ... Db1:+ (149)

Beim Blitzen zitterten Karpow die Finger, und bei diesem Zug fiel die Dame um.

40. Kh2 fe6:

„Die Zeitkontrolle war überstanden, Karpow ging unter Beifall von der Bühne, während Kasparow am Abgabezug überlegte und niedergeschlagen wirkte. Die meisten hielten die Stellung zwar etwas besser für Weiß, aber Remis. Dagegen las man später, Karpow-Sekundant Ron Henley habe gesagt, bereits bei der ersten Wiederaufnahme habe Karpow mit der Niederlage gerechnet." (G. Treppner)

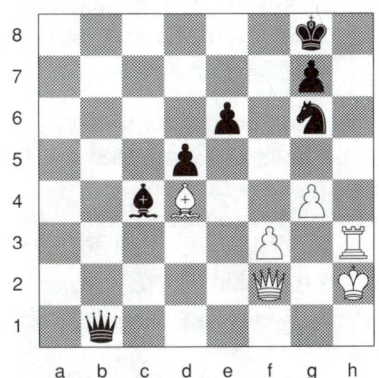

41. Db2! (161)

Der Abgabezug. Nach 41. f4 (41. De3 Db8+ 42. Tg3 e5 oder 41. Th5 Sf4!) folgt

41. ... De4! 42. Kg3 (42. Tf3 Le2!) 42. ... e5 43. fe5: Se5: 44. Df4 (44. Le5: De5:+ 45. Df4 De1+) 44. ... Dd3+ 45. Le3 d4 46. De5: (46. Dd4: Dd4: 47. Ld4: Sg4:!) 46. ... De3:+ 47. De3: de3: mit Remis, Analyse von Douven.

41. ... Db2:

„Damentausch ist erzwungen, da sonst die weißen Figuren eindringen, z.B. 41. ... De1 42. Db8+ Kf7 43. Dc7+ Se7 44. Df4+ Ke8 (Kg8 45. Th8+!) 45. Th8+ Kd7 46. Ta8 und Schwarz hat kein Dauerschach" (Löffler, Schachwoche).

42. Lb2: Sf4 43. Th4 (162) Sd3

43. ... Sg6? 44. Th5 Sf4 45. Tg5.

44. Lc3 e5 (154) 45. Kg3 (166) d4 (159) 46. Ld2 Ld5 (163)

„Man hatte ungefähr ab da den Eindruck, daß Karpow ein wenig ratlos wirkte." (G. Treppner)

47. Th5 (168) Kf7 (181) 48. La5 (171) Ke6 (185) 49. Th8 (177) Sb2 (191) 50. Te8+ (180) Kd6 51. Lb4+ (186) Kc6 52. Tc8+!

Nach 52. Te5:? folgt Sd3, nichts bringt 52. Te7 Sc4 53. Tg7:?! wegen 53. ... Kb5! (d3 54. Th7! d2 55. Th1) 54. Le1 d3.

52. ... Kd7 53. Tc5 Ke6 54. Tc7

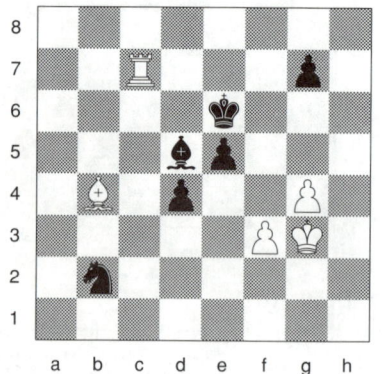

„Co-Kommentator Sharif meinte, die Stellung sei wohl beiden immer noch bekannt. Spasskys Einschätzung veränderte sich von 40:60 auf 60:40 für Gewinn." (G. Treppner)

54. ... g6 (206)

„Aktives" Spiel mit 54. ... Sc4 (Kf6 55. Lf8) erlaubt 55. f4! (ein anderer Weg wäre 55. Tg7: d3 56. Ta7 d2 57. Ta1 e4 58. fe4: Le4: 59. Kf4! Lg6 (Lc2 60. Ld2:! Sd2: 61. Ta2 oder 59. ... Ld3 60. Ld2:! Sd2: 61. Td1) 60. Lc3! Lh7 61. Ta6+ Kd5 (Kf7 62. Ta7+) 62. Ld2:! Sd2: 63. Ta7 Ld3 64. Ke3 und Weiß gewinnt, Douven) 55. ... e4 (d3 56. f5+ Kf6 57. Td7) 56. f5+ Ke5 57. Te7+ Kf6 58. Kf4 g5+ 59. fg6: d3 60. Td7 Ke6 61. Td5: Kd5: 62. g7, Samarian.

55. Te7+ Kf6 56. Td7 (202) La2 (207)

Die zweite Zeitkontrolle ist vorbei. 56. ... Ke6?? 57. Td6+ verliert.

57. Ta7 (224) Lc4? (222)

Macht Kasparows Aufgabe leichter. Richtig war 57. ... Ld5, um Feld c4 (oder d3) für den Springer zu haben, z.B. 58. La5 Sc4.

58. La5 (246)

Kasparow verbleiben 24 Minuten für 14 Züge.

58. ... Ld3 (229)

Deckt den Bg6. Nach 58. ... Ld5 zeigt sich das verlorene Tempo in der Variante 59. Ld8+ Ke6 60. Tg7 d3 61. Lg5 Sc4 62. Tg6:+ und nun 62. ... Kf7 63. Tf6+ Kg7 64. Ta6 d2 65. Ld2: Sd2: 66. Td6 oder 62. ... Kd7 63. Ta6 d2 64. Ta1 e4 65. fe4: Le4: 66. Ld2: Sd2: 67. Td1 und Weiß gewinnt, Analyse Douven.

59. f4! (248) ef4:+ (234)

59. ... e4 60. Lb6 verliert einen Bauern.

60. Kf4: (249)

Nun muß Weiß noch den d-Bauern gewinnen.

60. ... Lc2 (235)

Nicht besser war das „aktive" 60. ... Sc4 wegen 61. Ta6+ Kf7 62. Lb4 (62. Lb6?! Sb6: 63. Tb6: Le2 ist wahrscheinlich remis) 62. ... Le2 63. Ta7+ Kg8 64. g5! d3 65. Tc7 d2 66. Ld2: Sd2: 67. Tc2 und Weiß gewinnt, Douven.

61. Ta6+ (254) Kf7 (237)

„Finito la comedia" sagte Spassky beim Kommentar.

62. Ke5! Sd3+ (250)

Karpow gibt den d-Bauern weg, um den Springer zu aktivieren oder zu retten; er glaubt nicht an die schwarze Stellung nach 62. ... d3 63. Ta7+ Kg8 64. Kd4 Sd1 65. Le1.

63. Kd4: Sf2 (251)

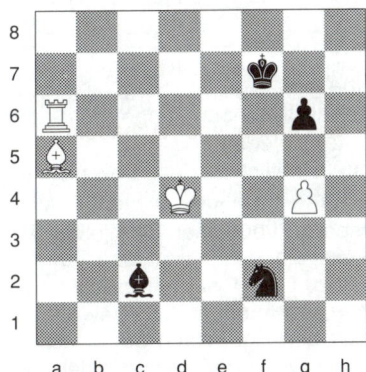

64. g5?!

Kasparow spielte diesen Zug, ohne zu überlegen, und erlaubt Karpow eine Art Festung aufzubauen. Richtig war 64. Tc6! La4 (Lb3? 65. Tc3 Ld1 66. Tc1) 65. Tc4 Ld7 66. g5 Lf5 67. Ke3 Sd3 (Sh3 68. Ld8 Sg1 69. Tc1) 68. Lc7 Ke6 69. Lg3 Ke7 70. Kd4 Ke6 71. Tc6+ Kf7 72. Tb6 und Weiß gewinnt leicht (Douven).

64. ... Lf5 (252)

Nun hat der schwarze Springer das Feld e4. „In der Folge beschleunigt Karpow sein Zugtempo, um den ermüdeten Kasparow zu zwingen, seinen Gewinnplan am Brett zu finden. Erneut abbrechen kann er erst nach 6 Stunden Hängepartie, also nicht vor dem 88. Zug ... wird er nur bis 114. Zug Zeit haben, einen Gewinnweg nachzuweisen" (Löffler, Schachwoche). Mit anderen Worten, Karpow spielte offensichtlich auf die 50-Züge-Regel, um möglichst viele Züge zu machen, bevor Kasparow die Stellung analysieren kann.

65. Ld2 (256) Ke7 66. Kd5 (257) Se4 (256) 67. Ta7+ (258) Ke8 (257) 68. Le3 Sc3+ (258) 69. Ke5 Kd8 70. Lb6+ Ke8 71. Tc7 (261) Se4 72. Le3 Sg3 (264) 73. Lf4 (270) Sh5 (269) 74. Ta7 (275) Kf8 (270) 75. Lh2 (281) Sg7 (271) 76. Lg1 (282) Sh5 77. Lc5+ Kg8 (273) 78. Kd6 (294) Kf8 (274) 79. Ld4 (295) Lg4 (275) 80. Le5 (313) Lf5 (276) 81. Th7 (314) Kg8 (278) 82. Tc7 Kf8 (281) 83. Kc6 (316) Kg8 (285) 84. Te7 (320) Kf8 (288) 85. Ld6 (322) Kg8 (290) 86. Te8+ Kf7 87. Te7+ (324) Kg8 88. Le5 (325) Kf8 (291)

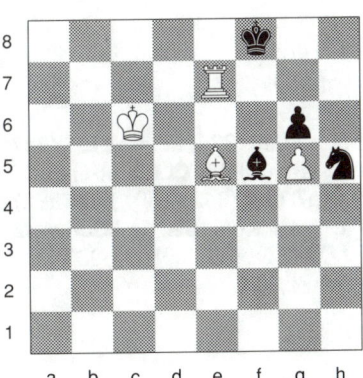

Kasparow beschloß sofort abzubrechen und übernahm beim 89. Zug die ganze Zeit bis auf 11 Minuten für 15 Züge! Bei der zweiten Wiederaufnahme hieß es zunächst, „Deep Thought" habe einen Gewinnweg für Weiß gefunden, und zwar den, den Kasparow spielte - Turm auf die e-Linie.

Aber F. Friedel schrieb im Bulletin: „Am Montag rief Garry an und sagte: Wir haben meinen Plan mathematisch genau durchanalysiert, er ist absolut wasserdicht. Ich gewinne in spätestens 18 Zügen." (Weiter schrieb Friedel, nach Kontakten mit dem „Deep Thought"-Team habe sich bestätigt, daß der Computer keinen Plan gefunden habe, allerhöchstens wenn man ihm die ersten fünf oder sechs Züge Kasparows eingebe, könne er von dort aus weiter richtig rechnen; G. Treppner.)

Das Stellungsproblem heißt: wie bringt Kasparow den König auf e8?

89. Ta7 (379) Lg4 (298) 90. Kd6 Lh3 (310) 91. Ta3! Lg4 92. Te3 Lf5 (325) 93. Kc7 Kf7 (331) 94. Kd8 (380) Lg4 (332)

„Nach 94. ... Ke6 ... gewinnt Weiß mit einem vereinfacht dargestellten Plan: 95. Ke8 Kd5 96. Kf7 Kc6 97. Kg8 Kd5 98. Kh7 Ke6 99. Kh6 Kd5 100. Lh2 Kd4 101. Te8 Kd5 102. Tg8 Ke6 103. Tg6:+ mit Springergewinn" (Borik, Schach-Magazin 64).

95. Lb2 Le6 (336) 96. Lc3 Lf5 (337) 97. Te7+ Kf8 (338) 98. Le5 (381) Ld3 (340) 99. Ta7 Le4 (342) 100. Tc7 (382) Lb1 101. Ld6+ Kg8 102. Ke7 Schwarz gab auf. Zeitverbrauch: Weiß 383 Minuten, Schwarz 344.

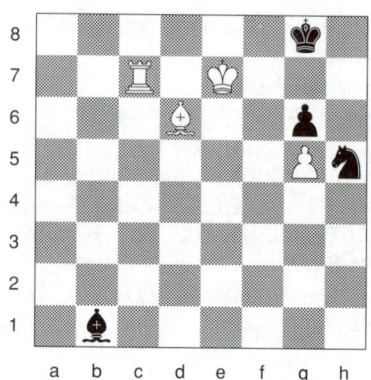

Als mögliche Fortsetzungen gibt der WM-Service von „Chess Base":

a) 102. ... Lf5 103. Le5 Lg4 104. Tb7 Sg7 105. Tb8+ Kh7 106. Kf7 Le6+ 107. Kf8;

B) 102. ... Sg7 103. Tc8+ Kh7 104. Le5 Sf5+ 105. Kf6 La2 106. Tc7+ Kg8 107. Kg6: Sh4+ 108. Kf6 Ld5 109. g6.

„Eine gewaltige Leistung, die Endspielspezialisten noch lange beschäftigen dürfte" (Friedel).

„Offensichtlich ist Kasparow nicht in guter Form. Ich glaube, er kämpft viel mehr als ich. Erinnern Sie sich an die 16. Partie, es gelang ihm nicht, den Gewinn am Brett zu finden" sagte Karpow nach der 17. Partie in einem Interview.

17. Partie

Der Bann ist endlich gebrochen, K&K können wieder gewinnen - und nun scheinen sie alles nachholen zu wollen, was sie in den acht Partien vorher versäumt haben. Karpow schlägt sofort zurück, diesmal ohne Riesenbock des Gegners wie in der 7. Partie und ganz in typischem Karpow-Stil ein echt herausgespielter Sieg aus einer Stellung; die fast schon zu verflachen scheint. Also erneut unentschieden - es sieht nach einem Kampf bis zur letzten Partie aus...

Karpow - Kasparow
Grünfeld-Indisch (D 85)

1. d4 Sf6 2. c4 g6 3. Sc3 d5 4. cd5: Sd5: 5. e4 Sc3: 6. bc3: Lg7 7. Le3 c5 8. Dd2 0-0 9. Sf3 (7) Lg4 (2)

Kasparow wählt einen neuen Weg.

10. Sg5! (20)

Die richtige Antwort! In der Partie Matamoros - Gutman, London 1987, folgte (mit Zugumstellung) 10. Tb1 Lf3: 11. gf3: Sc6 12. Tb7: a6 13. Lc4 Da5 14. 0-0 cd4: 15. cd4: und nun war richtig 15. ... Ld4:! mit Ausgleich.

10. ... cd4: (29)

Unlogisch wäre 10. ... h6?! wegen 11. h3 Ld7 12. Sf3 und Weiß steht klar besser.

11. cd4: (21) Sc6

Auch hier kommt 11. ... h6?! 12. h3 hg5: 13. hg4: Sc6 (Spassky) nicht in Frage wegen 14. e5! (14. Td1 e5!?).

12. h3 (22)

Laut „Schachwoche" wurde in Lyon auch das abenteuerliche 12. ... Sd4: 13. hg4: Tc8 analysiert. Aber 14. Tc1! (14. Ld3 Sc2+ 15. Lc2: Lc3 oder 14. Td1 Tc2! - 14. ... Sc2+ 15. Ke2 nebst Kf3 - 15. Db4 Sc6 16. Td8: Td8:! ist weniger klar) 14. ... Tc1:+ 15. Dc1: Da5+ 16. Ld2 (16. Dd2 Sf3+ 17. gf3: Lc3) 16. ... Da2: 17. Lc4 Sc2+ 18. Kd1 sieht überzeugend genug aus.

13. Tb1! (27) Tc8! (47)

Laut GM Nemet „die Widerlegung des Springerausfalls nach g5". Nach 13. ... e5 folgt 14. de5:!.

14. Sf3 (39)

Nun drohte e5. Noch eine schöne Variante ergibt sich nach 14. Tb7: Sd4: 15. Ld4: Ld4: 16. Dd4: Tc1+ 17. Kd2 (oder 17. Ke2 Lb5+ 18. Ke3 Te1+) 17. ... Td1+! 18. Kd1: La4+ und Schwarz gewinnt.

14. ... Sa5 (54) 15. Ld3 (51) Le6 (59)

Ein strategischer Fehler wäre 15. ... Sc4? wegen 16. Lc4: Tc4: 17. 0-0 nebst 18. Lh6, und der Sf3 ist viel nützlicher als der schwarze Ld7.

16. 0-0 (52) Lc4 (60) 17. Tfd1 (61)

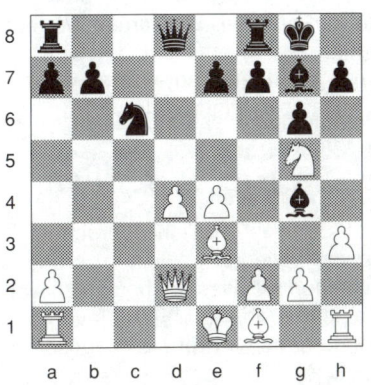

12. ... Ld7 (30)

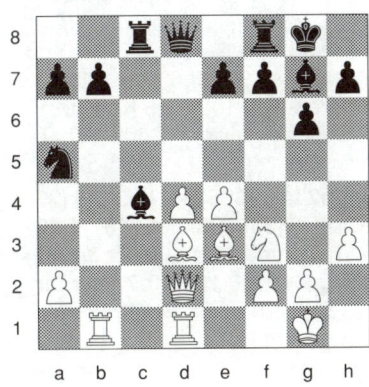

17. ... b5? (81)

„Gemäß Spassky schon der entscheidende Fehler. Ähnlich, wenn auch nicht ganz so kraß, äußerte sich auch Karpow nach der Partie" schrieb S. Löffler in „Schachwoche".

Zurückhaltender war 17. ... b6 (17. ... Ld3: 18. Dd3: Dd7 19. d5 b6 20. Ld4) 18. Lg5 mit besseren Chancen für Weiß.

18. Lg5 (76)

„Das war eine exzellente Partie von Karpow - sehr „karpowian", einfach, aber tief" sagte nach der Partie William Watson. Spassky hatte erwartet (und das sieht auch logischer aus) 18. d5 nebst Ld4 mit Druckspiel.

18. ... a6 (92) 19. Tbc1 (85)

Recht hat S. Löffler: „19. Le7:? De7: 20. Da5: Ld3: 21. Td3: De4: war völlig inkonsequent, Karpow stellt seine Figuren auf bessere Felder, was für Kasparow nicht so leicht zu machen ist.

19. ... Ld3: (94)

Es ist schwer, etwas Besseres zu empfehlen.

20. Tc8: (93) Dc8: 21. Dd3:

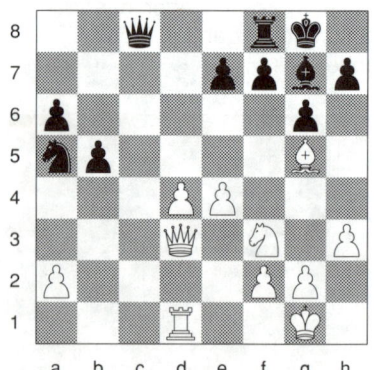

21. ... Te8 (109)

„Sehr verdächtig... offensichtlich ist Kasparow nicht in guter Form. Ich glaube, er kämpft viel mehr als ich" war Karpows Meinung nach der Partie.

Kritisch war 21. ... Db7!? (nach 21. ... Sc4 22. Le7: Te8 23. La3 Sa3: 24. Da3: Te4: 25. d5 ist der weiße d-Freibauer sehr stark). Das Endspiel kann Weiß erreichen mittels 22. Da3 Sc4 23. De7: De7: 24. Le7: Te8 25. Lc5 Te4: 26. d5, aber nach 26. ... Sb2! (Se5? 27. Se5: Te5: 28. f4! Te8 29. d6 und der d-Bauer geht durch) 27. Td2 Sc4 28. Td3 (28. Tc2 Lf8) Sb2 29. Ta3 Sa4 kann sich Schwarz erfolgreich verteidigen.

Bessere Chancen bietet Weiß 22. Tc1! (22. d5 Sc4 23. Tb1 Tc8 24. Sd4 Se5) 22. ... Sc4 (oder h6 23. Lh4 g5 24. Lg3 Tc8 25. Tc8:+ Dc8: 26. Da3 bzw. 24. ... Sc4 25. a4!) 23. a4!, z.B. 23. ... Sb2 24. Da3 Sa4: 25. De7: De7: 26. Le7: Te8 27. Tc7.

22. Tc1 (96) Db7 (110) 23. d5 (103) Sc4 (111)

Spassky gibt 23. ... h6 24. Lf4 Sc4 25. Sd2 g5 26. Lg3 Sd2: 27. Dd2: Tc8 28. Tc8:+ Dc8: 29. e5 mit Vorteil für Weiß an.

24. Sd2 Sd2: (124)

24. ... Se5 25. Dc2 übergibt Weiß die c-Linie.

25. Ld2:! (114)

Weniger klar war 25. Dd2: wegen 25. ... b4 26. Tc6 a5.

25. ... Tc8 (125) 26. Tc6! (122)

Karpows Strategie setzte sich durch.

26. ... Le5

Sicher nicht 26. ... Tc6:? 27. dc6: Dc6: 28. Dd8+ Lf8 29. Lh6 mit Matt.

27. Lc3! (129) Lb8 (127)

Nach 27. ... Ld6 (Lc3: 28. Dc3: Tc6: 29. Dc6:) 28. Dd4 f6 gewinnt 29. Td6:! ed6: 30. Df6:.

28. Dd4 (136) f6 (130) 29. La5!

Mit der Drohung 30. Dc5, nach 29. Dc5?! folgt 29. ... Tc6: 30. Dc6: Dc6: 31. dc6: Lc7.

29. ... Ld6 (134)

29. ... Dd7 30. Dc5 Tc6: 31. Dc6: Dd6 hilft nicht wegen 32. De8+ Kg7 33. Ld8! Dh2+ 34. Kf1.

30. Dc3 (140)

Möglich war 30. Db6 Tb8! (30. ... Tc6:? 31. dc6: Dc8 32. Dd8+ oder 30. ... Da8 31. Tc8:+ Dc8: 32. Dc6) 31. Db7: Tb7: 32. Ta6: mit Bauerngewinn, aber Karpow will mehr erreichen und mit Recht.

30. ... Te8 (135)

Nach Tc6:? folgt 31. dc6: Dc8 32. c7.

31. a3

Karpow will etwas Zeit gewinnen. „Kleine Ungenauigkeiten in beginnender Zeitnot (10 Minuten für 10 Züge) können den weißen Sieg nicht mehr in Frage stellen" (Löffler, „Schachwoche").

31. ... Kg7 (137) 32. g3 (142)

Sehr stark war 32. Lc7!

32. ... Le5 (138) 33. Dc5 (143) h5 (141)

33. ... Ld6!? gewinnt nur etwas Zeit.

34. Lc7! (144) La1

Agonie!

35. Lf4 Dd7 36. Tc7 Dd8

36. ... Dh3: 37. Te7:+ Te7: 38. De7:+ Kg8 39. Lh6 f5 40. e5 mit Matt.

37. d6 (146) g5 (142) 38. d7 Tf8 39. Ld2 Le5 40. Tb7 Schwarz gab auf.

Zeitverbrauch: Weiß: 147 Minuten, Schwarz 143.

18. Partie

Der Coup in der letzten Partie hat den Herausforderer mutig gemacht - zu seinem Unglück. Karpow greift mit

Schwarz an, sieht nach Kasparows Rückkehr zum Spanischen die Chance gekommen, ein offenbar seit längerem vorbereitetes Bauernopfer auszupacken ... und läuft ins Verderben. Die Hausanalyse muß ein riesiges Loch gehabt haben; anders ist kaum zu erklären, daß Karpow plötzlich dasitzt, brütet und brütet und keinen vernünftigen Zug mehr findet. Gab es noch einen? Was soll man sagen, solche „Betriebsunfälle" kommen also auch bei solchen Giganten vor! Kasparow läßt sich die Gelegenheit natürlich nicht entgehen; ein hochwichtiger Punkt.

Kasparow - Karpow
Spanisch (C 92)

1. e4 e5 2. Sf3 Sc6 3. Lb5

Hat Kasparow wieder Vertrauen in Spanisch gewonnen?

3. ... a6 4. La4 Sf6 5. 0-0 Le7 6. Te1 b5 7. Lb3 d6 8. c3 0-0 9. h3 Sd7 10. d4 Lf6 11. a4 Lb7 12. Sa3! ed4: 13. cd4: (5) Sb6!? (8)

Die Neuerung. „Der Textzug ist von Karpow und seinen Getreuen minutiös vorbereitet worden - aber offenbar doch nicht gründlich genug!" (Löffler, Schachwoche)

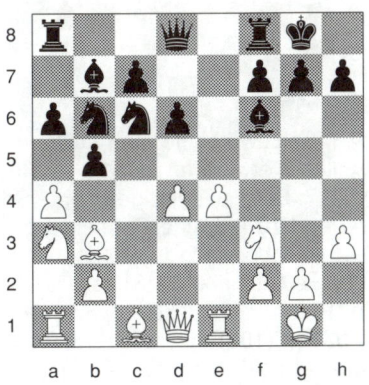

14. Lf4!? (51)

Nach 46(!) Minuten. Laut Bulletin: „Im Presseraum vermutete man, daß die Karpow-Mannschaft zuversichtlich 14. ab5: ab5: 15. Lf4 b4 16. Sc2 (oder 16. Sc4 Ta1: 17. Da1: Sc4: 18. Lc4: Sd4:) 16. ... Sa5 17. Sb4: Sb3:) mit bequemem Ausgleich erwartet hat".

14. ... ba4: (11)

„Karpow bewegt sich immer noch in den Bahnen seiner Vorbereitung" (Löffler, Schachwoche). Nach 14. ... Sa5? 15. ab5: ab5: 16. e5 Le7 (oder 16. ... de5: 17. de5: Dd1: 18. Ld1: Le7 19. Sb5:) 17. Sb5: hat Schwarz keine Kompensation für den Bauern (Nemet).

15. La4: (52) Sa4: 16. Da4:

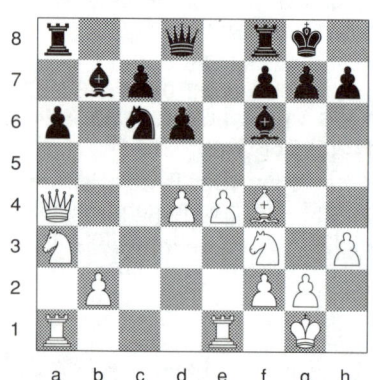

16. ... a5 (12)

Von I. Saizew könnte man etwas mehr Phantasie erwarten, z.B. 16. ... De8!? (Dd7 17. Sc4!) mit der Idee 17. ... Sd4:. Eine andere kritische Fortsetzung war 16. ... d5, aber nach 17. e5 Le7 18. Sc2 a5 19. Te3 behielte Weiß bessere Chancen. 16. ... Te8? hat keinen Sinn wegen 17. d5 Se5 18. Se5: Le5: 19. Le5: Te5: 20. Sc4 nebst Sa5.

17. Ld2?! (57)

Richtig war 17. Sc2!

17. ... Te8? (13)

Nur eine Minute - das mußte eine Vorbereitung sein? Auch 17. ... Ta6?! mit der Idee 18. d5 Sb4 19. Lb4: ab4: 20. Db4: Tb6 wäre eine falsche Lösung wegen 18. Sc2! Tb6 19. d5 Sb4 (oder Se5 20. Se5: Le5: 21. Lc3) 20. Sb4: ab4: 21. Lb4: Lb2: 22. Tb1. Meiner Meinung nach steht Schwarz nach 17. ... d5! 18. e5 Le7 aber nicht schlechter.

18. d5 (62) Sb4 (14)

18. ... Se5 19. Se5: Le5: 20. Sc4 sieht sehr schlecht aus.

19. Lb4: (69) ab4: 20. Db4: Tb8 (16)

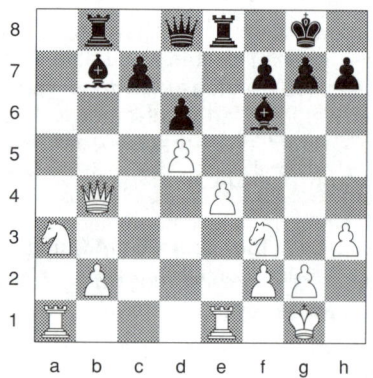

21. Dc4! (78)

„Mit diesem hervorragenden Zug erwischt Kasparow das Loch in der häuslichen Vorbereitung von Karpow. Eine volle Stunde brütete nun Karpow, ohne eine befriedigende Lösung zu finden" (Schachwoche).

Wahrscheinlich hat er mit 21. Dd2 gerechnet, wonach 21. ... c6! (La6? 22. Sd4) 22. Sc4 cd5: (Te4:!? 23. Te4: cd5: ist auch interessant, aber nach 24. Te2 dc4: 25. Sd4 hat Schwarz nicht volle Kompensation) 23. ed5: Te1:+ 24. Te1: La6 25. Dc2 (nach 25. Sa5? Tb2: 26. Sc6 Td2: 27. Sd8: Te2 steht Schwarz mit dem Läuferpaar besser) 25. ... Lc4: 26. Dc4: Lb2: „befreit Schwarz von allen Sorgen", eine Analyse von N. Davies im Bulletin.

Auch 21. Sb5 Dd7 22. Dc4 ist nicht gefährlich für Schwarz, wegen 22. ... Lb2: (22. ... c6 23. Sc3 cd5: 24. ed5: Tec8 25. Dd3 g6 mit einiger Kompensation ist weniger überzeugend) 23. Tab1 La6! (aber nicht Ld5:? 24. ed5: Te1:+ 25. Te1: Tb5: 26. Dc7:! und Weiß gewinnt - „Von einem Amateur in Lyon gefundene Variante", Schachwoche) 24. Tb2: Lb5: nebst 25. ... c5 mit Ausgleich.,

21. ... Dc8? (79)

Eine „passive Zitrone" könnte Larry Christiansen dazu sagen. Man könnte versuchen 21. ... Lb2: 22. Ta2 La3: (Lf6 23. Sb5 Dd7 24. Sfd4 Ld4: 25. Sd4: oder 22. ... Df6 23. Sb5! ist hoffnungslos, nicht aber 23. Dc7:? Tec8 24. Dd7 La6! 25. Da4 Ld3 mit Kompensation für den Bauer) 23. Ta3: Lc8 24. Ta7 Df6!? (mit der Idee 25. ... Lh3:), obwohl Weiß nach 25. Te3 klar besser steht. Nun aber behält er noch dazu einen Freibauern mehr.

22. Sd4! (92) La6 (80) 23. Dc3 c5 (83)

Nach 23. ... Db7 folgt 24. Sac2!.

24. dc6: Ld4: 25. Dd4: Dc6: 26. b4! (101)

Weiß hat einen Bauern mehr in besserer Stellung - das muß für Kasparow nicht sehr kompliziert sein.

26. ... h6 (89)

Nun kann Karpow nur warten und hoffen.

27. Te3 (102) Te6 (101) 28. f3! (105)

Aber nicht 28. Tg3?! wegen Te5! (29. f4? De4:).

28. ... Tc8 (106) 29. Tb3 (108) Lb5 (118) 30. Tb2! (111)

Der weiße Springer muß auf e3 kommen, nun droht 31. Tc2.

30. ... Db7 (120) 31. Sc2 (114) De7 (123)

Nichts bringt 31. ... Tc4 32. Df2.

32. Df2 (123)

Kasparow will Schwarz kein Gegenspiel geben, nach 32. Se3 folgt Tg6 33. Sf5 (33. Sd5 Dh4) Dg5 34. Df2 Ld7.

32. ... Tg6 (125) 33. Se3 (134) De5 (127) 34. Tbb1 Ld7 (130) 35. Ta5! (137) De7 (133)

Nach 35. ... De8 folgt 36. Sd5 Lh3:? 37. Sf4.

36. Ta7 (140) Dd8 (134) 37. Sd5 (141) Kh7

Nach Lh3:? hat Weiß die Wahl zwischen 38. Se7+ und 38. Sf4.

38. Kh2 (143)

38. ... Lh3:? drohte nicht wegen 39. Sf4, warum nicht 38. b5! Tb8 39. b6!?

38. ... Tb8 (135) 39. f4?! (144)

„Professioneller" war 39. Tbc1! mit der Idee 40. Tcc7, nach 39. ... Le6 gewinnt 40. Se7 Tg5 41. Sc6.

39. ... Te6 40. Dd4 (146) De8 (136)

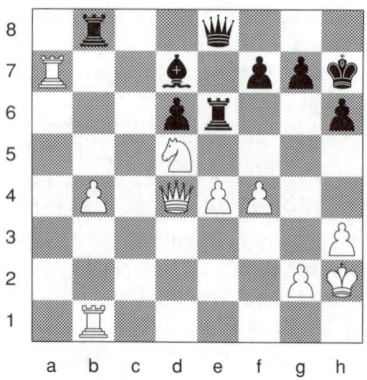

41. Te1 (171)

Das war der Abgabezug. Die schwarze Stellung ist hoffnungslos und, so S. Löffler in „Schachwoche", - mehrere Wege führen nach Rom, z.B. 41. Sc7 Te4: 42. Dd3! (42. Dd6:?! De7! 43. De7: Te7: 44. Sd5 Lf5! mit einigen Chancen auf Remis) 42. ... De7! (Lb5 43. Dd5! Dc6 44. Df7: Te2 45. Sd5 Tg8 46. Sf6+ und Weiß gewinnt) 43. Sd5 Lb5 44. Db5: Da7: 45. Sf6+ Kg6!? 46. Dd3 Kf6: 47. De4: und Weiß muß gewinnen; oder 41. Dd3!? Lb5 42. Dc2 Tc8 43. Tc7 mit einer gewonnenen Stellung, Analyse von Tisdall in „Schachwoche".

41. ... Lc6 (137)

Keine Chancen bietet auch 41. ... Dd8 42. Tc1! oder gar 41. ... f5? 42. Sc7 Te4: 43. Se8: Td4: 44. Td7:.

42. Dd3 Df8 (139) 43. Tc1 Ld5: 44. ed5:+ Tg6 45. Df5 (172) Kg8 (143) 46. Tac7! Tf6 47. Dd7

Alle haben Karpows Aufgabe erwartet, aber er spielte noch weiter ...

47. ... Td8 (148) 48. Dd8:! Dd8: 49. Tc8 Df8 50. T1c4! Tf5 (151) 51. Tf8:+ Kf8: 52. Td4 (174) h5 (152)

Es drohte 53. g4 Tf6 54. Tc4.

53. b5 Ke7 54. b6 Kd7 55. g4 hg4: 56. hg4: Tf6 57. Tc4 Schwarz gab auf.

Zeitverbrauch: Weiß 176 Minuten, Schwarz 154. Eine von Karpows schwächsten Partien.

19. Partie

Der neuerliche Rückstand und die Art, wie er zustandekam, muß ein furchtbarer Schlag für Karpow gewesen sein. Nur noch sechs Partien, und davon muß er nun schon mindestens zwei gewinnen! Aber gerade mit Weiß läßt er merkwürdigerweise nicht von seiner Taktik eines langwierigen Stellungskriegs, während er mit Schwarz den Kampf auf Biegen und Brechen sucht (siehe nächste Partie). Es kommt nichts dabei heraus; nach und nach nimmt sogar Kasparow das Heft in die Hand. Riecht es gar nach dem endgültigen K.O. für Karpow? Und dann bietet der Weltmeister in des Gegners Zeitnot Remis an, genau einen Zug bevor man die Stellung in Ruhe hätte analysieren können ... Eine taktische Entscheidung, sicher; aber mußte sie wirklich sein?

Karpow - Kasparow
Königsindisch (C 92)

1. d4 Sf6 2. c4 g6 3. Sc3 Lg7 4. e4 d6 5. Sf3 0–0 6. Le2 e5 7. Le3 (4) c6!? (1)

„Ein nützlicher Zug, der Feld d5 unter Kontrolle nimmt" schrieb Geller. Und, was wichtiger ist, nach 8. 0–0 ed4: 9. Sd4: ist die Variante mit ed4: günstiger für Schwarz als in der 11. Partie.

8. d5 (14)

Karpow stand nach der 18. Partie unter großem nervlichen Druck, und der Zug d5, den er bisher in diesem Match nicht gemacht hat, der aber angeblich als aussichtsreichster gilt, wurde als Kampfansage gewertet.

8. ... Sg4! (4)

Nach 8. ... cd5: 9. cd5: Se8 (9. ... Sg4 10. Lg5 Db6 11. 0–0 h6?! 12. Lc1 f5 13. Sh4! g5 14. Sf5: Lf5: 15. Lg4: Lg6 16. De2 mit Mehrbauern; Gausel - Kristjansson, Reykjavik 1990) kann folgen 10. Lg5!? (10. h4 f5 11. h5 f4 12. Ld2 g5 13. h6 Lf6 14. Sh2 Sa6 15. Lg4 Kh8 mit gleichen Chancen, Gligoric - Geller, Skopje 1968) 10. ... f6 11. Ld2 h6 (f5 12. Sg5!) 12. Dc1 Kh7 13. h4! f5 14. h5.

9. Lg5 f6

9. ... Db6? 10. 0–0 Db2: 11. Sa4 Da3 12. Lc1 Db4 13. Ld2 mit Vorteil für Weiß, Gligoric.

10. Lh4 (15)

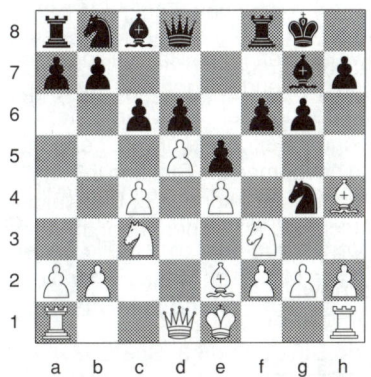

10. ... Sa6!? (5)

Diese Stellung hatte Kasparow vor. In der Partie Wirthensohn - Watson, Thessaloniki (ol) 1988 war Schwarz erfolgreich mit 10. ... c5 11. Sd2?! h5 12. a3 Dd7!? 13. b4 Sa6 14. Tb1 f5 (14. ... g5? 15. Lg3 h4 16. Lg4: Dg4: 17. Dg4: Lg4: 18. f3) 15. 0–0?! (15. Da4!? Lf6 mit etwa gleichen Chancen) 15. ... f4 16. Sf3 Lf6

17. Lf6: Sf6: 18. Se1 g5 19. Sd3 b6 20. f3 g4 mit schwarzer Initiative. Richtig war 11. 0–0! mit der Idee 11. ... h5 12. Se1 Dd7?! 13. Sd3 f5 14. h3. In der Partie Gschnitzer - Vogt, Wildbad 1990 (mit Zugumstellung), folgte 11. ... Sa6 (oder 11. ... De8 12. Se1 Sh6 13. Sd3 Sa6 14. a3 mit etwas besseren Aussichten, schwächer spielte Weiß in der Partie Hernandez - Djuric, Novi Sad (ol) 1990: 14. Tb1?! g5 15. Lh5 Dd8 16. Lg3 Sb4 17. a3 Sd3: 18. Dd3: a5 19. b4 ab4: 20. ab4: f5 21. ef5: Ta3 und 0:1, 33) 12. Sd2?! (12. Se1!) Sh6?! (12. ... h5! 13. a3 Sh6 14. f3 Sf7 15. Tb1 Lh6 und Schwarz steht nicht schlechter) 13. g4?! (warum nicht „normal" 13. a3 Ld7 14. Tb1 Sc7 15. b4?) 13. ... Sf7 14. a3 Ld7 15. Tb1 Sc7 16. b4 b6 17. Kg2 Lh6 mit etwa gleichen Chancen.

11. Sd2 (20)

Mir gefällt mehr 11. 0–0 mit der Idee 11. ... h5 12. Se1!. Nach 12. Sd2 Sh6 13. f3 wäre zu riskant 13. ... Db6+?! (13. ... Sf7! 14. a3 c5) 14. Lf2 Db2: wegen 15. Sa4 Db4 16. c5! mit Initiative.

11. ... Sh6 (12)

Kasparow entscheidet sich „solid" zu bleiben; interessanter war 11. ... h5!?

12. a3 (29) Sf7 (14) 13. f3!? (31)

Karpow will mit dem König im Zentrum bleiben. Eine andere Möglichkeit war 13. 0–0!? h5 14. f3 Lh6 15. Lf2 c5 (15. ... f5 16. ef5: gf5: 17. dc6: bc6: 18. b4) 16. Kh1 und die weiße Stellung gefällt etwas mehr.

13. ... Lh6 (18) 14. Lf2 (35) f5 (20) 15. Dc2 (46)

Möglich war auch 15. b4 (Spassky). Nach 15. ... Dg5 (Spassky) folgt 16. Tg1! (das Endspiel nach 16. g3?! Dd2:+ 17. Dd2: Ld2:+ 18. Kd2: fe4: ist nicht besser für Weiß.

15. ... Ld7 (35)

Nach 15. ... Dg5 folgt wieder 16. Tg1!.

16. b4 (58) c5 (36) 17. Tb1 (59) b6 (50)

Laut Spassky ist die Stellung absolut gleich, ja sogar „tot remis". Die Spieler machten aber eigentlich nicht diesen Eindruck. Während Kasparow beim 17. Zug lange überlegte, sah er insgesamt nicht sehr zufrieden aus. Ich kann Kasparow verstehen; er befürchtete Druck auf den Punkt f5.

18. Sf1! (67)

18. Ld3 war weniger klar wegen 18. ... Dg5.

18. ... Lf4 (75)

Nach 25(!) Minuten entscheidet sich Kasparow zu warten.

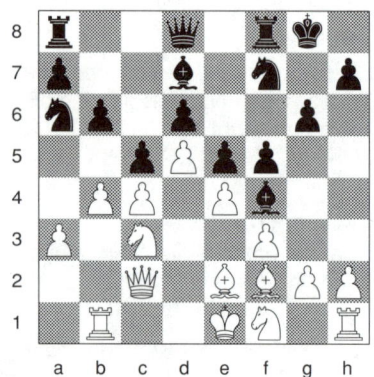

Ein kritischer Punkt!

19. g3? (79)

Schwächt ohne Grund den Punkt f3. Richtig war 19. h4!, z.B. 19. ... Sc7 20. Ld3 Df6 21. Sd1 mit der Idee 22. Sde3 und besseren Chancen für Weiß.

19. ... Lh6 (77) 20. h4 Sc7 (80) 21. g4 (96)

Nun geht der Plan mit Ld3 und Sd1-e3 nicht wegen der Schwäche f3.

21. ... fg4: (82) 22. fg4: Lf4 23. Se3 (97) Se8 24. Sed1 (102)

Diesen Zug führte Karpow so aus, daß es wie grimmige Entschlossenheit aussah, und ging danach a tempo von der Bühne. Sein Plan ist klar - g5 und Lg4.

24. ... h6 (108)

Nun wirkte Kasparow, als habe er die Lösung aller Probleme gefunden.

25. h5 (113)

Der Läufer auf e2 bleibt „schlecht", aber dafür bekommt Weiß Feld f5.

25. ... g5 (109) 26. Tg1 (120)

Bereitet den Übergang seines Königs nach h1 in Sicherheit vor.

26. ... Sf6 27. Tg2 (124) Dc8 (111) 28. Kf1 (127) Sd8 (112) 29. Kg1 (130) Sb7 (113) 30. Kh1 (136)

Karpow hat seinen König auf h1 überführt, in dieser Zeit hat Kasparow die Position seiner Figuren verbessert, das einzige Problem ist noch der Springer b7. Darum ...

30. ... cb4: (115) 31. ab4: (137) a5!

Kasparow kämpft für die Initiative! Diese Entscheidung löste im Presseraum totale Verwirrung aus, die Urteile änderten sich von Minute zu Minute, aber die meisten, so Spassky und Speelman, zogen die schwarze Stellung vor.

32. Sf5 (138)

Endlich, nun war dieser Zug erzwungen.

32. ... Lf5: (116) 33. ef5: ab4: (123) 34. Tb4: (139) Sc5 35. Tb6: Sce4 (124)

Diese Stellung hatte Kasparow vor. Weiß hat einen Bauern gewonnen, aber die schwarze Initiative muß sehr gefährlich sein.

36. Tc6 (142) Db7 (128) 37. Le1 (144) Ta1 (131) 38. Lf3 (145) Sc5 (133) 39. Lc3 (146) Tc1 (139)

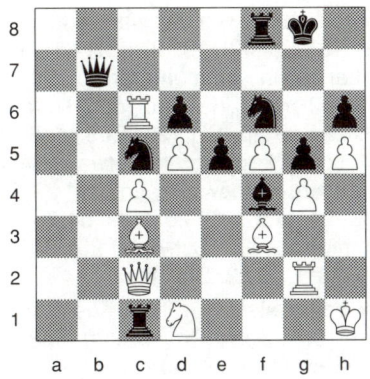

Remis auf Vorschlag Kasparows! Karpow nahm sofort an.

Zeitverbrauch: Weiß 146 Minuten, Schwarz 139.

Das Remis kam wie ein Blitz aus heiterem Himmel; ungläubige Ausrufe im Presseraum; im Saal drängten die Zuschauer zur Bühne. Die Spieler blieben mehrere Minuten sitzen und analysierten, wobei angeblich nach Augenzeugenberichten Kasparow überwiegend gewann.

Zwei Meinungen dazu: „Skandalös! Das ist mehr als abscheulich. Das hab ich in meiner Karriere noch nicht gesehen" (Spassky). „Sie waren einfach erschreckt, womöglich im Schock. Das ist eher normal nach fünf Stunden Schachpartie" (Speelman).

Eine mögliche Variante: 40. Db2 Da7 41. Da2 Da4 42. Da4: Sa4: 43. Lb4 e4 44. Le2 Sb2 45. Tg1 Tc2 46. Tg2 Sd1: 47. Ld1: Tc1 48. Tg1 Ta8 49. Ld6: Taa1 50. Tc8+ Kf7 51. Tc7+ Ke8 52. La4+ Ta4: 53. Tc1: Lc1: 54. Le7 Sg4: 55. d6 Ta1 56. Tc8+ Kf7 57. Tf8+ Kg7 58. d7 Lf4+ 59. Kg2 Ta2+ mit Matt: 60. Kh3 Th2+ 61. Kg4: Th4 matt oder 60. Kf1 Tf2+ 61. Kg1 (61. Ke1 Ld2+ 62. Kd1

Se3 matt) 61. ... Lh2+ 62. Kh1 Tf1+ 63. Kg2 Tg1+ 64. Kh3 Tg3 matt oder 60. Kh1 Th2+ 61. Kg1 Le3+ 62. Kf1 Tf2+ 63. Kg1 Td2+ 64. Kf1 Sh2+ 65. Ke1 Sf3+ 66. Kf1 Tf2 matt.

(Analyse von Speelman, Tisdall und Kristensen im Bulletin)

20. Partie

Das vorweggenommene Endspiel? Je länger es dauert, umso mehr fühlen sich viele an die 16. Partie in Leningrad 1986 erinnert (allerdings kaum daran, daß nach dieser vermeintlichen Entscheidungsschlacht Karpow drei Partien in Folge gewann!) Eine scharfe spanische Variante wird wiederbelebt, Karpow scheint den Fight auf Biegen und Brechen zu suchen (warum, nicht zum ersten Mal in der K&K-Geschichte, gerade mit Schwarz, während er mit Weiß eher zögernd zur Sache geht?), erreicht eine völlig unklare Stellung, scheint durch die schnellen ersten 18 Züge vor jeder Zeitnot sicher ... aber dann läßt er doch wieder die Uhr ablaufen, diesmal allerdings mit fatalen Folgen. Kasparow geht, diesmal ganz in seinem alten kompromißlosen Stil, geradewegs auf den König los, umso schärfer, je knapper die Zeit des Rivalen wird. Nach nur fünf(!) Minuten Nachdenken läßt er die Bombe auf h6 platzen; und was er danach sagt, bestätigt wohl die allgemeine Ansicht, daß viel dabei Intuition war, sicher auch „Vertrauen" auf den Druck der Uhr. Wo nun der entscheidende Fehler Karpows war, ob schon vorher oder doch erst jetzt, wird bestimmt noch lange analysiert und diskutiert werden. Jedenfalls geht der Herausforderer mit Donner und Blitz unter, Kasparow hat die Partie und damit auch das Match gewonnen - die einhellige Ansicht an diesem Abend.

Kasparow - Karpow
Spanisch (C 92)

1. e4 e5 2. Sf3 Sc6 3. Lb5

„Kasparow wartete vor diesem Zug ein paar Sekunden und sah Karpow wieder einmal prüfend oder fragend an. Was wird der nach der Pleite in der 18. Partie nun Neues bringen?" (G. Treppner)

3. ... a6 4. La4 Sf6 5. 0–0 Le7 6. Te1 b5 7. Lb3 d6 8. c3 0–0 9. h3 Lb7 (7)

Mit der Wahl der scharfen Saizew-Variante zeigt Karpow, daß er zum Kampf auf Biegen und Brechen bereit ist. Kasparow nach der Partie: Karpow sei in dieser Partie zum Kampf entschlossen gewesen, weil er nach der 19. Partie wohl geglaubt habe, er, Kasparow, werde kein besonderes Risiko eingehen - „Karpow ist ein großer Kämpfer".

10. d4 Te8 11. Sbd2 Lf8 12. a4 h6 13. Lc2 ed4: 14. cd4: Sb4 15. Lb1 c5 16. d5 Sd7 17. Ta3 f5 (10) 18. Tae3 (10)

Kasparow weicht von der 4. Partie (18. ef5:) ab.

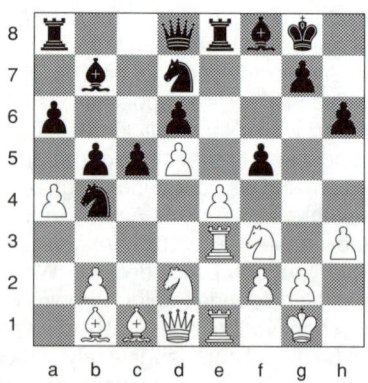

18. ... Sf6 (14)

In der 9. Partie Timman - Karpow, Kuala Lumpur 1990, war Schwarz erfolgreich mit 18. ... f4?! 19. T3e2?! (Timman selbst gab in Kommentaren zu, daß das Feld e2 nicht „ideal" für den Turm ist) 19. ... Se5 20. Sf1 (20. Se5: de5: 21. Sf3 Ld6! 22. b3! g5 mit etwa gleichen Chancen, Karpow; 22. Ld3 c4! 23. Lc2 Sd3! 24. Ld3: cd3: 25. Dd3: b4 26. Ld2 a5 mit Vorteil für Schwarz) 20. ... Sf3:+ 21. gf3: Dh4 22. Sh2 Te5.

Logischer sieht 19. Ta3! aus, mit der Idee 19. ... Se5 (19. ... Df6 20. Sb3 Sb6 21. Sa5 Tab8 22. ab5: ab5: 23. Sb7: Tb7: 24. Ld2 Sc4 25. Lc3 Se5 26. De2 mit weißer Initiative, de Firmian - A. Iwanow, Chicago 1988) 20. Sb3 g5 21. Ld2 mit besserem Spiel für Weiß.

Zu riskant wäre 18. ... fe4:?! 19. Se4: Sd5: wegen 20. T3e2 S7f6 21. Sf6:+! (21. Dc2 Dd7) Sf6: 22. Te8: Se8: 23. Dc2 Sf6 24. Sh2 Dd7 25. Sg4.

19. Sh2! (11)

Nach 19. T3e2?! fe4:! (Dd7? 20. e5! Sfd5: 21. Sf1! Sb6 22. e6 Dd8 23. Lf5: Df6 24. Sg3 ba4: 25. Le4 d5 26. Sh5 Dd8 27. Lg6 Ld6 28. Lf7+ Kh8 29. Lh6: und Schwarz gab auf, Ernst - Bjerke, Gausdal 1990) 20. Se4: Sfd5:! wie will Weiß weiter kommen?

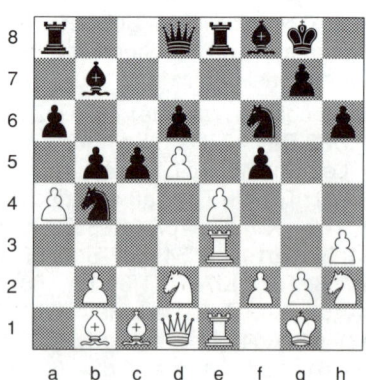

178

19. ... Kh8! (37)

Laut Speelman: „Karpow konnte 19. Sh2 erwarten und mußte nicht sehr erschüttert sein, aber nach langem Überlegen entscheidet er sich für übermäßige Prophylaxe." Aber ich glaube, Karpow hatte recht. 19. ... fe4:?! 20. Se4: Sfd5: 21. Tg3 gibt Weiß einen starken Angriff, nach 19. ... Dd7?! war 20. e5! Sfd5: 21. e6 stark. 19. ... c4 20. Tg3 Kh8 hat Karpow nicht gefallen wegen 21. Shf3! Sh5? 22. Sg5!.

20. b3 (34)

Karpows Idee zeigt sich in der Variante 20. Tg3?! fe4: 21. Se4: Se4: 22. Le4: Ld5:! 23. Ld5: (ohne Schach!) Te1:+ 24. De1: Sd5:.

20. ... ba4: (57)

Sieht logisch aus, Schwarz darf nun keine Zeit verlieren.

21. ba4: (27) c4

„Karpow machte um diese Zeit noch einen recht zufriedenen und gelassenen Eindruck." (G. Treppner)

22. Lb2 (53)

Kasparow ist nicht sicher, ob er besser oder schlechter steht, wie er später sagte; aber er verfolgt mindestens konsequent seinen Plan.

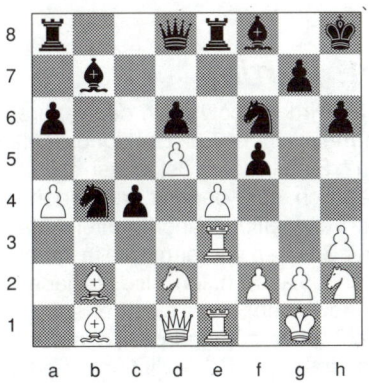

22. ... fe4:? (91)

Nach 34(!) Minuten. Warum entscheidet sich Karpow gerade jetzt, den Bauern im Zentrum zu nehmen und Kasparow eine gefährliche Initiative zu geben? „Sieben weiße Figuren sind auf den schwarzen König gerichtet, und nur vier können ihn verteidigen" konstatierte Speelman.

Ich glaube, nach 22. ... Tc8! wäre Kasparow weniger zufrieden.

23. Se4: (62) Sfd5: (100) 24. Tg3 (76) Te6!? (114)

Karpow deckt die sechste Reihe. Nach 24. ... Sd3? folgt 25. Ld3: cd3: 26. Tg6! mit der Idee 26. ... Kh7 27. Dd3:! Sf4 28. Sg5+!

25. Sg4! (95)

Bringt noch den Springer ins Spiel, nichts nützt 25. Dg4? De7.

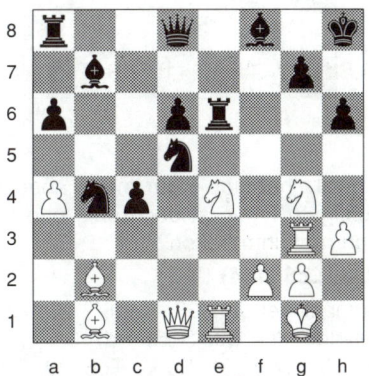

25. ... De8 (131)

Karpow verbraucht zu viel Zeit, ihm verbleiben noch 19 Minuten für 15 Züge. Kann man eine befriedigende Verteidigung finden? Nach der Partie hat Kasparow 25. ... Sd3 empfohlen, aber nach 26. Ld3: cd3: 27. Sh6:! Th6: 28. Sg5

Dd7 entscheidet 29. Te6!. Nicht besser
war 25. ... Dh4 26. Sgf6! gf6: 27. Tg4
und die schwarze Dame geht verloren,
oder 25. ... De7 26. Sh6:! Th6: 27. Sg5
Dd7 und wieder das gleiche Motiv 28.
Te6!.

26. Sh6:! (100) c3 (135)

Nach 26. ... Th6: gewinnt 27. Sd6: Dd7
28. Sf5, z.B. 28. ... Th7 29. Sg7: Lg7:
30. Lg7:+ Tg7: 31. Dh5+ Kg8 32. Dh7+
mit Matt.

27. Sf5! (102) cb2: (143) 28. Dg4

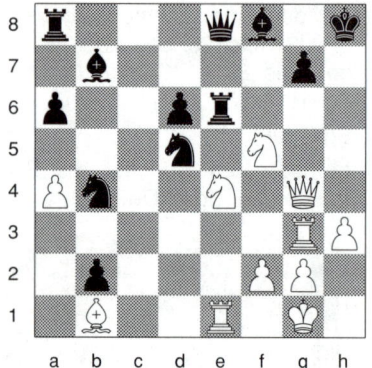

Schwarz hat eine Figur mehr, aber die
wichtigste Figur ist der König und wie
kann man ihm helfen?

28. ... Lc8 (144)

Hartnäckiger war 28. ... g6!? 29. Kh2!
(mit der Idee 30. Sg5) Dd7 30. Sh4!,
z.B. 30. ... Lc6 31. Sg6:+ Tg6: 32. Dg6:
Dh7 33. Dh7:+ Kh7: 34. Sf6++ Kh8 (Kh6
35. Tg6 matt) 35. Tg8 matt.

**29. Dh4+ (114) Th6 30. Sh6: gh6: 31.
Kh2! (115) De5 (147)**

Nach 31. ... Ta7 gibt Spassky 32. Sf6!
Df7 33. Te8 Sf6: 34. Dh6:+ Sh7 35.
Dh7:+ Dh7: 36. Tf8:+ mit Matt an.

32. Sg5! (116) Df6 33. Te8 Lf5

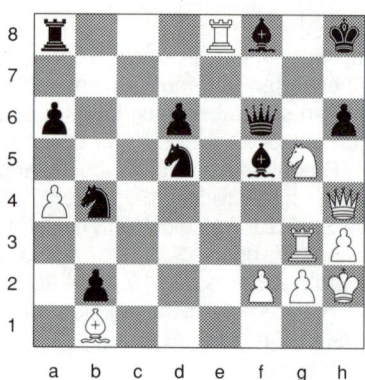

34. Dh6:+?! (117)

Nur eine Minute; warum so schnell? Sofort gewinnt 34. Sf7+! Df7: 35. Dh6:+
Lh7 36. Ta8: mit Matt.

**34. ... Dh6: 35. Sf7+ Kh7 36. Lf5:+ Dg6
37. Lg6:+ Kg7 38. Ta8: (118) Le7 (148)
39. Tb8 a5 40. Le4+ Kf7: 41. Ld5:+
Schwarz gab auf.**

Es sei nicht die beste, aber die effektvoll-
ste Partie des Matchs gewesen -
„schließlich habe ich in meinem alten
Stil gewonnen" sagte Kasparow nach
der Partie.

Zeitverbrauch: Weiß 118 Minuten,
Schwarz 148.

21. Partie

Was wird Karpow nach der verlorenen
vermeintlichen Entscheidungsschlacht
tun? Eine Auszeit ist quasi selbstverständlich, aber bereitet er nun den letzten Verzweiflungsangriff unter Abbruch
aller Brücken vor (er müßte ja immerhin
noch 3,5 aus 4 holen, also fast jede Partie gewinnen), oder bleibt er seiner mit
Weiß eher zögernd-positionellen Hal-
tung treu? Die Partie gibt bald eindeutig

Antwort, trotz der scharfen Sämisch-Variante landet man in ziemlich ruhigem Fahrwasser. Wenn Karpow vielleicht doch besser stand, nutzt er jedenfalls dies zunächst nicht aus - aber dann ist es ausgerechnet Kasparow, der in beidseitiger Zeitnot mit dem Bauernopfer b4 Öl ins Feuer gießt. Es hätte ihm leicht zum Verhängnis werden können ... wenn Karpow vor dem 40. Zug danebengegriffen hat, so kann man dies unter dem Druck der Uhr verstehen, aber der Verlauf der Hängepartie gibt Rätsel auf. Nach zunächst schnellem Spiel (wie erwartet) verbraucht der Herausforderer erst für die Zugwiederholungen (!) im 48.-50. Zug Zeit und dann im 51. fast den gesamten Rest. Jeder im Presseraum rechnete eigentlich damit, daß das Karpow-Team diese Stellung auf dem Analysebrett gehabt haben muß?! Zudem kommt dann nur eine Folge heraus, die dem Weltmeister das Remis ziemlich leicht macht. Karpows stures Weiterspiel in der verzweifelten Hoffnung auf irgendein Wunder ist wahrscheinlich die Folge der Enttäuschung über diesen Verlauf.

Karpow - Kasparow
Königsindisch (E 87)

1. d4 (2 Minuten zu spät) **Sf6 2. c4 g6 3. Sc3 Lg7 4. e4 d6 5. f3!?**

Wieder Sämisch-System, das habe ich nicht erwartet. Karpow stand nach diesem Zug sofort auf und ging weg.

5. ... 0–0 (5) **6. Le3 e5**

Ein neuer Weg, in der 1. Partie spielte Kasparow 6. ... c6.

7. d5 (3) **Sh5 8. Dd2** (4)

Will Kasparow die Dame mit 8. ... Dh4+ 9. g3 Sg3: 10. Df2 Sf1: 11. Dh4: opfern wie in der Partie Kasparow - Seirawan, Barcelona 1989?

8. ... f5

Kein Damenopfer!

9. 0–0–0 (10) **a6!?** (6)

Kasparow wählt eine in der letzten Zeit weniger populäre Variante. Andere Möglichkeiten sind 9. ... Sd7 und 9. ... f4.

10. Ld3 (22)

Nach 10. Sge2 kann Schwarz mit 10. ... b5! fortsetzen, und auf f5 tauschen will Karpow nicht.

Das „prophylaktische" 10. Kb1 verhindert 10. ... c5, aber es könnte folgen 10. ... Sd7 11. Sge2 (nach 11. Ld3 b5!? 12. cb5: Sf4! kommt Schwarz auf Kosten eines Bauern zu Angriff am Damenflügel) 11. ... Sdf6 12. ef5: gf5: 13. Sg3 De8 14. Ld3, Botwinnik - Tal, 21. Partie WM-Revanche 1961, 14. ... e4! 15. Sh5: Sh5: 16. fe4: f4 und diese Stellung paßt Kasparow gut.

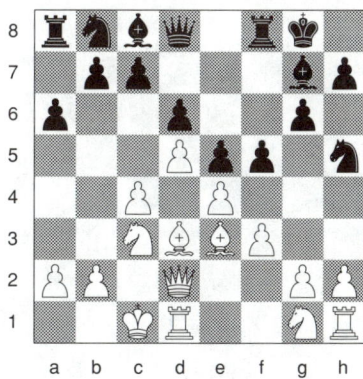

10. ... c5!? (9)

Das ist eine Neuerung! Geller gibt in seinem Buch 10. ... Sbd7 11. ef5:! (11. Sge2 b5! 12. cb5: Sf4 13. ba6: Sd3:+ 14. Dd3: La6: 15. Dc2 Db8 16. h4 Db4 17. h5 f4 18. Lf2 Tfb8 - Schwarz hat das Läuferpaar und starken Druck am Damenflügel, Sacharow - Polugajewski, Tbilisi 1957) 11. ... gf5: 12. Sge2 mit besseren Chancen für Weiß.

11. dc6: (30) Sc6: (10) 12. Sd5 (35) Le6 (24)

Nach 12. ... b5?! könnte folgen 13. Lb6 Dd7 14. cb5: ab5: 15. Lb5:! und 15. ... Ta2:? verbietet sich wegen 16. Kb1 mit der Idee 17. Lc6: Dc6: 18. Se7+.

13. Lb6 (41) Dd7 14. Se2 (45) Tac8 (34) 15. Kb1 (47)

Weiß steht besser. Kasparow machte um diese Zeit ein öfter recht unzufriedenes Gesicht.

15. ... Df7 (35) 16. The1 (53)

Laut Spassky war 16. h3 nebst 17. g4 ein einfacher und guter Plan.

16. ... Kh8 (48)

Spassky gibt 16. ... Sf4?! 17. Sef4: ef4: 18. Sf4: Lc4: 19. Lc4: Dc4: 20. Dd5+ mit Vorteil an.

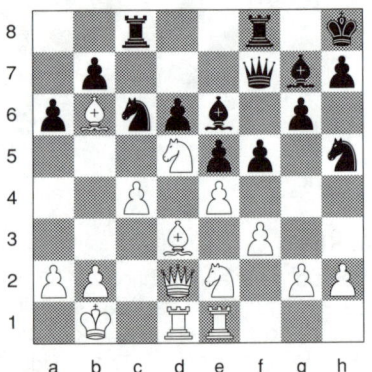

17. Lc2?! (75)

Nach 22(!) Minuten. „Karpows seltsames Manöver Ld3-c2-d3 erregte allgemeines Kopfschütteln und Verwunderung. Das Interesse ließ von da an stark nach ... Spassky fühlte sich vom zähen

„Geschiebe" zu keinen großen Höhenflügen in den Kommentaren veranlaßt" (G. Treppner).

Interessant war 17. Sg3!? Sf4 18. Lc2! (nach 18. ef5: gf5: 19. Sf4: ef4: 20. Sh5 - 20. Df4: Se5! -, eine Variante von Speelman, folgt 20. ... Dh5: 21. Te6: Le5) und es ist schwer, eine befriedigende Lösung für Schwarz zu finden.

17. ... Sf6! (57) 18. Ld3! (84)

Mit Hoffnung auf 18. ... Sh5 19. Sg3!?.

18. ... Sd7 (61) 19. Lg1 (85) Sc5?! (65)

Kasparow könnte noch abwarten, z.B. 19. ... Tfe8, aber er will die Initiative übernehmen. Möglicherweise war 17. Lc2 Sf6 18. Ld3 eine „geniale Provokation" von Karpow.

20. Sb6! (88) Tcd8 (85)

Nach 20. ... Sd3: 21. Dd3: (21. Sc8: Tc8:! 22. Dd3: Lc4: mit Kompensation für die Qualität) 21. ... Tcd8 22. Sec3 hat Schwarz nichts erreicht.

21. Sc3 (93) Sd4 (92) 22. Scd5 (94) Ld5: (97)

Dieser Zug wurde von USA-Champion Lev Alburt kritisiert, aber könnte Schwarz warten? Es droht z.B. 23. Le3 mit der Idee 24. Lg5.

23. Sd5: (99) fe4: (99) 24. fe4: (105) b5

A tempo gespielt, endlich kommt Kasparow zu diesem Zug.

25. Tf1 (112) Dd7 (102)

Nach 25. ... Se4:?! folgte 26. De1 (aber nicht 26. Le4:? Df1: 27. Ld4: Dc4:) 26. ... Sf6 27. Ld4: ed4: 28. Dh4 mit einer gewonnenen Stellung für Weiß.

26. cb5: (114) ab5: (103) 27. Tf8:+ (118) Tf8: (105)

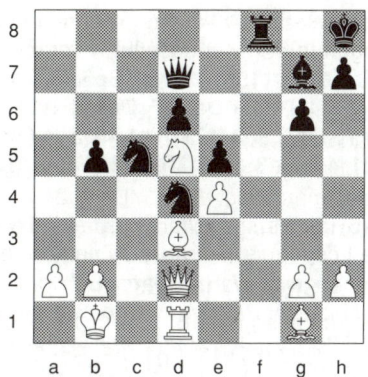

28. h3?! (119)

Spassky war mit Recht unzufrieden - es sei sehr schwer, eine Partie zu gewinnen mit „großem Komfort". Richtig war sofort 28. Ld4:!? ed4: 29. De2!.

28. ... Dd8! (112)

Karpow hat gerechnet mit 28. ... Da7 29. Le3!? Ta8 30. a3.

29. Ld4: (131)

Nun hat 29. Le3?! keinen Sinn nach 29. ... Dh4.

29. ... ed4: 30. De2! (132) Dh4 (131)

Mit dem schlechten Läufer g7 gegen den Springer auf d5 zu kämpfen nach 30. ... Sd3: 31. Td3: Dh4 32. Tf3 macht Kasparow keinen Spaß.

31. Tf1! (133) Te8 (136)

Nach 31. ... Tf1:+?! gibt Spassky 32. Df1: Sd3: (Se4:? 33. De2 Sf6 34. Sf6: Df6: 35. De8+ Df8 36. Db5: und der a-Bauer ist sehr gefährlich) 33. Dd3: De1+ 34. Kc2 Df2+ 35. Kb3 Dg2: als unklar, aber 36. Sc7! verspricht Weiß bessere Chancen.

32. Tf4 (136) Dg5

A tempo gespielt. Zum Remis führt 32. ... Dg3 33. Tf3 Dh4, Kasparow spielt auf Gewinn.

33. a3 (141) h5?! (141)

Kasparow verfolgt eine riskante Strategie.

34. Ka2!? (146)

Karpow „provoziert" das folgende Bauernopfer. 34. Lb5:? geht nicht wegen 34. ... Tb8! 35. Ld3 Sa4 und 34. g4 (Speelman) 34. ... h4 gefällt Karpow nicht.

34. ... b4 (146)

Nach 34. ... Sd3: 35. Dd3: De5 folgt 36. Db5: d3 37. Tf2 De4: 38. Td2, und 34. ... Dg3 35. Tf3 Dh4? ist kein Remis mehr wegen 36. Sf4.

35. ab4: Ta8+ 36. Kb1 Sb3 37. Kc2 (147) Sa1+

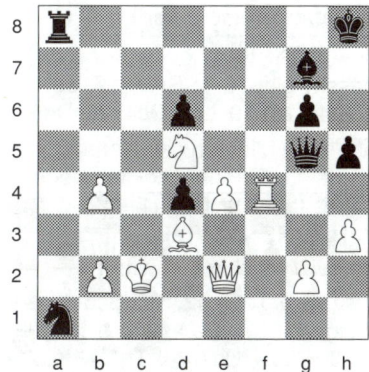

38. Kb1?

A tempo gespielt! Richtig war 38. Kd1! Sb3 39. Df3! (39. Df2 Dd8!, aber nicht Ta1+ 40. Kc2 Sc1 41. Tf8+! Kh7 42. h4 nebst 43. Sf6+) 39. ... Ta1+ (Dd8 40. e5! mit der Idee Lg6:) 40. Kc2 Sc1 41. Tf8+ Kh7 42. Tc8! Sd3: 43. Kd3: mit einer gewonnenen Stellung.

38. ... Sb3 39. Df2? (148)

Es gewinnt 39. Kc2 Sa1+ 40. Kd1!, aber nicht 39. Lc4? wegen Ta1+ 40. Kc2 d3+!.

39. ... Dd8! (148) 40. Tf7!? (149)

Nach 40. Kc2 folgt De8!, auch 40. Lc4 Ta1+ 41. Kc2 Sc1 (d3+ 42. Kb3: Da8 43. Sc3) 42. Tf7 De8 bringt nichts.

40. ... De8 (149)

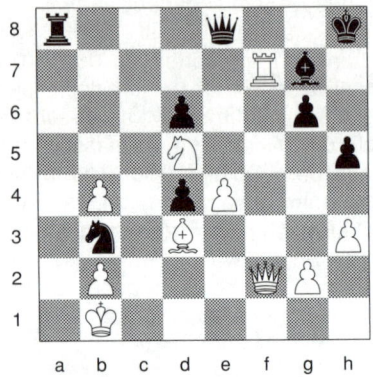

41. b5 (176)

Nach 27(!) Minuten gab Karpow seinen Zug ab. 41. Sb6 bringt nichts wegen 41. ... Tb8! (aber nicht Ta1+ 42. Kc2 Sc1 43. Td7!) 42. Sd7 Ta8.

Andere Möglichkeiten waren:

A) 41. Se7 Ta1+ 42. Kc2 Sc5! (das einzige, 42. ... Da4 geht nicht wegen 43. Sg6:+ Kh7 44. Tg7:+! Kg7: 45. Df8+ Kg6: 46. e5+, und nach 42. ... Sc1 43. Sg6:+ Kh7 ist 44. Kd2! Sd3: 45. Df5 möglich) 43. Sg6:+ Kh7 44. Tg7:+ Kg7: 45. Dd4:+ Kg6: 46. bc5: dc5: mit genügend Gegenspiel für Remis, eine Analyse von Speelman/ Watson.

B) 41. Tg7:!? verspricht mehr: 41. ... Kg7: 42. Df6+ Kh7 43. Dd6: (nichts bringt 43. Se7 Ta7 oder 43. e5 de5: 44. Se7 e4! 45. Le4: Sd2+) 43. ... Dc8 44. Dc7+ Dc7: 45. Sc7: Tc8 (oder Sd2+ 46. Kc2 Tc8 47. Kd2: Tc7: 48. La6) 46. Sa6! (aber nicht

46. Sd5?? Sd2+ 47. Ka2 Ta8 matt) mit guten Chancen auf Gewinn.

41. ... Ta1+ (150) 42. Kc2 Sc5 43. Tg7:! Kg7: 44. Dd4:+ De5 45. De5:+ de5: 46. b6 Tg1 47. Se3 (177) Te1 48. Sc4 (182) Tg1 49. Se3 (185) Te1 (151) 50. Sc4 (193)

Diese Stellung mußte Karpows Team analysieren. Wenn Karpow nur Zeit gewinnen will, warum dann 8 Minuten? Nach dieser Partie war Karpow in einem TV-Interview unzufrieden mit seinen Sekundanten - Kasparows Team „arbeitete" besser.

50. ... Tg1 (179)

Es gibt nichts besseres.

51. b4 (206)

Karpow verbleiben 4 Minuten für 5 Züge.

51. ... Tg2:+ 52. Kc3 Sa4+ 53. Kb3 Sb6: 54. Sb6: Tg3 (180)

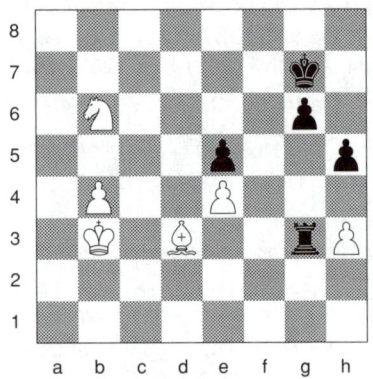

55. Kc3?

A tempo gespielt. Richtig war 55. Kc4! Th3: 56. Sd7! h4 57. Se5: Tg3 58. b5 h3 59. b6 h2 60. b7 h1D 61. b8D und Weiß gewinnt.

55. ... Th3: 56. b5 (209)

Hier führt 56. Sd7 h4 57. Sd5: Tg3 58. b5 h3 59. b6 h2 60. b7 h1D 61. b8D De4: 62. Dc7+ Kg8 nur zum Remis.

56. ... h4 (181)

Die Zeitkontrolle ist vorbei.

57. Sc4 (224) Td3:! (182)

Kasparow wählt einen einfachen Weg zum Remis.

58. Kd3: h3 59. b6 h2 60. b7 h1D 61. b8D Df1+ 62. Kc3 (225) Dc1+ 63. Kb3 (228) Dd1+ 64. Ka2 (231) Da4+ 65. Sa3 De4:

Die Stellung ist tot Remis. Praktisch niemand hat sich noch mit dem Partieverlauf beschäftigt. Das weitere ist mehr eine Demonstration.

66. Dc7+ (232) Kh6 (185)

Was will Karpow endlich?

67. Sc4 Dd5 (188) 68. Kb2 (234) e4 (200) 69. Df4+ (236) Kg7 (202) 70. Kc3 (245) Dd3+ (209) 71. Kb4 Dd4 72. Dh4 Kf7 (226) 73. Kb5 (265) Dd5+ (230) 74. Kb4 Dd4 75. Dh7+ (267) Dg7 76. Dh1 Dd4 77. Dh4 (268) Kg8 (237) 78. Df4 (297) Kg7 79. Dc1 (299) Kf6 (262) 80. Kb5 (303) Dd5+ 81. Kb4 Dd4 82. Kb5 Dd5+ 83. Kb6 Dd4+ 84. Kc6 Ke6 85. Se3 Da4+ 86. Kb6 Db4+ Remis.

Zeitverbrauch: Weiß 305 Minuten, Schwarz 265.

22. Partie

Die letzten, die vielleicht noch an eine sensationelle Wende glaubten, haben nach der 21. Partie aufgegeben. Drei Siege in Folge, davon zwei mit Schwarz - das wäre für Karpow schon mehr als ein Wunder. Und doch ... Kasparow muß nochmals zittern. Der Herausforderer hat sich die Variante der 20. Partie anscheinend gründlich angeschaut und will sich darin revanchieren, aber Kasparow steht der Sinn nicht danach. Trotzdem kommt es auch bei seiner Wahl zu einem scharfenKampf, in dem die Beobachter zumeist Karpow, wenn schon nicht im Vorteil, so doch in der Initiative sehen. Ob er nicht doch - siehe die Analysen - irgendwo seine aller-, allerletzte Chance ausgelassen hat? Nach dem Opfer im 30. Zug läßt die Spannung schlagartig nach, das Remis ist nur noch eine Frage der Zeit, allerdings rechnet wohl jeder mit einer Hängepartie. Daß es doch noch vorher zu einem Dauerschach kommt, erleichtert vor allem die Journalisten - kein endloses Warten und Hinschleppen mehr wie bei der vorherigen Partie! Kasparow reagiert auf das Ende kaum merklich; die Titelverteidigung scheint ihm offenbar das Selbstverständlichste von der Welt. Eine kurze Zeremonie, dann ist im Grund alles vorbei, auch wenn dem Reglement nach das Match noch nicht bei 12 Punkten endet. Das Kofferpacken unter den Beobachtern beginnt ...

Kasparow - Karpow
Spanisch (C 92)

1. e4 e5

9(!) Minuten; Karpow kommt wieder zu spät.

2. Sf3 Sc6 3. Lb5 (1) a6 4. La4 Sf6 5. 0-0 Le7 6. Te1 b5 7. Lb3 d6 8. c3 0-0 9. h3 Lb7 10. d4 Te8 11. Sbd2 Lf8 12. a4 h6 13. Lc2 ed4: 14. cd4: Sb4 15. Lb1 c5 16. d5 Sd7 17. Ta3 f5 (15) 18. ef5: (6)

Kasparow kehrt zurück zu der Fortsetzung, die ihn in der 4. Partie in Verlustgefahr brachte.

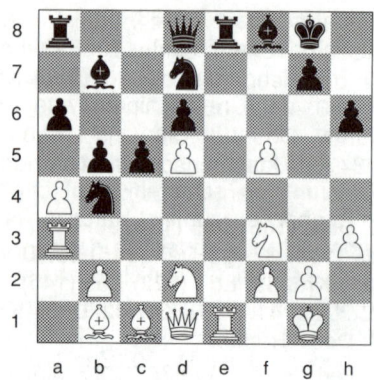

18. ... Ld5:!? (18)

Eine Neuerung, in der 4. Partie spielte Karpow 18. ... Sf6. In der Partie Iwantschuk - Lukacs, Debrecen 1988, spielte Schwarz 18. ... Te1:+?! 19. De1: und nun Ld5: 20. Se4! Lf7, was Iwantschuk schön widerlegt hat mit 21. f6! g6 (Sf6: 22. Sf6:+ Df6: geht nicht wegen 23. De4) 22. Sh4 d5 23. Tg3. Karpow versucht diese Idee ohne Abtausch auf e1 auszuführen.

19. Se4?! (10)

Nur 4 Minuten. Ich glaube, kritisch war 19. Te8: De8: 20. Sh4 Lf7 21. Sg6.

19. ... Lf7 (21) 20. ab5: (35)

Nach 25 Minuten. Es drohte 20. ... d5, und Weiß hat keine große Wahl. 20. Sd6:? geht nicht wegen Te1:+ 21. Se1: Se5, und 20. Lf4 d5 21. Sd6 Ld6: 22. Ld6: Df6 ist laut Spassky keine Lösung.

20. ... d5 21. Sc3 Te1:+! (25)

Schwächer war 21. ... d4 wegen 22. Se4 ab5: 23. f6! g6 24. Sh4 mit Angriff.

22. Se1:! (42)

Nach 22. De1: folgt d4 (c4?! 23. Dd1!) 23. Sa2 a5! 24. Sb4: ab4: 25. Ta8: Da8: mit gleichen Chancen.

22. ... d4! (59)

Nach 34(!) Minuten. Eine andere Möglichkeit war 22. ... a5, aber Schwarz muß die Drohung ab5: behalten. Nach 23. Se2!? mit der Idee Tg3 oder Sf4 gefällt die weiße Stellung mehr.

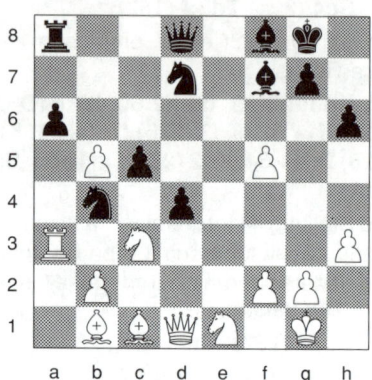

23. Sa2 (49)

Kasparow spielt auf Remis. Karpow hat viel Zeit verloren mit 23. Se4 (23. Le4? dc3: 24. bc3: Sf6) 23. ... ab5: 24. f6 (24. Ta8: Da8: 25. f6 g6) 24. ... g6!? (auch Ta3: 25. ba3: Sd5 26. fg7: Lg7: ist interessant, z.B. 27. Sd6 Sc3 28. Sf7: De7) 25. Tg3 Sf6: und Weiß hat zu wenig Figuren im Angriff (der Se1 fehlt).

23. ... Sa2: (74) 24. La2: c4! (75)

Zum Remis führte 24. ... La2: 25. Ta2: ab5: 26. Ta8: Da8: 27. Db3+ Kh7 28. Db5: De4 29. Ld2 Df5: 30. b4.

25. Ta6: (51) Sc5! (76) 26. Ta8: Da8: 27. Lb1 (57)

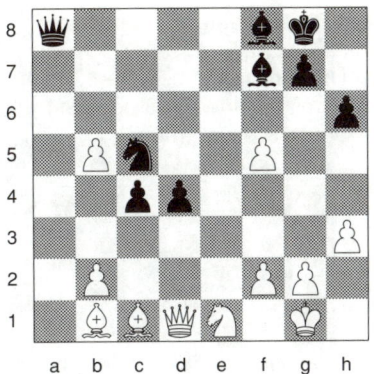

Der kritische Moment. Kasparow schien besonders unruhig, ihm gefiel seine Stellung offenbar nicht.

27. ... d3?! (79)

Nur 3 Minuten. Schade um Karpow und eine schöne Partie! Meiner Meinung nach war richtig 27. ... Da5! (Da1 28. Lf4! Db2: 29. Le5 Sb3 30. Le4) 28. Lf4 (28. Dd2 Da1 oder 28. Sf3 d3) 28. ... Sa4 mit schwarzem Vorteil.

28. Le3 (66) Da5 (83) 29. b3! (83)

Stärker als 29. Sd3: cd3: 30. Ld3: Sd3: 31. Dd3: Da1+ 32. Kh2 Db2: 33. b6 De5+.

29. ... Sb3: (87) 30. Sd3:! cd3: 31. Ld3: Sc5 (106)

31. ... Lc5?! geht nicht wegen 32. Lc2! Db5: (Le3: 33. Lb3:) 33. Dd8+ Lf8 34. f6.

32. Lf1 (86)

Im Presseraum sah man allgemein die Partie als Remis an.

32. ... Dc7 (111) 33. Dg4 (97) Kh7 (119)

Karpow versucht Kasparow zu provozieren. Karpow sei „viel größerer Gambler als Kasparow", er spiele nur taktische Verteidigungszüge, während Kasparow auf positioneller Basis angreife, hatte Spassky früher einmal gemeint.

34. Lc4 (103) Lc4: (133)

Nach 34. ... Le8?! könnte folgen 35. La2! (mit der Idee Dc4) Lb5: 36. Dg6+ Kh8 37. Lh6:. 34. ... h5 35. Dh4 Le7 36. Lg5 Lg5: 37. Dg5: Lc4: 38. Dh5:+ Kg8 39. De8+ mit Dauerschach war die andere mögliche Variante.

35. Dc4: (105) De5 (134) 36. Df7 (110) Ld6 (142) 37. g3 De7 (145) 38. Dg6+ (121) Kh8 39. Ld4 (122) Le5 (146) 40. Lc5: Dc5: 41. De8+ Kh7 42. Dg6+ Kh8 43. De8+ Remis.

Zeitverbrauch: Weiß 123 Minuten, Schwarz 146.

Damit hatte Kasparow beim Stand von 12:10 seinen Titel verteidigt. Dem Reglement gemäß sollte aber weitergespielt werden, bis 12,5 Punkte erreicht werden. Grund: Ein 12:12 würde die Teilung des Preisfonds bedeuten, was einen Unterschied in sechsstelliger Höhe ausmacht, und außerdem natürlich für Karpow eine Prestigesache sein.

23. Partie

Karpow - Kasparow
Königsindisch (E 87)

**1. d4 Sf6 2. c4 g6 3. Sc3 Lg7 4. e4 d6
5. f3 0–0 6. Le3 e5 (7) 7. d5 Sh5 8. Dd2
Dh4+**

Kasparow weicht von der 21. Partie ab.

9. g3 (6)

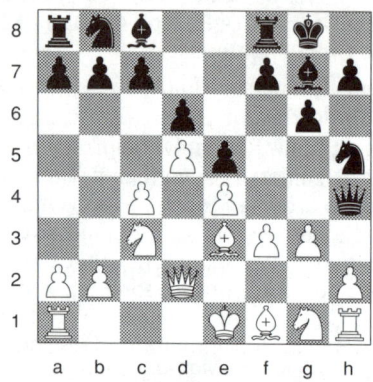

9. ... De7!?

Die Stellung mit Damenopfer nach 9. ... Sg3: 10. Df2 Sf1: 11. Dh4: Se3: 12. Ke2 Sc4: 13. Tc1 spielte Kasparow als Weißer gegen Seirawan, Barcelona 1989.

10. 0–0–0 (15) f5 (8) 11. ef5: gf5: 12. Sh3! (19)

In der Partie Vizmanawin - Akopjan, Ljwow (zt) 1990, folgte 12. Ld3 a5 13. Sge2 Sa6 14. f4!? Ld7 (nach e4 15. Lc2 bekommt Weiß das Feld d4) 15. fe5: de5: 16. Thf1 a4 17. Lh6 mit besseren Chancen für Weiß. Karpow gefällt 12. Ld3 aber nicht wegen 12. ... c5!; sein Plan ist, g3-g4 vorzubereiten.

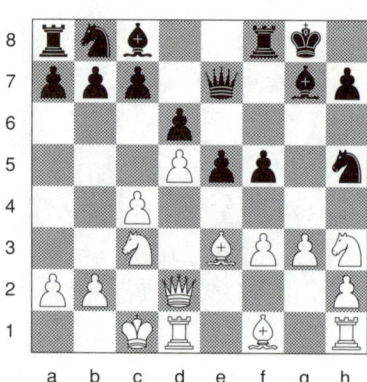

Der erste kritische Moment.

12. ... Sa6?! (24)

Nach 16 Minuten. Richtig war 12. ... a5! mit der möglichen Idee 13. Tg1 a4!? 14. g4 fg4: 15. fg4: Sf4 (16. Sf4:?! ef4: 17. Lf4: a3)

13. Tg1! (36)

Nach 17 Minuten; nun droht 14. g4. Nach 13. Sf2 wäre gefolgt 13. ... Ld7 14. g4? f4.

13. ... Sf6 (34) 14. Sf2 (38)

Laut Karpow war 14. Lg5 schwächer wegen Sc5.

14. ... Kh8 (39) 15. Le2! (55)

Wieder 17 Minuten. Nach 15. Lg5 Sc5 16. g4 e4 17. fe4: fe4: 18. Le3 kann Schwarz 18. ... a5 19. g5 Sfd7 spielen.

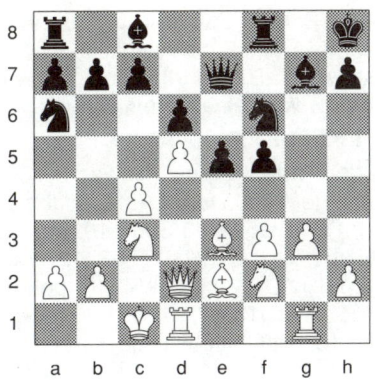

Der zweite kritische Moment.

15. ... Ld7?! (42)

Nur 3 Minuten. Der Zug nimmt dem Springer f6 das beste Feld. Nicht besser war 15. ... Sc5 16. g4 e4 wegen 17. g5 Sfd7 18. f4, aber nach 15. ... De8!? mit der Idee 16. Lg5 Sc5 17. g4 e4 18. fe4: fe4: 19. Le3 a5 20. g5 Sfd7 könnte Schwarz mitspielen.

16. Lg5! (56) Sc5 17. g4 (60) e4 (65)

Nach 23 Minuten; es gibt nichts Besseres.

18. fe4: fe4: (67) 19. Le3! (66)

Mit der Drohung g4-g5.

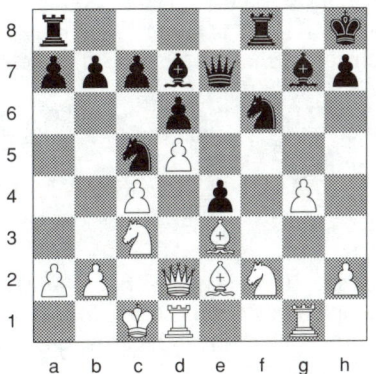

Der dritte kritische Moment.

19. ... Sa4? (69)

Nur 2 Minuten. Nach 19. ... La4 folgt 20. Tde1 Sfd7 21. g5 a5 22. Sg4 mit Vorteil, aber besser war 19. ... Le8 (oder Lc8) mit der Idee 20. g5 Sfd7!.

20. g5 (75) Sc3: (70) 21. bc3: Sg8 (82)

Nun findet der Springer keinen guten Platz.

22. Sg4 (80)

Weiß steht klar besser.

22. ... c5?! (88)

Kasparow sucht Gegenspiel, vorsichtiger war Lg4: 23. Tg4: (Karpow).

23. dc6:! (93) Lc6: (90)

Kasparow resigniert praktisch, etwas besser war 23. ... Lg4:!? 24. Tg4: bc6: 25. Dd6: Db7 26. Ld4! mit Vorteil für Weiß (Karpow).

24. h4! (100)

Kein kritischer Moment mehr, Weiß steht auf Gewinn. Es folgt eine kurze Agonie.

24. ... d5 (106) 25. cd5: (104) Ld5: 26. Dd5: (105) Tac8 (107)

Nach 26. ... Da3+ 27. Kb1 Dc3: gewinnt 28. Ld4.

27. Dd6! (119) Tc3:+ 28. Kb1 Df7 29. Ld4

Kasparow überlegte noch ein paar Minuten und gab auf. Zeitverbrauch: Weiß 119 Minuten, Schwarz 110.

24. Partie

Kasparow - Karpow
Englisch

1. Sf3

Wieder, wie auch in Sevilla 1987, wählt Kasparow in der letzten Partie einen Aufbau mit Sf3.

1. ... Sf6 2. c4 e6 (2) 3. Sc3 Lb4 (5) 4. Dc2 (1) 0–0 (10) 5. a3 Lc3: (11) 6. Dc3: (6) b6 (16)

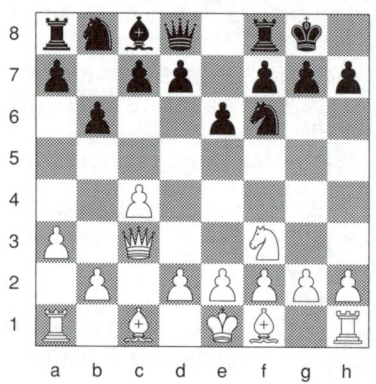

7. b4!? (11)

Kasparow wählt einen aggressiven Plan, zurückhaltender war 7. b3 nebst Lb2.

7. ... d6 (19)

Bagirow gibt in seinem Buch als bestes: 7. ... a5! 8. Lb2 ab4: 9. ab4: Ta1: 10. La1: De7! 11. g3 Sa6! 12. b5 Sc5 13. Lg2 Lb7 14. 0–0 Ta8 15. Dc2 Ta7 und nach Überführung der Dame auf a8 vermag Schwarz die Stellung zu vereinfachen und Ausgleich zu erzielen, Hort - Lalic, Sarajewo 1980. Und weiter: „Um eine derartig schnelle Vereinfachung zu vermeiden, sollte man 7. b3 spielen." Ein anderer Weg wäre 7. ... Lb7 8. Lb2 a5!? 9. g3 De7 10. Lg2 ab4: 11. ab4:

Ta1: 12. La1: Sa6 13. b5 Sc5 14. 0–0 Ta8 15. Dc2 h6 mit Ausgleich, Nikolic - Tschernin, Tunis 1985 (Bagirow). Aber Karpow will keine Vereinfachung.

8. Lb2 Lb7 (38)

In der Partie Karpow (!) - van der Wiel, Haninge 1990, folgte (mit Zugumstellung) 8. ... a5 9. e3 Sbd7 10. Le2 ab4: 11. ab4: Ta1:+ 12. La1: Lb7 (12. ... c5!? Karpow) 13. 0–0 (13. b5!? Karpow) 13. ... c5 14. Tb1 Dc7 15. Se1!? (15. d4!?) Ta8 16. Sd3 mit etwas besseren Chancen für Weiß.

9. g3 (28)

Laut Bagirow: „Zielbewußter wäre 9. e3 nebst Le2."

9. ... c5 (49)

Nichts bringt 9. ... Sbd7 10. Lg2 Se5?! wegen 11. 0–0 Sf3:+ 12. Lf3: Lf3: 13. Df3: e5 14. Dg2! nebst f2-f4, Below.

10. Lg2 (29) Sbd7 (50) 11. 0–0 (47) Tac8 (57) 12. d3 (64)

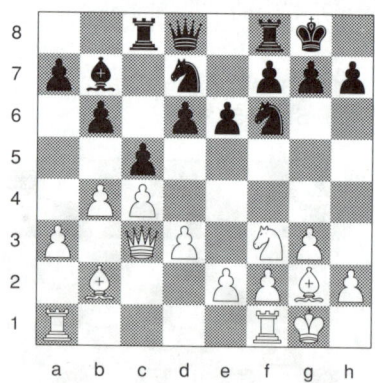

Für die Theorie keine neue Stellung, darum kommt der Zeitverbrauch etas überraschend vor: Kasparow 64 Minuten, Karpow 57.

12. ... Te8 (61)

Kein typischer Zug. Karpow spielt nicht auf Ausgleich, er läßt Kasparow Raum und hofft auf Gegenspiel. In der Partie Kortschnoi - Lein, Chicago 1982, folgte 12. ... d5 13. b5 Dc7?! 14. Tfe1 d4 15. Dd2 Ta8 16. e3! de3: 17. fe3: a6 18. a4 ab5: 19. ab5: h6 20. Dc3 mit Vorteil.

Ein neues Beispiel: 13. e3 Tc7!? 14. Se5 Se5: 15. De5: dc4: 16. Lb7: Tb7: 17. dc4: cb4: 18. ab4: Dc7! 19. Dg5 h6! 20. Dh4 Dc7! 21. Tfc1 Tc8 22. Lf6: mit Remis, Belov - Lukov, Katowice 1990.

13. e4 (78)

Womöglich war es besser abzuwarten, z.B. 13. Dd2.

13. ... a6! (65)

Mit der Idee b6-b5, nun hat Schwarz einen Angriffspunkt: e4.

14. Db3 (79) b5 (69) 15. Sd2 Tb8 (76)

Eine andere Möglichkeit war 15. ... Tc7 16. Tfc1 De7.

16. Tfc1 (82) La8 (80)

Das war nicht nötig, sofort 16. ... De7 17. Dd1 Tec8 macht einen besseren Eindruck.

17. Dd1 (85) De7 (92) 18. cb5: (89) ab5: (96) 19. Sb3 e5 (100)

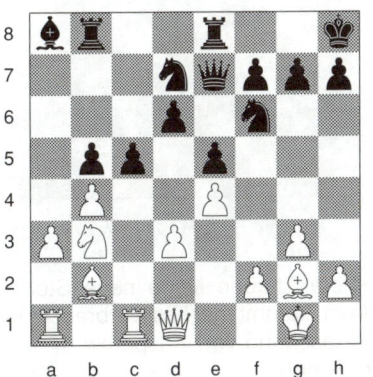

20. f3 (98)

Nach 20. bc5: dc5: 21. a4 c4 22. dc4: ba4: hängt der Bauer e4.

20. ... h5?! (108)

Hat Karpow nicht verstanden, was Kasparow vorhat? Richtig war 20. ... Tec8! mit gutem Spiel.

21. bc5: (104) dc5: (110) 22. a4 (105) h4?!

Karpow verfolgt einen falschen Plan, genauer war sofort 22. ... c4 23. dc4: ba4: 24. La3 Dd8 25. Sc5 Sc5: 26. Lc5: Lc6 mit etwa gleichen Chancen.

23. g4 (116) c4 (119) 24. dc4: (117) ba4: (122) 25. La3! (118) Dd8 (125)

Nach 25. ... De6 könnte folgen 26. Sd2 Lc6 27. Sf1 nebst Se3.

26. Sc5 (121)

Nun wäre 26. Sd2 nicht gut wegen 26. ... Da5! 27. Sf1 Sc5.

26. ... Lc6

Nach Sc5: 27. Lc5: Lc6 (Dd1: 28. Td1: Lc6 29. Lf2) folgt 28. De1 nebst Td1 mit Vorteil.

27. Sa4: (123)

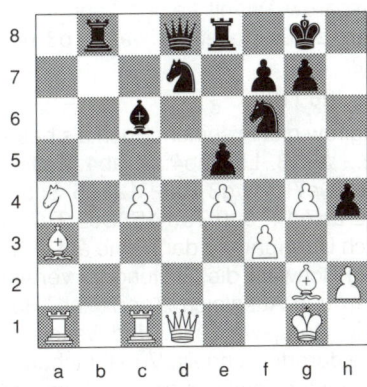

Weiß hat einen Bauern gewonnen, aber

Schwarz hofft Gegenspiel durch Sf6-h7-g5-e6 zu erreichen.

27. ... Sh7 (128) 28. Sc5 (130) Sg5 (129) 29. Sd7: (132) Ld7: (130) 30. Tc3! Da5 (138)

Nichts bringt 30. ... h3 31. Lf1 und es droht Td3.

31. Td3 (134) La4 32. De1 (135)

Weiß steht klar besser.

32. ... Da6 (139) 33. Lc1 (137) Se6 (145) 34. Tda3 (138) Sc5 35. Le3 Dd6 (146) 36. Ta4: (143)

In dieser gewonnenen Stellung bot Kasparow Remis an, und Karpow hatte keinen Grund, dieses Angebot abzulehnen. Zeitverbrauch: Weiß 143 Minuten, Schwarz 146.

Endstand damit 12,5:11,5 für den alten und neuen Weltmeister Garry Kasparow.

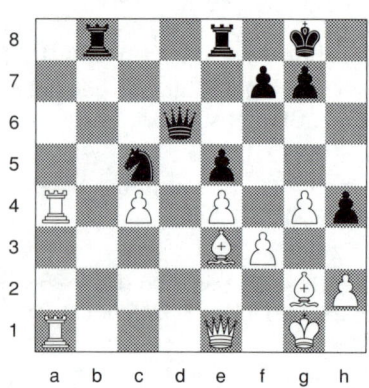

Inhaltsverzeichnis

SCHACHBÜCHER IM BEYER VERLAG